Sigrid Damm erzählt das Leben des wilden Träumers und ungewöhnlich begabten deutschen Dramatikers Jakob Michael Reinhold Lenz, das über die Jahrhunderte durch Halbwahrheiten und Goethes hartes Urteil in *Dichtung und Wahrheit* entstellt war. Kindheit im Baltikum in einem Pfarrhaus, Studienzeit in Königsberg bei Immanuel Kant, Flucht nach Straßburg und die glückvoll-produktiven Jahre dort, Freundschaft zu Goethe; schließlich Weimar und Goethes Bruch mit Lenz. Danach sein Umherirren in der Schweiz, Ausbruch der Krankheit, Rückkehr nach Livland. Und die letzten Jahre im russischen Exil, wo Lenz zweiundvierzigjährig auf offener Straße in Moskau stirbt.

Sigrid Damm, in Gotha/Thüringen geboren, lebt als freie Schriftstellerin in Berlin und Mecklenburg. Die Autorin ist Mitglied des PEN und der Mainzer Akademie der Wissenschaften und der Literatur. Sie erhielt für ihr Werk zahlreiche Auszeichnungen, unter anderem den Feuchtwanger-, Mörike- und Fontane-Preis.

Im insel taschenbuch liegen u. a. von ihr vor: *Cornelia Goethe* (it 4417), *Christiane und Goethe. Eine Recherche* (it 4380), *Goethes letzte Reise* (it 3300), *Das Leben des Friedrich Schiller. Eine Wanderung* (it 3232), *Wohin mit mir* (it 4275).

insel taschenbuch 4418

Sigrid Damm

Vögel, die verkünden Land

Jakob Michael Reinhold Lenz. Bleistiftzeichnung, anonym, um 1777.

Sigrid Damm

Vögel, die verkünden Land

Das Leben des Jakob Michael Reinhold Lenz

INSEL VERLAG

Diese Biographie erschien erstmals 1985 im
Aufbau-Verlag Berlin und Weimar.
Umschlagabbildung: Jakob Michael Reinhold Lenz, G. F. Schmoll,
Kupferstich, um 1775. Foto: Klassik Stiftung Weimar

Erste Auflage 2015
insel taschenbuch 4418

Vertrieb durch den Suhrkamp Taschenbuch Verlag
Druck: CPI – Ebner & Spiegel, Ulm
Printed in Germany
ISBN 978-3-458-36118-3

Vögel, die verkünden Land

Erstes Kapitel

I

Jakob Michael Reinhold Lenz wird in ein geknechtetes und von Kriegen verwüstetes Land hineingeboren. Das an der nördlichen Ostsee und am Finnischen Meerbusen gelegene Baltikum, Lettland und Estland, Lenzens Heimat, damals Livland genannt, ist seit Jahrhunderten Streitplatz großer Mächte, der Schweden, der Deutschen, der Polen und Russen. Eroberung und Rückeroberung, Belagerung; Krieg, immer wieder Krieg. Am Beginn des achtzehnten Jahrhunderts werden dem Land die schwersten Wunden zugefügt. Der Nordische Krieg tobt. In Schutt und Asche fällt alles, selbst die Zeugnisse der Renaissance und Ordensgotik, die in den vorherigen Kriegen verschont blieben. 1702 schreibt der russische Feldherr Scheremetew stolz über die Pflichterfüllung an seinen Zaren Peter I.: »Ich habe Dir zu melden, daß der allmächtige Gott und die allerheiligste Gottesmutter Deinen Wunsch erfüllt haben; in dem feindlichen Lande gibt es nichts mehr zu verheeren; von Paskow bis Dorpat, die Welikaja herab, die Ufer des Peipus entlang, bis an die Mündung der Narwe bei Dorpat, hinter Dorpat, über Lais bis Reval, fünfzig Werst weit gegen Wesenberg und wieder von Dorpat den Embach aufwärts zum Felliner See, gegen Helmet und Karkus und hinter Karkus bis auf achtunddreißig Werst gegen Pernau und von Riga bis Walk: alles ist verwüstet. Alle Schlösser niedergelegt. Nichts steht aufrecht außer Pernau und Reval ... sonst ist von Reval bis Riga alles mit Stumpf und Stiel ausgerottet: die Orte stehen nur noch auf der Karte verzeichnet ... an Deutsche habe ich hundertvierzig gefangen; wieviel Esthen, weiß ich nicht zu sagen; die Kosaken haben dieses Geschäft unter sich betrieben; ich habe ihnen die Gefangenen nicht nehmen mögen, um ihren Eifer nicht abzukühlen ... Vieh und Esthen haben wir in Menge gefangen. Kühe sind jetzt um drei Altznen zu haben, Schafe um zwei Dengen, kleine Kinder um eine Denge, größere um eine Griwa, vier Stück kauft man für eine Altzne.«

In der Buchführung des Feldherrn Scheremetew findet sich auch ein säuberliches Verzeichnis all der Ortschaften, die er niedergebrannt und vernichtet hat. Das lettische Dorf Casvaine ist darunter.

Kaum fünfzig Jahre, ein Menschenalter danach wird Jakob Michael Reinhold Lenz dort am 23. Januar 1751 geboren. Elend, Fremdherrschaft und Ausbeutung, Hungersnöte und Pest, Brände und Überschwemmungen – das sind die großen erschreckenden Bilder von Lenzens Kindheit und Jugend. Die Gedichte des Fünfzehnjährigen werden davon sprechen. Zugleich ist die Nachkriegszeit eine Zeit des Aufbruchs und der Wiederbelebung, der regen Bautätigkeit und landwirtschaftlichen Sanierung. Das Land versucht, sich aus der Lethargie zu befreien. Das erstarkende Rußland, unter dessen Herrschaft Livland nun als eine Provinz des zaristischen Reiches lebt, schenkt vor allem nach dem Machtantritt Katharinas diesem Landesteil große Aufmerksamkeit.

Der Geburtsort von Lenz liegt im Gebiet Wenden, das eine Landfläche von 1750 Haaken umfaßt und 227 Güter und 29 Kirchspiele hat. Das Dorf Casvaine ist eines der größten Kirchspiele. Armselig dennoch, vom Krieg gezeichnet. Die Ruine einer alten Lettenburg, eines erzbischöflichen Schlosses später, erhebt sich in der Nähe. Im Dorf selbst die Katen, die Holzhäuser der Letten, gedeckt mit Holzschindeln oder Schilf. Die Stallungen, Scheuern, Kleeten, Badstuben und Eiskeller. Das Pfarrhaus bescheiden, nur ein wenig größer als die Bauernkaten, mit mehreren Räumen und Nebengebäuden. Die kleine, wieder errichtete Holzkirche auf einer Anhöhe. Das einzige Gebäude aus Stein ist das zum Gut Karstenbehn gehörende Haus. Andere Gutshäuser sind weiter weg, vereinzelte Gehöfte, verstreut in der Umgebung liegend. Цасвание nennen die Russen das Dorf, die Deutschen sagen Seßwegen. Und die Deutschen sind die herrschende Schicht. Von ihnen werden die Güter verwaltet, und die Besitzer sind fast ausschließlich Deutsche. Armer deutscher Landadel, der von der Ausbeutung eines fremden Volkes lebt. »Undeutsche« nennen die Gutsbesitzer anmaßend die, denen das Land eigentlich gehört. Auch die Pfarrer sprechen von »Undeutschen«, denn auch sie sind zumeist Eingewanderte aus Norddeutschland. So auch der Pastor des lettischen Dorfes Casvaine. Es ist Christian David Lenz, Lenzens Vater.

Der 12. Januar 1751 nach dem alten russischen Kalender, der 23. nach dem neuen, der Tag der Geburt. Unruhe, Aufregung im Pfarrhaus. Die kleinen Geschwister in einem Raum gebannt. In der großen Stube die Vorgänge. Die Mutter Dorothea Lenz ist dreißig Jahre. Ihr viertes Kind ist es. Mehrere Tage später, an einem Sonntag, ist die Taufe. Wir sehen den kleinen Zug, der sich vom Pfarrhaus zur Kirche bewegt, Vater Lenz, der Pastor, die Mutter mit dem Kind. Die Großeltern mütterlicherseits, Marie Neoknapp und ihr Mann, Pastor in Neuhaus. Die Taufpaten, von Lenzens Vater in das Kirchenbuch eingetragen: »ein Herr Regierungschirurgus Harlebusch, der den Taufpaten Pfarrer Jakob Andreas

Zimmerman vertritt und zugleich selbst Pate ist, ein Herr Obristleutenant H. Otto Reinhold von Igelströhm, Erbherr von Selbou und Kronenhof, eine Frau Baronin Catharine Witwe von Tiefenhausen, geborene von Berg auf Gravendahl und Fräulein Helene von Berg, des Landraths von Berg auf Erlaa Fräulein Tochter, deren Stelle die Fräulein Helene von Tiefenhausen, der verwittweten Frau Baronin von Tiefenhausen älteste Tochter vertritt«.

Pastor Lenz gibt seinem Sohn den Namen Jakob Michael Reinhold (Jacob Michaël Reinhold steht im Kirchenbuch) und spricht den Segen: »Heiland, bewahre dem Knaben, was Du ihm in der Taufe geschenkt hast und so ers verliert, so suche ihn wieder, und halte ihn zu Deinen Kindern und Knechten; fange Dein Gnadenwerk in seiner Seele kräftig an und führe es fort bis zum Ende seiner Wallfahrt um Deines blutigen Verdienstes willen! Amen.«

Man verläßt die kleine Dorfkirche, geht ins Pfarrhaus hinüber, sitzt noch zusammen, feiert. Ein Baron, eine Baronin, ein adliges Fräulein, ein Regierungschirurgus. Pastor Lenz allein stammt aus ganz einfachen Verhältnissen. Kupferschmied ist sein Vater, er hat eine bescheidene Werkstatt in Köslin in Pommern. Dort ist Christian David Lenz am 26. Dezember 1720 zur Welt gekommen und aufgewachsen. Er wird nicht der Erstgeborene gewesen sein, die Kupferschmiede kann nur einer übernehmen. Und so schickt der Vater den Sohn Christian David, als er fünfzehn Jahre ist, von zu Hause weg. Dem Lehrer oder dem Pfarrer ist er vielleicht aufgefallen, ein heller Kopf, Theologie sollte er studieren; nach Halle, ins Preußische also, geht er. Dort an der Alma mater schlägt er sich fünf Jahre lang ohne finanzielle Hilfe der Eltern durch. An der Franckeschen Stiftung, dem Waisenhaus, gibt er Nachhilfestunden, macht Kopierarbeiten und anderes, um Freitisch und Schlafstelle zu haben. Mit zwanzig Jahren, 1740, beendet er das Studium und geht zurück nach Köslin. In Pommern wie in Deutschland sind die Pfarrstellen knapp, und Empfehlungsschreiben und Unterstützung von Gönnern hat der Sohn des Kupferschmiedes offenbar nicht. So wandert er aus, nach Osten ins Baltikum. Über die Hälfte aller Pastorate in Livland sind damals mit deutschen Theologen besetzt. Christian David Lenz fängt als Hofmeister bei einer Familie in Öttingen in der Nähe von Wenden, der größten Stadt des gleichnamigen Gebietes, an; andere Quellen sprechen von Baron Liphardt in Nötkenhof im Serbischen Kirchspiel. In jener Hofmeisterzeit jedenfalls lernt Jakobs Vater die lettische und estnische Sprache, tritt aus dem deutschen Untertanenverband aus, legt sein Examen im Livländischen General-Konsistorium ab und wird ordiniert. 1742 erhält er eine Pfarre in Serben. Dort muß er auch Jakobs Mutter begegnet sein. Dorothea Neoknapp, Tochter eines Pfarrers. Neoknapp, der das Pastorat in Neuhaus innehat, ist auch Deutscher, aber eine Generation vor Jakobs Vater ins Baltikum eingewandert. Dorothea ist schon in Livland geboren. 1744 heiratet sie Christian David Lenz. Er ist vierundzwanzig, sie dreiundzwanzig Jahre. Im folgenden Jahr kommt das erste Kind, dann 1747 das zweite, im Jahr darauf das dritte. 1749 zieht die Familie Lenz um. Eine Pfarrstelle ist frei geworden im Kirchspiel Casvaine, ebendort, wo Jakob Lenz zur Welt kommt, wo an einem Januartag 1751 im Pfarrhaus die Taufgesellschaft zusammensitzt. Herr und Frau Pastor Lenz mit den Baronen und Erbherren von den umliegenden Gütern.

Ungewöhnlich ist die Runde nicht. Ein Dorfpfarrer in Livland, aus welch ärmlichen Kreisen er immer stammt, ist gesellschaftlich und sozial dem Landadel etwa gleichgestellt. Zu einem Pastorat gehören, neben Pfarrhaus und Garten, Land und Leibeigene oder dienstverpflichtete Bauern. Das Land erhält der Pfarrer zudem steuerfrei, was ihm dem ärmeren Adel gegenüber sogar manchen finanziellen Vorteil bringt. Ein Dorfpfarrer in Livland ist also der Besitzer eines mittelgroßen, schuldenfreien und unbelasteten Landgutes. Sein Anwesen gilt zugleich als Besoldung, andere Einnahmen hat er nicht; es sei denn durch Publikationen oder Nebenarbeiten.

Die Hinwendung der Pastorenfamilie Lenz zum Landadel der Umgebung hat aber möglicherweise auch persönliche Motive. Jakobs Großmutter, die Mutter von Dorothea Neoknapp, ist eine Adlige, ein Fräulein Marie von Rhaden. Neoknapp, der Bürgerliche, wird ihr Hofmeister gewesen sein. Sie lieben sich, sie erwartet ein Kind. Die »Verführungsgeschichte« endet mit der Heirat, mit einer Mesalliance zwischen Bürgerlichem und Adliger, eine für damalige Verhältnisse ungewöhnliche Sache. Skandal, Empörung, Klatsch – und nun, nach so vielen Jahren, eine geheime Überlegenheit bei Dorothea Lenz, ein sich Dazugehörigfühlen. Wir können es nur ahnen, die Familie bewahrt Schweigen.

Jakob, der Sohn, der Enkel der adligen Dame, wird in seinem Drama »Der Hofmeister« sprechen. Sein Hofmeister wird davongejagt, so wie es üblich war, und in widerlicher Doppelmoral endet die Tragikomödie. Die Familie Lenz und die mit ihnen befreundeten Adligen werden das dem Dichter nie verzeihen. Mit Empörung und Befremden spricht man darüber, daß er sich angemaßt hat, eine intime Geschichte öffentlich auszustellen.

An jenem Taufsonntag im Januar 1751 ahnt keiner der Anwesenden, daß mit Jakob einer heranwächst, der die Stumpfheit und bornierte Intoleranz ihrer Weltsicht und Lebensweise gnadenlos zur Schau stellen wird. Noch ist nichts Absicht und Gestalt. Wünsche für den Neugeborenen lediglich, ausgesprochene oder geheime. Und je nachdem, wie sich das Fest wendet, mit Selbstgebranntem zur Ausgelassenheit, zum Überlauten, oder zur religiösen Einkehr, Nachsinnen über den Taufspruch: »Heiland, bewahre dem Knaben ... fange Dein Gnadenwerk in seiner Seele kräftig an und führe es fort bis zum Ende seiner Wallfahrt um Deines blutigen Verdienstes willen!«

Jakob Michael Reinhold Lenz wächst heran.

Schon im nächsten Jahr liegt ein anderer in der Wiege, sein Bruder Johann Christian. Jakob lernt laufen, er lernt sprechen. Zwei Jahre ist er. Drei. Der Vierjährige. Fünf wird er. Kein Schattenriß der Familie des Pastors Lenz existiert, kein Bild, auf dem man sie sehen könnte, Vater, Mutter und die Kinder. Vor dem Pfarrhaus aufgestellt vielleicht, in Sonntagstracht, 1757, eben in dem Jahr, als Jakob sechs wird. Der Vater im Talar mit überernster Miene, ein Fanatisierter, der er gewesen sein muß. Einer, der seine enge Lebenssicht unverrückbar zum Wort Gottes verklärt, hart und borniert. Die Mutter daneben, mit sechsunddreißig wirkt sie schon alt, ergeben, ohne Widerspruch, aber vielleicht ist sie mild, gütig. Den einjährigen Karl Heinrich Gottlob trägt sie auf dem Arm. Die anderen Kinder rechts und links von den Eltern. Der Älteste, der zwölfjährige Friedrich David, er kommt wohl nach dem Vater. Dann die beiden Schwestern, die zehnjährige Dorothea Charlotte, die neunjährige Elisabeth. Der fünfjährige Johann Christian. Und Jakob Michael Reinhold. Blond, schmal, feingliedrig, so wie er später beschrieben werden wird. Mit großen Augen. Die Haare kindlich lang oder schon hinten zusammengebunden. Die dünnen Beine in dunklen Wollstrümpfen, die Füße in Schnürschuhe gesteckt, viel zu groß, abgelegt vom Bruder wahrscheinlich. Die Kleidung der Kinder eine seltsam steife Nachahmung der der Erwachsenen.

Vorstellung. Möglichkeit. Die Kindheit Jakob Lenzens in dem lettischen Dorf Casvaine ist durch keinerlei direkte Zeugnisse belegt. Weder eine Äußerung von ihm selbst noch eine Äußerung von anderen gibt es.

2

Umrisse, in denen wir ihn sehen. Die Landschaft seiner Kindheit: Wiesen und nicht endende Wälder um das Dorf Casvaine. Hügelland, sanft und weit. Ein breites Tal jenseits des Dorfes. Felder, Brachland. Flächigkeit, Ebene. Der Himmel darüber groß, endlos weit der Bogen des Horizontes. Im Sommer die Farbschattierungen, schließlich beherrschend das satte Gelb der Ähren. Bei Dürre der Anblick kahlgefressener Roggenschläge. In der Nähe fischreiche Seen, Moraste. Ein kurzer Sommer mit hellen, einer bloßen Dämmerung gleichenden Nächten. Nordlicht und Wetterleuchten, das man »Mehlthau« nennt, an warmen Abenden ist es eine fast tägliche Erscheinung. Über den Morasten Nebel, der sich wie Rauch erhebt, langsam fortrückt und weit ausbreitet. Im Herbst Regen, Nordwind, Stürme. Die Vogelschwärme am Himmel, die Dohlen und Krähen. Und der Winter ist die beherrschende Jahreszeit. Er dauert sechs Monate.

Livland – das Land des Nordens. Waräger, Wilder, Nordländer, Sohn des rauhen Nordens wird sich Jakob Lenz später nennen, wird vom »braunen Himmel« Livlands sprechen. Winter ist von Ende Oktober bis Mitte April. Die Gewässer frieren zu. Der Schnee liegt hoch. Aber der Winter bedeutet nicht Erstarrung, nicht Ruhe, im Gegenteil, im Winter beginnt das Leben. Es ist die

Zeit des Reisens, des Holzeinschlages und der Jahrmärkte. Der Schlitten ist ein schnelles Fortbewegungsmittel, und die zugefrorenen Gewässer und Moraste machen Abkürzungen möglich. Im Frühjahr werden die Wege unsicher, das Überqueren der Seen ist gefährlich. Eisgang setzt ein, die Schneeschmelze beginnt, und die Flüsse treten über die Ufer. Das Frühjahr, das oft lange auf sich warten läßt, ist die Zeit der Einsamkeit. Die Wege sind aufgeweicht oder überschwemmt, einzelne Gehöfte und ganze Dörfer sind von der Umwelt abgeschnitten. Der Vorfrühling in Livland mit seiner eigenartigen Landschaft voller Wasserfläche, schwärzlich-weiß.

Die Jahreszeiten bestimmen den Lebensrhythmus des Dorfes. Frühling, Sommer, Herbst und Winter, die Wiederholung der gleichen Arbeitsgänge. Im Frühjahr, sobald die Erde auftaut und das Schmelzwasser abfließen kann, wird gepflügt, Holz gesägt, Häuser werden gebaut und Zäune ausgebessert. Im Mai ist die Aussaat, die Mistfuhre und der Umbruch des Brachackers. Im Wald werden die Kohlen für die Schmiede gebrannt. Im Juni ist Heuernte, Tage und Nächte verbringen die Bauern auf den oft weit entfernten Wiesen, bis die Saden, jene kegelförmigen Haufen, oder die großen Kujen, hoch und spitz, aus zehn bis zwanzig Saden bestehend, auf der Wiese sind. Im Juli werden bei Niedrigwasser die Dämme bei den Mühlen ausgebessert. Im folgenden Monat beginnt die Kornernte. In langen formlosen Reihen, den Rauken oder Skirden, stehen Roggen und Hafer auf den Feldern, die Gerste auf kleinen Lattengerüsten. Dann die Einfuhr der Ernte. Die Fuder werden in die Riegen gebracht, später in Kleeten, Kornmagazine, weit abgelegen von den Gehöften, ein Teil nahebei in Handkleeten. Arbeiten im Spätherbst und Winter sind das Dreschen, das Bierbrauen, Mälzen, der Branntweinbrand, das Flachsen, Spinnen, die Leinwandherstellung, die

Holzfuhre. Auf den zugefrorenen Seen wird das Schilf gemäht für die Dächer der Bauernhäuser, und das Eis wird gehackt und in die Keller gefüllt. Vorfrühling, Frühling, der Eisgang setzt ein, der Lebensrhythmus des Dorfes beginnt von neuem.

Lettische Leibeigene verrichten diese Arbeiten, Knechte, Mägde, Feldwächter, Bauern, Achtler, Halbhäkner, Viertler und sogenannte Lostreiber oder Landläufer, russische, estnische und lettische Gelegenheitsarbeiter. Die Lage der Leibeigenen in Livland ist schrecklich, schlimmer als in Rußland, von Deutschland zu schweigen. Selbst die Zarin Katharina muß in einem Ukas von 1765 zugeben, daß sie »wahrgenommen in wie großen Bedruk der Bauer in Liefland lebe«, sie spricht von »tyrannischer Härte« und »ausschweifenden despotisimo«. Der Bauer werde entweder »aufgerieben oder verjagt«, die »dritte Bedrückung« des Bauern sei »der Excess in der Bestrafung. Dieser ist so enorm, daß das Geschrey davon zu meinem empfindlichen Kummer bis an den Thron gedrungen«.

Was sieht ein Kind, das seine ersten acht Lebensjahre auf dem Dorf verbringt, von alle dem? Jakob Lenz muß Augen und Ohren dafür gehabt haben; er sieht, sieht hin, hört. Sein späteres soziales Gespür spricht dafür.

Dem Knaben Jakob begegnen sie, die Letten, bettelarm und halbverhungert, im Pastoratshaus des Vaters, in der Kirche beim Gottesdienst, im Dorf selbst, auf den Feldern, auf dem Jahrmarkt. Jahrmarkt ist jährlich dreimal in Seßwegen. Krämer kommen aus der Stadt. Salz und Eisen werden verkauft, Federvieh, Pferde. Und Menschen! Sie tragen Strohkränze auf dem Kopf. Lustig will das dem Kind scheinen. Die Kränze aber sind das Zeichen, daß sie als Leibeigene feilgeboten oder unter den Gutsbesitzern getauscht werden können, gegen Pferde oder Hunde, gegen Pfeifenköpfe, Jagdgerät und ähnliches. »Die Menschen sind hier nicht so teuer als ein Neger in den amerikanischen Kolonien«, schreibt Hupel, der bei Dorpat lebende Aufklärer und Publizist. »Einen ledigen Kerl kauft man für 30 bis 50, wenn er ein Handwerk versteht, Koch, Weber u. d. g. ist, auch wohl für 100 Rubel. Ebensoviel gibt man für ein ganzes Gesinde (die Eltern nebst ihren Kindern), für eine Magd selten mehr als 10 und für ein Kind etwa 4 Rubel.«

Und Jakob sieht die Leibeigenen im Pastorat, der Vater hat tagtäglich mit ihnen zu tun. Wenn ein Kind im Kirchspiel geboren wird, wenn geheiratet wird oder einer stirbt, müssen die Dorfbewohner zum Pastor kommen. Er hat das Seelenregister zu führen, das Verzeichnis der Getauften, Kopulierten und der Verstorbenen, hat es jährlich aus dem Kirchbuch abzuschreiben und an das Generalgouvernement Livland zu senden. Wöchentlich werden im Pfarrhaus »Dorfkatechisationen« abgehalten, und sonntags ist die Predigt in der Kirche. Im Winter macht Lenzens Vater »Hausbesuchungen«, wie es für einen Pastor üblich ist. Sie dienen dazu, den Bauern die Pflichten der sogenannten Haustafel einzuschärfen und zu prüfen, wie weit sie im Lesen und in der Erlernung des Katechismus gekommen sind. Meilenweit fährt er bei strenger Kälte, kommt in heiße, mit Rauch und Dunst von dem zum Dörren aufgesteckten Korn angefüllte dunkle Stuben der Letten, in denen Menschen und Tiere in einem einzigen Raum zusammengedrängt leben. Der Lette wird auf Stroh geboren, er schläft ohne Bettuch und stirbt auch so. Pastor Lenz wird den Sohn nicht zu seinen Katechisationen in die Bauernhütten mitgenommen haben. Aber in den Katen wird der Junge dennoch gewesen sein.

Auch im Pastorat erlebt Jakob die Bauern, wenn sie im Herbst ihre Abgaben entrichten. Wie dem Gutsbesitzer, so haben sie dem Pfarrherrn das Vorgeschriebene zu übergeben. Im September die Korngerechtigkeit. Auf Weihnachten zu den Gerechtigkeitsflachs, Garn, ein Schaf, Hühner, Gänse, Enten, fertige Leinwand. Zu anderen Jahreszeiten müssen die Bauern des Kirchspiels dem Pastor Beeren und Pilze bringen, auch Fische aus den umliegenden Seen. Fast alles, was auf dem Tisch der vielköpfigen Pastorenfamilie steht, kommt von den »Undeutschen«. Auch das, woraus die Mutter die Kleidung für die Familie macht, Garn, Schafwolle, Leinwand.

Und auf den Feldern wird er sie sehen, die Leibeigenen und die gemieteten Russen, die vom Gutsherrn für das Reinigen der Heuschläge pro Quadratmeter vier Kopeken bekommen, die estnischen und lettischen Lostreiber, die man für die Heuernte, beim Küttnisbrennen und Flachshecheln, bei der Ziegelscheune und zum Torfstechen braucht. Badstübner werden sie auch genannt, da sie oft in den Badstuben, den kleinsten Hütten auf den Gehöften, übernachten oder dort im Herbst und Frühjahr ihre Kleider trocknen, die Ärmsten der Armen.

Die Einteilung der Welt in Deutsche und »Undeutsche«. In diese Welt wächst Jakob hinein. Die einen dienen, die anderen herrschen. Der Mensch soll dem Menschen untertan sein. Gottgewollte Ordnung, die der Vater rechtfertigt und von der Kanzel herab verteidigt. Die »Undeutschen« hält er für faul, dumm und trunksüchtig, in der Bekehrung zum Christentum sieht er ihr Heil.

Nur wenige erkennen damals die Verhältnisse in ihren wirklichen sozialen Spannungen, einer davon ist der Livländer Jannau, der in seiner »Geschichte der Sklaverey und Charakter der Bauern in Lief- und Esthland« über die deutschen Prediger schreibt, »Herrschsucht« sei ihr »Beginnen und Dummheit die Fessel, die den Letten und den Esthen in der Sklaverey erhielt. Kein Einziger bildete durch die Religion, die er zu predigen doch berufen war. Ein jeder suchte Land und Leute, ward groß durch seine Thaten, und tötete die Freyheit der Unschuldigen, die er bekehren wollte.«

Das Christentum nimmt den Letten ihre heidnischen Götter, Laima, Mahte, Semkikka, Krihwe und andere, verfolgt ihre Zusammenkünfte in der Natur an heiligen Bäumen, Quellen und Hügeln. Von den Pfarrern und Gutsherren wird die Zerstörung dieser Stellen, das Abholzen der Bäume angeordnet. Unter strenger Strafe stehen die Treffen in den heiligen Hainen, auch ist es den Letten verboten, ihre Toten dort wie seit alters her zu begraben und Opfergaben, Wolle, Hanf und Flachs in Baumhöhlen zu legen. Die Christianisierung zerstört die heidnischen Bräuche, vernichtet unbarmherzig alte Volkstraditionen. Selbst das Spielen auf dem Dudelsack oder der Bockspfeife, den bei den Letten beliebten Instrumenten, wird von den deutschen Pastoren verfolgt. Oft wird den Bläsern der Dudelsack weggenommen, wird verbrannt oder zerschnitten, und die Musikanten werden vom Abendmahl ausgeschlossen. Gepredigt wird Gottesfurcht und Arbeitsamkeit. Der Pastor spricht das, was den Gutsbesitzern nützt. Und der deutsche Pfarrer wird von den Letten gesehen wie der deutsche Gutsbesitzer, als gefürchteter Herr, als Herr über ihr Leben und ihren Tod.

Haß gegen die Deutschen ist die Folge. Der lettische und estnische Bauer kann im Deutschen nur einen Feind sehen, »sein Schicksal hat den Haß in seiner Seele geboren, er ist und bleibt in seinem Herzen ein Widersacher des Deutschen«. Saks tulleb, der Deutsche kommt, ist ein Schreckwort, mit dem der estnische Bauer sein schreiendes Kind einschüchtert. Jannau, der das schreibt, geht auch auf die Faulheit ein, die »würklich unserm Bauer eigenthümlich ist«. Die ist »nicht angeboren, sie ist durch die Strenge der Leibeigenschaft angeerbt. Bey solchen Umständen müßte die menschliche Natur nicht das mehr seyn, was sie ist, wenn nicht Ueberdruß entstehen, und sich schnell Faulheit erzeugen sollte.«

In dieser Welt der sozialen und nationalen Spannungen, des Hasses, wächst der Junge auf. Mit Angst sieht er die Letten, denn er ist der Sohn des Pastors, er ist ein Deutscher. Und immer wieder wird er die unbarmherzig geißelnden Worte des Vaters von der Kanzel der Dorfkirche herab hören. Die Letten werden des »fleischlichen Sinnes, des Unglaubens, der verderbten Neigungen, der Gier, der überviehischen Trunkenheit und schändlichen Wollust« angeklagt, eines »faulen und leeren Maulchristentums« beschuldigt. Da ist von Sünden, von Buße, von einem Strafgericht Gottes die Rede.

Will Gott, was geschieht, wenn die Kirchgänger unter dem Geläut der Glocken das Gotteshaus verlassen? Ein Dorfpfarrer in Livland, also auch Lenzens Vater, ist für den Vollzug vom Landadel gerichtlich verhängter Strafen an den lettischen Bauern verantwortlich. Und des Sonntags nach dem Gottesdienst geschieht das. »Wenn der Gemeine aus der Kirche gehet, wird der Verbrecher an einen Phal unweit der Kirche angebunden, sein Leib von oben entblößt; der sogenannte Kirchenkerl oder Glockenläuter verrichtet die Execution; indem er allezeit mit zwo frischen schmalen Ruthen, die den Spießen und Spitzruthen ähnlich sind, drymal den entblößten Rücken des Verurteilten schlägt, dann ein Paar frische ergreift.«

»Die kleinste Vergehungen werden mit 10 Paar Ruthen geahndet, mit welchen nicht nach der gesetzlichen Vorschrift, mit jedem Paar drymal«, schreibt Katharina in dem schon erwähnten Ukas, »sondern so lange gehauen wird, als ein Stumpf der Ruthen übrig ist, und bis Haut und Fleisch herunter fallen.«

Jakob muß Zeuge solcher Exzesse gewesen sein. Aber: Die Strafen sind von den Adligen, den Freunden des Vaters verhängt, ihr Vollzug wird vom Vater selbst beaufsichtigt, muß das Kind sie nicht für gerecht halten? Und was hört es nicht alles flüstern und sprechen, wenn Pastor und Gutsherren im Pfarrhaus zusammensitzen. Angegriffen worden seien Gutsherren von Bauern mit Stöcken und Prügeln, dort und dort sei ein Gutsherr zu Tode gekommen durch seine Leibeigenen, einen anderen Adligen hätten sie in Stücke gehackt, eine Gutsherrin sei von ihren Leibeigenen erstochen worden. Vorfälle, die Hupel in seiner Chronik überliefert. Wovon Jakob hört, ist Aufbegehren einer verzweifelten, gepeinigten Masse.

Der Nordische Krieg und die Pestjahre von 1710 und 1711 haben die Bevölkerung von Livland, Estland und Kurland um die Hälfte reduziert. Die Gutsherren suchen dem wirtschaftlichen Ruin des Landes mit noch härterer Ausbeutung entgegenzuwirken. Hatten die Leibeigenen nach dem alten Wackenbuche wöchentlich eineinhalb Tage mit Anspann und des Sommers ebensoviel zu Fuß bei den Herren zu frönen, so müssen sie nun viermal soviel frönen, das heißt die ganze Woche über, zugleich aber alle anderen Abgaben entrichten. Und immer neue kommen hinzu, Reparatur von Landstraßen und Wegen, Materialzufuhr und Arbeitsleistungen an Pastorats-, Postierungs- und Krongebäuden. Abfuhr der Regimentsfurage, Kornmahlen und Viehhüten. Aber ihr Leben wird nicht besser, all ihr Schweiß und Blut verrinnt sinnlos. Sie haben nichts zu verlieren. Durch Krieg, Katastrophen und steigende Ausbeutung dreifach gequält, beginnen sie, gegen den Druck der Leibeigenschaft aufzubegehren. Das estnische Volkslied »Klage über die Tyrannen der Leibeigenen«, das der in dieser Gegend lebende junge Johann Gottfried Herder später in seine Sammlung »Stimmen der Völker in Liedern« aufnimmt, wird im Volk nicht mehr nur heimlich, sondern lauter und lauter gesungen.

Tochter, ich flieh nicht die Arbeit,
fliehe nicht die Beerensträucher,
fliehe nicht von Jaans Lande:
vor dem bösen Deutschen flieh' ich,
vor dem schrecklich bösen Herren.

Arme Bauern, an dem Pfosten
werden blutig sie gestrichen.
Arme Bauern in den Eisen,
Männer rasselten in Ketten,
Weiber klopften vor den Türen,
brachten Eier in den Händen,
hatten Eierschrift im Handschuh,
unterm Arme schreit die Henne,
unterm Ärmel schreit die Graugans,
auf den Wegen bläckt das Schäfchen.
Unsre Hühner legen Eier
alles für des Deutschen Schüssel ...

Im Gebiet Wenden, dort, wo Pastor Lenz mit seiner Familie lebt, und in den anliegenden Kreisen, im Walkschen, im Dorpatschen, brechen in jenen Jahren Bauernunruhen aus. Auch in Rußland ist es so. Katharina versucht zunächst durch einige Maßnahmen dem zu begegnen. Eine solche Politik vertreten auch in Livland einzelne aufgeklärte deutsche Gutsbesitzer. Der Landrat Baron Schoultz zum Beispiel, der Reformvorschläge macht, das Römerhoffsche Bauerngesetzbuch entwirft und auf seinem Gut praktiziert. Aber das stößt schon auf den erbitterten Widerstand der Überzahl der Landadligen. Ebenso wie die in ähnliche Richtung gehenden

Vorschläge des livländischen Generalgouverneurs Browne. Sie werden 1765 vom Landtag abgelehnt. Daß die Leibeigenschaft in Livland, heißt es in den Landtagsakten dazu, »nicht aus Barbarei, sondern aus dem natürlichen Genie der ... Nation abzuleiten sei« und »sehr wohl neben der Humanität stehen könne«.

Lenzens Vater stellt sich in allen diesen Fragen – nach seiner späteren Karriere in der livländischen Kirchenhierarchie zu urteilen – schon sehr bald auf die Seite des reaktionären deutschen Adels. Sein Aufstieg zum ersten Mann der Kirche Livlands ist die Geschichte seiner Anpassung. Aus Halle, der Hochburg des Pietismus, kommt Christian David Lenz. Von dieser Bewegung ist er in den Jahren seines Studiums geprägt. Der Pietismus als ein letzter großer Ausläufer des Mystizismus ist mit seinem Christentum der persönlichen Religiosität und sittlichen Lebensführung gegen die starre Kirchenorthodoxie gerichtet. Er fördert Kräfte im Menschen, die der Rationalismus vernachlässigt: Gefühl, Phantasie, Gemüt, Herz. Er läßt den einzelnen seine Subjektivität entdekken, innerhalb des religiösen Bewußtseins ein neues Selbstwertgefühl entwickeln. Das Schreiben von Tagebüchern ist ein Ausdruck dafür. Auch Lenzens Vater schreibt als junger Mann ein solches.

Der Pietismus bringt auch eine radikale Bewegung hervor: die Herrnhuter. Und sie beginnen gerade in Livland eine große Rolle zu spielen. Sechs Jahre nach der Gründung der Sekte durch Graf Zinzendorf kommen 1729 die ersten Vertreter als Handwerker nach Livland, »um durch Beispiel und Belehrung auf das Landvolk einzuwirken«. 1736 unternimmt Zinzendorf eine Reise durch Livland und besucht seine Freunde. Die Ideen der Herrnhuter treffen auf die katastrophale Lage der Menschen, und in den vierziger Jahren finden sie einen gewissen Widerhall im estnischen und lettischen Volk. An einigen Orten sammelt sich sogar in der Bewegung der mährischen Brüder der Widerstand gegen die Grundbesitzer. Auch Pastoren schließen sich der Bewegung an. Radikale Führer treten offen gegen die Willkürherrschaft der Grundherren auf. Das führt 1743 – neben den ständigen Konflikten mit der offiziellen Kirche – zum direkten Verbot der Herrnhuter in Livland. Als der Vater von Lenz, zwanzigjährig, von der Universität Halle kommt, scheint er den sozialen Ideen gegenüber noch aufgeschlossen. Wie aus einem seiner Berichte an das Oberkonsistorium in Riga hervorgeht, setzt er sich für die Herrnhuter ein. Ein Jahr vor dem Verbot ist das. Bis er merkt, wie gefährlich und seiner eigenen Karriere hinderlich dieses Engagement ist. »Der schnelle Beyfall wurde durch ethliche Vorfälle, Untersuchungen usw. etwas gemildert«, teilt Hupel mit. »Einige, selbst Prediger, traten zurück. Zween Anhänger, den öselschen Superintendent Eberh. Gutsleff und einen andern dasigen Prediger, betraf wegen gewisser Anschuldigungen das Schicksal, daß sie im J. 1747 nebst zween andern Brüdern nach St. Petersburg geführt wurden, wo der erste im J. 1749 im Gefängnis starb; doch erhielt der zweyte im J. 1762 seine Freiheit.« Pastor Lenz distanziert sich auch öffentlich von den Herrnhutern. 1750 erscheint in Königsberg eine seiner Predigten. »Es war der Verfasser selbst unter die Herrnhuter geraten«, gesteht er, »da er aber den Urgrund ihres Wesens einsah, trat er von ihnen ab und schrieb die erwähnte Vorrede.« Diese will »der Reuertheologie der Herrnhuter die Larve abziehen«. Nun, da er selbst Pfarrherr ist und im Anblick von Armut und Elend der Bauern die Unversöhnlichkeit der Gegensätze ahnt, läßt er die sozialen Belange fallen. Seine Predigten werden immer orthodoxer, härter und unnachgiebiger. Man spürt kaum wirkliche Liebe zum

Menschen, statt dessen aber fanatisches Eifern. So in einer Predigt, die Pastor Lenz 1751 veröffentlicht und die er drei Jahre zuvor, am 14. August 1748, im benachbarten Wenden hielt, kurz nachdem dort ein großes Feuer die Stadt verheerte, viele Häuser zerstörte und auch Menschenleben kostete. Durch ihre »schweren Sünden« hätten die Einwohner den »Zorn des Allmächtigen gereizt ... Was Wunder, daß der Herr endlich seinen Grimm über euch ausgeschüttet hat?... Niemand hat je sein eigen Fleisch gehasset, sondern ernähret es und pfleget sein ... Erstaunliche Sorglosigkeit! diese allein verdiente Sodoms Schwefelbrand«. Die Veröffentlichung der Wendener Predigt geschieht, so sagt Pastor Lenz in der Vorrede, da die Einwohner nach der Feuersbrunst ihr schändliches Leben fortsetzen und wieder »Holz zum Feuer tragen«. Das »Feuergericht in Wenden« sollen sie »als eine Stimme Gottes ansehen, die ihnen zuriefe: So ihr euch nicht bessert, werdet ihr alle auch also umkommen«. Ob solcher Beschuldigungen strengt die Stadt Wenden gegen Pfarrer Lenz einen Prozeß beim Oberkonsistorium und Hofgericht an und gewinnt ihn.

Pastor Lenz fährt dennoch mit seinen Straf- und Bußpredigten fort, Sonntag für Sonntag in seinem Kirchspiel Seßwegen.

Wir sehen den Knaben Lenz in der lutheranischen Dorfkirche in Casvaine sitzen. Die lettischen Bauern haben sie nach dem Krieg wieder errichtet. Aus rohen Holzbalken ist sie gezimmert, ein einfaches Schiff mit flacher Decke. Am Altar Christus am Kreuz, aus Holz geschnitzt. Im Raum selbst schwere Holzbänke, wie Abteile, mit Türen versehen, rechts die Frauen, links die Männer, am Eingang zu jeder Reihe Kerzenhalter. Der Fußboden ist aus viereckigen Ziegelsteinen. Der einzige Schmuck sind die farbigen Malereien auf dem Holz von

Fenstern und Wänden, barocke Formen, Wandbespannungen vortäuschend. Die Kirchspiele sind arm, kaum eine Dorfkirche in Livland kann sich damals eine Orgel leisten. Eine Trommel, wie sie die Soldaten im Krieg mit sich führen, steht neben dem Altar, und beim Einsetzen und Singen der Kirchenlieder gibt der Trommler den Rhythmus an.

Der dumpfe Gesang, einzelne hohe Frauenstimmen sind herauszuhören. Die lettischen Bauern, die Leibeigenen sitzen in den Bänken, eine finstere, graue, gleichförmige Masse. Bis auf den letzten Platz ist die Kirche gefüllt, Pastor Lenz duldet keine Säumnisse im Kirchgang. Seine Rede (meist predigt er ein bis anderthalb Stunden) ergießt sich über die Gemeinde.

Der Vater auf der Kanzel, unnahbar, ein Richter, Gott selbst. Der Vater ist die absolute Autorität, der Welterklärer. Der Mächtige, den man lieben und fürchten muß. Davon wird Jakob Lenz sich sein ganzes Leben nicht befreien können. Die Vatergestalt bleibt immer übermächtig und erdrückend. Für den zwanzigjährigen, den dreißigjährigen, den vierzigjährigen Lenz, bis zu seinem Tode.

Das liegt in der Kindheit. Da ist es schon in seinen zerstörerischen Konsequenzen angelegt, aber noch nicht sichtbar. Noch ist es Schrecken und Süße, Furcht und Geheimnis für das Kind.

Und immer wieder während der endlos langen Gottesdienste mag Jakob nach oben gesehen haben an die Holzdecke. Sie wird, wie die meisten Dorfkirchen damals in Livland, einen naiv bemalten Himmel haben, blau über die ganze Fläche, darauf schwebende Engelsgestalten, die zur Ehre Gottes musizieren. Engel mit Geigen, mit Tuben, mit Flöten, mit Trommeln, mit Hörnern, Trompeten und Harfen. Noch niemals hat Jakob solche Instrumente wirklich gesehen, niemals ihren

Klang gehört. Seine Phantasie entzündet sich. Und auch die biblischen Geschichten, die der Vater als Gleichnisse gibt, lösen sich ab von seinem kleinlichen Eifern, berühren in ihren großen poetischen und menschlichen Bildern die kindliche Phantasie.

Jene Geschichte von Jesus von Nazareth, den die Hohepriester und Ältesten des Volkes banden und abführten, von Judas Ischariot um dreißig Silberlinge willen verraten. Jesus von Nazareth, vom Volk mit Speichel bedeckt, die Kleider vom Leib gerissen und höhnisch in einen Purpurmantel gehüllt, eine Dornenkrone auf das Haupt gedrückt, der König der Juden. Jesus von Nazareth, vom Landpfleger Pontius Pilatus übergeben, schweigend gegen seine Ankläger, unschuldig zum Tode verurteilt. Unschuldig fließt sein Blut, unschuldig wird er ans Kreuz geschlagen. Eine gewaltige, erregende, das Kind wohl bis ins Innerste treffende Geschichte. Wie auch die Visionen der alttestamentarischen Propheten, die Offenbarungen Johannis. Seine ersten Gedichte werden es bezeugen.

Große, unauslöschliche Bilder der Bibel sind es, die neben die erschreckenden Bilder der Gegenwart Livlands treten. Geprägt aber immer wieder und verzerrt durch den Vater, moralischen Zwecken untergeordnet, Geboten, Verboten, Gottgefälligkeit, Sünde, Strafe, Buße. Vorstellbar die Angst des Kindes. Vor der Strenge des Vaters, seinen Strafen, die als die Gottes ausgegeben werden. Was ist Sünde, die kleinen Vergehen, Spielen mit lettischen Kindern, Sprechen mit den »Undeutschen«, der Überdruß, ewig auf die Geschwister aufzupassen, die Regungen des eigenen Körpers, fremd, unerklärlich; die Gier nach phantastischen Geschichten, nach Worten, Sätzen, Reimen, Rhythmus, nach den Büchern, die Sucht nach Einsamkeit, das heimliche Entfernen aus dem Pfarrhaus?

Wiederum Umrisse: der Achtjährige, auf irgendeinem lettischen Bauerngehöft. Er sitzt im Versteck in der Tenne, wenn das Dreschen beginnt, der Riegenkerl gewählt wird, der die Riege mit Strauchwerk beheizt und aufpaßt. Jakob sieht, wie das Getreide zunächst durch Feuer gedörrt wird. Dann die Roggengarben mit den Händen an die Wand geschlagen werden, bis die schweren Körner, die zur Saat taugen, herausfallen. Weizen, Gerste und Hafer werden erst mit den Füßen ausgetreten, ehe man mit dem Dreschflegel schlägt. Kornlaufen heißt es. Auf dem Boden der Tenne liegt das Getreide. Knechte und Mägde bewegen sich tanzend darauf. Der Dudelsack spielt. Die nackten Füße der Mädchen im wirbelnden Tanz auf der Tenne. In heller Erregung sitzt der Junge in seinem Versteck.

Ein anderes Bild: Jakob im Sommer, barfuß, im Leinenkittel, an einem der umliegenden Seen. Er sieht den russischen und polnischen Wanderfischern zu, die diese Seen befischen und mit ihren großen Netzen Rebsen, Hechte, Quappen, Stinte, Turben, Bleie, Barse und Füdchen fangen. Wortfetzen, fremde, Russisch, Polnisch. Und die Sprache der Letten im Dorf, auch sie fremd, doch manches geläufig, vom Vater gehört. Und ein drittes Bild: Jakob entdeckt in einem hohlen Baum Wolle, Wachs, Garn, Brot, Opfergaben der Letten für ihre Götter. Getrieben von Neugier, erlebt er eines ihrer heidnischen Feste. Im Freien unter großen Bäumen auf Hügeln wird es begangen. Geheim geschieht alles. Feuerschein und seltsame Gesänge, Tänze und Riten. Jakob in schrecklicher Angst hinter einem Strauch, entdekken die Letten ihn, den Pastorssohn, wird es schlimm, und erfährt der Vater davon, wird es noch schlimmer.

Jakob ist in den ersten acht Jahren der Kindheit in Casvaine sich sicher viel allein überlassen. Der Vater ist mit Pflichten im Kirchspiel überhäuft. Durch die Einwanderung in das fremde Land ist Lenz auch von der vorhergehenden Generation, der des Großvaters und der Großmutter väterlicherseits, getrennt. Die Eltern der Mutter wohnen in Neuhaus im gleichen Gebiet Wenden, nicht allzuweit entfernt, aber nicht nah genug für ständige Begegnungen. Der Großvater Neoknapp ist dort bis an sein Lebensende Pastor. Vielleicht gelegentliche Besuche. Wenn ein Kind geboren wird, kommt die Großmutter. Bleibt eine Zeit, jene skandalumwitterte Großmutter Marie von Rhaden, verheiratete Neoknapp. Märchen, Lieder, Musik, wenn sie da ist.

Wir wissen es nicht. Auch nicht, welchen Einfluß die Mutter auf die Kinder hat, besonders auf Jakob. Über ihr Äußeres und ihren Charakter ist nichts überliefert. Einen einzigen Brief von Dorothea Lenz an den Sohn gibt es. Ein kleines Schreiben voller orthographischer Unbeholfenheiten. Vierundzwanzig ist Lenz da und schon Jahre im Ausland. »Mein allerliebster Jakob«, schreibt die Mutter, »wie vergeblig habe ich nun so viele Jahre auf Deine Zu hause Kunft gewartet, wie oft habe ich nicht umsonst aus dem Fenster gesehn, wenn nur ein Fragtwagen ankam, ob ich Dich nicht erblickte, allein vergebens. Wie manche Tränen und Seufzer, habe ich nicht zu Gott geschickt, daß er Dich führen und leiten mögte. Ach wenn ich Dich auch noch einmahl sehen könnte, vor meinem Ende, und Dich segnen, ehedem ich sterbe, so wolte ich zufriden sein. Wie lange wiltu so herum irren, und Dich in solche nichtswürdigen Dinge vertifen, ach nimm es doch zu Herzen was Dein Vater Dir schreibt, es ist ja die Wahrheit, nimm es nur zu Herzen, und denke nach, was wil aus Dir werden? ich billige alles was Papa geschrieben hat.« Kein Vorwurf ist in ihrem Ton. Leiden, mütterliche Ängste. »Melde mir auch«, fährt sie fort, »ob Du jetzo ganz gesund bist mit Deinen Halse und Zähnen; ich bin Deinetwegen sehr besorgt gewesen.« Und am Schluß: »Uebrigens grüsse und küsse ich Dich zährtlig mein liebes Kind. Gott segne Dich und leite Dich auf seinen Wegen.« Die Mutter wird Jakob nicht wiedersehen, im Sommer 1778 stirbt sie, ein Jahr bevor er nach Livland zurückkommt. Von Kränklichkeit und Schwäche seiner Frau ist bei Lenzens Vater schon sehr zeitig die Rede, von nichts anderem. Auch Jakob äußert sich nicht über seine Mutter. Sicher spricht sie ihm die ersten Verse vor, singt ihm Kirchen- und Volkslieder. Sie ist in Livland aufgewachsen, kennt die schwermütigen und eigenartigen Gesänge der Esten und Letten. Zweistimmig gesungen, der Refrain besteht gewöhnlich aus den Wörtern Kassikenne, Kannikenne, mögen sie auf den Inhalt passen oder nicht. Die Neigung zur Musik, die Freude am Tanz mag die Mutter Jakob eingegeben haben. Bald wird der Junge Klavier spielen lernen (»Candid. Hoffmann, d. euch auf dem Claviere informirte« wird erwähnt), später lernt Lenz das Lautenspiel. Und Märchen mag die Mutter ihm und den Geschwistern erzählt haben. Vielleicht tut es aber auch eine alte lettische Magd, die es in den meisten deutschen Pastorenfamilien gibt. Sie berichtet Jakob, was sie selbst als Kind und junges Mädchen in der Korndarre oder an den langen Winterabenden in der Spinnstube hörte, da das Feuer wärmte und der Kienspan brannte. Die Märchen von Pikne Dudelsack, vom Galgenmännlein, vom Bäumling und Borkeline, von der schnellfüßigen Königstochter und der Aschentrine, die Geschichten von Kaval-Ants, dem schlauen Ants, und von den gewitzten Darren- und Tennenwarten und Riegenaufsehern, die Märchen von Vanatulu, dem Teufel, vom Tontlawald, dem Gespensterwald. Und von der Vogeltäuschung. Nach einem alten Volksglauben muß man gleich früh am Morgen einen Bissen essen, Vogelstimmen auf nüchternen Magen zu hören bringt Unglück.

Der Vater wird das alles nicht gern gesehen haben, und ganze Tage und lange Abende muß das Kind sicher in seiner Studierstube an den Hausandachten und Selbstbesinnungen teilnehmen, die pietistische Atmosphäre der Prüfungen, Tröstungen, Erleuchtungen, der Bußen von weltlichen Sünden in sich aufnehmen. Dort wird er, nachdem wohl die Mutter ihm die Anfänge des Lesens und Schreibens beigebracht hat, vom Vater den ersten Unterricht erteilt bekommen. Zusammen mit dem ältesten Bruder, den der Vater in seiner wenigen freien Zeit unterrichtet. Griechisch, Latein, Religionsgeschichte. Jakob ahmt nach, bekommt vom Vater sicher zuweilen eigene Aufgaben, löst sie überraschend, glänzt im Auswendiglernen.

Als der Bruder zwölf Jahre alt ist, verläßt er das Haus. General Berg bringt ihn nach Königsberg, dort soll er sich am Fridericianum auf das Theologie-Studium vorbereiten. Das ist 1758.

Anfang des Jahres 1759 gibt es große Bewegungen im Seßwegener Pfarrhaus. Unruhe. Flüstern, Sprechen der Eltern, Besuch vom Oberkonsistorium aus der Stadt. Vorstellung eines Nachfolgepastors. Lenzens Vater wird befördert. Eine Stadtpfarre in Südestland, in Dorpat, ist frei geworden. Pastor Lenz erhält sie. Im Januar wohl steht es fest. Ende Februar zieht die Familie um. Der mobile Hausrat wird verpackt. Viel ist es nicht, was ihnen gehört. Küchengerät, Töpfe, Bücher, Schreibsachen, Kleider, Bettzeug, die Wiege. Die Mutter erwartet das nächste Kind.

25. Februar 1759. An diesem Tag setzten sich vor dem Pfarrhaus die Schlitten in Bewegung. Beladen bis obenan, Körbe, Truhen, die Federbetten in Fässern. Die Kinder dick vermummt. Dorothea Charlotte zwölf, Elisabeth elf, Lenz acht, Johann Christian sieben. Der Pastor und seine Frau. Die lettischen Bauern stehen schwei-

gend. Abschied. Hinter dem Dorf öffnet sich für Jakob eine Welt und eine zweite und eine dritte. Unendlichkeiten. Eine Schneelandschaft. Hügel an Hügel, eine sanfte Landschaft. Rechts und links der Wege kahle Erlen und Birken, die von der Bewegung des Gefährtes, auf dem er sitzt, willkürlich verändert werden, übergroß in der Nähe, in der Ferne sich verkleinernd, schließlich im Fluchtpunkt scheinbar vereint. Seltsames Spiel. Und der Himmel, der »braune Himmel Livlands« darüber aufregend und ruhelos, ein großer Himmel, der alle Erwartungen und Hoffnungen des Kindes birgt.

3

Schon ist die Silhouette von Dorpat erkennbar. Aber es dauert noch Stunden, bis die Schlitten die Stadt erreichen.

Dreitausend Einwohner zählt Dorpat, auch Tarbat, Tartu, Tarbeten, Dorpt oder russisch Jurjew genannt, im Süden Estlands gelegen. An der Straße nach Sankt Petersburg befindet sich die Stadt, ist von Riga 226 Werst, von Reval 185 Werst und von Narwa 174 Werst entfernt. Es ist die älteste Stadt überhaupt, älter als Riga und Reval. Wie das gesamte Baltikum hat das 1012 gegründete Dorpat eine schmerzliche und wechselvolle Geschichte. Eroberung durch den deutschen Orden, 1558 dann Einnahme der Stadt durch den Zaren Iwan Wassiljewitsch. Im siebzehnten Jahrhundert mehrfache Belagerungen durch die Polen, durch die Russen, durch die Schweden, vierzehn Belagerungen und elf Eroberungen insgesamt. Die Schweden sind die Sieger; lange lebt Dorpat unter schwedischer Herrschaft. Schließlich, am Ende des über zwanzigjährigen Nordischen Krieges fällt Estland und der nördliche Teil Lettlands an Rußland.

Im Krieg wird Dorpat 1707 durch »springende Minen beynahe zum Steinhaufen« gemacht. Ein Jahr danach werden vom Zaren Peter I. alle deutschen Einwohner Revals, Narvas und Dorpats nach Rußland verschleppt, da sie der Verräterei mit den Schweden beschuldigt werden. Sieben Jahre liegt Dorpat wüst und öde, nur wenige Letten sind in der Stadt, in den Ruinen leben Tiere, 1721, im Jahr des Nystädter Friedens, dürfen die Exilierten zurückkehren, Peter I. gibt der Stadt ihre Rechte und Privilegien wieder. Aber nur langsam erholt sich Dorpat, 1724 zählt die Stadt siebzehn neue Bürger, ein Jahr später kommen zehn hinzu.

Als Jakob Lenz mit seinen Eltern nach Dorpat zieht, sind überall die Narben des Krieges sichtbar. Die vier Stadttore, das deutsche und russische am Fluß Embach, auf der anderen Seite das Jakobs- und das Andreas-Tor, liegen in Trümmern. Von der auf dem Berge, dem Tommemägi, sichtbaren gotischen Domkirche Sankt Dionysi stehen nur noch die Mauern, vierundzwanzig starke Pfeiler, die das Gewölbe trugen, und ein Rest des Turmes. Auch die auf dem Hügel neben dem Domberg liegende Schloßkirche ist zerstört. Ebenso alle öffentlichen Gebäude, die Universität, vom schwedischen König Gustav Adolf gegründet und mit den gleichen Privilegien wie Uppsala ausgestattet. Das Rathaus, die großen Vorratskammern für Korn und Flachs, alles ist im Krieg vernichtet worden. Zögernd beginnt man in den dreißiger Jahren mit dem Wiederaufbau, die sechziger Jahre dann sind von einer umfangreichen Bautätigkeit belebt. Es sind die Jahre, da Lenz in der Stadt wohnt. Der Knabe, der Jüngling, fast zehn Jahre verbringt er in Dorpat. Es sind die Jahre des Schulganges, die Vorbereitungszeit auf das Studium. Acht ist er, als er mit den Eltern in die Stadt kommt, über siebzehn, als er sie verläßt.

Eine Stadt, aus Trümmern erwachsend, sich erhebend

nach all dem Leid, eine Stadt voll Schmutz und Elend. Esten, Deutsche und Russen leben in der Stadt. Die Russen sind Kaufleute und Händler, auch Handwerker, Maurer und Gärtner. Die Deutschen sind Handwerker, zumeist aber sogenannte Gelehrte, Beamte, Pfarrer, Stadtschreiber, Notare. Sie bilden, gemeinsam mit den wohlhabenden russischen Kaufleuten, die Oberschicht. Besetzen Bürgermeisteramt und leitende Positionen, üben die Gerichtsbarkeit aus. Die Esten sind die unterdrückte Schicht, sind Hausbedienstete, Tagelöhner, entlaufene Leibeigene, der Pöbel. Die Nachkriegszeit aber gibt den Esten Aufstiegschancen. Die Handwerker nehmen auch in Ermangelung anderer estnische Burschen, die arbeiten sich hoch, werden Meister. Viele Esten sind freie Städter, Fuhrleute, Schiffer und Fischer. Aber sie haben nur zum Teil Stadt- und Bürgerrechte, werden schlecht behandelt. Alle Lasten der Stadt, Einquartierungen, Wege- und Festungsbau und sonstige Dienste werden ihnen aufgebürdet. Dorpat ist eine Stadt mit tiefen und unversöhnlichen sozialen und nationalen Gegensätzen. Die Deutschen hassen die »Undeutschen«, die Esten die Eingewanderten und die Russen. Spannungen zwischen Deutschen und Russen, Machtkämpfe. Alles im Schatten des vergangenen Krieges, im Schatten der Not. Eine Stadt mit ihrem Fleiß, ihrer Redlichkeit, ihrer Biederkeit, hinter der Habsucht lauert, ihrer Gelehrsamkeit, die oft Hohlheit ist, eine Stadt mit ihren Glaubensgrundsätzen und ihrer Unterdrückung Andersdenkender, ihrer Kleinlichkeit und Arroganz.

Diese baltische Kleinstadt wird nun für viele Jahre der Raum des Heranwachsenden. Auf dem Domberg wird er mit Schulfreunden und estnischen Jungen spielen, auf dieser kahlen Fläche, in den gespenstischen Ruinen, des Sommers und im Winter, da es in der Dämmerung einen besonderen Reiz hat. Er wird auf den Wiesen, Heuschlägen und Viehweiden diesseits und jenseits des Flusses zu finden sein, wird in der Vorstadt herumstreifen, alles erkunden, bis zur Bischofhoffschen Grenze hin, die Mühlen, den Neuen Kirchhof, den Rabenstein und den Jarmakrug, wo der Weg nach Luzia geht. Ja, bis zu den äußersten Enden der Stadt, wo die Rigische und die Pleskowsche und auf der anderen Seite die Petersburgische Straße in unbekannte Fernen führen.

Jakobs unmittelbares Zuhause aber ist die Gegend zwischen der Johannis- und der Ritterstraße, nicht weit vom Domberg. Dort ist die Stadtpfarrkirche, in der der Vater predigt. Die Kirche Sankt Johanni, ein riesiger dreischiffiger Backsteinbau aus dem Anfang des dreizehnten Jahrhunderts, gotisch, mit spätromanischem Portal und glasiertem Kachelwerk. Auch diese Kirche ist im Nordischen Krieg zerstört und ausgeraubt, jahrelang muß der Gottesdienst in der Scheune eines nahe gelegenen Stadtgutes gehalten werden. Aber bald beginnt man mit der Restauration, in Lübeck wird Geld gesammelt, Kaiser Peter gibt hundert Dukaten, die Revaler Bürger dreiundvierzig, man schafft einen Kirchenkasten an und versieht ihn mit tüchtigen Schlössern. 1740 wird dann der Kirchturm wiedererrichtet und gedeckt, der Dorpater Kupferschmied Christian Brackmann arbeitet Knopf und Hahn kostenlos. Altar und Kanzel werden aus dem Pleskowschen herbeigeschafft, die Orgel wird repariert. Als Jakob mit seinen Eltern nach Dorpat kommt, erlebt er die Kirche so.

Ein gewaltiger Eindruck muß es gewesen sein.

Um die Kirche stehen die kleinen Häuser, nach dem Kriege notdürftig gebaut, die meisten einstöckig, nur wenige mit Mansarden, nicht mehr mit Stroh gedeckt, sondern mit Schindeln oder Ziegeln. Zwischen Johannis- und Ritterstraße, links vom Kirchenschiff, sind die Wohnhäuser vom Kaplan, Organisten, Kantor und Pastor, rechts das Armenhaus und andere Gebäude. In der Johannisstraße selbst, schräg gegenüber dem Hauptportal der Kirche, ist ebenfalls ein Wohngebäude für einen Pastor. Hier also oder an der Ecke zur Ritterstraße muß Pfarrer Lenz mit seiner Frau und seinen zahlreichen Kindern gewohnt haben. Der Vater klagt über den schlechten Zustand des Hauses, schreibt an die Herren Ämtermänner der Stadtgilde, daß er sie bitte, »einmal auf die Anbauung eines neuen Pastoraths für mich mit mehreren Ernst bedacht zu seyn, als bisher geschehen. Sie wissen es selbst wohl, wie alt und baufällig meine jetzige Wohnung als die dazu gehörigen Nebengebäude sind. Ich will Ihnen also nur noch zu Gemüthe führen, daß ich und meine arme kränkliche Frau in diesem Hause Leben und Gesundheit aufs Spiel setzen, und besonders letztere denen häufigen und gefährlichen Zugwinden in demselben ihre erstaunenden und anhaltenden Flüsse an Kopf und Zähnen zu danken hat. Jeder Fremde, der mich besucht, wundert sich, daß ich schlecht logirt bin, als vielleicht kein Prediger im ganzen Lande ist, und es wird insgeheim der ganzen Stadt zur Last gelegt, daß sie kein besseres Pastorat für mich besorge, da sie doch auf andere Ausgaben oft soviel verwende.« Aus welchem Jahr der Brief ist, wissen wir nicht. Aber es hat sich wohl nichts geändert, die ganzen zwanzig Jahre seiner Dorpater Amtszeit wohnt Pastor Lenz in diesem Haus. Für Jakob ist es zehn Jahre sein Zuhause.

4

Der Junge wird zunächst noch für einige Zeit mit seinen Schwestern Dorothea Charlotte und Elisabeth in die Elementarschule gegangen sein, in die sogenannte Töchterschule, in der Mädchen und kleine Knaben von dem Lehrer Johann Daniel Krusen unterrichtet werden. Aber alles, was da zu lernen ist, hat ihm die Mutter wohl schon beigebracht, oder er hat es in Seßwegen mitbekommen, als der Bruder vom Vater unterrichtet wurde. Vielleicht finden die Eltern auch eine Winkelschule für ihn, wo die Stadthonoratioren in einem Wohnhaus vier oder fünf etwa gleichaltrige Knaben gemeinsam unterrichten lassen.

Dann endlich hat er das Alter, um die höhere Schule zu besuchen. Dorpat hat eine Lateinschule, eine »combinierte Kron- und Stadtschule«. 1731 ist sie nach der Zerstörung an Stelle des einst von Gustav Adolf gegründeten Gymnasiums wieder errichtet worden. Ein hölzernes Schulhaus, wie wir wissen, daneben zwei Gebäude, auch aus Holz, in einem wohnen auf Kosten der Krone Rektor und erster Lehrer, im anderen, von der Stadt besoldet, Subrektor und Rechenmeister. Vier Klassenstufen hat diese Schule, Quarta, Tertia, Sekunda und Prima, und sie besitzt den Status eines Gouvernements-Gymnasiums, ist zur Vorbereitung auf die Universität zugelassen, die Schüler müssen nicht nach Riga oder Reval reisen wie später in den neunziger Jahren, als man das Gymnasium in eine einfache Volksschule umwandelt und ihr den Status aberkennt. Der Grund: Schüler aus Dorpat gehen kaum zur Universität. Innerhalb von neun Jahren, zwischen 1749 und 1758, ist es niemand. Wie überhaupt die Stadtschule nach den Kriegswirren nur wenige Schüler hat, seit 1731 ist die Zahl in der Sekunda immer zwischen acht und dreizehn, zu Johanni 1749 ist kein einziger Schüler da, drei Jahre später sind es wieder zwei, in der Tertia befindet sich oft nur ein Schüler.

Als Jakob mit zehn oder elf Jahren an die Dorpater Lateinschule kommt, hat sich die Zahl der Schüler vermehrt. Jakob Lenz, so berichtet Konrad Gadebusch, Publizist und später Dorpater Bürgermeister, »genoß die Anführung des damaligen Rektors Martin Hehn«, und die Schule sei »in guten Stand, mit geschickten Lehrern hinlänglich besetzt«. Jakobs Vater hingegen, der auch das Amt des Schulinspektors innehat, findet die Zustände dort miserabel. Die Eltern hätten Furcht, »daß ihre Kinder entweder durch Schläge jämmerlich gemißhandelt, oder verflucht und durch die rauhen Bemerkungen des Teufels ... ganz mutlos und blödsinnig gemacht werden«, schreibt Vater Lenz anklagend an Rektor Hehn. Und zu Jakob direkt: »So würde z. E. mein Jakob durch Härte und Schärfe nur betäubet, und so confuse gemacht werden, daß ihm hören und sehen vergehen, und dann nichts mit ihm auszurichten seyn würde.«

Dieser Martin Hehn hat in Halle studiert, dann als Hofmeister sein Leben gefristet, schließlich ist er Rektor. Die Lehrer werden schlecht besoldet, sind auf Nebenverdienste wie Nachhilfestunden, Orgelspiel oder Bartscheren angewiesen, bis sie endlich aufsteigen in ein kirchliches Amt. Hehn wird 1769 Diakon, wenig später Pastor auf Lebenszeit. Entläd er die eigene Not des Schulmeisterdaseins, durch seine Schläge den Jammer der Kinder verdoppelnd? Wahrscheinlich tut er nur das Übliche, das, was alle tun.

Der vormalige Rektor Johann Heinrich Lau hat Lektionsverzeichnisse anfertigen lassen, aus denen in etwa der Unterrichtsstoff an der Dorpater Schule zu ersehen ist. In der Prima wird Theologie, Hebräisch, Griechisch und Latein gegeben. Theologie wird nach dem Lehrbuch von Freyling unterrichtet, und die Beweisstellen werden im ersten Kurs deutsch, im zweiten griechisch, im dritten hebräisch auswendig hergesagt. In Latein liest man Vergil, Ovids »Metamorphosen«, Julius Cäsar und hat Stilübungen und Anleitung zum »Versificiren, ließ Imitationes nach Cicer. Orat. machen, handelte Cellarii antiquitt. ab und las täglich ein Kapitel aus der Bibel«. In der Sekunda kommen Geschichte und Geographie hinzu und wieder lateinische Stilübungen. Sonnabends wird das Evangelium lateinisch und griechisch erklärt. »In Tertia wurden der angehende Lateiner, Langes Colloquia, die Declinationen und Conjugationen abgehandelt, die Religion vorgetragen und die Bibel gelesen.« Naturwissenschaften wurden überhaupt nicht unterrichtet, und auch Mathematik steht unten an. Der Rechenmeister lehrt in der Prima lediglich »Handels- und Haushaltungs-, auch Interessen-Rechnung, in Secunda Brüche und die Regula de Tri in gebrochenen Zahlen, in Tertia Brüche und die Regula de Tri in ganzen Zahlen, in Quarta die Elemente des Rechnens«.

Jakob in der Dorpater Lateinschule, im regelmäßigen Viereck des Schulzimmers, auf einer der erhöhten Bänke mit dem schmalen Fußstütz. Die Schultische beschmiert, zerschnitten, mit eingebrannten Löchern. Die Bankreihen. Tür. Ofen. Der Lehrertisch, auf ihm mehrere Stöcke, Ruten, Lineal, der Kantschu, Schweiß der Angst. Das Klassenzimmer. Religion, Didaktik, Rhetorik. Das fortwährende Repetieren der Vokabeln, griechische, lateinische, hebräische. Das Aufsagen der Folge der biblischen Bücher, vorwärts und rückwärts. Das Auswendiglernen. Das schnelle Aufschlagen der Bibelstellen. Nacherzählen von Abschnitten aus Historienbüchern im Wortlaut, das Abfragen des Kompendiums der Dogmatik. So oder ähnlich kann es gewesen sein.

Trotz allem, trotz der Stockschläge auf Hände und Rücken, trotz der Demütigungen eine ungeahnte, große Welt, die sich Jakob auftut, die Welt des Wissens. Lenz wird mit Begier eingetreten sein. Vergil, Ovid, Julius Cäsar. Und anderes. In der Schule befindet sich eine kleine Büchersammlung in einem extra dazu verfertigten Schrank, Rektor Lau hat sie 1748 aus Rigaer Spendengeldern anlegen lassen. In kurzer Zeit wird Jakob alles gelesen haben.

Die Auseinandersetzung des Vaters mit Rektor Hehn endet damit, daß Pastor Lenz seine Söhne aus der Schule nimmt.

Nicht mit »körperlichen Züchtigungen« solle man strafen, sondern mit »moralischen und schriftlichen Gründen«, teilt er Hehn mit.

Vater Lenz unterrichtet seine Söhne nun selbst. Für einen Hauslehrer reicht das Geld nicht. Und da er mit Amtsgeschäften überhäuft ist, findet er wenig Zeit. Nach einem Dreivierteljahr sieht er sich gezwungen, seine Kinder wieder in die öffentliche Schule zu schikken. Ein versöhnendes Gespräch, eine »Vereinigung« zwischen ihm und Hehn geht dem voraus. Der Schulrektor läßt es sich nun nicht entgehen, seinerseits Pastor Lenz anzugreifen. Er bezweifelt dessen Lehrbefähigung; der Pastor muß sich verteidigen, er weist von sich, daß seine Söhne »in den 3 Viertel Jahren, da sie bey mir gewesen, zu Hause nicht gelernt hätten. Wann hieran auch etwas wäre; so wäre es wol nicht zu verwundern, da ich mich, bey meinen unaufhörlichen Amtsarbeiten kaum 2,3 Stunden in mancher Woche mit ihnen beschäftigen können, daß sie im Ganzen bleiben, und das gelernte nicht wieder vergessen möchten, bis ich sie anderwärts unterbringen könnte, welches nun auch wenigstens mit Jakob gewiß würde geschehen seyn, wenn unsere Vereinigung nicht abermals meinen Entschluß geändert hätte. Indessen bin ich überzeugt, daß beide Kinder im componieren und copia vocabularum doch einige profectus gemacht, und Jakob manches in der griechischen Emphasiologie profitiret habe«. Das alles spielt sich um 1763/64 wohl ab.

Jakob und sein Bruder werden wieder Schüler der Kron- und Stadtschule, vielleicht sogar mit Freude, und mit allem, was das Schülerdasein mit sich bringt. »Pflichten, so Scholaren gegen sich und andere zu beobachten haben« heißt es in den Schulgesetzen und unter Artikel 5: »Wenn sie zu Hochzeiten und dergleichen Gelagen gehen wollen, muß solches mit Consens der Präceptoren geschehen, die ihnen einen Unterricht geben, wie sie sich, wie in allem aufzuführen, so auch insonderheit des Tanzens zu enthalten haben.« Und unter der Rubrik der »Pflichten, so Scholaren insonderheit in der Schule wahrzunehmen haben« steht: »Die Scholaren sollen sich zu rechter Zeit in der Schule einfinden und beym Singen und Beten seyn, damit sie nicht mit Stöcken herbey getrieben werden müssen.«

Jahre später wird Lenz ein Gedicht schreiben, an die »hochwohlweisen Herrn Philanthropins« gerichtet:

Die Proben eurer Lieb' auf meinem Rücken
Verzeiht, sie können nicht mein Naturell ersticken
Ich bitte um ein Wort und sag' ich mehr
So lächelt ein Welt von Prügel auf mich her …
Das werden Köpfe nur ihr lieben Herrn! auf Erden
Ach lauter Drahtmaschinen werden

Wie lange Jakob Lenz die Dorpater Lateinschule besucht hat, ist ungewiß. Von dem Vierzehnjährigen stammt eine Rede, gehalten am 1. Januar 1765, anläßlich einer Schulfeier. Vielleicht war es die Abschlußfeier. Zehn Seiten ist die Rede lang. »Über die Zufriedenheit« heißt sie.

5

Ein halbes Jahr vor dieser Schulfeier wird in Dorpat die Zarin erwartet. Durch einen Staatsstreich zur Macht gekommen, ist Katharina am 28. Juni 1762 zur Kaiserin von

Rußland gekrönt. Der Dorpater Bürgermeister Sahmen, der in Moskau zugegen ist, berichtet es. An den Beginn von Katharinas politischer Laufbahn knüpfen sich viele Hoffnungen.

»Der Staat ist eine tote Masse, die der Monarch erst belebt; eine stillstehende Maschine, die der Monarch erst aufzieht, richtet und ihr ganzes Triebwerk in Wirksamkeit setzt, die nicht eher wirkt als nach seinem Winke. Der Monarch lebt für den Staat, und der Staat lebt durch ihn«, schreibt Schlözer in seinem Buch »Neuverändertes Rußland«. Die Aufklärung nährt die Legende von der guten Herrscherin, und Katharina gibt sich als solche. »Nordische Semiramis« läßt sie sich gern nennen. Die Worte der Aufklärer macht sie zu den ihren. Montesquieus Werk bezeichnet sie als ihr »Gebetbuch«, mit Voltaire tauscht sie Briefe, nennt ihn ihren Freund. Auch mit anderen Philosophen und Schriftstellern steht sie in Briefwechsel. D'Alembert schlägt sie vor, seine Enzyklopädie in Petersburg zu beendigen. Denis Diderot folgt 1775 der Einladung der Zarin an ihren Hof.

Vielseitig und tatentschlossen ist ihre Politik in den ersten Jahren. Die Herausbildung einer eigenen Intelligenz fördert sie. Akademien, Universitäten, Gymnasien werden gegründet, die Erlaubnis zur Errichtung privater Druckereien erteilt. Die Zarin gibt persönlich die Anregung zur Herausgabe einer Vielzahl literarischer Zeitschriften, und sie übersetzt selbst und schreibt, elf Dramen und sieben Opern sind überliefert. Der Lieblingssatz der Zarin ist: »Alles geschieht zum Wohle aller und jedes einzelnen.«

1764, als sie zu der Reise in den westlichen Teil ihres Reiches rüstet, regiert sie gerade zwei Jahre. Die Hoffnungen in den baltischen Provinzen sind groß, denn Katharina ist Deutsche. Ausdrücklich bestätigt sie die von

Peter I. bei der Kapitulation von Riga und Reval zugesicherten Privilegien der Deutschen.

Die Nachricht von dem bevorstehenden Besuch wird die kleine Stadt Dorpat in helle Aufregung versetzt haben. Hektisches Treiben herrscht. Auflagen werden erlassen. Das Schwarze-Häupter-Korps, dem alle unverheirateten Männer der Stadt angehören, bereitet sich vor, zu Pferde ihr entgegenzuziehen. Die Standarten werden auf Hochglanz gebracht. Die Armseligkeit der Stadt muß überdeckt werden. In Dorpat wird man, wie in Riga, für den Besuch der Zarin extra Gassen erweitern, Nebengebäude und Anbauten wegreißen, Straßen neu pflastern und schmücken, die Brücken mit roten Lehnen und die Bäume mit Girlanden versehen. Die Bauern aus der Umgebung müssen tagelang vorher die Straßen zur Dämpfung des Staubes mit Wasser benetzen. Der Stadtrat verordnet Absperrungen, unsichere Elemente, Bettler und Gebrechliche, Krüppel und Verunstaltete haben sich zu verbergen, der Zarin nicht unter die Augen zu kommen. Dennoch wird es einem Bürger gelingen, so ist überliefert, ein »selbstgemaltes Transparent« hoch zu halten, auf dem die von Mauern umgebene Stadt Dorpat zu sehen ist und vor den Toren eine Anzahl Menschen, die der Züchtigung eines Mannes zusehen. Darunter steht:

Allergnädigste Kaiserin!
Wir werfen uns zu Deinen Füßen
Um Huld und Gnade zu genießen
Denn unseres Rathes Richterwürde
Legt auf uns sehr große Bürde
Uneinigkeit und Zank herrscht unter dessen Geist
Drum liegt Gerechtigkeit und Polizei darnieder.

Die »Rigischen Anzeigen« verfolgen genau die Reiseroute der Zarin, unter dem Datum Montag, den 20. September 1764, ist der letzte Teil des Berichtes abgedruckt: »Beschluß des Reisejournals Ihrer Kaiserl. Majestät«. Danach näherte sie sich nach dem Besuch von Riga und Reval am 17. Juli Dorpat. »Nach eingenommener Mahlzeit ging der Weg Abends 7 U. weiter nach dem zwei Werste von Dorpt liegenden, und Sr. Erlaucht dem Krn. Oberhofmarschall Graphen von Siebers zugehörigen Gute Ropkoi, woselbst Ih. M. Nachts um 1 U. anlangten. Auf der letzten Station von Dorpt wurden Ih. K. M. von dem Generalfeldzeugmeister von Billbois bewillkomet, und vor der Stadt kamen allerhöchstdenenselben der Bürgermeister mit den vornehmsten von der Bürgerschaft entgegen, welche die Monarchin bis zu erwehnten Gute zu Pferde begleiteten. Das am Wege campierende Jaroslawitsche Infantrieregiment gab, unter der Abfeuerung seiner Feldstücke und Senkung der Fahnen, die gewöhnlichen Honneur ab ... Den 18. als am Sonntag, versammelten sich auf gedachtem Gute vormittags um 10 U. alle in Dorpt befindlichen Generalspersonen, Staabs- und Oberoffiziere samt dem Magistrat und der Geistlichkeit, um I. M. zur glücklichen Ankunft alleruntertänigst zu gratulieren. I. M. kamen um 11 U. aus I. Apertements, und nachdem Sie die Vornehmsten zum Handkuß gelassen, erhoben s. allerhöchstdieselben zu Anhörung des Gottesdienstes nach der Stadt. Der Zug ging durch die von der Bürgerschaft errichtete Ehrenpforte, bei welcher einige junge Bürgertöchter in weißer Kleidung standen, die aus ihren Körben den Weg mit wohlriechenden Blumen bestreuten und unter Anführung zweier Pastoren in Deutscher Sprache Psalmen sangen. Während der Zeit wurden von den Stadtwällen die Kanonen abgefeuert.«

Jakob sieht die Zarin Katharina also ganz gewiß. Vielleicht geht er sogar mit dem Vater nach Ropkoi an jenem Sonntagvormittag, um den Zug der Zarin mit zur Stadt zu geleiten. Oder er steht in der Menge, weit vorn, neben dem Vater. Die Kutschen, Karossen, der rote Samt, die Pferde mit dem kostbaren Zaumzeug, die Kleider, der Glanz. Am Nachmittage dann tritt Pastor Lenz mit einer Rede vor die Zarin. »Nach dem Gottesdienste«, heißt es in dem Reisejournal weiter, »begaben s. Ih. M. wieder nach erwähntem Gut des Oberhofmarschalls, woselbst allerhöchstdieselben sämtliche Stabs- und Oberofficiere zum Handkuß liessen, und sodann an einer Tafel von 30 zu Mittage speiseten. Nachmittage um 5 U. war abermahl Kour, und gelangten zur Audienz und zum Handkuß: 1. Die Gemahlinnen der Generalität und der Staabs- und Oberoffiziere. 2. Die evangelische Geistlichkeit aus der Stadt u. vom Lande, wobei der Pastor Lenzen eine Glückwunschungsrede hielt. 3. Der Magistrat u. die Vornehmsten von der Bürgerschaft, bei denen der Bürgermeister Sahmen das Wort führte. 4. Die Russische nach Dörpt handelnde Kaufmannschaft. 5. Die Frauen der angesehnsten Bürger.«

Soweit der Bericht.

Noch lange wird man in der Familie des Pastors Lenz vom Besuch der Zarin Katharina in Dorpat sprechen. Der Dreizehnjährige liest zudem die begeisterten Huldigungsoden auf Katharina, die ein junger Dichter namens Johann Gottfried Herder in den »Rigischen Anzeigen« veröffentlicht. Auch Lenz wird sein erstes Gedicht der Zarin widmen, »an Ihre Majestät Catharina die Zweite, Kaiserin von Rußland«. Der Vater läßt ein in Seide gebundenes Exemplar der Zarin persönlich zukommen. Später verfaßt Jakob noch andere Gedichte auf sie, widmet sie ihr; noch als reifer Mann knüpft er Hoffnungen an sie, in einem seiner letzten Briefe spricht er von der »huldreichen Gnade der großen Monarchin«, als sich ihre Politik der schönen Worte längst als demagogische

Phrase entlarvt hat. Diese Illusionen teilt Lenz freilich mit vielen seiner Zeitgenossen. Daß sie bei ihm so stark und ausdauernd sind, mag mit den Kindheitseindrücken zusammenhängen und damit, daß die Vorstellungen des Heranwachsenden über Macht, Regentschaft, Monarchie sich zu einer Zeit bilden, als die Politik der Zarin tatsächlich Anlaß zu Hoffnungen gibt.

Bei ihrem Besuch in Dorpat 1764 nimmt Katharina auch die Befestigungsanlagen der Stadt in Augenschein, findet sie in einem unzureichenden Zustand und ordnet ihre Erneuerung an. Diese Vorgänge sind eine weitere Erfahrung von Lenzens Jugend. Sein Interesse an den Kriegswissenschaften, besonders der Fortifikationslehre, hat hier wohl seinen Ursprung. 1767 wird in Dorpat eine Garnisonsschule eröffnet, in der in russischer Sprache Ingenieur- und Kriegskunst unterrichtet wird. Alle technischen Details des Festungsbaus kennt Lenz, und in Straßburg wird er zeitweise junge Offiziere Fortifikation lehren; sein Wissen darüber später in Sankt Petersburg als Chance einer Anstellung am Kadettenkorps betrachten. Der Junge muß zugesehen haben beim Bau dieser Wehranlagen. Jener schon erwähnte Generalfeldzeugmeister von Villebois leitet das Ganze. Er läßt die Türme der alten Schloßruine abtragen und die Steine zum Wehrbau verwenden. Der Wall, der die Stadt zur einen Seite begrenzt, erreicht in den nächsten Jahren eine ansehnliche Höhe.

Jakob muß auch die Menschen gesehen haben, die diese Arbeit tun. Wie Sträflinge werden sie gehalten, zum »Festungsbau nöthige Arbeitshäuser« errichtet man innerhalb der trostlos ragenden Ruinen des alten Rathauses, hölzerne Verschläge, dort vegetieren die Leute. Auch Soldaten, ganze Regimenter werden zu der Arbeit herangezogen.

Ein anderes Erlebnis, das in Jakobs Kindheit fällt, ist die Dorpater Messe. Dorpt ist Stapelstadt für Rußland. Vom Hafen Baltischport führt der Weg nach Sankt Petersburg durch die Stadt. Der Krieg hat viel zum Erliegen gebracht, aber langsam erholen sich Handel und Gewerbe. Viele Dorpater Bürger leben von Jahrmarkt zu Jahrmarkt, Zimmervermietung und Beköstigung Fremder bringen Nebeneinnahmen. Dreimal im Jahr findet der Jahrmarkt in Dorpat statt, zu Mariä Himmelfahrt, zu Jakobi und zu Michaelis. Die größte Messe ist im Winter, am 7. Januar wird sie eröffnet und dauert den ganzen Monat über an. Von Riga und Narwa kommen russische und deutsche Kaufleute, Viehhändler und Eisenkrämer und Händler mit Waren aller Art. Salz, Heringe, Wein, Flachs, Tuche, wollenes Zeug, Spitzen und Kattune werden angeboten. Sensen, Ellenkram, Glas, Gewürze, Nürnberger Kram, Tobak liegen in den Buden nebeneinander. Da der Absatz der Krämer klein ist, versucht jeder von den »begehrigen Sachen etwas zu halten«. Mit Schiffen und Booten kommen die Waren über den Embach, aus dem Pleskowischen Balken, Holz, Flachs, Talg, Teer und dergleichen, aus der Peipus und der Werzjew Fische, aus dem Oberpahlschen das Brennholz, das bis unter die Stadt geflößt wird.

Jakob auf dem Jahrmarkt. Das ist die Welt, fratzenhaft häßlich und geheimnisvoll schön zugleich. Unverwandt wird der Junge in die Gesichter blicken, die verzerrten, die leidvollen, die überlegenen. Die Gesten der Menschen, ihre Art miteinander umzugehen, das Feilschen, das Handeln. Stimmengewirr in verschiedenen Sprachen, Schreien, Rufen der Händler und Käufer, das Gedränge, die Ausdünstungen, die Gerüche, verlockend und abstoßend. Die Esten in ihren Röcken und Winterpelzen aus schwarzbrauner Wolle, Männer- und Frauenkleider vom gleichen Schnitt, die russischen Kaufleute in ihren Kaftanen, die Kaufmannsfrauen mit den modisch schwarz angemalten Zähnen. Später im Elsaß wird Lenz die Kleidung der Esten, Letten und Russen Pfarrer Oberlin aufzeichnen, wird von ihren Bräuchen und Lebensgewohnheiten sprechen.

Nach den Jahrmärkten fällt die Stadt Dorpat wieder in ihre kleinliche Gemächlichkeit zurück. Der Zunftstreit gewinnt wieder die Oberhand. Register endloser Händel über die Grenzen der Befugnisse. Da verklagen die Bäkker einen Koch, der Torten bäckt, die Große Gilde prozessiert mit dem Rat darüber, ob die Buchbinder zur Großen oder zur Kleinen Gilde gehören, da beschweren sich die Kaufleute über den Hutmacher Vogel, weil er sich Vitriol hat kommen lassen, da fangen die Fuhrleute mit einem Offizier Händel an, weil er Rigische Waren führt, »ein Ruß, welcher sich mit Aschirkassischen Taback hier eingefunden hatte, durfte denselben an Niemand als hiesige Kaufleute veräußern« und so fort.

Sind die Jahrmärkte vorbei, geht man wieder zu den Dorpatern einkaufen, in Peukers Bude zum Beispiel, einer der kleinen russischen hölzernen Verkaufsstände, die überall in der Stadt sind. Oder man geht zu Johann Rosenthal, dem wohl angesehensten Kaufmann der Stadt. Er annonciert seine Waren sogar in den »Rigischen Anzeigen«. Unter dem Datum des 2. Dezember 1762 bietet er »frisch Harlemmer Öl in Gläsern zu 35 und 50 Cop. als Medizin bei Gicht, Podagra und Steinschmerzen«.

Überhaupt die »Rigischen Anzeigen«. Als Jakob zehn Jahre ist und schon lesen kann, werden sie im ersten Jahrgang herausgegeben. »Rigische Anzeigen von allerhand Sachen, deren Bekanntmachung dem gemeinen Wesen nöthig und nützlich ist.« Wöchentlich, alle Montage, erscheinen sie. Ukase, gouvernementliche Verordnungen, Beförderungen, Todesfälle, Verkauf beweglicher und unbeweglicher Güter, Nachrichten über entlaufene Leute, Personen, die ihre Dienste antragen, Preise, Wechselkurse, ein- und auslaufende Schiffe. »Schiffer Jefim Peteroff nach Pillau mit Proviant, Schiffer Illia Issakoff dito; Schiffer Frericks Lammerts nach Amsterdam mit Balken und Holzwaaren, Schiffer Hans Tanch von Stockholm mit Ballast und Schiffer Negotie, mit Theer, Porcellain, zinnerne Leuchter, Kuchenpfannen, eiserne Platen, papierne Tapeten, irdene Schüsseln, Thee- und Tischkesseln, eisernen Nägel«. Schiffer Nanne Abbes aus Amsterdam bringt »Caffee, Candiszukker, Cardustabak, frische Heringe, Perlgraupen, Weinessig, Mallaga Wein etc.«.

Die Angaben über die entlaufenen Leute. »Dem Herrn Major von Buddenbroch zu Planhoff ist am 11. Jun. dieses Jahres ein von dem Gute Karoben erblich gekaufter Estland. Junge namens Hindrich entlaufen. Selbiger ist 18 bis 19 Jahre alt, von mittelmäßiger Größe, breitem Gesicht, stumpfer Nase, kleinen grauen Augen und schlecht hellbraunen Haaren, geht in Bauernkleider, versteht etwas vom Tischlerhandwerk, macht Violinen, spielt auch etwas darauf und versteht Brandwein zu brennen. Für die Einlieferung dieses Häuptlings werden 10 Rubeln versprochen.« Oder: »Dem Herrn Oberleutnant Matwej Murawjew vom Rigischen Garnisons-Regiment in Pernau ist ein ihm erblich überlassener Bauernjunge von dem Gute Lesse, Namens Juri, am 29. verwichenen Monats entlaufen. Selbiger ist 30 J. alt, von mittelmäßigem Wachstum und länglicher Nase, hat rotbraune Haare, einen abgeschorenen Bart, länglich Gesicht mit eingefallenen Backen und herunterhangenden Augenbrauen, geht in einem schwarz-braunen Bauerrock von Wattmal mit einer breiten schwarz lederen Mütze auf dem Kopf u. an den Füssen wollene Strümpfe und Pasteln. Für die Einlieferung desselben verspricht man zehn Rubel.«

Andere Ereignisse, die nachweislich in Jakobs Kinderjahre fallen, sind die Verheerungen der Stadt Dorpat durch Feuer und Wasser. Fast jedes Jahr im Frühjahr, wenn der Schnee zu schmelzen beginnt und der Eisgang einsetzt, wandelt sich der durch Dorpat fließende Embach in einen reißenden Strom. Kommt das Frühjahr schnell, mit Föhn und Winden, ist die Katastrophe besonders groß. Über Nacht kann es geschehen. Weite Teile der Stadt und der Vorstadt werden überschwemmt, vieles wird vernichtet, und oft sind auch Menschenleben zu beklagen.

1763, als Lenz zwölf Jahre alt ist, wird er in Dorpat Augenzeuge eines großen Brandes. Schon 1755 hat eine Feuersbrunst viele der gerade nach dem Krieg wieder errichteten Häuser zerstört. Jetzt bricht das Feuer in der Vorstadt aus und legt zahlreiche kaum beendete Neubauten in Schutt und Asche. Der ganze Stadtteil ist von den Flammen erfaßt, glutrot der Himmel. Das Kind sieht die schreienden, sich und ihre Habe rettenden Menschen. Über Stunden. Das Feuer bespringt die Stadt. Danach verkohlte Balken, fliegende Asche, Obdachlosigkeit, Not.

6

Vom Strafgericht Gottes hat der Vater gesprochen, als in Wenden das Feuer ausbrach. Was werden nun für bittere vorwurfsvolle Worte von der Kanzel der Dorpater Johanniskirche auf die Gemeinde fallen?

»Laß den Herzen seinen Vortrag lauter Spieß und Nägel seyn« erbittet Sohn Jakob für den Vater von Gott. Im kindlichen Wunsch spiegelt sich die väterliche Auffassung. Predigten müssen die Seele geißeln. In einem Neujahrsgedicht für die Eltern stehen diese Zeilen Jakobs. Die ersten Verse, die überliefert sind. In Riga werden sie aufbewahrt. Zwölf Jahre ist Lenz da. In gotischen Buchstaben mit klaren, schönen Schriftzügen schreibt er das Gedicht auf einen Foliobogen, das Titelblatt verziert er mit Ornamenten in Grün, Gelb und Rot und zeichnet rechts und links trompeteblasende Engel.

Wir sehen ihn, wie er dasteht, schüchtern und wichtig, in der guten Stube, inmitten der Geschwister zu Silvester 1763/64. Die Familie Lenz hat sich in den Dorpater Jahren vergrößert. Im September neunundfünfzig ist Karl Heinrich Gottlob geboren. Ein Jahr später Jakobs dritte Schwester Anna Eleonora. Im August 1761 der letzte Sohn der Familie Lenz, Benjamin Gottfried. Acht Kinder sind sie, das älteste ist schon in Königsberg, sieben leben im Haus. Auswendig sagt Jakob sein Gedicht her: »Neujahrs Wunsch an meine hochzuehrende Eltern von dero gehorsamsten Sohn Jakob Michael Reinhold Lenz«:

Seegne meiner Eltern Paar. Seegne Vater, meinen Vater,
In der künftgen Jahreszeit. Sey sein Licht und sein Berather,
Flösse immer seiner Seele deine heilgen Triebe ein,
Laß den Herzen seinen Vortrag lauter Spieß und Nägel seyn ...
Hilf auch, Jesu! meiner Mutter, seegne sie in diesem Jahr,
Wende von ihr Not und Schmerzen, Hilf ihr doch auch in Gefahr.
Reich ihr deiner Hilfe Hand, will das Glaubens-Schifflein sinken,

Laß sie, wenn ihr Herze dürr, sich recht satt an Gnade trinken ...

Die Autorität des Vaters wächst wohl zunächst in den Augen des Kindes in Dorpat. Der Vater ist ein wichtiger Mann in der Stadt, predigt vor einer großen Gemeinde, übt Gerichtsbarkeit aus, ist Beisitzer im Konsistorium. Die Freunde des Vaters sind der Herr Bürgermeister, der Herr Syndikus, der Herr Notär, der Herr Polizeibürgermeister, die Ratsherren. Einer gemeinsamen Tafelrunde gehören sie an.

Die Predigten sollen für den Heranwachsenden der Maßstab der Dinge sein, die Weltsicht des Vaters die seine. Das wird er fordern und erwarten. Aber: Eine heimliche Emanzipation des Sohnes von der Gedankenwelt des Vaters muß schon in den Dorpater Jahren stattgefunden haben. Zwei Dinge sind dabei entscheidend: Der ständige Krieg, den Pastor Lenz mit dem Stadtrat und den Gilden von Dorpat führt, und der Einfluß der Freunde des Vaters auf den Jungen.

Die Streitigkeiten mit der Stadt dauern die zwanzig Amtsjahre von Pastor Lenz an. Sie beginnen schon 1761, als er kaum zwei Jahre in Dorpat ist. Da sprechen ihm die Dockmänner Georg Geisendörffer, ein Hutmacher aus Franken, der Sattler Schumann und der Schustermeister Diedrich Kiens das Mißtrauen aus; sie weigern sich, bei ihm zur Beichte zu gehen, verlangen als Beichtvater den Diakonus Reichenberg. Pastor Lenz gelingt es zu diesem Zeitpunkt noch, das Stadtkonsistorium für sich einzunehmen. Eine Resolution zu seinen Gunsten wird am 29. Oktober 1761 verfaßt; die drei Handwerker erhalten einen Verweis wegen »frechen Frey- und Rottengeistes, hämischer Ausdrücke und niederträchtiger Angriffe« auf den Pastor.

Später gibt es keinerlei Belege mehr, daß sich die Stadt für ihn einsetzt, im Gegenteil, die Große, die Mariengilde, in der die Kaufleute vereinigt sind, die Antoniusgilde der Handwerker und der Stadtrat wenden sich wiederholt gegen Lenzens Vater.

Im Lenzschen Familienarchiv in Riga sind viele seiner wütenden Verteidigungsschriften an die Stadt Dorpat aufbewahrt. Sind auch die Umstände im einzelnen nicht mehr zu klären, da die Schriften der Gegenpartei fehlen, so wird doch in der Tendenz sichtbar, daß Pastor Lenz in seinen Dorpater Amtsjahren ständig die Eigenschaften probt, die ihn dann beim Umschwung der Katharinäischen Politik zur offenen Adelsreaktion zum ersten Mann der Kirche Livlands machen.

Ein Beispiel: sein Kampf gegen die Dorpater Herrnhuter. Geheime nächtliche Zusammenkünfte werden 1762 angezeigt, der estnische Küster Ignatius und der Dorpater Arzt Schmidt sollen die führenden Leute sein. Dem Esten wird unter anderem vorgeworfen, daß er sich nicht nur von »Undeutschen«, sondern auch von Deutschen die Hände hat küssen lassen. Wenig später geht Pastor Lenz gegen die Dudelsackpfeifer vor, zwingt die Stadtleitung, »mehrere Sackpfeifer und verschiedene Mezen am 2. Ostertage zum Teil zu verjagen, zum Teil ins Gefängnis zu bringen«. – »Sabbaths- und Festgreul schlimmster Art«, eifert er von der Kanzel der Stadtkirche am Ostersonntag, hätten »die Sackpfeifer und einige Schenckwirte« angerichtet.

»Rebellen und Meutereymacher« nennt Pastor Lenz die Dorpater Bürger immer wieder.

Ihre Klagen nun gegen den Stadtpfarrer Lenz sind unterschiedlicher Art. Daß die Predigten unpünktlich beginnen, die Kinder nicht katechisiert werden, die Bibel- und Erbauungsstunden nichts taugen, er den Armen keine Leichenpredigt halten wolle, die Kranken nicht oft genug besuche, bei Taufkindern, Leichen und Brautpaaren keine Zeiten festsetze, und immer wieder der Vorwurf, seine Predigten seien zu lang. »Haben nicht Jesu und seine Apostel auch öfters lange gepredigt?« entgegnet er darauf. Was auch im einzelnen gewesen sein mag, diese Klagen sind ein Indiz, daß er als Seelsorger nicht das Vertrauen der Dorpater Bürger hat. Die Kinderkatechisationen werden 1768 eingestellt, weil kein Kind kommt, Jahre später die Bibelstunden. »Unordnung in den Amtsverrichtungen« wirft die Stadt ihm vor, und die Konflikte spitzen sich so zu, daß die Kaufmannsgilde und die Handwerkergilde mit Klageschriften wider den Pastor auftreten, ihm »alle das oberheitliche Amt verkleinernde Ausdrücke auf der Kanzel« verboten werden. Pastor Lenz verfaßt eine Verteidigungsschrift, die in den Gilden verlesen wird: »Habe ich nicht den Armen das Accidens immer gar geschenket? Habe ich auch nicht als ein redlicher Patriot vor Ihre Kayserlichen majesté theurestem Antlitz gestanden, und in der Rede an Allerhöchst Dieselben das Elend und Armuth der Stadt auf's dringendste vorgestellet und sie Ihrer hohen Gnade empfohlen? Habe ich nicht selbst nach dem Brande von 1763 an die Verunglückten 60 Rubel aus meinem Beutel ausgetheilet, und mich dadurch so erschöpft, daß ich kaum einen Rubel in cassa behalten? Wohlan siehe! gegen einen Mann, der so viele Verdienste für das geistliche und leibliche Wohl der ganzen Stadt hat, gegen einen so arbeitssamen und unermüdeten Lehrer, gegen einen so eifrigen Patrioten verfährt man so hart, den prostituiret man so in einer öffentlichen Schrift vor den Ohren beyder löblicher Gilden-Glieder, gegen den suchen meine Gegner die ganze Stadt aufzureizen, den bedrohen sie und heischen wider ihn die Strafe und Rache seiner lieben Obrigkeit. O schreyende Undankbarkeit!« Dieses Schreiben von Pastor Lenz ist vom 13. Mai 1768.

Da ist Jakob schon sechzehn, wird bald die Stadt verlassen. Aber die ganzen Jahre über ist er Zeuge dieser Auseinandersetzung zwischen seinem Vater und der Stadt. Hinzu kommen die ständigen Reibereien des Vaters mit seinen Amtsbrüdern Lange und Reichenberg, mit »lieblosen Katechismuspredigten« greifen sie sich von der Kanzel aus an. Die Atmosphäre in der Familie wird davon beeinträchtigt werden. Die Familie wird der letzte Hort der Rechthaberei des Vaters sein.

Mit Randglossen von Gadebusch ist die handschriftliche Verteidigung des Vaters versehen. Dieser Gadebusch, seit 1750 in der Stadt, seit 1766 Syndikus und später viele Jahre Bürgermeister in Dorpat, Freund des Pastors Lenz zuerst, dann zunehmend Gegner – gewinnt Einfluß auf den heranwachsenden Jakob. An der Emanzipation des Sohnes vom Vater hat Gadebusch ganz gewiß einen entscheidenden Anteil.

Friedrich Konrad Gadebusch ist einer der interessantesten livländischen Aufklärungsschriftsteller. 1719 in Altefähr auf der Insel Rügen geboren, Jurastudium, Hofmeister, Reisebegleiter, nun in Dorpat. Dieser Gadebusch hat Kontakt zu einem geistig sehr aufgeschlossenen Kreis in Riga, der sich dort um Kaufmann Behrens sammelt und dem der junge Herder und Hartknoch, der spätere Verleger Kants, angehören, den Hamann aus Königsberg öfters aufsucht. Gadebusch ist Mitarbeiter an der von Friedrich Nicolai in Berlin herausgegebenen »Allgemeinen Deutschen Bibliothek«, später an der von Bacmeister in Petersburg erarbeiteten »Russischen Bibliothek«.

Er ist es auch, der 1767 von der Zarin Katharina als Vertreter Dorpats in die »Gesetzgebende Kommission« berufen wird, die vom August des Jahres bis zum Dezember 1768 arbeitet und einen bedeutenden, wenn auch letztlich scheiternden Versuch darstellt, den russischen Feudalstaat an neue Gesellschaftsprozesse anzupassen. Er wird Lenz davon erzählt haben.

An diesen Gadebusch ist der erste Brief gerichtet, den wir von dem dreizehnjährigen Jakob besitzen. Ein Schreiben voller konventioneller Phrasen. »Hoch Edelgeborner Hochgelehrter Herr Secretair Verehrungswürdigster Gönner! Ew. HochEdelgeb. haben mich durch die neue Probe von Dero schätzbaren Gewogenheit außerordentlich beschämt. Meine Feder ist zu schwach, Denenselben die regen Empfindungen meines Herzens darüber zu schildern. Ich weiß Ew. HochEdelgeb. meine Dankbegierde auf keine andere Art an den Tag zu legen, als daß ich meine gestrigen Wünsche für Dero Wohlseyn wiederhole, und die gütige Vorsicht um die Erhörung derselben anflehe. Der Herr überschütte Dieselben und Dero werthes Hauß in künftigen Jahr mit tausend Seegen und Heil. Er erhalte Ew. Hoch Edelgeb. bis zu den spätesten Zeiten im ersprießlichen Wohlergehen.« Und so weiter.

Hinter der Konvention steht eine menschliche Beziehung. Jakob muß sich oft in Gadebuschs Haus aufgehalten haben. Dort ist eine große Bibliothek, zu der hat er Zugang. Viele Neuerscheinungen hat Gadebusch als Mitarbeiter von Nicolais »Allgemeiner Deutscher Bibliothek«. Da Lenzens Vater kaum Bücher aus Deutschland bezieht, auf denen wegen der langen See- und Landfracht hohe Zölle liegen, es in Dorpat weder eine öffentliche Bibliothek noch einen Buchladen gibt, die Lesegesellschaft, in der sich Prediger, Rechtsgelehrte und Adlige zusammentun, dort erst zehn Jahre später gegründet wird, ist Gadebuschs Bibliothek für Jakob wichtig. Viele Stunden und Tage wird er dort gewesen sein. Entronnen den Lektürevorschriften des Vaters, den staubtrockenen Kompendien von Rambach, Heilmann,

Baier und Dieterikus. Entronnen den Verboten des Vaters, über die er später sarkastisch schreibt: »Bei unseren leichtsinnigen Zeiten fürchtete er nichts so sehr, als daß sein Sohn, sobald er dem väterlichen Auge entrückt würde, auf den hohen Schulen von herrschenden freigeisterischen und sozinianischen Meinungen angesteckt werden möchte. Denn ob er gleich den Sozinus nie gelesen und nur aus Walchs Ketzerliste kannte, so hatte er doch einen solchen Abscheu vor ihm, daß er alle Meinungen, die mit seinen nicht übereinstimmten, sozinianisch nannte.«

Gadebusch mag die Wißbegier des Jungen und seine Sensibilität gespürt haben. Und Jakob beeindruckt der Zuschnitt dieses Mannes, seine Toleranz und Großzügigkeit.

Eine Ahnung dessen, was in der geistigen Welt Europas vor sich geht, muß dieser Gadebusch dem jungen Lenz vermittelt haben, der da in jener öden Kleinstadt mit ihren kleinlichen Händeln unter dem Regime eines kleinlich denkenden Vaters lebt.

1762 ist Rousseaus »Émile« und sein »Contrat social« erschienen, 1764 kommt Winckelmanns »Geschichte der Kunst des Altertums«, 1766 veröffentlicht Lessing seinen »Laokoon«, ein Jahr später »Minna von Barnhelm« und die »Hamburgische Dramaturgie«. Ebenfalls im Jahr 1767 erscheint in deutscher Sprache Lawrence Sternes »Tristram Shandy«, ein Jahr später »Yoricks empfindsame Reise«.

Im benachbarten Riga veröffentlicht Johann Gottfried Herder 1766 die Schrift »Über die neuere deutsche Literatur, Fragmente«, 1769 seine »Kritischen Wälder. Oder Betrachtungen, die Wissenschaft und Kunst des Schönen betreffend, nach Maßgabe neuerer Schriften, 1.–3. Wäldchen«. Lenz wird es sicher lesen. Wie er auch schon sehr zeitig Friedrich Gottlieb Klopstocks erste drei Gesänge des »Messias« gelesen haben muß. Dies vielleicht sogar unter den Augen des Vaters. Für Pastor Lenz ist es ein frommes Erbauungsbuch, das er unbesorgt in die Hausandacht einbeziehen kann. Für Jakob, den Sohn, aber ist es Dichtung. Poesie als Religion. Religion als Poesie, als Sehweise der Welt, so faßt er Klopstocks »Messias« offenbar auf. Er verschlingt das Buch, macht daraufhin eigene Versuche, ahmt Klopstock nach. »Der Versöhnungstod Christi« heißt sein erstes Gedicht. Auch Edward Youngs »Nachtgedanken« und Lyrik von Ewald von Kleist muß er gelesen haben. Spuren davon in eigenen Versuchen bezeugen es.

Gadebusch wird ihn dazu ermuntert haben und auch ein anderer Freund des Vaters, Theodor Oldekopp, Prediger der estnischen Gemeinde in Dorpat. Er ist es, der Jakobs erste Veröffentlichung vermittelt. »Ich mache mit vielem Vergnügen« heißt es in den »Rigischen Anzeigen« vom Jahr 1766, »dieses Gedicht bekannt, welches von einem fünfzehnjährigen Jünglinge allhier verfertigt worden. Ein Paar kleinere Gedichte von ihm entdeckten mir seinen dichterischen Geist. Ich vermuthete, daß er in der höheren Dichtkunst einen Versuch mit glücklichem Erfolg würde wagen können. Ich muntere ihn dazu auf, und hier ist der Versuch, der seinem glücklichen Genie Ehre macht. Ich versichere, daß dieses Gedicht seine eigene Arbeit sey, sowohl der Plan als auch die Ausführung … Anweisungen in der Dichtkunst hat er weder gelesen noch gehört. Kenner werden bald bemerken, daß die Klopstockische Muse ihn begeistert habe. Er ist wahr, er hat mit Empfindung gelesen, aber nicht ausgeschrieben. Ein solch seltenes Genie verdient alle Aufmunterung. Ich hoffe die Leser werden mit mir wünschen, daß die dichterischen Gaben dieses hoffnungsvollen Jünglings sich immer mehr zu Ehren unseres Vaterlandes entwickeln und erhöhen mögen.«

Und ein dritter muß für Jakob von Wichtigkeit gewesen sein. Die persönlichen Beziehungen zu ihm sind nicht belegt. Er lebt und arbeitet damals in der Nähe von Dorpat, ist Pastor wie Jakobs Vater. August Wilhelm Hupel, kaum dreißigjährig, geboren in Buttelstedt bei Weimar, Studium in Jena, dann Auswanderung; in Ecks, dreieinhalb Meilen von Dorpat Prediger, hernach in Oberpahlen, auch in der Nähe der Stadt Dorpat. Dort bleibt er sein Leben lang, trotz anderweitiger Berufungen. Lenz wird immer mit Hochachtung von Hupel sprechen, wird ihn von Moskau aus als Professor für die neu zu gründende Dorpater Universität vorschlagen. Lenz muß ihn schon als Junge gekannt haben, zumal sein Vater einige Zeit im Schloß Oberpahlen bei Baron Münnich predigt und Jakob als Fünfzehnjähriger an einer Hochzeit in Oberpahlen teilnimmt. August Wilhelm Hupel ist insofern von großem Interesse, da er als livländischer Aufklärungsschriftsteller den stärksten sozialen Gestus hat, sich nicht nur mit Topographie und Landeskunde, Gerichtsbarkeit und Geschichte, sondern auch mit der Lage der Ärmsten befaßt, mit der der Soldaten vor allem. Das tut er unter einem sehr merkwürdig erscheinenden Aspekt. Er sieht in der Sexualität eine dem Menschen, vor allem dem zur Enthaltsamkeit gezwungenen Soldaten auferlegte Qual, eine Versklavung. Als Lösung schlägt er die Kastration vor, plädiert aber gleichzeitig für die Heirat. »Vom Zweck der Ehen oder dem Versuch, die Heirat von Castraten zu verteidigen« heißt eine Publikation, eine andere »Origenes oder die Verschneidung«. Diese widersinnigen Vorschläge erwachsen aus der Unmenschlichkeit und Unnatur der gesellschaftlichen Verhältnisse im damaligen Livland. Der junge Lenz wird mit diesen Auffassungen konfrontiert worden sein, als ernsthafte Vorschläge ernsthafter Menschen erlebt er sie.

Gadebusch und Hupel lenken Lenz auf soziale Zusammenhänge. Die Tatsachen selbst hat er vor Augen. In Casvaine damals die Lostreiber, die Leibeigenen mit den Strohkränzen; die, die vor der Kirche ausgepeitscht wurden. In den Dorpater Jahren verschärfen sich die Gegensätze, wenn Jakob sie auch nicht mehr so unmittelbar erlebt. Der »große Bedruk der Bauern« nimmt zu. Alle Reformvorschläge werden vom Adel abgelehnt, 1765 das Römerhoffsche Bauerngesetzbuch von Schoultz, im gleichen Jahr die Vorschläge des livländischen Generalgouverneurs Browne. Ein einziges Zugeständnis des livländischen Landtages: Die Leibeigenen erhalten das Recht, bei den Gerichten Schutz gegen die Willkür der Gutsbesitzer zu suchen. Das ist formal, bleibt doch alle Gewalt in den Händen der Gutsbesitzer. Aber 1765 wird es als große Errungenschaft in ganz Livland in lettischer und estnischer Sprache von den Kanzeln herab verkündet.

Im gleichen Jahr ereignet sich in der Nähe von Dorpat ein in den Augen der Herrschenden ungeheurer Vorfall. Ein Diener begehrt gegen seinen Herrn auf. Es ist ein deutscher Bediensteter, den Baron Johann Reinhold von Igelströhm, aus dem Siebenjährigen Krieg kommend, nach Livland mitbringt. Der Herr schlägt den Diener, dieser greift ihn daraufhin mit dem Degen an. Verwundet ihn offenbar nur leicht, denn am 16. Juli 1766 passiert es, einen Monat später, am 25. August, feiert Igelströhm schon auf dem Schloß seines Schwiegervaters in Oberpahlen seine Hochzeit. Jener Diener aber wird gebrandmarkt und lebenslänglich nach Sibirien verbannt. Er wäre sofort gehängt worden, aber in Livland ist gerade in den Jahren die Todesstrafe abgeschafft worden. Hupel berichtet 1774 den Vorfall als Beispiel einer fortschrittlichen Gesetzgebung, »nur wenige Länder können sich solcher der Menschheit zur Ehre gereichender Criminaleinrichtungen rühmen«.

Jakob erfährt es, hört das Urteil. Das Ereignis muß in Dorpat in aller Munde sein. Auf dem Marktplatz in Dorpat wird der Verbrecher öffentlich auf einem Holzpodest am Schandpfahl ausgestellt und vor den Augen der Einwohner gebrandmarkt. Igelströhm sieht vom gegenüberliegenden Balkon aus zu.

Igelströhms sind mit Pastor Lenz bekannt, wir erinnern uns eines gleichen Namens unter den Taufpaten Jakobs. Die Einladung zur Hochzeit ergeht auch an Lenzens Vater. Und an Jakob. Er erhält vielleicht den Auftrag, die Hochzeitsgesellschaft mit Versen zu erfreuen.

Fast fünfzig Jahre nach Lenzens Tod wird ein Freund der Familie unter seinen Papieren die Handschrift eines kleinen Dramas hervorholen, das ebenjene Ereignisse mit Igelströhm und dem Diener behandelt. Ein Rührstück nach dem Muster der französischen Comédie larmoyante ist es. Viel Nachahmung, Konvention. Aber Lenz läßt den Diener, den Verurteilten seine Tat erklären. Sein Motiv ist die Verteidigung der persönlichen Freiheit. Als er nach zwei Tagen unerlaubter Entfernung auf das Gut des Barons zurückkehrt, sagt er, sein Herr dürfe nicht wagen, ihn wegen seines Ausbleibens »anzurühren«. – »Meine Ehre soll er nicht angreifen.« Als der Baron ihn dennoch schlägt, entgegnet er: »Es ist meine Pflicht, meine Ehre zu retten – und sollte ich selbst darüber unglücklich werden.« Im vollen Bewußtsein, sich als freier Mensch nicht erniedrigen zu lassen, führt er die Tat aus.

Das ist eine ungewöhnliche Sicht. Hier haben wir den Beleg, wo Jakob seine Augen hatte.

Die Annahme, das Stück sei am Vorabend der Hochzeit auf Schloß Oberpahlen aufgeführt worden, dürfte kaum zutreffen. Wahrscheinlich trägt Jakob ein Gedicht vor, das den gleichen Gegenstand behandelt. »Festlied«

heißt es. In anakreontischer Manier wird das Liebesglück von Braut und Bräutigam nach dem überstandenen Schreck ausgemalt. Der Diener aber ist ein »Ungeheuer«, ein »schwarzer Mörder«, Gottes Auge erblickt und straft ihn. Das wird den Beifall der Gäste und den des Vaters finden.

Bei dem Drama aber würde das Lachen im Halse stekkenbleiben. Wie der Sohn auf solche Gedanken kommen kann. Ja, wie? Er entfernt sich von der vorherrschenden Denkweise. Auch sein in Dorpat begonnener großer Gedichtzyklus »Die Landplagen« zeigt es. Krieg, Not, Zerstörung, Vergewaltigung, Gewalt, Mord an Kindern sind die Gegenstände. »Furchtbar« nennt er den »Stoff« seiner Dichtungen, »traurig« seine »Muse«. Das Unglück seines Vaterlandes beschreibt der Sechzehnjährige aus eigener Erfahrung. Mit harten, kompromißlosen Worten, eindringlichen Bildern. Die Kritik des Provinzblattes wird schreiben, daß man den jungen Dichter wie die Heuschrecken selber zu den Landplagen zählen müßte. Realismus ist nicht gefragt.

Sechzehn ist Lenz. Siebzehn wird er. Es ist Zeit zum Studium. Theologie bestimmt der Vater. Sind es Geldsorgen, Warten auf den jüngeren Bruder, die den Vater den Sohn so spät auf die Universität schicken lassen? Mehrmals richtet Pastor Lenz Gesuche an die Stadtleitung, bittet um finanzielle Unterstützung für das Studium seiner Söhne. Die Stadt lehnt ab, die Kassen seien leer.

Sommer 1768 wird es werden.

Ein Jahr zuvor, zum Winteranfang, macht Jakob eine Reise. Friedrich David, sein ältester Bruder, erhält nach Studium und drei Jahren Hofmeisterdasein ein Pastorat im Kirchspiel Tarwast, sechzig Meilen von Dorpat entfernt. Jakob darf den Bruder begleiten und ihm bei der

Einrichtung seiner Haushaltung behilflich sein. »Nach einer langsamen und ziemlich beschwerlichen Reise«, schreibt er am 9. November 1767, »sind wir endlich am verwichenen Mittwoch Nachmittag um zwey Uhr glücklich und gesund in Tarwast angekommen. Der Weg ist fast inpassabel, und die ersten Tage hatten wir ungemein starke Stürme und Regen.« Die Landstraßen sind aufgeweicht, kaum noch zu erkennen, allein die Werstpfosten markieren sie. Von Dorpat in westlicher Richtung, nach der Abbiegung von der Pleskower Chaussee, gibt es keine Werstpfosten mehr. Von »scharfem Frost«, von »Schnee und Sturm«, spricht Jakob am 24. November.

Fast zwei Monate verbringt Lenz in dem Dorf Tarwast. Seine ersten ausführlichen Briefe stammen aus jener Zeit. Er berichtet Alltäglichkeiten, schreibt, sie werden zum »vor und nachmittäglichen Kaffee und zur Mahlzeit« oft von Leutnant Krüder von Arrohoff oder vom Rittmeister Pietsch »hereingebeten«, weil der Bruder »mit seiner Wirtschaft noch nicht völlig im Stande ist und wir erst mit dem Anfange der künftigen Woche unsere eigene Menage anfangen wollen«. Über die Frau des vorigen Pastors heißt es: »Die Wittwe ist eine simple Frau mit der der Umgang ziemlich langweilig wird: aber die Kinder sind rechte Unholde, und ich habe sie noch in meinem Leben so ungezogen nicht gesehen. Die jüngere Tochter strich ohne uns zu grüßen mir wie ein Wirbelwind vorbey und nahm ihren Weg gerade nach dem Tisch zu, auf den sie mit einem Satz sich heraufschwung und die Aelteste machte es eben so, nur mit dem Unterschied, daß sie bey jedem Schritt eine Art von Kniks machte, wie ihn ihr die Natur gelehrt hatte. Bey Tisch schreyt alles so untereinander, daß wir stumm seyn müssen, weil wir unser Wort nicht hören können.«

Jakob hat viel Zeit. Er reitet, geht spazieren und ist »so vergnügt, wie man es in der Einsamkeit seyn kann.

Ich lese, oder schreibe, oder studire, oder tapeziere – oder purgiere, nachdem es die Noth erfordert.« Von einer Kur, die er in Tarwast macht, berichtet er seinem Vater, die ihm »gut bekommt ... außer der kleinen Unbequemlichkeit«, die ihm »Diät, das Warmhalten, das Laxieren u.dgl. machen«. Als erstes Zeichen seiner zukünftigen Krankheit ist das gedeutet worden. Wahrscheinlich hat es sich um eine Wurmkur gehandelt, in Livland, wo man viel Fisch ißt, ist diese Infektion verbreitet.

Den zur Neige gehenden November und den Dezember verbringt Lenz in Tarwast, die Heilige Nacht und die Jahreswende 1768/69. Strenger Winter, Schneeflächen, zugefrorene Seen. Lenz an den Vater: »eine Bitte, gütigster Herr Papa! zu der mich die Noth und Dero väterliche Gewogenheit berechtigen. Ich habe bey der neulichen Herreise empfunden, wie wenig ein bloßer Roquelor bey Reisen in kühler und windiger Witterung vorschlage. Ich kann mir also leicht vorstellen, wie es anziehen muß, wenn man im Winter im bloßen Mantelrock reiset. Ich weiß wirklich nicht, wie ich einmal nach Derpt zurückkommen oder falls des Bruders Hochzeit im Januar seyn sollte, zu der er mit seiner Equipage mich mitnehmen will, wie ich die Reise dorthin werde thun können. Ueberdem ist mir ein Pelz allezeit nöthig: ich nehme mir also die Freyheit, Sie ganz gehorsamst zu bitten, ob Sie mir nicht können für 3 Rubel das Futter dazu, nemlich einen Sack schwarzen Schmaßchen aus den Russischen Buden ausnehmen lassen. Das Oberzeug darf nur Etemin seyn: und da Sie sich in dieser Zeit ohnehin ausgegeben haben, so daß ich mich billig gescheut haben würde, mir von Denenselben was gehorsamst auszubitten, wenn mich nicht die Noth zwänge: so könnte es ja solange in Peukers Buden auf Conto gesetzt werden, bis es Ihnen weniger beschwerlich fiele, das Geld dafür zu bezahlen. Ich überlasse dies übrigens ganz Ihrer eigenen gütigen Disposition und werde mich auch alsdann zufrieden geben, wenn die Umstände es für dismal nicht erlauben sollten.«

Die Reise nach Reval im Winter wird Jakob machen. Am 24. Januar findet in der Stadt am Finnischen Meerbusen die Hochzeit des Bruders statt. Ausgiebig wird gefeiert; in Livland sind die Zahl der Gäste und die Menge der Spirituosen vorgeschrieben. Ein Haakenbauer zum Beispiel darf »8 Tonnen Bier und 4 Stoof Brantewein« haben, einem Bürger in Reval bestimmt das Gesetz, wie viele Gerichte er auftragen darf. Bei der Hochzeit des Bruders Friedrich David mit Christine Margarethe Keller, Tochter des Superintendenten von Reval, muß sich Lenz wohl gefühlt haben. Er braucht nicht, wie die Dorpater Schüler, den »Consens des Präzeptors« einzuholen und sich auch nicht »insonderheit des Tanzens zu enthalten«. Ausgelassen wird er gewesen sein, getanzt haben, das liebte er sehr, wie wir aus späteren Jahren wissen. Er wird jenen estnischen Hochzeitsgesang mitsingen, an den er sich noch kurz vor seinem Tode erinnert, in südestnischem Dialekt, zweistimmig, die eine Zeile immer wiederholend, die der andere singt. Neitsikenne norarenne – kasike – kanike. Jungfräuchen, sehr junges, Kätzchen, Stiefmütterchen, wildes.

Und er träumt sich in die Rolle des Bräutigams, Anlaß zu überschwenglichen Versen über die Liebe ist die Heirat des Bruders jedenfalls. Wenig später verläßt dieser mit seiner jungen Frau Reval und fährt nach Tarwast. »Mein liebes junges Paar«, schreibt Lenz nach dort. »Wie sind Sie angekommen? Wieviel Glieder und Sinne haben Sie noch übrig? (denn Ihren Leuten wird wohl Verstand und alle Sinne erfroren seyn). Wie habens Sies zu Wasser und zu Lande gehabt? Sind sie auch geirret? Und haben Sie alles zu Hause gefunden? ... Und wie gefällt Ihnen, meine liebe junge Frau das einsame Tarwast?«

Lenz verliert die Steifheit, ist heiter, übermütig, ironisch den Konventionen gegenüber. »Zum anderen befinden wir uns alle so«, schreibt er, »wie Sie uns verlassen haben. Papa ist Papa, und Mamma ist Mamma, und Moritz und seine Frau und alle übrigen sind gesund und vergnügt, und ich, ich sey Jakob. Zum dritten, vierten und zehnten habe ich auch die Ehre zum Geburtstag zu gratulieren und zu wünschen mmmmmm und wieder der Herr mmmmm und wieder der Heiland mmmmm und wieder dito.«

Eine ungebundene Zeit ist es in Tarwast und in Reval, der Stadt am Meer. Dann kehrt Lenz nach Dorpat zurück. Frühjahr und Sommer sind ausgefüllt mit Vorbereitungen auf einen neuen Lebensabschnitt.

Zweites Kapitel

7

Mit siebzehn Jahren verläßt Jakob Lenz seine Heimat. Nach Deutschland zum Studium der Theologie schickt der Vater ihn. Auf die Livland nächst gelegene Universität nach Königsberg.

Im Sommer 1768 fährt Lenz mit seinem um ein Jahr jüngeren Bruder Johann Christian von Dorpat aus nach Norden. Sie erreichen die Küste. Im August verabschieden sie sich im Hafen von Reval. Die Brüder besteigen eine kleine Barke, die sie zu dem auf Reede liegenden Segelschiff bringt. Jakob erlebt die offene See zum erstenmal. Den ruhenden Punkt verlassen. Bewegung, fortwährende. Luft, Wind, die Wellen, der Meeresgrund. Das Geräusch der flatternden Segel, die Schiffssprache, Kommandorufe und das Wecken, das Stundenansagen. Der Wechsel von Tag und Nacht. Noch eine zweite Schiffsreise wird Lenz in seinem Leben machen, Jahre später, von Travemünde nach Riga. Einer seiner Brüder berichtet darüber: »Das große Schauspiel von Himmel und Wasser, von Auf- und Niedergang der Sonne fesselten meinen guten Bruder die mehreste Zeit auf dem Verdeck.« Wie muß dann der erste Eindruck gewesen sein; der weite unendliche Luftkreis und alles Erwartung. Finnischer Meerbusen, die Inseln Dagö und Ösel, Rigaer Bucht, Kurische und Frische Nehrung. Schließlich das Haff, dann der Fluß Pregel.

Ankunft in Königsberg. Verlassen des Schiffes. Königsberg gehört zu Preußen, zum Herrschaftsgebiet der Hohenzollern. Auf deutschem Boden befindet sich Lenz nun. Fünfzigtausend Einwohner hat Königsberg. Gleich Leipzig, Frankfurt oder Hamburg ist es eine große und lebhafte Stadt. Umfangreiche Industrien befinden sich hier. Tuchfabriken, Mühlen, Gerbergewerke, Wollmanufakturen, Fayence- und Steingutfabriken, Brauereien und Bleichfabriken, große Werftanlagen und deutsche, englische und französische Handelshäuser.

»Eine große Stadt, der Mittelpunkt eines Reichs, in welchem sich die Landescollegia der Regierung desselben befinden, die eine Universität (zur Kultur der Wissenschaften) und dabei noch die Lage zum Seehandel hat, welche durch Flüsse aus dem Inneren des Landes sowohl, als auch mit angrenzenden Ländern von verschiedenen Sprachen und Sitten, einen Verkehr begünstigt – eine solche Stadt wie etwa Königsberg am Pregelflusse, kann schon für einen schicklichen Platz zur Erweiterung der Menschenkenntnis als auch der Weltkenntnis gewonnen werden«, meint Immanuel Kant, der hier lebt und wirkt.

Weniger die äußeren Abenteuer dieser Stadt – das Treiben in den Hafenanlagen, Speicherstraßen, Handelshäusern, auf dem Pferde- und Fischmarkt, auf dem in der Nachbarschaft der Universität im Königsgarten gelegenen großen Exerzierplatz – beeindrucken wohl Lenz. Es sind die geistigen Abenteuer, die ihn faszinieren, verändern. Menschen- und Weltkenntnis wird der Student Lenz tatsächlich in den zweieinhalb Jahren seines Aufenthaltes in Königsberg erwerben, und das nicht zuletzt durch Kant, seinen Universitätslehrer.

In die Herbst-Matrikel 1768 der Alma mater Albertina der Königsberger Universität schreiben sich Lenz und sein Bruder ein. Letzterer in die der Juristischen Fakultät, Jakob, wie vom Vater befohlen, in die der Theologischen Fakultät. »Alle studierenden Theologen«, heißt es in der Universitätsanordnung, »sind verpflichtet, halbjährlich der Fakultät ihren Namen, Wohnung, Alter, die Collegien, welche sie gehört haben und noch hören wollen u. s. f. anzuzeigen.«

»Ich werde dieses halbe Jahr, außer den Philosophischen und andern Collegiis, von theologicis das Theticum bey D. Lilienthal und ein Exergeticum über die Ep. Pauli an die Römer bei D. Reccard hören«, teilt Lenz im Oktober 1768 seinem Vater nach Dorpat mit. Daß er die theologischen Vorlesungen wirklich hört, ist kaum anzunehmen. Selbst dem strengen Vater gegenüber macht er sehr frühzeitig keinen Hehl daraus, daß ihn dieser ganze Lehrbetrieb nicht interessiert, die »Akademie wenig oder gar nichts werth« sei, wie er schreibt. Mit Ausnahme weniger Lehrer, fügt er hinzu, und bald wird es nur noch ein einziger sein, den er hört. Ein Kommilitone, der aus Königsberg gebürtige Johann Friedrich Reichardt, der spätere Komponist und königliche Kapellmeister in Berlin, bezeugt es. Lenz habe die theologischen Kollegia nicht besucht, wenn er in die Universität ging, dann nur, um die Vorlesungen Kants zu hören.

Kant ist zu der Zeit noch nicht jener berühmte Philosoph, dessen Schriften Hegel, Schelling und Hölderlin heimlich im Tübinger Stift lesen, die für sie – wie für Schiller und später für Kleist – eine Offenbarung werden. Die »Kritik der reinen Vernunft« wird erst zehn Jahre später geschrieben. Als Lenz nach Königsberg kommt, ist Kant vierundvierzig Jahre. Er ist Privatdozent, und seit fünfzehn Jahren läßt ihn die Universität auf eine Professur warten. Längst hat er die königliche Verordnung erfüllt, nach der kein Privatdozent zum Professor aufrücken darf, der nicht mindestens dreimal über eine gedruckte Abhandlung öffentlich disputiert hat. Kant muß als Unterbibliothekar an der Königsberger Schloßbücherei arbeiten. In zwei gemieteten Zimmern im Hause des Professors Krypke lebt er. Das eine dient ihm als Hörsaal. Fünf Vorlesungen, insgesamt sechzehn Wochenstunden, hält er im Wintersemester 1766/67. Seine Vorlesungen finden ungewöhnlich großen Zuspruch, vor allem am Anfang des Semesters kommen fast hundert Studenten. Der Raum kann sie nicht fassen, sie stehen in der Nebenstube, im Treppenhaus, auf der Vortreppe. Lenz unter ihnen. Als Immanuel Kant 1769 Professuren in Erlangen und Jena angeboten werden, fühlt sich seine Vaterstadt Königsberg endlich verpflichtet. Sie beruft ihn zum Professor. Am 21. August 1770 verteidigt er die Schrift »Von der Form der Sinnen- und Verstandeswelt und ihren Gründen«, in der er zum erstenmal öffentlich einige später in der »Kritik der reinen Vernunft« ausgearbeitete Grundprinzipien andeutungsweise entwickelt.

Die Studenten feiern die Ernennung Kants zum Professor für Logik und Mathematik. Jakob Michael Reinhold Lenz ist es, der ein Huldigungsgedicht »Im Namen aller studierenden Cur- und Liefländer« verfaßt. Bei dem Königlich-Preußischen Hofdrucker Daniel Christoph Kanter läßt er es auf weißem Atlas drucken. Fünfzehn Kommilitonen von Lenz unterschreiben. Ein Reichsfreiherr von Bruinink, ein Hugenberg, ein Pegau, ein Meyer, zweimal steht da »von Kleist aus Kurland«. Das Gedicht wird überreicht mit der Widmung »Als Sr. Hochedelgeborenen der Herr Professor Kant, den 21. August für die Professor-Würde diesputierte«.

Der Menschheit Lehrer, der, was er sie lehret,
  Selbst übt und ehret:

Des richtig Auge nie ein Schimmer blend'te,
Der nie die Torheit kriechend Weisheit nennte,
Der oft die Maske die wir scheuen müssen.
Ihr abgerissen.
... Aber die Verächter
Des schlechten Kittels und berauchter Hütten
Samt ihren Sitten
Sahn staunend dort, sie, die den Glanz der Thronen
Verschmähet, dort die hohe Weisheit wohnen,
Die an Verstand und Herzen ungekränket,
Dort lebt und denket.
Schon vielen Augen hat er Licht gegeben,
Einfalt im Denken und Natur im Leben ...
Ihr Söhne Frankreichs! Schmäht denn unser Norden,
Fragt ob Genies je hier erzeuget worden:
Wenn Kant noch lebet, werd't ihr dies Fragen
Nicht wieder wagen.

Kant liest über Moral und Metaphysik, über Naturwissenschaft und Anthropologie. Alle Gebiete berührt er. Da sind die Anregungen, die ungeahnten Weiten des Himmels und der Erde, Gesetze der Natur und der Menschheit, in die der Lehrer führt. Und Bücher, die für Lenz zur Offenbarung werden. Jean Jacques Rousseau zum Beispiel.

Vor allem aber ist es das Mutmachen zum eigenen Denken. Herder, der wenige Jahre vor Lenz Kants Vorlesungen hört, sagt: »Mit eben dem Geist, mit dem er Leibniz, Wolff, Baumgarten, Crusius, Hume prüfte und die Naturgesetze Newtons, Keplers, der Physiker verfolgte, nahm er auch die damals erscheinenden Schriften Rousseaus, seinen Émile und seine Héloise, sowie jede ihm bekannt gewordene Naturentdeckung auf, würdigte sie und kam immer zurück auf unbefangene Kenntnis der Natur und auf den moralischen Wert des Menschen.

Menschen-, Völker-, Naturgeschichte, Naturlehre, Mathematik und Erfahrung waren die Quellen, aus denen er seinen Vortrag und Umgang belebte; nichts Wissenswürdiges war ihm gleichgültig; keine Kabale, keine Sekte, kein Vorurteil, kein Namensehrgeiz hatte je für ihn den mindesten Reiz gegen die Erweiterung und Aufhellung der Wahrheit. Er munterte auf und zwang angenehm zum Selbstdenken; Despotismus war seinem Gemüte fremd.«

»Aufklärung«, wird Kant ein Jahrzehnt später formulieren, »ist Ausgang des Menschen aus seiner selbstverschuldeten Unmündigkeit. Unmündigkeit ist das Unvermögen, sich seines Verstandes ohne Leitung eines anderen zu bedienen. Selbstverschuldet ist diese Unmündigkeit, wenn die Ursache derselben nicht am Mangel des Verstandes, sondern der Entschließung und des Mutes liegt, sich seiner ohne Leitung eines anderen zu bedienen. Sapere aude! Habe Mut, dich deines eigenen Verstandes zu bedienen ...« Diese Haltung aber vermittelt er schon früh seinen Studenten, Lenz unter ihnen. Gierig wird es Lenz aufnehmen.

Was das für Lenz bedeutet haben mag! Väterliche Mahnung und Autorität sinken in ein Nichts. Lenz schüttelt die Kleinheit seiner Erziehung, die pietistische Dumpfheit ab, öffnet sich den neuen Ideen. Kant schärft – wie Jahre zuvor in Herder – in Lenz den kritischen und analytischen Geist. Die religiöse Weltsicht wird gesprengt, Lenz entdeckt sich und die Welt als weitgehend ratlos, in Zwänge gepreßt, voll Fatalität. Und zugleich wächst in ihm die Ahnung von der Möglichkeit des Menschen; eine sehnsüchtige Vorstellung, wie der Mensch leben könnte, überfällt ihn.

Der Student Lenz in Königsberg. Er sitzt im Lesezimmer, das zur Druckerei und zum Buchladen Daniel Christoph Kanters gehört. Alles ist da zu bekommen. Rousseau, Kant, Young, Pope, Ossian, Macpherson, Shakespeare. Lenz liest, schlingt es in sich hinein. Lenz in einem alten, engen Haus in einer der Gassen Königsbergs, in einem Haus, wo über und unter ihm Studenten aus Kur- und Livland wohnen. In einer kleinen Stube, die er gemeinsam mit dem Bruder bezogen hat. Das Notdürftigste ist darin. Tisch, Bett und Stuhl, abgenutzt und alt. Das Haus ist Tag und Nacht vom Lärm randalierender, trinkender und Karten spielender Studenten erfüllt. Lenz macht wohl keinen Hehl daraus, daß er die Zerstreuungen und Torheiten der großen Masse der Studenten fad findet. Er wird zum Außenseiter, wird verlacht und gehänselt, gewaltsam in den Kreis der ausgelassen Feiernden gezogen. Reichardt, der Kommilitone, erinnert sich: »Aber auch mitten im Lärm der Gelage blieb Lenz oft in seine poetischen Gedanken vertieft und gab durch seine Zerstreuung rüden Burschen zuweilen Veranlassung zu bösartigen Scherzen, die er mit bewundernswerter Geduld ertrug.« Und: »Eine sehr vermischte Lektüre und eigne poetische Ausarbeitungen beschäftigten ihn ganz, so oft er in seiner kleinen Kammer allein sein konnte.«

Was er im einzelnen während des Studiums geschrieben hat, wissen wir nicht genau. Den Gedichtzyklus »Die Landplagen« bringt er wohl fertig mit nach Königsberg, veröffentlicht ihn dort; im Anhang dazu weitere Gedichte. Was ihn beschäftigt, sind vermutlich erste Szenen zum Drama »Der Hofmeister«. Sein eigenes Problem ist es, das Gespenst seiner Zukunft, mit einer scharfsinnigen Sucht nach Realismus, nüchtern und ungeschminkt gesehen.

Nicht nur das Gespenst der Zukunft, wahrscheinlich die Gegenwart schon. Lenz muß als Student für einige Zeit als Hofmeister angestellt gewesen sein. Ein Zettel im Nachlaß, eine Notiz, die er, als das Drama erscheint, in die »Frankfurter Gelehrten Anzeigen« einrücken läßt: Man habe ihn in »verschiedenen öffentlichen Blättern als Hofmeister« bezeichnet, dafür sei er dem Publikum »ein für allemal die Erklärung schuldig«: »Auf der Akademie in Königsberg nahm ich einen Antrag von der Art auf ein halbes Jahr an; weil meine Ueberzeugung aber oder mein Vorurteil wider diesen Stand immer lebhafter wurden, zog ich mich wieder in meine arme Freiheit zurück und bin nachher nie wieder Hofmeister gewesen ...« In welchem Haus in Königsberg das war, was er dort erlebte, wissen wir nicht. Wie so vieles in seiner Studentenzeit liegt auch das im dunklen.

Andere Arbeiten, die er in Königsberg begonnen haben muß, sind Übersetzungen aus dem Englischen, zum Beispiel Popes »Essay on criticism«. Pope ist neben Haller Kants Lieblingsschriftsteller. Der Einfluß des Lehrers wird wohl die Wahl bestimmt haben. Und Shakespeares Drama »Love's Labour's Lost« (»Verlorene Liebesmüh«) übersetzt Lenz. Vielleicht regt ihn Georg Hamann, der Königsberger, dazu an. Der »Magus aus Norden«, der als erster in Deutschland die Lehre von der Genialität vertritt, der sich für Volkspoesie begeistert und in Shakespeare den großen Gestalter der menschlichen Leidenschaft sieht, den Dramatiker, der alle Regeln verwirft, alle Fesseln der Schulpoesie sprengt. Unter Hamanns Leitung las der Student Herder in Königsberg Shakespeare. Lenz und Hamann werden später Briefe wechseln. Ob ihre persönliche Bekanntschaft in Jakobs Königsberger Studentenzeit fällt, ist nicht nachzuweisen.

Wie auch die direkten Beziehungen zu Immanuel Kant kaum belegt sind. Das Huldigungsgedicht könnte der Anknüpfungspunkt der persönlichen Bekanntschaft gewesen sein. Daß sie existiert haben muß, wissen wir aus einem Brief von Lenzens Vater. Jakob wendet sich Kant zu, befragt ihn um Rat für seine Zukunft, seine beruflichen Pläne, bittet ihn – gegen den ausdrücklichen Willen seines Vaters – um die Vermittlung einer Anstellung in Deutschland. Immanuel Kant hat es getan, hat dem Studenten Jakob Michael Reinhold Lenz entweder ein Empfehlungsschreiben gegeben oder eine Stelle verschafft bei einem Herrn Resident Rehbinder in Danzig. Vielleicht hat er ihm auch vorher jene Hofmeisterstelle in Königsberg vermittelt. Daß Lenz dem Vater die Pläne, nach Deutschland zu gehen, selbst mitteilt, ist kaum anzunehmen. Man wird sie Pastor Lenz anderweitig hinterbracht haben. Der Vater reagiert mit aller Entschiedenheit.

8

August 1770. 1768 hat Lenz das Studium begonnen. Noch ein Jahr gibt der Vater ihm. Er drängt auf Studienabschluß. Michaelis 1771 sei der äußerste Termin.

Sein Drängen hat vor allem finanzielle Gründe. Der Vater kann das Studiengeld für die Söhne nicht länger aufbringen. Die Unterstützungen sind verbraucht. Briefnotizen des Vaters an die beiden Königsberger Studenten geben darüber Aufschluß. »Art u. Weise, wie sie zusammen geflossen. Fick 20 Rbl. – Treuer 20 Rbl. – Stryck – 10 Rbl. – Raths-Stipend. – 20. Rbl. – 3) Distributio. a) Jacob Fick – 10 Rbl. – Raths-Stip. – 10 Rbl. – S. 20 Rbl. b) Christian Fick – 10. Treuer – 20. Stryck – 10. Raths-Stip. – 10. S. 50 Rbl. II. Hiermit aber sind auch nun die vorigen Quellen verschlossen. Jacob hat Boks u. der Baronne Wolf Stipendia weg – Fick sagte 50 Rbl. habe er destinirt, 30 Rbl. hätte er vorher gegeben, nun die letzten 20. – Treuer ein vor alle mal – das Raths-Stipendium für dich geschlossen, tritt nun So ... jun. an. Stryk auch aufs letzte Jahr. – Auf mich gar keine Rechnung zu machen. Denn da meine Erntezeit nichts getragen u. ich also fast in allgemeinen Schulden sitzen bleibe, so ist auf die übrigen Teile des Jahres wenig zu rechnen: U. es wird e. Wunder-Gnade Gottes seyn, wenn noch so viel zusammen soll, als bis Michaelis nöthig ist.« Von jenem Ratsstipendium ist auch in Gadebuschs Chronik die Rede. Es ist eine Unterstützung der Stadt Dorpat. »Der junge Bresinskis und des Hrn. Propstes Lenz Sohn«, heißt es da, »geneusst ein Stipendium. Ein jeder hat drey Jahre und also 60 Rubel genosen ... Es wird allezeit aus den Armenkassen bezahlet.«

Vater Lenz zieht die Schlußfolgerung aus der Lage, teilt den Söhnen mit: »Porismata hieraus, daß sie 1) durchaus nicht länger als bis gegen Michaelis sich ihren Terminum Academicum setzen, denn es wird ohnehin schwehr genug seyn, sie noch so lange zu unterstützen 2) sich nicht in Schulden einfressen, sonst sich so vest fressen, da ich sie unmöglich lösen können u. da wären sie ganz verloren denn ich könnte nicht, wenn sie auch ins Carcer kämen 3) daß sie mittlerweile sehr fleissig seyn pp.«

Die Söhne aber sehen die Sache ganz anders. Sie bitten den Vater immer wieder um Geld. »Vergeben Sie unser öfteres unverschämtes Geilen nach Geld: die Noth lehrt hier beten und betteln«, schreibt Jakob Lenz im Oktober 1769 an den Vater. Und: »So sehr ich Ihnen für die gütige Besorgung eines Theils meines jährlichen Fixi verbunden bin, so sehr sehe ich mich genöthigt, Sie nochmals gehorsamst um die so viel mögliche baldige Beförderung dessen, was Ihre Gütigkeit zu unserer Kleidung bestimmt hat, zu bitten. Praenumeration ist nothwendig, wenn ein Student gut wirtschaften will und also ist ihm im Anfange des Jahrs immer Geld unentbehrlich.

Noch einige Ausgaben habe Ihnen schon vorhin specificiren wollen, für die ich gleichfalls von Ihrer Gewogenheit einigen Ersatz hoffe, wenn es Ihre Umstände zulassen.« Lenz bittet unter anderem um die Rückgabe des Betrages, den er für das in Seide gebundene Widmungsexemplar der »Landplagen« für Katharina II. aufbringen muß. Auch der Bruder Christian bittet den Vater in einem Brief gleichen Datums dringend um Geld. Sie könnten ihre »vom vorigen Jahr herkommenden Schulden nicht zahlen«. Der Vater solle sie »nicht in der Verlegenheit lassen, länger ohne Geld zu leben«.

Auf den Gedanken, daß er sich selbst in Königsberg etwas dazuverdienen kann, sehen wir von jenem halbjährigen Hofmeisterdasein ab, kommt Jakob Lenz nicht. Sein Verhältnis zum Geld wird sich zeitlebens nicht ändern. Er verläßt sich auf andere, jetzt auf den Vater, dann auf Freunde und Bekannte. Er borgt, kann nicht zurückgeben. Er scheint aber das alles gar nicht wahrzunehmen, nicht darüber zu reflektieren.

Viele seiner Kommilitonen verdienen sich Geld. Auch Herder tut das. Vom Vater erhält er keinerlei finanzielle Unterstützung, lediglich vom Mohrunger Magistrat bekommt er eine kleine Summe; so verdient er sich Unterkunft und Verpflegung durch Unterricht. Am Collegium Fridericianum gibt er jüngeren Schülern Stunden und macht sich dadurch bei Vorgesetzten und Professoren beliebt. Sie fördern ihn, verhelfen ihm zu einer Stelle, nachdem er in der kurzen Zeit von nur zwei Jahren sein Theologie-Studium mit dem Prediger-Nachweis abschließt.

Auch für Jakob hätten Fleiß, gute Führung im Studium, ständiger Kollegienbesuch, Abschreibe- und Hilfsarbeiten bei den Magistern, Beaufsichtigung und Examinierung jüngerer Schüler im Livländischen Seminar die materielle Sicherheit, eine begehrte Wohnung auf dem Collegio Albertino oder freien Mittags- und Abendtisch gebracht. Eine Vielzahl von privaten und öffentlichen Gönnern gibt es in Königsberg.

Lenz bemüht sich offenbar um nichts. Er hat keine Zeit, lebt ganz seinen schriftstellerischen Arbeiten und Ideen hingegeben. Und sie bestimmen auch seine Zukunftspläne. Nach dem Westen, in die Länder der Freiheit drängt es ihn, nach Deutschland, nach Frankreich.

Das wird der tiefere Grund seiner Bitte an Kant gewesen sein. Danzig – das ist zwar nicht weit entfernt, aber von da aus weiter, weiter …

Es wird sich finden. Nur nicht nach dem öden Livland, unter die väterliche Autorität zurück.

Für den Vater aber ist die Verfügungsgewalt über den Sohn eine Selbstverständlichkeit. »Nachricht, so ich gehöret, daß Prof. Cant ihn nach Rehbinder in Danzig recommendiret«, notiert er. »Vorläufige Bestrafung, daß er nicht mit mir solche Sachen communicire, böses Gewissen: … daß du nicht eben … in deinem Vaterlande Gott und deinen Nächsten, ihnen zu Ehre und Freude nützl. seyn wilst – Zeigt wenig patriotismus an.«

Er fordert seinen Sohn Jakob Michael Reinhold zur sofortigen Rückkehr in die Heimat auf: »Ergo plane dissuadeo ut amicus, at si non vis, befehle ich dir als Vater, daß du dies Project fahren lassest u. mit deinem Bruder hereinkommst.«

Und dann eine Flut von Vorhaltungen, Ratschlägen. Was wolle er denn bei dem Herrn Resident Rehbinder in Danzig machen? »Erst Hofmeister … dann Secretair. Ein schlechter wol nicht, damit er dich abdanken könne. – Nein e. gut., folgl. e. ewiger Secretair, so wie dein Mutterbruder Neoknapp, e. ewiger freier Unterthan s. Hauses, der nie s. eignes anfangen, nie heiraten, nie selbst e. Wirtschaft führen kann, immer die Füsse unter e. fremden Tisch stecken muß.« Dieser Resident in

Danzig, hält der Vater dem Sohn vor, würde ihm nie zu einer Pfarrstelle in der Stadt verhelfen. »Nun wo dann hin? Aufs Land, aufs Dorf. 1) kannst du das hier auch u. viel besser haben: denn wir haben hier 10mal bessere Land-Pastorate, als die dortigen Dorf-Pfarren sind, wo die armen Prediger fast den Hungertod fressen ... da du dort fremd u. unbekannt bist: hier aber (da dein Vat. überall und du auch schon zieml. weit und breit bekannt bist) dir das ganze Land offen steht.«

Der Sohn solle nicht glauben, daß der Vater ihm aus Eigennutz riete, nein, nein, »so affenliebisch bin ich nicht«, es sei um Jakobs »wahren Vorteil« willen.

Er hat ja recht, der Vater, wie alle Väter recht haben, die nur das Beste für ihre Kinder wollen. Schrecklicher Erziehungsgrundsatz, ihm entspringt die Anpassung. Oder, wie bei Jakob Lenz, das Zerwürfnis zwischen Vater und Sohn, lebenstief, demütigend und grausam für Jakob, weil er das andere darstellt, die Alternative, den Ausbruch – der Vater aber das Normale, Gängige, Durchschnittliche. Seinen begabten und sensiblen Sohn Jakob liebt Pastor Lenz vielleicht besonders, um so verheerender wirkt seine Gewalt, mit der er seine Lebensnorm dem Sohn aufzwingt.

Er beschafft Jakob eine Hofmeisterstelle in Livland. Der Beginn einer Karriere, so war es bei ihm, so wird es beim Sohn sein. Die Bedingungen sind günstig, er teilt sie Jakob nach Königsberg mit: »D. H. Obrister Bok bey mir, hat e. Schwester in Lettland, nomen nescio hat noch klein. Kind., fordert nur den ersten Unterricht im Bstabieren, Lesen, Schreiben, Rechnen u. sonderl. im französischen, offerirt selbst nicht das Salarium: du solst es fixiren. Ich meine im ersten Jahre, da die Kind. klein 150 rthl. Alb. (weil dort im lettischen Alberts-Tahler) so nach Rubeln doch zum allerwenigstens 180 Rbl. ausmachen, und dabei 20 Rthl. zu freyem Thee und Zucker. –

Im andern Jahre wenn du bleiben wilst und kanst, aber 200 rthl. Alb. welches zum allerwenigstens 240 Rbl. ausmacht, u. abermal 20 rthl. Thée und Zucker ... Wer weiß, wo dieser Gönner auch wegen s. grossen Bekanntschaft mit den Größten des Hofes u. Einfluß bey d. Majestät selbst dir hier noch beförderl. seyn könte? Antworte bald. – Das Salarium däucht mir convenable. Man darf den Bogen nicht zu hoch spannen ...«

9

Jakob Lenz verläßt daraufhin im Frühjahr 1771, ein halbes Jahr vor dem vom Vater festgesetzten Termin, die Universität und die Stadt Königsberg in Richtung Westen. Sein Weggang gleicht einer Flucht.

Er flieht, muß fliehen, sonst wäre er, ehe er beginnt, als Dichter verloren. Hundertfünfzig Rubel oder zweihundert, zwanzig extra für Tee und Zucker oder nicht – die Kleinlichkeit des Lebens, das ist nicht sein Problem. Die Vorstellung, irgendwo in Livland Hofmeister zu werden, muß Grauen in Lenz erweckt haben. Nur das nicht.

Zwei Jahre vor ihm ist ein anderer ebenso plötzlich und alle Brücken hinter sich abbrechend aus Livland geflohen: Johann Gottfried Herder. Sein Ziel ist Frankreich. Auf dem Seewege reist er von Riga über Helsingör und die Niederlande nach Paris.

Das Motiv seines Aufbruchs ist die Furcht, »an einen toten Punkt angeheftet« zu werden, der »Studierstuhl in einer dumpfen Kammer, der Sitz an einem einförmigen, gemieteten Tisch, eine Kanzel, ein Katheder« kann das sein. »Wie klein und eingeschränkt wird da Leben, Ehre, Achtung, Wunsch, Furcht, Haß, Abneigung, Liebe,

Freundschaft, Lust zu lernen. Beschäftigung, Neigung – wie enge und eingeschränkt endlich der ganze Geist.« Herders Flucht aus Livland erwächst aus der Ahnung, auf der vorgeschriebenen Bahn ein »Tintenfaß von gelehrter Schriftstellerei«, eine »träge, lache Seele« zu werden, die »sich nicht erkennet ... Ich gefiel mir nicht«, schreibt er auf dem Schiff, »als Gesellschafter ... Ich gefiel mir nicht als Schullehrer ... Ich gefiel mir nicht als Bürger, da meine häusliche Lebensart Einschränkungen, wenig wesentliche Nutzbarkeiten und eine faule, oft ekle Ruhe hatte ... Alles also war mir zuwider. Mut und Kräfte gnug hatte ich nicht, alle diese Mißsituationen zu zerstören und mich ganz in eine andere Laufbahn hineinzuzwingen. Ich mußte also reisen, und da ich an der Möglichkeit hiezu verzweifelte, so schleunig, übertäubend und fast abenteuerlich reisen, als ich konnte.«

Ebenso ergeht es wohl Lenz. Aber während der vierundzwanzigjährige Herder bereits Prediger an zwei Rigaer Hauptkirchen ist und eine feste Anstellung an der Thurmschule hat, der russische Hof ihm, um ihn in Riga zu halten, das Rektorat des Livländischen Lyzeums und das Pastorat der St.-Jakob-Kirche anbietet, ist der zwanzigjährige Lenz noch nichts. Nicht einmal sein Studium hat er abgeschlossen. Die Verlockung der Reise läßt ihn alles vergessen. Von einem Tag zum anderen entscheidet er sich vielleicht. Überstürzt, hastig. Innerlich aber ist er lange vorbereitet, dieser Aufbruch. Es ist die Sehnsucht, alles zu sehen, zu erfassen, was in den Ländern vor sich geht, aus denen die Ideen kommen, die Lenz in den Büchern faszinieren. Und warum nicht Kants Ermutigungen, sich seines Verstandes zu bedienen, auf das eigene Leben beziehen?

Die Umstände der Reise sind dabei nur Zufall, Nebensache. Zwei Kommilitonen von Lenz, junge Adlige, die Barone von Kleist, entfernte Verwandte jenes von

Lenz so verehrten Dichters Ewald von Kleist vermutlich, wollen sich im französischen Straßburg in einem deutschen Regiment als Offiziere ausbilden lassen. Lenz muß davon gehört haben. Er bietet sich als Reisebegleiter an. Ohne ein Gehalt zu fordern oder irgend etwas, was einem Vertrage ähnelte. Freie Kost und Logis, selbstverständlich wohl, sind das einzige, was er jemals von ihnen erhalten wird.

Mit welchen Vorstellungen er losfährt, mit welchen Plänen für seine Zukunft, nie wird Lenz sich dazu äußern.

Herder aber hat es getan auf seiner langen Schiffsreise von Riga nach Frankreich. »Livland haben die Fremden«, schreibt er, »bisher nur auf ihre kaufmännische Art, zum Reichwerden, genossen«, ihm, Herder, aber sei es »zu einem höhern Zwecke gegeben, es zu bilden!« Nach Livland werde er zurückkehren als ein »zweiter Zwinglius«, als ein »Calvin« dieser Provinz. »... habe ich dazu Anlage, Gelegenheit, Talente?« befragt er sich, »was muß ich tun, um es zu werden? was muß ich zerstören? ... Unnütze Kritiken und tote Untersuchungen aufgeben ... das Zutrauen der Regierung, des Gouvernements und Hofes gewinnen, Frankreich, England und Italien und Deutschland in diesem Betracht durchreisen ... alles praktisch zu denken und zu unternehmen mich angewöhnen, Welt, Adel und Menschen zu überreden, auf meine Seite zu bringen wissen ... ich habe alle Groß- Gut- und Edeldenkende, gegen ein paar Pedanten, auf meiner Seite: ich habe freie Hand.« Herder ist sich der Gnade der russischen Kaiserin Katharina gewiß. »Alles muß sich heutzutage an die Politik anschmiegen, auch für mich ist's nötig, mit meinen Planen.«

Jugendlicher Überschwang. Zukunftspläne. Sie werden Schicht um Schicht von der Realität selbst des aufgeklärtesten Absolutismus abgetragen, und die große Hoffnung der Französischen Revolution bleibt Hoffnung im Reiche des Geistes. Quälend die Tatenlosigkeit. »... jedes Datum ist Handlung; alles übrige ist Schatten, ist Räsonnement«, schreibt der vierundzwanzigjährige Herder, als er aus Livland flieht. Später, im kleinen deutschen Fürstenstaat Weimar-Eisenach, wird er von der »verworrenen Schattenfabel« seines äußeren Lebens sprechen, sich in einer »gespenstvollen Einöde« finden, »eingeklemmt in das einsame Wirrwar und geistige Sisyphus-Handwerk«. Nie wieder ist von Hoffnungen auf die Zarin Katharina, nie wieder ist von einer Rückkehr nach Livland die Rede.

Und wäre Herder zurückgekehrt, so wäre Lenzens Vater sein Vorgesetzter gewesen. Zum Generalsuperintendenten ganz Livlands wird Pastor Lenz im Juni 1779 ernannt. Welch ein Spielraum für Herders Ideen, denkt man noch hinzu, daß Lenzens Vater schon in den Dorpater Jahren, als der junge Herder in Riga zu veröffentlichen beginnt, ihn mit seinem Haß verfolgt. Probst Lenz gehört zur Partei von Klotz, die Herder heftig angreift. Einen »socinianischen Christen«, eine der »Bestien der Freygeisterei« sieht er in Herder. »Sie thun Herdern unrecht«, wird Jakob dem Vater schreiben, »er ist kein socinianischer Christ. Lesen Sie doch bitte seine Urkunde ...«

Pastor Lenz wird seinem Sohn nie verzeihen, daß er sich Herder anschließt, wie er auch dem Sohn nie verzeiht, daß er gegen seinen Willen und Befehl Livland verläßt. Es ist ihm, dem autoritären, an Machtausübung gewohnten Mann, in seinem bisherigen Leben nicht vorgekommen, daß jemand das Recht eines selbständigen Weges für sich in Anspruch nimmt. Und das tut sein eigener Sohn, der geliebte, der redebegabte, auf den er als Theologe so viel Hoffnung setzt.

Jakob Lenz flieht.

Ohne diesen Ausbruch wäre er nie der Dichter Lenz geworden. Er mußte sich vom Vater lösen.

»Die Kleinheit deiner Erziehung, die Sklaverei deines Geburtslandes, der Bagatellenkram deines Jahrhunderts ... hat dich eingeschränkt, dich so herabgesetzt, daß du dich nicht erkennest«, schreibt Herder 1769 und fragt sich, wie vielleicht ebenso der Student Jakob Michael Reinhold Lenz, der da aus Königsberg in Richtung Westen flüchtet: »Wann werde ich so weit sein, um alles, was ich gelernt, in mir zu zerstören und nur selbst zu erfinden, was ich denke und lerne und glaube.«

10

Lenzens Reise geht quer durch Deutschland. Ostpreußen zunächst, Westpreußen, Pommern. Von Königsberg aus nach Elbing. Sie berühren sicher Danzig, denn sie reisen an der Küste entlang. In Köslin und Kolberg ist Lenz nachweislich mit den Baronen von Kleist gewesen. In einem späteren Brief bedankt er sich für die freundliche Aufnahme dort. Köslin ist die Geburtsstadt seines Vaters. Die Großeltern leben vielleicht noch. In dem Brief spricht er nur von Vaterbrüdern und deren Kindern.

Die Barone von Kleist drängen zur Weiterfahrt. Stargard. Die Landschaft ist immer noch gewohnt, nördlich-slawisch. Bis an die Oder. Der Oderübergang bei Küstrin wäre denkbar. Dort schon die Befestigungen und Kasematten. Überall Garnisonen, Soldaten, Offiziere. Die preußischen Uniformen nehmen zu, dunkelblau, hellblau und grün, mit roten, weißen und orangefarbenen Aufschlägen. Dann durchfahren sie die Mark Brandenburg. Die Erwartung Berlin. Die Postkalesche bringt sie bis zum Tor der Stadt. Am Tor Fragen nach Namen, Beruf, woher, wohin, beabsichtigte Unterkunft in Berlin, Länge des Aufenthaltes. Dasselbe dann noch einmal im Gasthof, im Quartier. Die Polizei vergleicht es, prüft so den Wahrheitsgehalt der Aussagen.

In Berlin müssen sie sich eine Zeit aufgehalten haben. Tiergarten, die Straßenzüge Berlins, Unter den Linden. Promenieren, Besehen des Neuen, Ungewohnten. Paraden, Aufzüge. Die anders gekleideten Menschen, ihre Art, sich zu geben, zu leben. Und die vielen »lüderlichen Weiber«. Die Interessen der Barone und Lenzens werden unterschiedlich gewesen sein.

Lenz drängt es vor allem ins Theater. Er ist nicht verwöhnt. In Dorpat wird erst Jahre nach seinem Weggang in einer leerstehenden Kupfermühle in der Vorstadt das erste feste Theater gegründet. Als Kind wird er in seiner Heimatstadt wohl Possenreißer und Gaukler auf dem Jahrmarkt, auch Marionettentheater und die eine oder andere Vorstellung einer wandernden Theatertruppe gesehen haben, die auf dem Weg nach dem russischen Sankt Petersburg, kommt ihr Schiff in Libau an, in Mitau und Dorpat haltmacht. Oder er erlebt eine Schauspielertruppe, die von Reval aus einen Umweg in Kauf nimmt. In Königsberg dann freilich ist es anders, die bekannte Schauspielertruppe, das Kochische Theater, gastiert dort. Da die Briefe aus dieser Zeit an den Vater gerichtet sind, schweigt Jakob selbstverständlich über solche Art verbotener Erlebnisse. Auch über seine Theaterbesuche in Berlin auf der Durchreise von Livland nach Frankreich gibt es aus anderen Gründen keine Zeugnisse. Ganz sicher wird Lenz ein Stück oder mehrere gesehen haben. Und er will natürlich die literarischen Größen kennenlernen. Dazu bleibt ihm Zeit während des Aufenthaltes in Berlin. Karl Wilhelm Ramler sucht er auf, den Aufklärer, Freund Lessings und des so früh verstorbenen Ewald von Kleist, Ramler, der mit Lessing Sammlungen älterer Poesie herausgab und dessen pathoserfüllte Oden nach Horaz weit verbreitet sind. Ob Lenz ihn nicht antrifft, ob er abgewiesen wird? Es ist üblich, daß die Gelehrten einen jeden empfangen. Wahrscheinlich bezieht sich Ramlers Ablehnung nur auf das von Lenz angebotene Manuskript seiner Übersetzung aus dem Englischen. Er wäre schon bei ihm gewesen, wird Lenz einem anderen Schriftsteller sagen, der ihn an seinen Kollegen, eben an Ramler verweisen will. Es ist der große Christoph Friedrich Nicolai, zu dem Lenz nun geht und zu dem er auch vorgelassen wird. Nicolai, dessen Verlag und Buchhandlung, dessen Haus das geistige Zentrum in Berlin in jenen Jahren ist. Seit 1765 gibt der Autor die »Allgemeine Deutsche Bibliothek«, die wichtigste Zeitschrift der deutschen Aufklärung heraus. Er ist sich seiner Bedeutung bewußt, seines Einflusses, dieser Literaturpapst. Die Begegnung zwischen Nicolai und dem jungen Lenz muß sehr unglücklich verlaufen sein. Für Lenz. Noch nicht im repräsentativen Haus in der Brüderstraße 13 findet sie statt, wohin dann so viele Dichter und Gelehrte kommen – das Haus kauft Nicolai erst 1787. Lenz, der Theologie-Student ohne Abschluß, schüchtern und linkisch und doch selbstbewußt; Sätze über Nicolais Dorpater Mitarbeiter Konrad Gadebusch, eine Empfehlung von Kant vielleicht stammelnd – vor dem Literaturpapst. Er bietet – zweiter Versuch – seine Übersetzung nun Nicolai zum Druck an. Auf dessen Einwurf, er solle zu Ramler gehen, antwortet Lenz, dort sei er gewesen und abgewiesen worden. Laune, Zufall, Arroganz – bei diesen Worten fällt Nicolai (später, 1795, berichtet er es selbst, möglicherweise schon gefärbt, da ist er giftig gegen alle) ein Offizier ein, der nie zahlte und daher von einem Gastwirte zum anderen gewiesen wurde, und er bricht in ein schallendes Gelächter aus.

Damit ist die Audienz beendet. Lenz ist natürlich tief verletzt. Das sind seine ersten Begegnungen mit den Leuten der Literatur im preußischen Berlin.

Dann wieder Aufbruch, Passieren eines anderen Stadttores; in Richtung Südwesten nach Leipzig. Mit der Postkutsche dauert die Reise von Berlin nach Leipzig zwei Tage, etwas mehr, etwas weniger, je nachdem, ob sie, die Barone Kleist und ihr Begleiter Lenz, mit der ordinären oder der Extra-Post reisen. Die preußischen Postkaleschen sind gegenüber den russischen spartanisch, lange Fuhrwagen mit zwei Sitzen ohne Riemen und Federn. Die Grobheit der preußischen Postillone, das Warten auf den Stationen, bis Post- und Schirrmeister ihren Korn getrunken haben, neue Pferde angespannt sind. Lenz vielleicht auf dem hinteren Sitz, Mantelsack oder Felleisen unter sich, um die harten Stöße zu mildern; ein schlechter Platz da hinten, aber immerhin kann er die Füße bequem ausstrecken.

Leipzig. Das Klein-Paris. Hier bleibt wohl nicht so viel Zeit wie in Berlin. Keine Zeugnisse über Jakob Lenzens Aufenthalt dort. Im Brief eines Freundes später eine einzige Äußerung, der Name eines Mannes, der Lenz von Leipzig her kennt.

Leipzig, die Stadt der Handelsleute, der Verleger und Buchhändler. Ob er Zeit hat, sie aufzusuchen, in die Universität zu gehen: Oeser, Platner, Gellert oder sonstwem seine Aufwartung zu machen? Vielleicht besuchen die Barone, die Empfehlungen haben, Klubs, Soupers und Bälle, die die reichen Kaufleute in Leipzig so zahlreich veranstalten. Vielleicht auch ist Leipzig nur eine Poststation wie andere für sie. Durchreise.

Sachsen bleibt hinter ihnen, sie nähern sich dem Thüringischen. Die liebliche Saale, die weite Ebene, in der die Stadt Naumburg liegt. Weiter. Eine fast gebirgige Gegend um Eisenach. Manchmal wohl steigen sie aus der Postkutsche aus, laufen einige Meilen zu Fuß, wenn die Kutsche an Hängen oder langen Steigungen im Schrittempo fährt.

Schließlich und endlich Frankfurt am Main. Von hier führen zwei Wege nach dem zu Frankreich gehörenden Straßburg, der eine über Darmstadt, Heidelberg und Karlsruhe, der andere durch die Pfalz. Sie müssen sich für einen entscheiden. Nach weiteren Tagen sind sie am Rhein. Kehl am rechten Ufer des Rheins, Straßburg direkt gegenüber, ist die letzte deutsche Poststation. Wieviel Grenzen von deutschen Kleinstaaten haben sie durchfahren. Ewiger Wechsel, das Land ist zerstückelt. Nun zum letztenmal der deutsche Visitator, er durchsucht Felleisen, Mantelsäcke und Koffer. Sie können passieren.

Drittes Kapitel

II

Im späten Frühjahr, Ende Mai wahrscheinlich, überquert Jakob bei Kehl den Rhein und betritt französisches Territorium.

Straßburg liegt vor ihm. Frankreich! Das Land Rousseaus, denkt er.

Seine Brotherren aber, die Barone von Kleist, denken: Soldatenwesen – Militär – Diplomatie – zu Geld kommen – Karriere im Staatsdienst. Die Offizierslaufbahn ist aussichtsreich. Der Soldatenhandel, von den Fürsten betrieben, braucht Kader, Ideologen, Organisatoren. Daher das Ziel Straßburg.

Eine Stadt, beherrscht vom Militär. Schon 1681 französische Garnison, 1797 dann nach dem Ryswicker Frieden wird die Stadt als Grenzfestung ausgebaut. Ein steinerner Gürtel umgibt ganz Straßburg, eingebettet in ihn sind eine Vielzahl von Toren und Bastionen, verstärkt mit Lünetten und Hornwerken. Riesige Zitadellen, das Fort-Pierre am Steintor, die vier Türme der Verteidigungsbauten bei den Gedeckten Brücken, dort, wo die Ill sich in fünf Arme teilt. Der Fluß, vom Südwesten her sich nähernd, umschließt als Wallgraben die Stadt. Im Inneren der Stadt Militär: Zehn große Kasernen haben die Franzosen gebaut, beim Fischer-, beim Judentor; die größte, die Finkmattkaserne, faßt zweitausendsechshundertachtzig Mann, die beim Kronenburger oder Zabener

Tor tausend Mann, Reiterregimenter sind dort zumeist, ihre Pferde befinden sich in den Ställen beim »Grünen Bruch«. Neben den Kasernen die Wachhäuser, Exerzierplätze, der fünfzigtausend Quadratmeter große Schießplatz, in der Metzgeraue das Truppenübungsgelände. Zeughaus, Artillerieschule, Schmieden, Stückgießereien, die die Geschütze herstellen. Neu erbaut sind Munitionslager, Reithallen, Heu- und Hafermagazine, ein riesiges Militärgefängnis und Regimentsspitäler.

Eine Besatzung von zwölftausend Mann Infanterie, Kavallerie und Artillerie ist in der Stadt untergebracht. Ganze dreiundvierzigtausend Einwohner zählt Straßburg.

Im Stadtbild überall französische Uniformen. Große Plätze und Promenaden haben die Franzosen geschaffen, den Broglie, den Contade, benannt nach französischen Marschällen. Hier treffen sich die Leute, hier spielt sich das öffentliche Leben ab. Auch auf dem von Bürgerhäusern umgebenen Paradeplatz. Allabendlich ist dort der Zapfenstreich der Wache, Trommeln und Wirbeln der Militärkapelle.

Die adligen Militärs bestimmen die Atmosphäre der Stadt. In den Bürgerhäusern, auf privaten Vergnügen, auf Bällen und Redouten, im französischen Theater und im Konzert geben sie den Ton an. Eine Fassade von verschwenderischem Reichtum baut der Adel auf. Die schönsten Paläste und Häuser in Straßburg gehören den französischen Marschällen und deutschen Regimentskommandeuren. Große Festlichkeiten finden statt, wenn Prinzen durchreisen, Paraden und Revuen, Vorführungen der Artillerieschule. Und immer wieder Bälle, französische Mode, französische Tanzmeister.

Hinter dieser grellen Fassade die grausame Realität des Soldatenhandels. Verborgen, fast anonym.

Straßburg, das ist für Jakob Lenz nicht nur die Stadt der Soldaten, der Exerzierplätze, der Mauern und Bastionen. Straßburg ist ihm die Stadt, die ihm Sprache und Stimme gibt, die Stadt mit der geistigen und künstlerischen Atmosphäre.

Straßburg, das ist ihm die Stadt mit der südlichen Wärme, dem weiten betörenden Himmel, den Vögeln des Morgens; ihrer Landschaft, in der Rheinebene gelegen, ansteigend hinten am Horizont die Gebirge, Schwarzwald zur einen, Vogesen zur anderen Seite. Die großen Flüsse schon draußen im Umkreis der Stadt, dann im Weichbild Ill, Altrhein und Breusch, geteilt in unzählige Arme, wasserumflossene Wöhrden und Inseln bildend, Niederungen, feuchte Wiesengründe.

Verlockender Süden – die kurzen heißen Sommer mit den Gewittern, dem üppigen Grün. Das Wirtshaus »Am Wasserzoll«, die Ruprechtsaue. Jakob wird den Tanz im Wirtshausgarten »Am Wasserzoll« erleben. Dort, in der lieblichen Ruprechtsaue, wird er in warmen Nächten im Freien liegen, und am Abend, wie die anderen, Fische, kleine Salme aus dem Wasser ziehen, rösten und unter den Weidenbäumen verzehren.

Und er wird des Morgens, im fahlen Licht, zur Stadt zurückkehren. Zur Stadt Straßburg, die ihm auch die Stadt der vertrauten Gassen und Winkel, des hochaufragenden Münsters, die Stadt der Gerber und Wäscherinnen, der Markttage und Studentenumzüge wird.

Die Stadt, in der er Gleichgesinnte, Freunde findet. Wenige, einen. Manchmal genügt schon einer. Lenz findet ihn, diesen einen: Johann Wolfgang Goethe. Zwei junge Männer aus verschiedenen Welten treffen da zusammen. Schüchtern, zögernd sprechend der eine, Pfarrerssohn aus Livland, der öden kleinen Welt, ungewöhnlich gescheit, mit der Fähigkeit zum scharfen Witz, zur Ironie, gedämpft jedoch, ohne Selbstsicherheit, ohne Weltmanieren. Der andere selbstbewußt, gewinnend gegen jedermann, lustig, wild, aufgeschlossen, von großem Geist; der Sohn eines reichen Mannes, aufgewachsen fernab jeder sozialen Not in Frankfurt am Main, der Freien deutschen Reichsstadt.

Lenz ist offenbar fasziniert. Glückhaftes Erkennen: Hier fühlt einer wie ich, hier hat einer meine geheimen Gedanken schon gewagt, durchdacht, ausgesprochen, das gibt mir Kraft, reißt mich heraus aus dem Sumpf der offiziellen Mittelmäßigkeit, läßt mich plötzlich, wie erlösend erkennen, es ist nicht abwegig und absurd, da es die anderen nicht beschäftigt, nein, genau dies mußt du verfolgen, ausarbeiten – gegen alle und alles. Das muß Jakob Lenz geschehen sein, als er jenem Goethe begegnet, nur zwei Jahre älter als er, wie er ein angehender Dichter.

Jakob wird sein innigster Freund werden, ihn maßlos bewundern, lieben, viel von ihm lernen. Und später unerträglich unter ihm leiden; seine Arbeiten, anonym veröffentlicht, werden als die des Freundes gefeiert, er aber bleibt unbeachtet, im Schatten, bis schließlich die Freundschaft, gewaltsam von Goethe beendet, mit großem Schmerz und Bitterkeit für Jakob zerbricht.

Aber das liegt noch fern. Jetzt, im Sommer 1771, bei ihrer ersten Begegnung, erkennen sich Lenz und Goethe als Gleichgesinnte, gehen aufeinander zu.

Mögliche Gesprächsthemen: Shakespeare, Ossian, Homer. Was ihnen mißfällt an der gegenwärtigen Literatur, am Theater, dem Stadtklatsch, den Mädchen. Und was sie begeistert. Sie philosophieren gemeinsam über den Ursprung der Poesie, der eine erklärt zum Beispiel, wie die hebräische aus der Landschaft dieses Volkes, seinem Glauben, seinen Sitten, seiner Geschichte entstand. Sie sehen sich um, werden sich ihrer Historie bewußter, auch der Stadt, in der sie weilen, und ihres großen Bauwerkes, des Münsters. Der Freund öffnet Jakob die Augen. Plötzlich ist es nicht mehr der unmäßige Steinkoloß, an dem er vorüberhastet. Formgesetze klären sich in ihrer Strenge, ihrem Reichtum. Das Münster wird ihm, wie dem Freund, ein Ort, »zugleich zu genießen und zu erkennen«.

An der höchsten Stelle des Münsterturmes, unter der Krone im sogenannten Hals sitzen sie oder treten auf die »Platte, kaum eine Elle im Gevierte«, hinaus – berauscht von ihren Schwärmereien, die geheimsten Pläne einander bekennend: Goethe seinen »Götz«, Lenz seinen »Hofmeister«.

Vielleicht war es so. Vielleicht anders.

Oft können sie sich nicht gesehen haben in Jakobs erstem Straßburger Jahr. Einen Monat, höchstens zwei, sind sie gemeinsam in dieser Stadt. Lenz kommt im Frühsommer 1771. Goethe, seit März 1770 hier, verläßt Straßburg nach bestandener Lizentiaten-Prüfung Anfang August 1771.

Vielleicht also waren ihre Begegnungen flüchtig. Kaum ein paar Worte. Nur ein Aufblitzen. Aber es genügt.

Die Begegnung mit Goethe ist für Lenz so wichtig wie vor wenigen Monaten Goethes Treffen mit Johann Gottfried Herder. Im September 1770 war dieser nach Straßburg gekommen als Reisebegleiter eines debilen Prinzen, kündigt seine Stellung und bleibt bis Ostern 1771 in der Stadt, um sein krankes Auge behandeln zu lassen. Der operative Eingriff mißglückt; monatelang ist Herder an das Krankenlager gefesselt. Er sucht, besessen von den Plänen, die ihn aus Riga trieben, ja, durch die Erlebnisse in Frankreich darin bestärkt, Austausch, Gespräch. Der junge Goethe wird sein Zuhörer. Herder gibt ihm Einblick in seine entstehenden Arbeiten über den Ursprung der Sprache, der Poesie. Ihn will er für seine Ideen begeistern. »Journal meiner Reise 1769«, auf der Flucht aus Livland geschrieben, wird zu Lebzeiten nie veröffentlicht. Das Handgeschriebene aber gibt Herder Goethe in Straßburg zu lesen. Einmischung in die Politik, Tatphilosophie – das trifft Eigenstes. »Würkungskrafft« und Literatur als »Zunder zu großen Taten« werden bald die Schlagworte der jungen Leute sein.

Goethe gibt nach Herders Abreise durch ihn Entdecktes weiter. Auch an seinen Freund Lenz.

»In den letzten Monaten« muß es gewesen sein, erinnert sich Goethe später, »... wir suchten doch Gelegenheit, uns zu treffen und teilten uns einander gern mit, weil wir als gleichzeitige Jünglinge ähnliche Gesinnungen hegten«, »aber«, fügt er hinzu, »wir sahen uns selten, seine Gesellschaft war nicht die meine.«

Ja, Lenzens Gesellschaft ist nicht die Goethes. Goethe ist Student an der Universität. Lenz Bediensteter. Der eine kann frei über seine Zeit verfügen, der andere ist abhängig. Goethe ist vom Vater geschickt. Lenz ist gegen den Willen des Vaters hier. Der eine ist reichlich mit Geld versehen, der andere ist ohne Geld.

Soldatenmilieu, das mochte Goethe nicht. Lenz auch nicht.

Trotzdem lebt Jakob Lenz über vier Jahre mit den Offizieren Kleist, folgt ihren Launen und Befehlen, erträgt den rüden Ton und das Zotenreißen. »... ich bin nicht frey – ich bin vieles nicht ... meine Freiheitsstunde (das hoff ich zu Gott) wird auch einmal schlagen und dann will ich anders seyn«, schreibt er Anfang Juni 1774 an Lavater.

Wie sieht sein Tag und der nächste und der darauffolgende aus? Hofmeister, Gesellschafter, Reisebegleiter, wie klangvoll sein Titel auch sein mag, ein besserer Bediensteter, ein Lakai der Barone von Kleist ist er. In die

»allergeringsten ihrer beyder Geschäfte« sei er »verwikkelt«, gesteht Jakob einem Freund in bezug auf seine Brotherren. Er dürfe sich nicht einmal für kurze Zeit von ihnen entfernen.

In der Tat. Er teilt mit ihnen die Behausungen. Er teilt mit ihnen die Kasernen und die Militärobjekte außerhalb von Straßburg, in die die Offiziere verschlagen werden, die Feldlager des Sommers, staubig und trist, die Winterquartiere, abgelegen und einsam.

Oft also ist Jakob während der vier Jahre seines Frankreich-Aufenthaltes gar nicht in Straßburg. Werden die Regimenter verlegt, zieht er mit. Muß er mitziehen.

Wenn die Offiziere es wünschen, befehlen, hat Lenz sie zu begleiten, ins Kasino, auf die Promenade, zur Wachablösung oder ins Theater, ins Gasthaus, in private Gesellschaften. Allerdings: dort ist er nur ein Statussymbol. Es gehört zum guten Ton, es schickt sich für einen Adligen, einen Gesellschafter zu haben. Und Lenz macht sich da gut. Spricht er doch Französisch, in einer zweisprachigen Stadt äußerst wichtig. Kann er doch Briefe schreiben, übersetzen, ja selbst Liebesgedichte verfassen.

Er ist verantwortlich für alles, vom Zimmer aufräumen, Essen und Wein herbeischaffen, Uniformen ausbürsten, schmutzige Wäsche wegbringen bis zum Stiefelputzen vermutlich. Eben in die »allergeringsten Geschäfte« verwickelt.

Jahrelang lebt Jakob so mit den Offizieren. Kopf an Kopf, Bett an Bett, in einem Zimmer zumeist.

Wie kann er da arbeiten? Er kann. Sind die Barone auf dem Exerzierplatz, in der Kaserne, dann schreibt er. Besessen. Unter Druck. In einem Zimmer, in dem Uniformen, Stiefel, Büchsendeckel voll Schuhwichse, Tabakpfeifen, Degen, Zaumzeug, Sporen wild durcheinander liegen. Auf dem Tisch Whistkarten, Reste von Essen, halbleere Gläser.

Hastig mag sich Lenz die eine Tischhälfte frei gemacht haben für seinen Bogen und das Tintenfaß. Alle Äußerlichkeiten werden unwesentlich. Er schreibt. Entwirft, zerreißt, schreibt neu. Die Einfälle, die Gedanken, die Bilder überstürzen sich. Die Szenen vor ihm, er kann sie nicht schnell genug auf das Papier bringen.

Förderlich ist seiner Arbeit, daß er nicht nur in Goethe einen Gesprächspartner findet, sondern nach dessen Weggang auch andere. In Straßburg, der Universitätsstadt, gibt es einen kulturell interessierten Kreis junger Leute, dem Johann Daniel Salzmann vorsteht. Der Kreis trifft sich in der Knoblochgasse Nr. 22 im Kosthaus der Jungfrauen Lauth, dort hat er seinen gemeinsamen Mittagstisch. Es sind vornehmlich Studenten der Universität, die dort verkehren, und Geld und Empfehlung aus gutem Hause sind notwendig. Lenz hat das nicht. Dennoch bekommt er Kontakt. Er muß wohl schon dort gewesen sein, als Goethe noch in Straßburg ist, mit ihm am Tische saßen zeitweilig Jung-Stilling, Lerse, Wagner. Und häufiger ist Lenz dann dort, als Goethe die Stadt schon verlassen hat.

Johann Daniel Salzmann, Goethes Freund und Mentor, wendet sich nun Lenz zu. Salzmann ist achtundvierzig Jahre, Straßburger, Amtsschreiber, einer, der sich abhebt vom Durchschnitt, ein Belesener, der auf alles Neue aus ist. Er findet Gefallen an Jakob Lenz, er berät ihn, fördert ihn, lädt ihn in sein Haus ein, bringt ihn mit anderen jungen Leuten zusammen.

Plötzlich ist Jakob nicht mehr Lakai, der auf Befehl zu reden und zu schweigen hat. Befreit ist er von der Qual der veräußerlichten Redeweise.

Nun bricht alles aus ihm heraus. Seine Hemmungen schwinden. Im Winter 1771/72 ist es wahrscheinlich, da steht er neben Salzmann im Kreis der Freunde und trägt seine »Anmerkungen übers Theater« vor. Als theoretische Hauptschrift des »Sturm und Drang« gelten sie heute. Lenz redet. Seine Sätze überstürzen sich, er spitzt zu, bricht ab, hastet, das Einverständnis seiner Freunde voraussetzend, zum nächsten Gedanken. Das ganze Welttheater läßt er entstehen – um darin *seinen* Platz zu finden. Letzteres sagt er nicht, natürlich nicht, denn er ist kein Schwätzer, kein Scheingenie; er ist ein wirkliches Talent.

Seine Polemik gegen das bestehende Drama ist die angespannte Suche nach Eigenem. Nur wenn er sich vom Herrschenden radikal löst, die toten Formen sprengt, wird er gestalten können, was ihn selbst quält, bedrängt. »Handlungen und Schicksale sind erschöpft« sagt er, »die konventionellen Charaktere, die konventionellen Psychologien, da stehen wir und müssen immer Kohl wärmen ... Wir aber hassen solche Handlungen, von denen wir die Ursache nicht einsehen ...« Lenz wehrt sich gegen den unaufhörlichen Zwang zur Idealisierung. »Der Dichter solle Begebenheiten nicht vorstellen, wie sie geschehen sind, sondern geschehen sollten«, sage Aristoteles. Er, Lenz, aber schätze den »charakteristischen, selbst den Karikaturmaler zehnmal höher als den idealischen, hyperbolisch gesprochen, denn es gehört zehnmal mehr dazu, eine Figur mit eben der Genauigkeit und Wahrheit darzustellen, mit der das Genie sie erkennt, als zehn Jahre an einem Ideal der Schönheit zu zirkeln, das endlich doch nur in dem Hirn des Künstlers, der es hervorgebracht, ein solches ist.«

Lenz will nicht »Brustzuckerbäcker«, »Pillenversilberer« sein, er will gestalten, was er sieht, erleidet, erfährt.

Er will »Schöpfer« sein. Der »wahre Dichter verbindet nicht in seiner Einbildungskraft, wie es ihm gefällt, was die Herren die schöne Natur zu nennen belieben ... Er nimmt Standpunkt und dann *muß* er so verbinden.«

Lenz fühlt, die Gesetze zwingt die Wirklichkeit ihm auf, ihr, dieser Wirklichkeit mit ihren quälenden Widersprüchen kann er sich nicht entziehen.

Die Erfahrungen seines bisherigen Lebens drängen sich zusammen. Bilder seiner Kindheit und Jugend treten überscharf in sein Bewußtsein. Er sieht die Erniedrigten, die Letten und Esten, die er wie alle anderen gedankenlos »Undeutsche« nannte; er sieht jenen Diener, zur Zwangsarbeit nach Sibirien verbannt, weil er die Hand gegen seinen Herrn erhob. Sieht das Elend der Leibeigenen. Denkt an den Hunger; auch auf seiner Reise quer durch Deutschland begegnete der Hunger ihm, nach dem Siebenjährigen Krieg gibt es an vielen Orten große Not.

Auf diesem Hintergrund sieht er eine Schicht, die sich anmaßt zu herrschen, Adlige, wie er sie in Livland erlebte, deren einzige Gesprächsthemen Jagd, Vergnügungen und Soldatenwesen sind, deren geistiger Horizont so eng ist, daß ihr Anspruch auf Unterwürfigkeit der anderen sich nur als Groteske offenbaren kann. Und sie, die anderen, devot, orientierungslos in der Überzahl.

Er sieht sich in seiner erniedrigenden Stellung, seinem erbärmlichen Ausgeliefertsein, den Baronen, dem Vater, der Zukunft gegenüber. Seinem eigenen Körper gegenüber, der ihn peinigt, quält. Ausweglos. Eine Frau – für ihn unerreichbar. Es sei denn gegen Entgelt im Bordell. Natur, Natur – alles gegen sie gerichtet. Erzwungene Enthaltsamkeit überall. »Jämmerliches Kastratenjahrhundert.«

Jakob begehrt auf, schreibt die Geschichte jenes Hofmeisters. Um ihn versinkt alles, die lebendige Stadt, die Freunde, die Pflichten. Er schreibt und schreibt.

Das Drama »Der Hofmeister oder Vorteile der Privaterziehung« entsteht. Große Erregungen gehen vom Stoff aus. Es ist unmittelbare Gegenwart, die Lenz gestaltet, das Stück spielt 1768. Es ist die Welt, in der Jakob gelebt hat. Ihre grausige Zurschaustellung: so sind die Beziehungen der Menschen zueinander, und so werden sie bleiben, wenn man die Welt nicht verändert. Einander beherrschend und demütigend, entfremdet, abnorm einsam leben die Menschen, verdammt und sich selbst verdammend in zerstörerischer Frustration und Täuschung, Vorurteilen und falschen Hoffnungen. Wie sie sich auch biegen und krümmen und verstümmeln, »das heißt nicht gelebt, seine Existenz gefühlt«.

Lenz reißt die Widersprüche auf, bezieht alles ein: Kreatürliches und aufgeklärtes Weltmodell, Leben und Tod, Sexualität und ideale Liebe, Selbstsucht und Verantwortung für das Allgemeine, adlige Lebensanmaßung, bürgerlich-kleinliche Bescheidung, totalen Wertverfall, Unfähigkeit zum Ausbruch.

Lenz schafft in seinem ersten Drama eine Kunstwirklichkeit, in der die Gestalten auf beklemmende Weise Ausgelieferte sind, herrschen wollen und doch beherrscht werden; von ihrem Milieu, ihrer Umwelt, den Abgründen in sich selbst, den Normen und Vorurteilen ihres Standes. Deformierte Menschen, Karikaturen sind es. Selbst ihr Gut-sein-Wollen, ihre zweifellos tief in ihnen vorhandene Sehnsucht nach Menschlichkeit kann sich nur verzerrt äußern. Jener junge Hofmeister Läuffer, klug und begabt, der sich selbst zerstört, kastriert, um zu überleben; der in der Anpassung an die Normen des Schullehrers Wenzeslaus seinen inneren Frieden finden will. Wenzeslaus ist der einzige, der zumindest seine bürgerlichen Rechte in seinem eigenen Haus wahrnimmt, dem Adligen, dessen Tochter Läuffer geschwängert hat, das Haus verweigert und so den Hofmeister vor dessen tätlichem Zugriff rettet. Aber welch groteske Bescheidung in seinen Lebensnormen! Nichts mehr wollen, als früh, mittags und abends mäßig essen und eine Pfeife rauchen und den Kindern beibringen, gerade zu schreiben, »... aber nur grad geschrieben, denn das alles hat seinen Einfluß in alles, auf die Sitten, die Wissenschaften, in alles«. Und der Vater des Hofmeisters, der alte Stadtprediger Läuffer, devot, an nichts glaubend als an den ewig gleichen Ablauf des Daseins. Der Lautenist Rehaar, der sich und seine Tochter durch Anbiedern durchzubringen hofft: »Ein Musikus muß keine Courage haben.« Die Studenten, die ihre Probleme hinter Verlogenheit, Leichtsinnigkeit und Großsprecherei verbergen. Und die Adligen, die Majorin, dumm und arrogant, für sie ist die Welt in Domestiken und Standespersonen geteilt und nur eines wichtig: »... daß man heutzutage auf nichts in der Welt so sehr sieht, als ob ein Mensch sich zu führen wisse.« Ihr Mann, der Major, dessen Vaterliebe entstellt wird von dem ihm nicht bewußten Zwang, sein Adelsprestige durch eine reiche Heirat der Tochter aufrechtzuhalten. Die Tochter, die sich als Julia und ihren Freund als Romeo sieht, aber nicht zögert, als ihr Romeo zum Studium geht, im Hofmeister einen Ersatz zu suchen.

Jakob läßt seine Gestalten wie Marionetten agieren, die Spieler sind unsichtbar, Bewegung und Handlung aber sind unweigerlich von ihnen bestimmt. Alle Figuren belügen sich und werden belogen, schieben sich und werden geschoben – von unsichtbaren Mächten – einem Abgrund zu. Aber sie stürzen nicht hinein. Die tragischen Entwicklungen werden von Lenz unerbittlich zerstört, die Trivialität des Lebens löst sie in komische Verzerrung auf. Die innersten Sehnsüchte der Menschen können sich nur auf banale Weise artikulieren.

Lenz hält die Gegenwart in ihrer Erbärmlichkeit fest, er bannt sie in seiner Kunst mit einem Realismus, den das deutsche Theater noch nicht erlebt hat: plebejisch, scharf, hart, sozial genau. Da ist nichts nachgeahmt, abgeguckt, nachempfunden. Alles ist eigenständig. Eine aufregende Einheit von Tragischem und Komischem ist es. Lenz schreibt die erste Tragikomödie. Ein böses Stück. Es rührt an den Grund der Existenz, beunruhigt die Gefühle, ermöglicht dem Zuschauer keine Identifikation. Er wird auf sich selbst zurückgeworfen, was ist das in dir, wovon wirst du bestimmt, wer treibt dich? Die deutschen Lebensläufe sind unerbittlich, Zerrbilder, Fratzen, Lenz spielt die Melodie mit ihren Mißtönen, ihrer Disharmonie. Das braucht einen äußerst aktiven Zuschauer, der dahinter die Sehnsucht nach Harmonie spürt, der sich durch das Dargestellte herausgefordert fühlt, die Umstände zu ändern, die Marionetten zu Spielern zu machen, aus Zerrbildern »Charaktere« werden zu lassen, die »unveränderlich die ganze große Maschine selbst drehen«. Lenz wird diesen Zuschauer nicht finden. Diese Enttäuschung aber steht ihm erst bevor.

Noch ist das Stück nicht beendet. Jakob ist im Fieber des Schaffens, da in Straßburg Ende 1771, Anfang 1772. Er sitzt im Quartier der Offiziere Kleist, in einer engen Stube, schreibt.

12

Im Frühsommer 1772 verändert sich Lenzens äußeres Leben. Das kommt seinem Schreiben entgegen.

Das Regiment Anhalt, in dem der jüngere Kleist dient, verläßt die Stadt, zieht zu Feldübungen hinaus in das sieben Fußstunden von Straßburg flußabwärts am Rhein gelegene Fort Louis. Eine riesige Festung, von Vauban im Auftrag Ludwigs XIV. erbaut, mit ungesundem Klima und schlechtem Trinkwasser, ein Militärgelände, gelegen zwischen zwei toten Armen des Rheins.

Lenz lebt mit den Offizieren in der Festung. Nach der äußerst intensiven Arbeit am »Hofmeister«-Entwurf und der Fülle der neuen Eindrücke in Straßburg nun die Abgeschiedenheit dieses Außenlagers, der »kleine ungesunde Ort, ohne Umgang, ohne Verbindung«. Die Einsamkeit inmitten der Kommandorufe, die Schindereien, der Lärm der Truppenübungen.

Für Lenz ist es ein glücklicher Sommer, der glücklichste vielleicht überhaupt.

Die Arbeit am »Hofmeister« erfüllt ihn. Er hat, was ihm kostbar ist, Zeit, viel Zeit. Kleist ist beschäftigt. Lenz meidet die Soldaten. »Ich bin mit einigen Offiziers bekannt und diese Bekanntschaft wird mir schon, in ihrer Entstehung lästig.« Er zieht sich, »soviel möglich ... allezeit« in sich »selbst« zurück. »Ich liebe die Einsamkeit jetzt mehr, als jemals.«

»Mein Trauerspiel ... nähert sich mit jedem Tag der Zeitigung«, heißt es am 28. Juni. Die Seiten füllen sich, alles drängt zur Verarbeitung. Er schreibt in äußerster Anspannung. Die Szenen formen sich. Die Gestalten des »Hofmeisters« lassen ihn nicht los.

Manchmal vielleicht durchstreift er die Gegend. Vor ihm die breiten Arme des Rheins, nicht eingedämmt, mit den zahlreichen Inseln. Im Sommer, wenn der Wasserstand sinkt, werden sie sichtbar. Ihr Bewuchs ist spärliches Gestrüpp. Etwas weiter Niederungswälder. Hitze, Dasselfliegen, Schnaken.

Er läuft und läuft. Von Fort Louis westwärts gehend, kommt er an den Fischerhütten des Filialdorfes Dalhunden vorbei. Nach einer halben Stunde erreicht er das nächste größere Dorf, eine Pfarrgemeinde mit tausend Seelen, zur Grundherrschaft des Kardinals und Prinzen Rohan-Soubise in Zabern gehörend. Bis dicht heran

Waldungen, vor den ersten Häusern sieht er einen Hügel, bewachsen mit Buchen.

Das Dorf ist eine einzige lange Straße. Das Wirtshaus »Zum Anker«, von den Offizieren des Forts gern besucht. Die steinerne alte Kirche mit ihrem helmförmigen Turm. Unweit davon das Pfarrhaus, ein Fachwerkbau, zweistöckig, das obere Geschoß niedrig. Baufällig das Ganze, mit einem zur Straße gerichteten Giebel, mit grünem Reblaubgerank. Ein rheinischer Bauernhof, Ziehbrunnen mit langem Mast, rechts die Scheuer, dahinter der Obstgarten, beim Gemüsegarten die Laube. Die Einfahrt zum Haus mit geschwungenem Tor und kleiner Tür. Am linken Pfosten zu lesen: Brion Pfarr.

Der Pastor der Kirchengemeinde Sesenheim lebt hier mit seiner Familie, den alten Eltern, der Frau, dem Sohn, den Töchtern. Vier hat Brion. Maria Salome ist vierundzwanzig, Friederike Elisabeth einundzwanzig, Sophie sechzehn Jahre. Die älteste, Katharina Magdalena, ist schon verheiratet. Ein gastfreundliches Haus hat Pfarrer Brion. Oft sind Studenten aus Straßburg und Offiziere aus der Garnison Fort Louis da.

Lenz macht seinen ersten Besuch bei der Familie wahrscheinlich Ende Mai und gemeinsam mit dem Baron von Kleist. »Den Sonntag waren wir in Ses.« schreibt er am 3. Juni. Den folgenden Tag geht er allein: »den Montag frühe gieng ich wieder hin und machte in Gesellschaft des guten Landpriesters und seiner Tochter eine Reise nach Lichtenau. Wir kamen den Abend um 10 Uhr nach S. zurück u: diesen und den folgenden Tag blieb ich dort. Es ist mir als ob ich auf einer bezauberten Insel gewesen wäre, ich war dort ein anderer Mensch, als ich hier bin, alles was ich geredt und gethan, hab ich im Traum gethan.«

Jakob verliebt sich, sofort und heftig, in die ihm gleichaltrige Friederike Brion. Aufgewühlt und unruhig ist er. Glücklich und unglücklich in einem. Einmal wünscht er, »das Mädchen nie gesehen zu haben«, im nächsten Moment will er »für sie sterben«, dann wieder denkt er an Heirat, will sein »Glück«, wenn er »irgend eines auf dieser kleinen Kugel erwarten kann«, mit ihr teilen, deutet das sogar dem Vater in einem Brief an. Seine »Seele wird krank«, er ist »sich selbst am wenigsten«, kann sich »nicht leiden«, möchte sich »umbringen«, wünscht von »ganzen Herzen zu sterben, ... melancholisch über sein Schicksal« ist er und zugleich trunken vom Gefühl, verliebt in seinen Liebesschmerz.

Das gibt ihm Verse ein, die ersten wohl seit Livland und Königsberg. Die religiösen Themen sind verschwunden, die schwerfälligen, langen Rhythmen, die naturalistisch überladenen Bilder. Er spricht über sich, vertraut ganz seinem Gefühl, zauberhaft leicht sind diese lyrischen Gebilde, sehnsüchtig, klagend.

Als er Friederike kaum kennengelernt hat, verläßt das Mädchen für zwei Wochen Sesenheim, fährt mit Mutter und Schwester nach Saarbrücken. In der Fronleichnamswoche dann reist Jakob mit Kleist nach Straßburg. Fast vier Wochen sieht er Friederike nicht.

Ach bist du fort? Aus welchen güldnen Träumen
Erwach' ich itzt zu meiner Qual?
Kein Bitten hielt dich auf, du wolltest dich nicht
säumen
Du flogst davon – zum zweitenmal

Wie ist die Munterkeit von ihm gewichen.
Die Sonne scheint ihm schwarz, der Boden leer,
Die Bäume blühn ihm schwarz, die Blätter sind
verblichen
Und alles welket um ihn her

Er läuft in Gegenden, wo er mit dir gegangen
Im krummen Tal, im Wald, am Bach –
Und findet dich nicht mehr, und weinet voll Verlangen
Und voll Verzweiflung dort dir nach

Als sich die beiden Ende Juni wiedersehen, schenkt Lenz Friederike Brion dieses und andere Gedichte. Auf das Blatt von Jakob mit dem Vers »Wo bist du itzt mein unvergeßlich Mädchen« notiert Friederike oben rechts »als ich in Saarbrücken«. Sie legt die Blätter in den Kammertrog, ihre kleine Truhe, in der sie schon Briefe und Gedichte eines anderen aufbewahrt. Hat Lenz gehofft, gewartet auf Erwiderung, naiv, gläubig? Wo er doch gerade dabei ist, in seinem Drama das Elend seines Standes in seiner erbarmungslosen Bitterkeit zu gestalten; wo er doch weiß, daß er »alle seine edelsten Wünsche und Neigungen in den berauchten Wänden seiner Studierstube vorsichtig ersticken« lassen muß, ihm nur bleibt, »irgend ein System der Moral dagegen« zu schreiben, oder »jämmerlich süßtönende Klagen, Idyllen und Romanzen« zu verfassen, wo er doch weiß, daß das Mädchen, in die »eisernen Fesseln einer altfränkischen Etikette« gezwungen, ihm nur Gefühle zeigen darf, wenn die Aussicht auf eine Heirat besteht, ist sie doch in dem »süßen alten Wahn« erzogen, »jeden der sich ihr … mit einem schönen Wörtchen nähert für einen Freier« zu halten.

Brion, der Vater, ist wachsam nach den Erfahrungen des Vorjahres, da der junge Straßburger Student Johann Wolfgang Goethe die Gastfreundschaft des Hauses, die Sympathie aller genoß und Zuneigung und Liebe der Tochter Friederike gewann, dann aber ohne Abschied verschwand.

»Gestern ist der Herr Landpfarrer bei mir zu Gast gewesen«, notiert Lenz am 10. Juni, wenige Tage also nach dem Kennenlernen. Etwas ungewöhnlich, der Gang des alten Pfarrers durch das Tor des Militärlagers, um den Hofmeister zweier Offiziere zu besuchen. Will Brion den jungen Mann allein sprechen, sich genauer nach seinen Verhältnissen, Plänen und Zielen erkundigen? Sohn eines pietistischen Pfarrers, Student der Theologie, Gesellschafter jetzt. Rechtschaffen offenbar, gut erzogen, freundlich und aufgeschlossen – wie jener andere. Ein Freund gar von ihm. Brion entnimmt es dem Gespräch. Er selbst spricht nicht davon, ist es doch ein für die ganze Familie peinlicher Vorfall. Dieser junge Theologe ein glühender Verehrer Goethes, hört Brion. Möglicherweise auch einer, der überflüssigerweise Literatur fabriziert. Brion besitzt nicht *ein* schöngeistiges Buch in seiner umfangreichen Bibliothek. (Wir wissen es aus seinem Nachlaßinventar.) Einer also, der Verse verfaßt, die den Mädchen den Verstand rauben, einer, der fähig ist, sich über alle Etikette hinwegzusetzen. Wie jener andere.

Auch Salzmann, dem Lenz sein Geheimstes in Briefen, dann während des Straßburg-Aufenthaltes im Gespräch anvertraut, warnt, schimpft, spottet, beschwört ihn, davon abzulassen.

Umsonst. »Ich bin nicht schuld an allen diesen Begebenheiten«, verteidigt sich Jakob, »ich bin kein Verführer, aber auch kein Verführter, ich habe mich leidend verhalten ... Ich erinnere mich noch wohl, daß ich zu gewissen Zeiten stolz einen gewissen G.« – er meint Goethe, den Freund – »tadelte und mich mit meiner sittsamen Weisheit innerlich brüstete, wie ein welscher Hahn, als Sie mir etwas von seinen Thorheiten erzählten.«

Und nun geschieht es ihm. Sieht er das Mädchen mit den Augen, die den Freund so maßlos bewundern, scheint sie ihm mit diesen Augen begehrenswerter, in verklärtem Licht? Mag sein. Mag nicht sein. Er ist jung, er ist verliebt. Das ist alles. Und Goethe, der Freund, weilt in jenem Sommer 1772 in Wetzlar. Am 9. Juni lernt er Charlotte Buff kennen, und bis zu seinem Abschied am 11. September wird ihn dieses Mädchen, Werthers Lotte, faszinieren. Als die Freunde Lenz und Goethe sich dann in Straßburg im Sommer 1775 wiedersehen, spricht wohl keiner der beiden über Friederike Brion. Andere Mädchen beschäftigen beide, Lenz Cleophe Fibich, Goethe Lili Schönemann, die er heiraten will.

Im Hochsommer des Jahres 1772 aber wendet sich Jakob Friederike Brion zu, wie ein Jahr zuvor der andere.

Die Tage in Sesenheim werden ihm sein Leben lang gleich einem Traum erscheinen.

Oft weilt Lenz im Pfarrhaus Brion, übernachtet in dem kleinen Gastzimmerchen unter dem Dach rechts. Sitzt mit Friederike in der Laube, allein oder mit der Schwester; geht mit Friederike durchs Dorf zu dem mit Buchen bewachsenen Hügel, dem Nachtigallenwäldchen, oder die Moder entlang, verweilend, wo der Bach zwischen Sesenheim und Drusenheim eine scharfe Krümmung macht.

Einmal predigt er des Sonntags in der Kirche. Als er den Abend zuvor nach Fort Louis kommt, ist das Tor verschlossen. Er geht zurück ins Pfarrhaus, findet Brion »unruhig am Nachtessen, daß er so viel zu thun habe ... mich angeboten;« notiert Lenz, »bis vier Uhr in der Laube gesessen; mich von meinen Fatiquen erholt; eingeschlafen; den Morgen eine Bibel und eine Concordanz zur Hand genommen und um 9 Uhr vor einer zahlreichen Gemeinde, vor vier artigen Mädchen, einem Baron und einem Pfarrer gepredigt«.

Der Sonntagnachmittag gehört meist dem Vergnügen. Mit Friederike, den Schwestern und Cousinen geht Lenz nach Lichtenau zum Amtsschulzen Schübler, in Gesellschaften, zum Tanz.

Tanz auf den Rheininseln. Glück, Hochstimmung, die Lust an der vorangehenden Arbeit am »Hofmeister«. Jakob tanzt. Junge Leute, Lachen, Schwatzen, die kleinen Aufregungen und Geheimnisse der Pfänderspiele. Sommerabende, die spät hereinbrechende Dämmerung, die Nähe des Mädchens. Die sich steigernde Bewegung.

Lied zum teutschen Tanz

O Angst! tausendfach Leben
O Mut! den Busen geschwellt
Zu taumeln zu wirbeln zu schweben
Als ging's so fort aus der Welt
Kürzer die Brust
Atmet die Lust
Alles verschwunden
Was uns gebunden
Frei wie der Wind
Götter wir sind.

Das ist der Augenblick. Alles scheint möglich.

Und nichts ist wirklich. Jakobs Liebe bleibt unerwidert.

Was geht in Friederike Brion vor, dieser Fernen, zweihundert Jahre Entfernten? Vertraut wird sie uns, empfinden wir ihren schmerzlichen Widerstreit zwischen Poesie und Prosa des Lebens, in den sie sich getrieben sieht, ein Jahr bevor sie Lenz kennenlernt.

Zwanzig Jahre ist das Mädchen da – auf dem Lande aufgewachsen, mit den durchschnittlichen Erwartungen an das Leben, die ihrer Mutter, die ihrer Großmutter –, als dieser Wolfgang Goethe kommt und sie aus der Ruhe ihrer Genügsamkeit reißt, ihre Sinne weckt, Ahnungen von Leben, von Glück. Das kann nicht alles sein, fühlt sie nun, was sie bisher erhoffte. Aber nicht sie hat den Widerstreit zwischen Poesie und Prosa auszutragen, sie hat ihn nur zu erleiden. Goethe verläßt sie. Sie zerbricht fast daran, wird krank. Übersteht die Krankheit, den Klatsch, das Fingerzeigen, die stillen Vorwürfe aller.

Kaum ein Jahr danach nun dieser andere, Jakob Michael Reinhold Lenz, ihm, Goethe, gleich in der berükkenden Fähigkeit, die Welt in Worten aus sich herauszustellen, vielleicht ein wenig unbeholfener, schüchterner, nicht auf den ersten Blick so gewinnend, aber ihm gleich auch in jenem Wechsel von Lustigsein und Traurigkeit, übermäßig beides. Ihm gleich und doch, ach, nicht er.

Sie kann nicht Augen, Ohren, nicht Sinne für Lenz haben. Es ist einfach seine bloße Gegenwart, die Nähe des anderen in Gedanken, Gesprächen, Vorstellungen herbeiführend. Von »abwesenden Freunden, von den wir uns oft unterhielten«, wird Lenz später Friederike schreiben, sich »der Plätze alle« erinnern, »wo wir uns oft von **[Goethe] besprachen«. Lenz in seinem eigenen Liebesschmerz weiß wohl um den Kummer des Mädchens. In seinem Gedicht »Die Liebe auf dem Lande« beschreibt er ihn. Schenkt die Verse – undiplomatisch wie er sein ganzes Leben ist – später Goethe; dessen Gewissen damit belastend.

Sie hielt im halberloschnen Blick
Noch Flammen ohne Maß zurück,
All itzt in Andacht eingehüllt,
Schön wie ein marmorn Heiligenbild.
War nicht umsonst so still und schwach,
Verlaßne Liebe trug sie nach.
In ihrer kleinen Kammer hoch
Sie stets an der Erinnrung sog,
An ihrem Brotschrank an der Wand
Er immer, immer vor ihr stand,
Und wenn ein Schlaf sie übernahm
Im Traum er immer wieder kam.

Für ihn sie noch ihr Härlein stutzt,
Sich, wenn sie ganz allein ist, putzt,
All ihre Schürzen anprobiert
Und ihre schönen Lätzchen schnürt,
Und von dem Spiegel nur allein
Verlangt, er soll ein Schmeichler sein.
Kam aber etwas Fremd's ins Haus,
So zog sie gleich den Schnürleib aus,
Tat sich so schlecht und häuslich an,
Es übersah sie jedermann ...
Denn immer, immer, immer doch
Schwebt ihr das Bild an Wänden noch,
Von einem Menschen, welcher kam
Und ihr als Kind das Herze nahm.
Fast ausgelöscht ist sein Gesicht,
Doch seiner Worte Kraft noch nicht.
Und jener Stunden Seligkeit
Ach, jener Träume Würklichkeit
Die, angeboren jedermann,
Kein Mensch sich würklich machen kann.

Das ist nicht nur Friederike Brions Situation, das ist auch seine, Jakob Lenzens. Aus der Militärfestung Fort Louis geht Lenz im Sommer 1772 noch oft nach Sesenheim und Lichtenau. Aus den Stunden werden Augenblicke, jene beglückenden auf den Rheininseln beim Tanz. Und aus den Augenblicken das Nichts.

»Heute komme ich von Lichtenau«, notiert Jakob Mitte August, »aus einer sehr vergnügten Gesellschaft, in welcher ich vielleicht allein die Larve war ... ich erwarte heute Abend noch einen Gnadenstoß ...« Er ist unfähig zu arbeiten. Der »Hofmeister« bleibt liegen. »Mein Studiren steht jetzt stille. Der Sturm der Leidenschaft ist zu heftig. Ich wünsche mich schon fort von hier, alsdann, hoffe ich, wird er sich wieder kümmerlich legen.«

Seit Mitte August weiß er, die Trennung steht bevor, zum September wird das Regiment Anhalt von den Rheininseln nach Landau verlegt. »Ach jetzt bekomm' ich einen ganz andern Zuchtmeister. Entfernung, Einsamkeit, Noth und Kummer, werden mir Moralen geben.«

Am Vortag des Aufbruchs, am 30. August, schreibt er an Salzmann: »Ich gehe jetzt nach Sesenheim hinaus, um den letzten Tag recht vergnügt dort zuzubringen. Recht vergnügt – Nicht wahr, Sie lächeln über meine stolze platonische Sprache, mittlerweile mein Herz ... von nichts als Flammen, Dolchen, Pfeilen und Wunden deklamirt. Was soll ich sagen? Ich schäme mich meiner Empfindungen nicht, wenn sie gleich nicht allezeit mit festem Schritt hinter der Vernunft hergehen.«

Im Morgengrauen des letzten Augusttages 1772 verläßt ein Regiment die Inselfestung Fort Louis. Mit ihm, zu Pferde, zieht Jakob Michael Reinhold Lenz.

13

Eine knappe Woche ist er unterwegs. Immer mit dem Regiment zusammen, »vor Tage zu Pferde, und vom Mittag, bis in die Nacht gerastet. Ich möchte so durch die Welt reisen«. Weißenburg, Landau. Schon am 7. September lassen sie sich dort nieder. Landau »kann in der That das Schlüsselloch von Frankreich heißen, da es nur zween Thore hat, eins nach vorne, das andere nach hinten«.

Neue Eindrücke verdrängen die Sesenheimer Erlebnisse. Einmal heißt es, die »Wunde heilt ... langsamer, als sie geschlagen«. Ein andermal erwähnt er einen Brief, den Friederike ihm sandte. Der große Schmerz scheint vorbei.

Die Natur wird ihm Gefährtin, »... ich finde in der Flur, um Landau, täglich neue Schönheiten und der kälteste Nordwind kann mich nicht von ihr zurückschrekken ... lebhaft hat's sich in meiner Fantasei abgedrückt. Berge, die den Himmel tragen, Thäler voll Dörfern zu ihren Füßen ... An den Brüsten der Natur hange ich jetzt mit doppelter Inbrunst ... und oft werd' ich versucht ... mich auf den Boden niederzuwerfen und ihr mit einem stummen Kuß für ihre Freundlichkeit zu danken«. Die Natur sei ihm ein »großes Buch«, wenn es vor seiner Nase zugeschlagen werde (»in der That regnet es hier seit einigen Tagen anhaltend«), so kehre er zu seinen Büchern zurück.

Er arbeitet sehr intensiv in dieser Landauer Zeit. Beschäftigt sich mit Winckelmanns Kunstgeschichte, Leibniz' Philosophie. Mit der Lehre Spaldings. Dann wieder heißt es: »Meine Lektüre schränkt sich jetzt auf drei Bücher ein: Eine große Nürnberger Bibel mit der Auslegung, die ich überschlage« (seine eigenen Gedanken dazu notiert er in Briefen an Salzmann oder auf beigelegten Zetteln) – weiter »ein dicker Plautus, mit Anmerkungen, die mir die Galle etwas aus dem Magen führen und mein getreuester Homer. Ich habe schon wieder ein Stück aus dem Plautus übersetzt und wer' es ehestens nach Straßburg schicken.« Salzmann wird es erhalten, in seinem Kreis vorlesen. Wie auch einige der vielen Briefe, die Lenz aus Landau nach Straßburg schreibt.

Von allen möglichen Dingen ist in ihnen die Rede. Vom Wichtigsten nicht, von seiner Arbeit am »Hofmeister«, die er in Landau abschließt. Und von seinen qualvollen Überlegungen, wie sein Leben weitergehen soll.

Ein Amt annehmen, Pfarrer, Schulmeister, Schreiber werden, wie nur auf die Dauer einen Lebensunterhalt verdienen? Dieses Landau ist geeignet, sein Grauen vor einem solchen Leben zu steigern. Überall Spießertum und geistiges Desinteresse. Komödie und Tragödie in einem. Eine Episode: Lenz hört, daß der Lehrer eine gute Bibliothek habe, und besucht ihn. Ich »möchte wohl schwerlich wieder hingehen«, schreibt er danach an Salzmann: »In seiner Jugend, sagt' er, hätte er noch fait vom Studieren gemacht, jetzt … Er hatte seine Bibliothek nicht aufgestellt, es waren bestäubte, verweste Bände … Er beklagt sich über den Schulstaub und die häuslichen Sorgen – da, da, mein theuerster Freund, fühlte ich eine Beklemmung über die Brust … o Gott, eh' so viel Gras über meine Seele wachsen soll, so wollt ich lieber, daß nie eine Pflugschaar drüber gefahren wäre. Jetzt bin ich ganz traurig, ganz niedergeschlagen, blos durch die Erinnerung an diesen Besuch.«

»Meine Seele kriecht zusammen, wie ein Insekt, das von einem plötzlichen kalten Winde berührt worden.« Angst überfällt Lenz, Angst vor der Zukunft.

Der Vater fordert Lenz wiederum auf, sofort nach Livland zurückzukommen. Auch der Bruder drängt: »Der Himmel wird Dir hier schon Brodt geben. Eile … Du bist Dich Deinem Vaterlande schuldig –.«

Schreckliches Gepreßtsein in die dogmatische Enge, fanatische Muffigkeit, jeder poetische Gedanke würde erstickt, weiß Lenz, weiß es mehr als je zuvor.

Er kann es dem Vater nicht sagen. Im Gegenteil. Er muß es verbergen. »Wie traurig ist es für mich, daß ich Ihren Vorschlag, ungesäumt ins Land zu kommen, nicht so schnell vollziehen kann, als es Ihr Vaterherz zu wünschen scheint«, schreibt er im Dezember 1772 aus Landau und: »Meine Verbindungen mit den Herrn von Kleist sind von der Art, daß ich den eigentlichen Zeitpunct meiner Zurückkunft nicht bestimmen kann. Der älteste besonders will nichts davon hören, daß ich ohne ihn heimreise.« Als jener allerdings zwei Jahre später, im

Sommer 1774, nach Kurland zurückgeht. fährt Lenz nicht mit.

Vorsichtig versucht Jakob, dem Vater nahezubringen, daß er als Pfarrer nicht tauge. Berichtet von seiner Predigt in der Sesenheimer Kirche. Sie sei für den ersten Versuch gut ausgefallen, »allein ich entdeckte einen wesentlichen Fehler fürs Predigeramt an mir, die Stimme. Ich ward heiser und fast krank, und jedermann beschuldigte mich noch, zu leise geredet zu haben, da überdem die Kirche eine der kleinsten war«. Daran knüpft er dann eine Betrachtung, daß er nicht wisse, was für eine Stelle ihm dereinst der »Hausvater im Weinberge« anweisen werde, aber auch nicht dafür sorge. »Noch arbeite ich immer nur für mich und lerne von den Vögeln frey und unbekümmert auf den Armen der Bäume den Schöpfer zu loben, gewiß versichert, das Körnchen das sie heute gesättigt, werde sich Morgen schon wieder finden.«

In der Tat, traumwandlerisch die Wirklichkeit negierend, die Erfahrungen, die andere gemacht haben, die Vorhaltungen, ja Warnungen der Freunde, schiebt Lenz die ganzen Straßburger Jahre die Gedanken an ein zukünftiges Amt, an einen Berufsabschluß beiseite. Alle anderen, Goethe, Herder, Schlosser, Merck, Lenzens enge Straßburger Freunde, sorgen sich darum, wenn auch widerwillig, gezwungen. Lenz nicht.

»Studirst Theologie? predigest? bist ordinirt? Sag mir etwas hievon«, fragt ihn Pfeffel, und als Boie Lenz mitteilt, daß er Stabssekretär in Hannover wird, antwortet Lenz: »Mir wird dies Glück sobald nicht werden, denn zu jedem öffentlichen Amt bin ich durch meine Schwärmereyen verdorben.«

Manchmal wohl faßt Lenz Entschlüsse, hat Vorsätze. Es bleiben äußerst kurzlebige. Nicht einmal eingeschrieben hat Lenz sich in die Matrikel der Theologischen Fakultät der Straßburger Universität. Auch aus dem Jura-Studium wird nichts, zu dem ihn Salzmann zu überreden versucht und dem er zunächst wohl zustimmt; »denn Jurist muß ich doch werden, wenn mir anders die Theologie nicht verspricht mich zum Pabst von Rom zu machen«, schreibt er ironisch. Aber allen Vorwürfen Salzmanns, der ihn mit Hinweisen auf Goethes in wenigen Monaten eingepauktes Lizentiaten-Examen zu einem Abschluß treiben will, weiß er einige Wochen nach seinem Vorsatz nur zu entgegnen: »In der Jurisprudenz habe ich nur noch eine kleine Sayte in meiner Seele aufgezogen, und die gibt einen verhenkert leisen Thon.« Weder Jurist noch Prediger wolle er werden, sagt er dann Salzmann ganz entschieden. »Die Ursachen – da müßt ich Ihnen Bogen voll schreiben. Ich fühle mich nicht dazu. Dies ist aber kein dunkles, sinnliches – sondern das Gefühl meines ganzen Wesens, das mir so gut als Überzeugung gilt.«

Es ist jenes Gefühl, das Johann Christian Günther ums Verrecken nicht in den Fürstendienst zwingen läßt; jenes, das Friedrich Hölderlin immer wieder vor einer festen Anstellung zurückschrecken läßt; das Georg Trakl die einzige Arbeitsstunde nach seinem Amtsantritt in einer Bank dazu benutzen läßt, seine Kündigung zu schreiben; jenes Gefühl, das Franz Kafka, gefangen in den Qualen seines Versicherungsbeamtendaseins, in seinen Briefen an den Vater als den unausweichlichen, unbezwingbaren Trieb bezeichnen wird: das Schreiben-Müssen.

»– – Hier ist mein Trauerspiel«, teilt Jakob Lenz Mitte Oktober 1772 Salzmann lakonisch mit, und: »Ich habe schon viel Papier hier verbrannt – ein guter Genius hat über dies Trauerspiel gewacht, sonst –«, er zögert, setzt einen Gedankenstrich aufs Papier und fährt fort, »und vielleicht hätten Sie nichts dabei verloren.«

Ungeheure nervliche Anspannung und Depressionen müssen diesen Schaffensprozeß begleitet haben. Darüber schweigt Jakob.

Lediglich von einem Entschluß ist wiederholt die Rede. »Und doch muß ich meinen Entschluß vor Ihnen verbergen«, an Salzmann in dem Brief, dem Lenz die Abschrift des »Hofmeisters« beilegt. »So viel muß ich Ihnen sagen, daß ich es bei diesem ersten Versuch nicht werde bewenden lassen, denn ich fühle mich dazu – –.« Er bricht ab, wagt dem Freund nicht anzuvertrauen, was doch unumstößlich feststeht: Schreiben, das ist das Eigentliche. Das wird er tun.

14

Von Landau nach Straßburg kehrt Lenz Ende 1772 oder Anfang dreiundsiebzig zurück. Es ist Winter. Das Regiment ist zu Pferde. Die großen Flüsse vor der Stadt führen Eis, die kleinen Wasserläufe liegen bewegungslos. Schnee in der Ebene. Und der Himmel. Keine Bewegung in der Landschaft. Kaum ein Laut. Dumpf nur die Hufe der Pferde.

Lenz vielleicht hellwach, reitet freudig Straßburg entgegen. Die Farben, das Weiß grell und ein Blau. Scharf sich abhebend die Silhouette der Stadt mit dem Münsterturm. Nah ist ihm die Stadt, in die er endlich zurückkehren kann. In der Freunde auf ihn warten. Johann Michael Ott und Gottfried Röderer, Gleichaltrige, die zu seinen engsten Vertrauten zählen. Vor allem aber Salzmann. Zum Ehrenmitglied ihrer »Societät« haben die Freunde ihn in seiner Abwesenheit ernannt. Was wird Salzmann zum »Hofmeister« sagen? Er schickt das Drama sofort an Goethe. Der setzt sich für den Druck des Stückes ein. Aber lange dauert es noch, Lenz hat kein Geld, der später entstandene »Götz von Berlichingen« wird eher auf dem Markt sein. Goethe bekundet seine Neugier am Fortgang von Lenzens Stückbearbeitungen des römischen Dichters Plautus. Salzmann spielt den Vermittler. Ihm schreibt Goethe: »Die Komödien belangend, geht ja alles nach Wunsch, ein Autor, der sich raten läßt, ist eine seltene Erscheinung.« Goethe empfiehlt Lenz, Namen und Schauplätze einzudeutschen. Lenz tut es. »Wenn der Verfasser«, schreibt Goethe weiter, »mir seine Gedanken über das Ganze mitzuteilen beliebt, will ich auch die meinigen sagen.«

Lenz wird ihm schreiben, Goethe wird ihm antworten. Briefe gehen hin und her. Manuskripte werden getauscht. Offenbar ein intensiver Kontakt zwischen Goethe und Lenz in den Jahren 1773 und 1774.

Goethe an Salzmann: »Sie haben lange nichts von mir selbst, wohl aber gewiß von Lenz und einigen Freunden allerlei von mir gehört. Ich treibe immer das Getreibe; denn Plautus Komödien fangen an sich heraus zu machen. Lenz soll mir doch schreiben. Ich habe was für ihn auf'm Herzen.«

Fünf Stücke des römischen Dichters bearbeitet Lenz bis Ende 1773. Alle gehen an Goethe. Dieser sendet sie nach Düsseldorf an Jacobis Frau. »Die Bogen der Komödie heben sie auf, ich schicke die übrigen nach und nach«, am 3. November. Ende des Monats dann: »Mit der fahrenden kriegen Sie ein Allerlei; darin die folgenden Bogen zum Väterchen ... Ich hab's nicht gemacht ... aber ein Junge, den ich liebe wie meine Seele, und der ein trefflicher Junge ist ...«

Der Druck der Plautus-Bearbeitungen beginnt Ende des Jahres, ohne Namen und Verfasser erscheinen die fünf Stücke in Frankfurt und Leipzig. Weygand kündigt sie in seinem Katalog an »von Goethe und Lenz«.

Aus dem Jahr 1773 und Anfang 1774 sind keine Briefe von oder an Lenz erhalten geblieben. Goethe hat später Lenzens Briefe wie auch die seinen, die er offenbar von Lenz zurück hatte, vernichtet. Fast anderthalb Jahre gibt es nur indirekte Zeugnisse.

Lenz muß gearbeitet haben, immer gearbeitet. Wie ein Verrückter, mögen die Freunde gesagt haben. Tag um Tag und in der Nacht, jede freie Stunde, jede freie Minute. Nach dem schon im Herbst 1772 beendeten Hofmeister-Drama die Plautus-Komödien, theoretische Abhandlungen über das Drama und theologische Aufsätze. Er beginnt mit Prosa. Lyrik entsteht. Er wird angezogen von den Fastnachtspossen in den Schaubuden, den Hanswurstiaden, dem Marionettentheater. Bei seinem nächsten Drama »Der neue Menoza oder Geschichte des Cumbanischen Prinzen Tandi« nutzt er die volkstümliche Theatertradition. Auch Goethe holt den Hanswurst wieder auf die Bühne, schreibt Possen und Satiren, »Das Jahrmarktsfest zu Plundersweilern«, »Hanswursts Hochzeit«. Sie wollen der Sinnlichkeit des Theaters, dem Vergnügen des Zuschauers Rechte geben. »... fades Geschwätz auf unseren heutigen Bühnen, das weder vergnügt, noch unterrichtet, in welchem der Weise zur Tabakdose die Zuflucht nimmt, derweile der Thor für Langeweile in die Hände klopft«, schreibt Lenz in seinen Vorbemerkungen zu den Plautus-Komödien und weiß sich einig mit dem Freund, in dessen Brief vom März er las: »Wir haben Sittlichkeit und Langeweile – willkommen wird jeder sein, der eine Munterkeit, eine Bewegung aufs Theater bringt.«

Mit großer Lust provoziert Lenz im »Neuen Menoza«, greift einerseits die Aufklärungspartei, andererseits die Pietisten an, beide sind in seinen Augen unfähig, die Welt zu verändern. »... was ihr Tugend nennt, ist Schminke, womit ihr Brutalität bestreicht«, läßt Lenz den Prinzen Tandi ausrufen. »In Eurem Morast ersticke ich ... Das der aufgeklärte Welttheil! Allenthalben wo man hinriecht, Lässigkeit, faule ohnmächtige Begier, lallender Tod für Feuer und Leben, Geschwätz für Handlung –.«

Es ist die Zeit, da junge Schriftsteller, später Stürmer und Dränger genannt, sich auf ihren Auftritt vorbereiten. Eigenständig jeder, unabhängig voneinander; es ist die erbärmliche deutsche Wirklichkeit, die sie eint und durch die Erlebnisse und Erfahrungen eines jeden auch differenziert, wie sie auch die Stärke ihres Talentes unterscheidet. Herder, Merck, Goethe, Lenz, Klinger, Wagner, Schlosser. Was sie zusammenschließt, alle, ist die gleiche wilde und bedingungslose Reaktion auf den als unerträglich empfundenen Weltzustand. Ihr Forum der Öffentlichkeit wird die Zeitschrift »Frankfurter Gelehrte Anzeigen«, Jahrgang 1772.

Für Jakob Lenz sind die Jahre in Straßburg erlösend, ungeheuer arbeitsintensiv, voll Schöpferlust.

> In wärmeren Gegenden näher der Sonne
> Am Ufer des vielentscheidenen Rheins,
> Umschwärmt von aller Torheit und Wonne
> Leichterer Sitten, und feurigen Weins ...

heißt es in dem Gedicht »An meinen Vater. Von einem Reisenden«. In einem anderen:

> Wärme, Milde! mein Vaterland
> Mit deinem süßesten Strahl, nur laß mich
> Ach, ich flehe, hier dir näher,
> Nah wie der Adler dir bleiben.

Nie wird Lenz Erinnerungen an Straßburg niederschreiben, wie Goethe, der später betulich das Bild seiner Jugend dort zeichnet. Ein einziges Mal ein Wort in einem Brief, ein Jahr vor Lenzens Tod; neben Unwichtigkeiten, zusammenhanglos, steht da: »Ach, wäre doch die Moskwa der Rhein.«

In den frühen Briefen nur vereinzelte Äußerungen. »Ich habe keine schlankeren, stärkeren, gesunderen und schönern Geschöpfe gesehen als die Milchmädchen um Straßburg, jede von ihnen hätte ein Modell zu Akademie geben können.« Oder: »Ich schreibe Dir dies unter dem Gestürm der Feuerglocken und Feuertrommeln in der Nacht um 4 Uhr.« Ein paar Seiten weiter: »Wie schön man eben vom Münster ein Danklied abbläst. Das Feuer war grad der Kirche gegen über und ist Gottlob! glücklich gelöscht. Herr Gott dich loben wir.«

Wieder also Möglichkeit, Vorstellung. Lenz in der Stadt Straßburg. Wir lassen ihn durch die Gebäude der Universität gehen, durch die Büchersammlungen Daniel Schöpflins, durch den Botanischen Garten, in dessen größtem Gewächshaus über Pflanzenkunde gelesen wird, in die ehemalige Kapelle des Bürgerspitals, wo die anatomischen Übungen und Vorträge stattfinden, lassen ihn ins Marionettentheater, ins französische Theater gehen, ins deutsche Theater in den gemieteten Stuben der Tuchmacherzunft, vorbei am Kammerzellschen Haus mit seinen reichen Schnitzereien, am Frauenhaus, dem Verwaltungsbau der Münsterhütte, vorbei an den ältesten Fachwerkhäusern im Bahrengäßchen, vorbei an den Höfen an den Niklasstaden mit ihren mehrstöckigen Galerien, allabendlich vom Rauch der Fackeln eingehüllt, wenn die Studenten zu ihren Professoren ziehen, an den Gassen vorbei mit ihrer scheinbar dem Zufall überlassenen gebogenen Führung, ihren Winkeln, ihrer Enge.

Wir reihen Lenz in den Straßburger Mummenschanz zu Fastnacht, in das Schaukelvergnügen auf dem Münsterturm zu Johanni, sehen ihn bei Besuchen von Prinzen und Erzherzoginnen, wenn das Münster illuminiert wird, der Turm von der obersten Spitze an bis auf die unterste Galerie mit Tausenden von Feuertöpfen und Lampen erhellt ist. Wir lassen ihn zur Adventszeit den Schauer des Haustrapp auf dem Christkindelmarkt erleben und um den Jahreswechsel und zu Johannis die Messen, eingeläutet mit der silbernen Glocke.

Lenz läuft über den Markt. Gewimmel, Geschrei. Die Fischweiber, die Bauersfrauen mit ihren gemästeten Welschhühnern. Die Straßburger Gärtner mit den Sämereien, Obst und Gemüse. Der Roßmarkt. In den Gewerbslauben die vielen Verkaufsstände, in jedem Erdgeschoß, jedem Torweg – auf großen Wachsleinenschildern die Namen der Händler, der Städte, aus denen sie kommen. Lenz betrachtet die feilgebotenen Waren: Olivenöl, Provenceöl, Kaffee, der Zentner San Domingo 120 Louisdor 5 Sols, feingrüner Bourbon, Landwein, das Maß 7 Louisdor, extraguter Burgunder, Branntwein die Ohm 25 Louisdor. Tuche, El-bœuf-Tuch, Sedan-Tuch, Leinwand, feine und gewöhnliche Wolle, gehechelter Hanf, Wagen voll Gerberlohe. Und was er so begehrt: Papier, fein und zart, fest und grob, in allen Farben, weiß und gelb, grau und grün, mit Wasserzeichen. Das Ries gewöhnliches Schreibpapier 9 Louisdor, das Hundert Schreibfedern 2 Louisdor 8 Sols, das halbe Schoppen guter Pariser Tinte, sehr schwarz und glänzend, 12 Sols.

Wir sehen Lenz in der schönen Umgebung Straßburgs, draußen an den großen Flüssen, er macht eine der beliebten Wasserfahrten auf der Ill mit Freunden, übermütig, vor Witz sprühend. Er erlebt den Herbst im Elsaß, ruhig und mild, sonnenwarm. Die Gerüche. Hochaufgeschüttet die Sämereien und Zwiebeln, an den Häusern Tabakblätter, Maiskolben. Die Farben. Und die Rebenhänge übervoll.

Lenz wird zur Weinlese nach Westhofen wandern, wo

seine Straßburger Wirtin ein Landgut hat; »herbstet ... frölich und glücklich« schreibt Karoline Herder. Und er wird zur Stadt zurückkehren, die Dächer betrachten.

Vielleicht sind es die Dächer in Straßburg, die ihn faszinieren, aus der Ferne vom hohen Münsterturm herab, scheinbar ineinandergeschachtelt in merkwürdiger Verzerrung, aus der Nähe, durch die Gassen laufend, in ihrer verwirrenden Vielfalt der Formen.

Die Region der dichten, dunklen Dächer, hoch und steil, die gotischen, durch rund- oder kielbogige Gaupenöffnungen in viele Böden gegliedert, andere in ihrer Neigung unterschiedlich, die Giebel spitzig oder doppelt gebrochen, mit seitlichen Gaupen, oft kleinen Zwischendächern, Erkern, vorgezogenen Stockwerken oder im Pflanzbad, dem Viertel der Gerber, wo ganze Häuserwände in Trockengalerien für die gegerbten Häute stockweise aufgelöst sind, durch verbundene Luken geöffnet; dann wieder, an der Rabenbrücke, bei der Großen Metzig die beruhigten Dachformen. Möglich auch, Lenz hat den Dächern nie einen Blick gegönnt. Wie auch den Gassen nicht, den Winkeln, den Häusern. Den Märkten und Messen.

War nur getrieben von seinen inneren Gesichtern, von dem, was er entwirft, schreibt, verändert, neu schreibt.

Und von äußeren Zwängen. Fast die ganzen Straßburger Jahre über bleibt er Angestellter der Offiziere. Einen wesentlichen Teil seines Lebens verbringt er im Soldaten- und Offiziersmilieu. »Ich habe Gelegenheit gehabt, die Seufzer und Beschwerden der Leute aus erster Hand zu hören«, wird er später sagen. »Ich deklamiere nicht, ich protokolliere nur das, was ich überall hörte und sah, als ich mich unter die Leute mischte.«

Lenz muß in die Gesichter der Soldaten geblickt haben. Derer, die auf dem Exerzierplatz in den Sommerlagern und Winterquartieren im Staub kriechen, atemlos, schweißnaß. Derer, an denen er, die großen Säle des Militärspitals durchschreitend, vorübergeht. Apathisch und stumpf die Gesichter. Derer, denen er in den feuchten Matten der Gefängnisse begegnet. Oder derer auf dem Straßburger Paradeplatz. Deserteure, zum Tode Verurteilte. Der Schnappgalgen ist schon aufgebaut, schnurgerade im Geviert stehen die, die zuschauen müssen. Ausdruckslos, ergeben alle. Lenz unter ihnen. Die ganze Qual, die Erniedrigung der Kreatur fühlt er.

Was er da sieht und erlebt, ist die Fortsetzung seiner frühen sozialen Erfahrungen im Baltikum. Bei seiner Reise quer durch Deutschland, durch Hessen, in Straßburg hier, überall Werber, mit Versprechungen, mit Schnaps. Die Schwächsten, Unwissendsten trifft es zuerst. Sammeln, Verladen, Einschiffen.

Soldatenhandel. Verkauf von Menschen, um Prunk und Luxus der kleinen Höfe zu finanzieren; gewissenlos, grausam, ein moderner Sklavenhandel. Ein Beispiel: das entfernt von Straßburg gelegene Ländchen Hessen-Kassel. 300000 Einwohner zählt es. Zu jener Zeit verschachert sein Regent Wilhelm III. 6000 Landeskinder an Georg II. von England, der mit Maria Theresia verbündet ist, und weitere 6000 Hessen verkauft er an Karl VII., der mit Maria Theresia Krieg führt. Die Soldaten aus Hessen stehen sich gegenüber, Brüder, Freunde – zum gegenseitigen Abschlachten. Außer der Verkaufssumme erhält der Landesvater laut Subsidienvertrag pro Toten im Durchschnitt 30 Kronen, pro Verwundeten 10 Kronen. Verkauft oder vermietet wird immer an den Meistbietenden. 11000 Landeskinder für 50000 Gulden verschachert Karl Eugen von Württemberg zum Beispiel 1760 an Österreich. Im englischen Heer, das während des Siebenjährigen Krieges in Westfalen 48000 Mann zählt, dient nicht ein einziger Engländer, sondern nur Deutsche, unter anderem viele Hessen und 6000 Braunschweiger.

Lenz weiß keine Zahlen und Fakten, wie wir sie heute wissen. Die abscheulichen Menschengeschäfte werden im dunklen betrieben. Aber Lenz sieht die Not, fühlt sie.

»... der Soldat ist die elendste Kreatur die jemals auf zwey menschlichen Beinen gestanden hat«, schreibt Lenz am Ende seines Straßburg-Aufenthaltes in einer politischen, an die Fürsten gerichteten Schrift. »Staatgefangene« seien sie, ein »großer Hauffen Unglücklicher«, eine »Vormauer von Bettlern«, mit ihren »dry Groschen Sold des Tages«, von »Prügel und Entbehrung« lebend, das »hielte nicht einmal ein Tier aus«, nicht wissend, wofür sie kämpfen, vermietet oder verkauft als Fremdtruppen, sei ihr einziger Antrieb die Angst.

Lenz tritt für die Soldaten ein, weil er selbst auf andere Weise ein Erniedrigter ist, abhängig von den adligen Militärs. »Ich bin nicht frey, bin vieles nicht ...« Die Barone von Kleist und Lenz sind fast gleichaltrig, gemeinsam haben sie in Königsberg studiert, aber sie gehören verschiedenen Klassen an. Selbst wenn die Barone Lenz wohlgesonnen sind, die Standesschranken trennen sie. Ihre Herkunft gibt ihnen ein Überlegenheitsgefühl. Ihr Weg ist vorgezeichnet, ihr Kastengeist bindet sie. Alles, was sie für ihr zukünftiges Leben als Offiziere in der Armee, als Staatsdiener an Fürsten- und Königshöfen brauchen, das lernen sie hier in ausreichendem Maße: Dünkel und Arroganz, Sturheit und blindes Ausführen der Befehle, Haß auf geistige Überlegenheit. Friedrich Georg von Kleist, der Erstgeborene, der in Straßburg im Regiment Schönberg dient, wird später Majoratsherr auf Kerklingen und Dobelsberg, Erbherr auf Welden, königlich-polnischer Kammerherr und Ritter des Stanislausordens. Der zweite, Ernst Nikolaus von Kleist, im

Regiment Anhalt, in dem, wie überall in Straßburg, deutsche Soldaten unter französischem Oberbefehl ausgebildet werden, wird Erbherr auf Subbern, französischer Kapitän und polnischer Kammerherr. Und Christoph Johann von Kleist, der dritte Bruder, bei dem Lenz auch eine Zeit dient, ist ebenfalls französischer Kapitän und wird dann in Preußen Kammerherr.

War Lenz schon in Königsberg unter den Studenten mit seinen poetischen Arbeiten Gegenstand des Spottes, wie wird es unter dem Militär sein! Gelage, Zotenreißen sind das Übliche. Ein rüdes Milieu. Lenz, der Sensible, Verletzbare ist dem ausgeliefert, immer wieder Gegenstand von Gelächter, Angriffen, primitiven Späßen. Sein Tagebuch läßt es uns ahnen.

Von großen Stiefeln mit Stiefelhölzern darin, die an seinen Kopf geschlagen werden sollen, von Aus-dem-Fenster-Werfen, von Degenziehen ist darin die Rede. Und immer wieder von Angstträumen. Und der Verpflichtung, über alles, was er bei Kleists und den Offizieren sieht und erlebt, zu schweigen.

Daß Lenz trotz allem Demütigungen und Abhängigkeiten von den Militärs so lange erträgt, hat verschiedene Ursachen. Zum einen ist sein Gesellschafterposten dem Vater gegenüber die einzige Legitimation seines Auslandsaufenthaltes. Daher äußert er sich zum Vater immer nur positiv. »Unentbehrlich« sei er für die »kurländischen Cavaliere«, von »zärtlicher Freundschaft«, die »täglich zunimmt«, von »Liebe« und »Achtung« der Adligen für ihn, schreibt er. Zum anderen ist es eine Frage des gesellschaftlichen Prestiges. In Straßburg, wo das adlige Militär den Ton angibt, öffnen sich Jakob Lenz reiche Bürgerhäuser und Gesellschaften, in die er ohne die Barone niemals Einlaß finden würde. Ein drittes bindet Lenz an die Offiziere – das Materielle. Erhält er auch keinen Lohn von ihnen (»Du weißt die Oekonomie der jungen Herrchen und wieviel sie baar liegen haben«, schreibt er einmal an Lavater), so hat er doch »Kost und Logis frey«. Das ist – wie wenig es klingt – in seiner Situation schon sehr viel. Immer weiß er, wo seine Schlafstelle ist, wie sie auch beschaffen sein mag. Und für sein Essen ist gesorgt. Würde Lenz sein Studium in Straßburg fortsetzen, müßte er alles allein finanzieren. Seine ganze Zeit würde dafür verbraucht. Bei den Offizieren aber hat er – trotz fataler Abhängigkeiten – das, was ihm als Dichter so notwendig ist: Zeit, Freiraum für sein Schreiben. Das hält ihn.

Schließlich aber, nach dreieinhalb Jahren, im Herbst 1774, kündigt er sein Anstellungsverhältnis dennoch. Das hängt mit dem Entstehen seines großen sozialkritischen Dramas »Die Soldaten« zusammen. Es sind die adligen Offiziere, ihre Brutalität und Unmoral, die er darin bloßstellt. Rücksichtslos. Das kann er nicht in Abhängigkeit von ihnen tun. Seine Trennung ist Voraussetzung. Die Verführung eines Straßburger Bürgermädchens durch einen der Barone von Kleist gibt den Anstoß. Lenz erlebt die Affäre mit, als Zeuge und als verworren Beteiligter, denn er selbst verliebt sich in dieses Mädchen. Es ist also im mehrfachen Sinn eigener Lebensstoff, den er zu verarbeiten und zu bewältigen beginnt.

Die Vorgänge sind alle historisch und urkundlich belegt. Zudem führt Lenz ein Tagebuch.

Jenes Mädchen ist Susanna Cleophe Fibich, die Tochter des angesehenen Bürgers und Ratsherren Johann Philipp Fibich. Von Beruf ist er Goldschmied, besitzt das größte Juweliergeschäft in Straßburg, gelegen am Paradeplatz, wo sich zu militärischen Schaustellungen die ganze Stadt versammelt. Der Adel des Oberrheins, Offiziere und Prinzen aus den Straßburger Garnisonen sind die Kunden, ihnen liefert Fibich seinen Schmuck, borgt ihn auch den Herrchen aus, die nicht zahlen können, aber einen Titel tragen. Das wird ihm dann in der Revolutionszeit zum Verhängnis, sein Geschäft bricht zusammen. Als Lenz in Straßburg weilt, ist Fibich noch reich, er öffnet sein Haus den adligen Militärs und macht seinen beiden Töchtern Hoffnungen auf einen Bräutigam von Stande.

Auch die Barone von Kleist müssen schon bald nach ihrer Ankunft in Straßburg Zugang zum Hause Fibichs gefunden haben. Lenz, der Gesellschafter, in ihrer Begleitung. Ein Verhältnis zwischen dem ältesten Kleist und der Tochter Susanna Cleophe spinnt sich an. Der Vater wartet auf die Erklärung des Adligen. Da sie ausbleibt, läßt der Vater einen Freier auftreten, der finanziell mehr zu bieten hat. Nun ist Kleist zu handeln gezwungen, wenigstens zum Schein.

Lenz notiert in sein Tagebuch, Kleist »brachte« sie, Cleophe »und ihre Eltern durch ein schriftliches Eheversprechen und Verschreibung einer ungemein hohen Summe Geldes zur Sicherheit, die bei einem königlichen Notär versiegelt niedergelegt ward, dahin, selbigem den Abschied zu geben«. Das schriftliche Eheversprechen ist eine sogenannte »promesse de mariage«, wie sie in den Straßburger Notariatsakten jener Zeit vielfach zu finden ist.

Straßburg ist eine Stadt voller Männer. Das Bürgertum dieser Stadt lebt mit einer Korruption besonderer Art: der Verführung seiner Töchter durch die adligen Militärs. Es versucht sich dagegen zu wehren. Eine Form sind die formal-juristischen Eheversprechen, die zumindest den Schein bürgerlicher Wohlanständigkeit geben.

Lenz entwirft für seinen Herren eine solche »promesse de mariage«, schreibt sie wohl auch eigenhändig. Am 27. Oktober 1773 wird das Schriftstück aufgesetzt und von Friedrich Georg Baron de Kleist, J. P. Fibich, Susanna Chatharina Fibichin und Susanna Cleophea Fibichin »nebst eines jeden Insigel« unterschrieben und »in Gegenwart von Zeugen beym Herrn la Combe königlichen Notarius deponiret«. Herr Baron von Kleist älterer, »gebürtig aus Curland, Officier beym Regiment Schönberg, bekennet« darin, »ernstlich sich fest und unwiderruflich entschlossen«, mit Jungfer Fibich »in eine eheliche Verbindung zu treten« (um nach Straßburger Recht »majorenn«, das heißt heiratsfähig zu sein, macht er sich einfach drei Jahre älter). »Längstens bis nächstkommenden St. Johannis«, so verpflichtet er sich, eine Reise nach Kurland zu machen, um »bey seinen geliebten Eltern um dero Consens anzuhalten«.

»Beyde Partheyen« seien »mit einander übereinkommen, daß derjenige, so von seiner Parole abstehen wollte, er möchte Namen oder Ursachen vorbringen welche er auch wollte, gehalten und verbunden sey, dem andern Teile eine Entschädigung von vierzehntausend Livres zu bezahlen. So es der Herr von Kleist nicht halten, wäre er verbunden neben dieser Summe noch a part drey hundert Livres an die Armen in seinem Lande zu bezahlen, wo es dessen Obrigkeit am besten findet, sie zu placiren: und so der Herr Fibich davon abstünde, wäre derselbe gleichfalls angehalten, noch drey hundert Livres a part, die eine Hälfte dem Waysenhause und die andere Hälfte dem Armenhaus in Strasburg auszuzahlen«. Wenn man nicht vorher übereinkomme, soll der »Vergleich« geöffnet werden, nicht eher aber »als in funfzehn Monathen«.

In sein Tagebuch notiert Lenz, er, Kleist, »hatte vor Verfertigung dieser Schrift die Rechte seines Vaterlandes mit mir und andern Freunden untersucht und befunden, daß eine Mißheurat ihn an seinem zeitlichen Glück keinen Abbruch tun könnte«. Lenz glaubt an jene »Mißheurat«, während Kleist offenbar weiß, niemand wird ihn belangen können. Und Jakob wird erleben, wie diese juristische Festlegung für den Adligen ein Stück Papier ist, über das er sich lachend hinwegsetzt.

Um Johanni 1774 reist der Baron nach Kurland zurück und läßt nie wieder von sich hören. Am 20. September 1776 geht er in seiner Heimat eine standesgemäße Ehe mit Anna Margaretha Hedwig von Rutenberg ein. Später verbindet er sich in zweiter Ehe ebenfalls mit einer Adligen.

Die Familie Fibich wartet in Straßburg. Ein Jahr, vom Sommer 1774 bis Sommer 1775. Den Herbst, den Winter. Dann das ganze Jahr 1776 und den Anfang des folgenden Jahres. Vergeblich. Am 12. Mai 1777 dann geht Vater Fibich auf das Notariat, läßt den Vergleich öffnen. Die vereinbarte Summe von vierzehntausend Livres wird Kleist dem Vater beziehungsweise Cleophe nicht zahlen, ebensowenig die zusätzlichen dreihundert Livres in die Armenkasse.

Dieses Mädchen, siebzehn Jahre jung, als sie den Baron von Kleist kennenlernt, ist inzwischen zweiundzwanzig geworden. Manches wird der Vater noch versucht haben, sie unter die Haube zu bringen. Es gelingt ihm nicht. Sie bleibt ledig. Die Mutter stirbt kurz darauf. Cleophe lebt dann mit ihrem Vater nach dem Zusammenbruch des Geschäftes in der Revolution in ärmlichsten Verhältnissen im Hause, das einst ihrer Großmutter gehörte, Gedeckte Brücken Nr. 52. Dort stirbt sie, sechsundsechzigjährig, am 24. Dezember 1820.

Zu jener Zeit, als Lenz dem Mädchen begegnet, ist noch alles offen, sind Erwartungen und Ansprüche lebendig, das Leben liegt vor ihr. Lenz wird Zeuge ihrer Geschichte.

Als Baron von Kleist im Sommer nach Kurland reist, gibt er Lenz den Auftrag, auf seine Braut achtzugeben. Lenz verkehrt weiter im Hause Fibich. Cleophe Fibich ist allein. Wenig Vergnügungen, Abwechslungen gibt es ohne den Bräutigam. Langeweile. Dieser Lenz aber ist da. Der Bedienstete, den man nicht ernst zu nehmen braucht. Er kommt Cleophe gerade recht als Zeitvertreib. Ein bißchen schäkern, verliebt tun, möglichst so, daß es die anderen nicht sehen, man sich nicht kompromittiert. So mag es vielleicht gewesen sein. Ein koketter Blick, eine verstohlene Berührung, eine vage Versprechung. Amouröse Nichtigkeiten, die als Spannungen von einem Tag zum anderen reichen, sich auflösen, neuen weichen.

Für Lenz, den Sensiblen, ist es nervenaufreibend. Er durchlebt alles mit dem intensivsten Gefühl. Er, der Naivling, der keine Verstellung kennt, glaubt dem Wort, der Geste, dem Lächeln. Cleophe scheint das zu spüren, nutzt es aus. Lenz gerät in eine Situation, die er im »Hofmeister« geschildert hat: Er wird Ersatz. Cleophe macht ihn zum Narren, treibt ihr Spiel mit ihm. Am 4. Dezember 1774 schreibt sie Lenz ins Stammbuch:

Auf ihr Begehren schreib ich drein,
Doch nicht wie sie sich bilden ein.
Weil es zu frey gewagt
Was sie vorgestern mir gesagt.
Wo bleibt die treu vor ihrem Freund,
Der es so gut mit ihn gemeind
so wirt die Treu belohndt
so aber denck ich nicht,
Ich habe Ehr und wancke nicht
Biß daß mein Freund sie selbstens bricht.
von einer ungenannden
doch wohl bekanden Freundin

Lenz läßt sich von diesem Mädchen in einen Strudel widerstreitender Gefühle ziehen, hält alles im Tagebuch fest. Unmittelbar, fast atemlos, äußere Vorgänge, Sinneswahrnehmungen, Sehnsüchte. Er versucht, seine Verwirrung im Tagebuch zu bannen. Heimlich schreibt er es unter den Augen seines Zimmergenossen, des jüngsten Baron von Kleist. In einer fremden Sprache, mit fremden Namen. Er hält fest, was ihn dem »Himmel nahebringt«, was ihn vor »Schmerz taumeln« läßt. »... den glückseligsten Abend« genießt er, wenn sich »unsere Kniee berührten ... O welche Seligkeit!«

»Welche Marter nicht immer um sie zu sein«, klagt er. »Ich flog hin den Nachmittag, fand sie an ihren Vogelbauern, daß sie ihre Vögelchen speiste und die Bauer putzte. Ich half ihr. Sie lehrte mich wie zu machen, und immer hatte ich was verdorben, worüber sie mich denn zankte und auch auf die Hand schlug.«

»Ich wollte ihr die Schnallen zumachen als sie in meiner Gegenwart andere Schuh anlegte, sie verhinderte mich daran, ward sogar böse aber so voll Liebe, daß ich hätte weinen mögen, sie kniff mir meine beiden Backen, ihre Lieblingskaresse, die ich schon oft von ihren Händen genossen und dann im dritten Himmel war.«

Ein andermal findet Lenz Cleophe »in dem ausschweifend lustigsten Humor auf der Erde, ganz Mutwillen und Freude ... Sie tanzte, sprang, warf sich ins Kanapee, nahm unvermerkt ihrem Schoßhund einen Floh ab, lief auf mich zu und glitschte ihn mir mit ihrer Hand in meine offene Brust, die ich zu ganz andern Absichten geöffnet hatte.«

Alles wird für ihn wichtig: ihr Zuckerwerk zu kaufen, das Kleid von »grün und rot gestreiften Taffent« zu bewundern, das sie des Sonntags tragen wird, sich zu frisieren, wie sie es wünscht. »Diesen Morgen ließ ich mir ein fer à cheval frisieren, weil sie mir gestern öffentlich zum zweitenmal verboten hatte, jemals wieder in der grecque ihr unter die Augen zu kommen.«

Von einer Landpartie berichtet er, da er überglücklich einen Teil der Fahrt neben Cleophe sitzen darf. »Wir machten Knüttelverse, ich: ›Ich wünschte diesen Benenkarg‹ [so wird im Elsaß auf dem Lande ein zweirädriger Korbwagen genannt], ›dir zum Hochzeitsbett mir zum Sarg‹«. Sie entgegnet darauf: »Ich sitz' auf einem Benenkarren und hab' neben mir einen Narren.«

Der Gedanke an Kleist, den Bräutigam, bringt Lenz moralische Skrupel. Seine verdammte Abhängigkeit zwingt ihm eine solche Rolle auf. Hinzu kommt Eifersucht, denn auch der Bruder des Bräutigams macht Cleophe Augen, und sie erwidert seine Blicke, seine Anzüglichkeiten. Und sie wollte Kleist verlassen, als jener kam, der mehr Mitgift bot.

Cleophe liebt nicht diesen oder jenen, Liebe, oder was sie für Liebe hält, ist an Heiratsaussichten, an soziale Sehnsüchte, an den Traum vom gesellschaftlichen Aufstieg gebunden.

Was treibt sie, was treibt die anderen, bewegen sie sich nicht alle wie Gefangene, unter Zwängen, die außer ihnen zu liegen scheinen, unergründbar sind, spielen Rollen, immer nur Rollen?

Schreibend versucht Lenz, sich Klarheit zu schaffen, beginnt, die Erlebnisse als inneren Umbruch zu sehen, durchdringt sein verwirrtes Gefühl, sucht nach inneren Motiven und Antrieben. In dem Maße, wie er Cleophe in die Marie seines Dramas »Die Soldaten« verwandelt, wie er das Leben der Offiziere von Kleist und ihrer Kameraden, das er Jahre teilte, wie er all seine durchlebten Erfahrungen von sich abrückt, löst er sich davon, bewältigt es – bis das »Bild« in seiner »Seele sitzt, durch und durch«, mit »allen seinen Verhältnissen, Licht, Schatten, Kolorit dazu«.

Sein Drama »Die Soldaten« entsteht. Das wird zum

Jahreswechsel 1774/75 sein. Im Hochsommer 1775 vollendet er es und schickt es Herder. »Hier ... das Stück, das mein halbes Dasein mitnimmt ... Das ist nach dem strengsten Verstand wahre Geschichte, in den innersten Tiefen meiner Seele aufempfunden und geweissagt.«

Ausdrücklich bittet er, das Manuskript solle auf keinen Fall vor Jahresfrist gedruckt werden. Am 25. Februar sechsundsiebzig erhält Lenz die Nachricht, die ersten Akte seien bei dem Verleger Reich in Leipzig im Satz. Das »erfreue« und »erschrecke« ihn zugleich, schreibt Lenz und fragt besorgt, »Reich wird sie hoffentlich vor Michaelis nicht bekannt machen«.

»Aber bist Du nicht zu sorgfältig und selbstquälend« antwortet Herder, »Reich wirds thun, glaub' ich, wenn er sich nur nicht vor Nachdruck fürchtet, der seinem Vordruck zuvor kommt: die Leute sind ja voreinander nicht sicher.« Herder will Jakob beruhigen: »ziehst Spinnweb von Beziehungen im Kopfe herum, die niemand vielleicht als Du siehst ... Sei muthig u. hülle Dich in Deinen abgeschabten Mantel: alles geht vorüber u. dem Muthigen mehr vorüber als dem Sorgsamen.«

Lenz teilt darauf Herder seine Gründe mit. »Ich will Dir alles sagen, Herder! Das Mädchen, das die Hauptfigur meiner ›Soldaten‹ ausmacht, lebt gegenwärtig in der süßen Erwartung, ihren Bräutigam, der ein Offizier ist, getreu wiederkehren zu sehen. Ob der's thut oder sie betrügt, steht bei Gott. Betrügt er sie, so könnten die ›Soldaten‹ nicht bald genug bekannt gemacht werden, um den Menschen zu zerscheitern oder zu seiner Pflicht vielleicht noch zurückzupeitschen. Betrügt er sie nicht, so könnte vielleicht das Stück ihr ganzes Glück und ihre Ehre verderben, obschon nichts als einige Farben des Details von ihr entlehnt sind und ich das Ganze zusammengelogen habe. – Das ist die Bewandtniß: nun entscheide! Wenigstens müßte in ein Zeitungsblatt gesetzt werden, das Stück wäre von einem gewissen Theobald Steenkerk aus Amsterdam geschrieben worden, damit wenigstens bei den Stadtwäschern, die nichts weiter als Detail drin sehen, vor zu großen Unverschämtheiten ein Sperrkegel gelegt würde.«

Lenz will also das Mädchen schützen. Er fürchtet den Klatsch und die Folgen, die die Veröffentlichung des Stückes für Cleophe Fibich haben könnten. Und mit Recht. Selbst Salzmann, der wohl nicht zu den »Stadtwäschern« zu zählen ist, reagiert sofort, indem er die wirklichen »Details« im Stück sucht, »der gute Hauptmann B. ist auch drinn, alles sehr gut«, schreibt er an Lenz und veröffentlicht noch im Jahr 1776 in der Straßburger Wochenschrift »Der Bürgerfreund« unter dem Titel »Fragmente zur Strassburger Kinderzucht« Auszüge aus Lenzens Drama »Die Soldaten«, die er so wählt, zerlegt und zusammenstellt, daß jedem Straßburger jene »promesse de mariage« der Tochter Fibichs, von der gemunkelt wird, nun unmittelbar vors Auge gerückt und stadtbekannt wird.

Das wird 1776 sein. Da weilt Lenz schon nicht mehr in Straßburg. Im Sommer 1774 aber, in der Zeit seiner Verliebtheit in Cleophe und seiner größten Wirrnis, versucht er im Schreiben Abstand zu gewinnen, und die Entstehung seines Dramas »Die Soldaten« bringt eine wichtige Zäsur in sein Leben – eben jene Lösung aus dem Bedienstetenverhältnis.

15

»Ich bin jetzt frey, athme das erstemal dreist aus«, schreibt Lenz im Herbst 1774 nach der Trennung von den Offizieren. »Jetzt bewohn ich ein klein Zimmer allein.« Im Hause des Metzgermeisters Kreß im Straßburger Viertel Finkweiler ist es. Eine Kammer, die billigste wahrscheinlich, die es gibt. Türen schlagen, Gezeter der Metzgersfrau, Klappern der Schüsseln und Kannen, der Kessel, das Schreien beim Schlachten. Was macht das schon. Allein. Und tun und lassen, was man will.

Schon ein halbes Jahr später erhält Lenz ein Wohnungsangebot zu »einem sehr wohlfeilen Preis« und unter viel besseren Bedingungen im Hause von Luise König. »Gleich des folgenden Tages« – es muß die Karwoche des Frühjahres 1775, vielleicht auch etwas eher gewesen sein – zieht Lenz da ein. Und ein ganzes Jahr dann, bis zu seiner Abreise aus Straßburg, wohnt er dort. Luise König ist zweiunddreißig Jahre, unverheiratet, Hausbesitzerin, »eine Person von vielem Vermögen und von einem außerordentlichem Verstande ... sie war in der ganzen Stadt bekannt, daß sie eine große weitläufige Korrespondenz mit Vornehmen und Gelehrten hat, die sie alle durch ihren Verstand verbindlich zu machen wußte, da sie für alle diese Korrespondenten zugleich immer Geschäfte machte«. Luise König schwärmt für die Literatur. Die Wände ihres Zimmers sind mit Schattenrissen von Dichtern geschmückt. Klopstock, Young und Ewald von Kleist. Nun wird sie auf die jungen Schriftsteller aufmerksam. Und in ihrer Stadt Straßburg ist es eben dieser Jakob Lenz aus Livland, von dem man zu reden beginnt. Er habe verschiedene dramatische Werke unter der Presse, sagt man. Und in der Tat, 1774 kommen kurz nacheinander mehrere Sachen von ihm in den Buchhandel.

Das Jahr 1774 ist für Jakob Lenz nicht nur das Jahr der Freiheit, sondern auch das der Öffentlichkeit. Ostern 1774 erscheint in Leipzig in der Weygandschen Buchhandlung Lenzens Komödie »Der Hofmeister oder Vorteile der Privaterziehung«, auf Kosten der Buchhandlung gedruckt. Zu Michaelis (auch in Leipzig bei Weygand) seine Komödie »Der neue Menoza oder Geschichte des cumbanischen Prinzen Tandi«. Ebenso seine dramaturgischen Vorträge unter dem Titel »Anmerkungen übers Theater, nebst angehängten übersetzten Stück Shakespeare«. In Frankfurt und Leipzig kommen im gleichen Jahr seine Bearbeitungen des Plautus heraus, übersetzt und modernisiert: »Lustspiele nach dem Plautus fürs deutsche Theater«. Die Straßburger Sozietät hat die Druckkosten dafür übernommen.

»Ich will dir hier ein klein Verzeichniß meiner Schriften anhenken, damit du sie dir anschaffest und mich und meinen Lebenslauf daraus beurtheilest.« Lenz am 7. November 1774 an den Bruder nach Livland. Und weiter: »Ostern kommt mein letztes Stück heraus: der Poet, Weg zum Ehemann, das meinem Herzen am nächsten ist. Auch werden herauskommen Meynungen eines Layen zum Besten der Geistlichen: und Stimmen eines Layen auf dem letzten theologischen Reichstage.«

Lenz wird mit äußerster Spannung auf eine Reaktion der literarischen Öffentlichkeit in Deutschland gewartet haben. Die erste Kritik wohl, die er liest, ist die von Christian Daniel Schubart in der »Deutschen Chronik« vom August 1774. Schubart glaubt, wie die anderen Kritiker auch, Goethe habe den »Hofmeister« geschrieben. Er preist »die ganz eigentümliche Schöpfung unseres Shakespeare, des unsterblichen Dr. Goethe«. Mit der »Faust« wolle er »drauf schlagen« und sagen: »Da schau und lies! Das ist mal ein Werk voll deutscher Kraft und Natur ... So muß dialogiren, die Situationen anlegen, die Charaktere bearbeiten, wenn Du ein ächter Deutscher seyn willst ...« Weiter ist da von »Zauberei des Genies«, vom »vollen Strom der Leidenschaft, altdeutscher Krafft und Macht« die Rede. »Goethes Hofmeister ist mir vorzüglich willkommen«, liest Lenz in einem anderen Blatt. Überall der Bezug auf Goethe, auf seinen »Götz« vor allem. Auch in Claudius' Rezension vom 15. Juni 1775 im »Wandsbecker Boten« Nr. 95. Der »Hofmeister« sei ebenso vorzüglich wie der »Götz«. Er wolle den Verfasser des Dramas »Der Hofmeister« zum »vertrauten Ratgeber und Freunde« machen, wenn er, »der Kritiker König wäre«, schreibt Matthias Claudius. Wieland dagegen in seinem »Teutschen Merkur« tadelt die »unnatürliche übereilte Entwicklung des Stückes«, Nicolai kritisiert in der »Allgemeinen Deutschen Bibliothek« die Zerfahrenheit des Dramas, »alles ist nur hingeworfen, alles bricht ab, ehe es vor dem Zuschauer rechte Wirkung thun kann«!

»Dünkt Ihnen nicht auch, daß die Stücke dieser Art tiefer als der ganze Berlin. Litterat. Geschmack reichen?« schreibt Herder dagegen an Hamann. Und in den »Frankfurter Gelehrten Anzeigen« vom 26. Juli 1775 heißt es, in dem Verfasser des »Hofmeister« erkenne man den »Vertrauten der Natur«, der neue Pfade »für die in Fesseln des ausdörrenden Pseudoklassizismus schmachtende Kunst« erschlossen habe. Von Klinger oder Wagner stammt diese Rezension.

Die Reaktion der Öffentlichkeit wird Lenz Mut gemacht haben.

Und bald spricht es sich auch unter den wenigen Literaturinteressierten herum, daß nicht Goethe der Verfasser ist, sondern ein anderer junger Mann. »Gebt auf ein Lustspiel acht, daß die Ostermesse herauskommen wird ...«, Goethe im Mai 1774, »Ihr hört am Titel, daß es nicht von mir ist. Es wird Euch ergötzen.« Jacobi dann an Wieland: »Die Komödie der Hofmeister ist nicht von Goethe.« Und Merck an Nicolai am 28. Juni 1774: »Lenz, ein Königsberger und Hofmeister in Frankreich ist Verfasser der Komödie: ›die Privaterziehung‹.« Auch Christian Daniel Schubart korrigiert sich, nennt Lenz ein

»junges aufkeimendes Genie aus Kurland« und schreibt: »Wer sollte sich nicht freuen, daß wir nun einen Mann mehr haben, den wir den Griechen und dem ganzen stolzen Auslande entgegen setzen können?«

Wird Lenzens Name von nun an von einigen wenigen, wenn auch wichtigen Leuten, neben dem Goethes genannt, so finden doch Lenzens Arbeiten bei einem breiten Publikum nicht die Aufnahme und Resonanz, wie sie »Die Leiden des jungen Werthers« von Goethe erfahren. Auch sagt die Fachkritik nichts über die wirklich neuen, von Goethes Drama »Götz« sehr verschiedenen Strukturen der Lenzschen Arbeiten. Im Gegenteil, als es bekannt wird, daß die Stücke nicht von Goethe sind, kehrt sich das bewußt oder unbewußt gegen Lenz. Ein Beispiel dafür ist die Reaktion Gottfried August Bürgers. Er schreibt am 10. Juli 1775 an Jakob Lenzens Verleger Boie: »Die Schauspiele (»Der Hofmeister« und »Der neue Menoza«) welche Sie neulich mir überschickt, hab ich mit aller Gewalt noch nicht auslesen können ... Liegt die Schuld an mir oder an dem Verfasser? Liegt sie daran, daß er überhaupt ein Nachahmer oder ein schlechter Nachahmer ist? Goethium quisquis student aemulari etc.«

Wer soll es aber wagen,
Vom göttlichen Goethe zu sagen,
In Dramen ihm gleich zu sein?
Er baut auf wächserne Flügel,
Ich geb ihm Brief und Siegel,
Er fällt ins Wasser hinein!

Der Vorwurf des Plagiats, der Nachahmung Goethes. Oder die Zuschreibung der eigenen Stücke zum Werk Goethes. Lenzens Eintritt in die literarische Öffentlichkeit wird davon überschattet. Psychologisch muß das für ihn große Probleme aufwerfen.

Er reflektiert sie auch sehr unumwunden in seiner tagebuchartigen Prosa »Moralische Bekehrung eines Poeten«. Fünfzehn »Selbstunterhaltungen« sind es, der imaginäre Partner ist Goethes Schwester Cornelia. Aber weder ihr zeigt er die Aufzeichnungen, noch denkt er an eine Veröffentlichung.

»Ich beneide Deinen Bruder über den Ruhm seiner Zeitverwandten«, heißt es da. »Ich halte es für ein großes Unrecht das ich leide wenn man ihm meine Werke zuschreibt, da ich doch bedenken sollte, daß sie unter keinem anderen Namen sich so würden produziert haben, daß bloß sein Name die Leser aufmerksam und begierig, die Kunstrichter bescheiden und ehrerbietig gegen diese armen Kinder meiner Laune gemacht.« An anderer Stelle schreibt er, »mich freut's, wenn sie so geschwinder ihr Glück machen, soll ich's meinen Kindern mißgönnen? Würd ein Vater sich grämen wenn sein Sohn seinen Namen veränderte, um desto leichter emporzukommen?«

Dennoch: »Die höchst kindische Furcht man werde unsere Produktionen mit einander vermischen – dieser nagende Geier der mich nie verläßt – Elender sage ich zu mir selbst, ist Goethe so arm, die Fülle seines Genies so ausgetrocknet daß er sich mit Deinen Schätzen zu bereichern nötig hätte. Sieh seine Werke an – ein Blick in seinen Götz, ein Blick in seinen Werther macht mich über und über erröten ... Es ist das verdammte Philistergeschmeiß mit ihrem Lob und Tadel das mich so klein macht.«

Lenz leidet unter der Zuschreibung seiner Werke zu denen Goethes; wie sollte es anders sein, es ist vollkommen verständlich, aber in der Anfangszeit versucht er es wegzuschieben, und es scheint zu gelingen.

Es ist noch die Zeit der glücklichen Freundschaft zu Goethe. Es ist die Zeit, da sich andere bedeutende Leute Lenz zuwenden, seine Freunde werden.

Zum Beispiel Johann Kaspar Lavater. Im Mai 1774 kündigt Lavater seinen Besuch an, er will Lenz kennenlernen. Immerhin ist er der zehn Jahre Ältere, schon überall Berühmte. »Wann es Ihnen, mein lieber Lenke« [Lenke schreibt er immer], »am schicklichsten wäre, daß ich Sie besuche? Wann ich Sie am wenigsten verfehle? am sichersten genießen könne? in 6 oder in 12 Wochen? ... könnten Sie allenfalls ein paar Meilen entgegenkommen – oder mich sodann ein paar Meilen begleiten – oder, wo ich aussteigen, Logis nehmen soll ... werd! ich, wo möglich in ein öffentliches Wirtshaus gehen, das Ihnen am nächsten und bequemsten ist. In welches?« Am 16. und 17. Juni ist Lavater dann bei Lenz. In sein Reisetagebuch notiert er: »Abends um 5 Uhr kamen wir auf Straßburg ... Ich ging in Lenzens Quartier, Finkweiler genannt. Er war nicht zu Hause ... Nachher schrieb ich in Lenzens Zimmer ein paar Zeilen auf seinem Tisch und ein paar billets – ging in mein Zimmer, unten in eines Nachbars Hause; packte aus ... Lenz kam – herzlich küßt ich den edlen, sanften, leichten, feinen, schlanken, Salbungs vollen Jüngling ... Wir sprachen von Füßli in Rom und ich weiß nicht mehr wovon. Lenz begleitete mich noch in mein Schlafzimmer. Noch von Goethe. Ein Brief von ihm an Lenz – und ich weiß nicht mehr. Ich schlief ruhig und froh über Lenz ein.« Er »verspritze fast vor Genie« wird Lavater wenig später sagen und sich begeistert über Lenzens »Meynungen eines Layen« äußern.

Auch Johann Gottfried Herder wendet sich Lenz zu. Seit seinem vierzehnten Lebensjahr kennt Lenz Herders Werke. Nun vermittelt Luise König, eine Jugendfreundin von Herders Frau Karoline, den Briefkontakt. Silhouetten werden getauscht. Bald schon kennen selbst Herders Kinder Lenzens Schattenriß, können seinen Namen sprechen. Überschwenglich erwidert Herder Lenzens Freundschaft. »Du bist der Erste Mensch, für den ich schreibe.« Und Lenz ergreift für Herder Partei, in den »Frankfurter Gelehrten Anzeigen« 1775 veröffentlicht er »Nur ein Wort über Herders Philosophie der Geschichte«.

Es ist die Zeit von Lenzens beginnender Brieffreundschaft mit Sophie Laroche, der durch ihren Roman »Fräulein von Sternheim« in Deutschland weit bekannten und umschwärmten Autorin. Mit großer Regelmäßigkeit gehen die Briefe hin und her.

Es ist die Zeit, da Lenz mit dem Gothaer Theaterschriftsteller und Herausgeber Friedrich Wilhelm Gotter, mit dem Göttinger Verleger Heinrich Christian Boie, mit Johann Heinrich Merck, dem Herausgeber des streitbaren Literaturorgans der jungen Dichter, in Beziehungen tritt.

Es ist die Zeit, da er für Jüngere, ja für Gleichaltrige zum Vorbild wird, der Dramatiker Ramond de Carbonnières bezeichnet sich als seinen Schüler, widmet ihm ein eigenes Drama. Wagner und Klinger nehmen den »Hofmeister« als »Schnittmuster« für eigene Stücke, Klinger für das »Leidende Weib«, Wagner für die »Kindsmörderin«.

Und es ist die intensivste und glücklichste Zeit seiner Freundschaft mit Goethe. Ihrer beider Zusammensein fällt in den Sommer 1775. Goethe kommt Ende Mai nach Straßburg. Es ist das erste Treffen der Freunde wieder nach langer Zeit. Wahrscheinlich seit dem Sommer 1771.

Brieflich stehen sie in engem Kontakt, die ganzen Jahre über, wissen, woran der andere arbeitet, tauschen Manuskripte aus. Für Goethe ist er nach wie vor der Freund, der »treffliche Junge«, den »ich liebe wie meine Seele«. Im Kampf gegen Wieland sind sie sich einig. Lenz läßt Goethes Farce »Götter, Helden und Wieland«

in Kehl am Rhein drucken. Lenz sei ein »gefährlicher Feind für Wieland« meint Goethe, er habe »mehr Genie als Wieland, obwohl weniger Ton und Einfluß ...«

Lenzens Gedichte beeindrucken Goethe. Der Verleger Christian Boie berichtet, wie Goethe ihm begeistert Verse von Lenz vorträgt. Auch anderen schickt Goethe sie, Johanna Fahlmer zum Beispiel: »Hier Tante, ein Zweig aus Lenzens goldenem Herzen. Wie wert ist mirs, Ihnen so einen guten Morgen bieten zu können.« Wenig später: »krieg ich Lenzens Liebesworte wieder?«.

Lenz seinerseits bewundert den erfolgreichen Freund, dessen Name in aller Munde ist. Und in Straßburg selbst und in der literarischen Öffentlichkeit tut Lenz etwas für Goethe.

Als der »Götz« erscheint, will Lenz das Stück im Kreis der Straßburger Freunde spielen; »... laßt uns dies Buch nicht gleich nach der ersten Lesung ungebraucht aus der Hand legen ... Lassen Sie mich für die Aufführung dieses Projekts sorgen ... Wir sind alle, meine Herren! in gewissem Verstand noch stumme Personen auf dem großen Theater der Welt, bis es den Direkteurs gefallen wird uns eine Rolle zu geben ... Was könnte eine schönere Vorübung zu diesem großen Schauspiel des Lebens sein, als wenn wir da uns itzt noch Hände und Füße gebunden sind, in einem oder andern Zimmer unsern Götz von Berlichingen, den einer aus unsern Mitteln geschrieben, eine große Idee – aufzuführen versuchten ... Da braucht's weder Vorhang noch Bänke! ... Zwei Flügeltüren zwischen jeder Szene geöffnet und zugeschlossen – die Akte können wir allenfalls durch eine kleine Musik aus unsern eigenen Mitteln unterscheiden ... und dann eingeladen alles was noch einen lebendigen Odem in sich spürt – das heißt, Kraft Geist und Leben um mit Nachdruck zu handeln.«

Auch als Goethes »Werther« erscheint, äußert sich

Lenz, verteidigt den Freund, verfaßt die »Briefe über die Moralität der Leiden des jungen Werthers«, trägt sie vor, schickt sie Goethe.

Lenz schreibt auch über das Verhältnis zwischen Goethe und ihm, wie er es sieht, empfindet. Eine kleine Abhandlung muß es gewesen sein, wohl im Sommer 1773 entstanden. »Unsere Ehe« nennt Jakob sie. Goethe spricht später von ihr. Aber sie ist verschwunden.

Eine Vorstellung von Lenzens Enthusiasmus: »Aber bring bring Göthen von mir«, schreibt Lenz an Lavater, »– – was? Dich. Ich möcht ihm meine Seele schicken denn ich habe Hofnungen zu ihm, die wie die Sonne vor Tage nur noch den Antipoden sichtbar.« Und an seinen Bruder Johann Christian schreibt Lenz im November 1774, näher als »durch die Bande des Bluts« sei er mit Wolfgang verbunden durch »Bande der Freundschaft«. Seinen »Bruder«, sein »zweytes Du« nennt er ihn. Kein Geheimnis habe er vor ihm. Vom Februar fünfundsiebzig ein abgerissenes Zettelchen, eine Schulheftseite. Darauf das Gedicht »Nachtschwärmerey« geschrieben, Goethe gewidmet. Auf der Rückseite, in zwei Oktavhälften gebrochen, klagt Jakob dem Freund seine Einsamkeit in Straßburg.

Mit der Aufführung des »Götz« werde es nichts. »Ich habe viel in der Societät zu überwinden, auf einer Seite ists Unglauben, Zerrütetheit, vagues Geschnarch von Belliteratur wo nichts dahinter ist als Nesselblüthen: auf der andern steife leise Schneckenmoralphilosophie die ihren großmütterlichen Gang fortkriecht, daß ich oft drüber die Geduld verlieren möchte. Da konnte Götz nicht *durch* dringen, der *beyden gleich* abspricht.«

Lenz hofft auf Gespräche mit Goethe. »Ist doch uns kein höher Glück auf der Erde gegönnt als uns zu unterreden« – er zögert, kann er so einfach für den Freund, kann er so einfach von »wir« sprechen. Er setzt hinzu:

»mir ists das höchste«. Goethe aber läßt nichts von sich hören. Lenz wartet täglich auf die fahrende Post, auf die Extrapost. »Goethe schweigt auch gegen mich, vermutlich weil ihn Geschäfte überwältigen«, schreibt er am 8. April an Lavater. Im Mai immer noch kein Zeichen. »Ich schreibe Ihnen das, weil er mir ganz stille schweigt«, so am 20. Mai an Sophie Laroche.

Der Freund aber rüstet schon zur Reise. Wenige Tage später wird er bei ihm sein.

Und dann ist das Glück vollkommen. Goethe trifft in Straßburg ein, lädt ihn für eine Woche zur Schwester nach Emmendingen ein.

Es ist Ende Mai, der Sechsundzwanzigste. Lenz und Goethe verlassen die Stadt, gehen an der Ill entlang, durch die Ruprechtsaue. Im Wirtshausgarten am Wasserzoll machen sie halt. Lenz rennt noch einmal zurück. Goethe wartet, schreibt einen Brief. »In freyer Luft! einem Uralten Spaziergang hoher vielreih kreuzender Linden, Wiese, dazwischen das Münster dort! dort die Ill. Und Lenz lauft den Augenblick nach der Stadt. Ich hab schon ein Mittagessen bestellt hier nah bey u.s.w. er kommt wieder ... morgen geht's nach Emmendingen.«

Lenz kommt, sie essen, sprechen. Die Zeit vergeht. Den Abend, die Nacht verbringen sie am Wasserzoll. In der Frühe des Siebenundzwanzigsten wandern sie weiter. Die flache Ebene vor ihnen, diese »heitre, belebte Fläche«, sie ist nicht mehr »stumm«, ihre »Leiden und Freuden« sind »darauf verzeichnet«.

Die Landschaft ist vertraut. Harmonie und Wildheit des Gesprächs zwischen ihnen. So viel zu sagen. Wie mögen sie miteinander gesprochen haben, diese beiden jungen Männer, ihr Ton, ihre Gesten, die Art ihrer Vertraulichkeit? Jakob redet vielleicht in maßlosen Sätzen von seiner Bewunderung für den »Werther«. Sie sind sich einig, der Aufruhr um »Werther«, das wollen sie; die Begeisterung, die Identifikation, den Kampf. Sogar konfisziert hat man das Buch. Goethe erzählt, wie die Stolbergs, Klinger und er sich in Frankfurt blaue Röcke, gelbe Westen und Hosen machen ließen, dazu runde graue Hüte tragen, Werthers Uniform. Kein »vagues Geschnarch« zwischen Lenz und Goethe. Witzig und scharf sprechen sie, wenn es um ihre Gegner, ernst und besessen, wenn es um die eigenen Arbeiten geht: »Götz«, »Clavigo«, »Faust«, »Hofmeister«, »Menoza«.

Das Ende der weiten Rheinebene ist erreicht. Emmendingen liegt vor ihnen. Bis dicht heran ziehen sich die Berge. Die Freunde gehen durch das dörfliche Städtchen, erreichen das Haus. Es ist das größte am Ort, zweistöckig, mit breiten Fensterfronten, Amtshaus, Sitz des Landvogtes.

Georg Schlosser ist dieser Landvogt. Freund von Merck, Goethe, Lavater und Lenz; Mitarbeiter, eine Zeit Herausgeber der »Frankfurter Gelehrten Anzeigen.« Jetzt angestellt beim Markgrafen Friedrich von Baden. Neunundzwanzig Ortschaften, fünf Quadratmeilen Land und zwanzigtausend Menschen hat er unter sich. Seit einem Sommer hat Schlosser dieses Amt. Zweitausend fl. Gehalt, die höchste Zivilbesoldung in Baden, bringt es ein. Bedingung des alten Rat Goethe, damit Schlosser seine Tochter Cornelia heiraten kann. Am 1. November 1773 wird die Ehe in Frankfurt geschlossen.

Die Tage in Emmendingen müssen für Lenz schön gewesen sein. Schlossers Bewunderung, seine Bereitschaft, für das Menoza-Stück öffentlich einzutreten, tut Lenz gut. Und die Wärme des nahenden Sommers, die Atmosphäre des Hauses. Cornelia, Goethes Schwester, ist lebhaft, ist froh, den Bruder bei sich zu haben. Lenz geht allein im Wald, sitzt dem Haus Schlossers gegenüber auf dem Berg unter der Eiche, kehrt zurück, die

Gemeinschaft nimmt ihn auf. Spaziergänge an der wilden Elz und dem Brettenbach entlang, in die nahe gelegenen Täler, Ausritte zu Pferde, alle zusammen, auch Cornelia kommt mit.

Und die abendlichen Gänge zur Hochburg, der auf einem Bergvorsprung gelegenen mächtigen Schloßruine. Die Gespräche mit Goethe. »Nirgends habe ich die Wahrheit, teurer W.!«, schreibt Lenz später, »über die wir in einsamen Abendgesprächen eins wurden, lebhafter empfunden, *daß alle Kunst ewig ist*, als in den Gemäuren von Hochburg. Ich weiß nicht durch was für unbekannte Gesetze der Seele mir, wenn ich auf diesen nackten Felsen herumhüpfe, Shakespear so gern einfällt, – wenn ich jene abgerissene Säule wie eine Insel ihr buschigtes Haupt dem Regen und Ungewitter darbieten sehe …«

Angefüllt sind die Tage mit Gesprächen, gegenseitigen Bekenntnissen. Sicher. Noch nie war er so lange mit dem Freund zusammen.

Als Goethe am Morgen des 5. Juni 1775 aufbricht, um in die Schweiz zu wandern, schreibt er Lenz ins Stammbuch:

Zur Erinnrung guter Stunden,
Aller Freuden, aller Wunden,
Aller Sorgen, aller Schmerzen,
In zwei tollen Dichter Herzen
Noch im lezten Augenblick,
Lass ich Lenzgen dies zurück.

Wenig später verabschiedet sich auch Jakob. Er geht zu Fuß die sieben Meilen von Emmendingen nach Straßburg zurück, nein, ein Stück wohl fährt er den Rhein hinab.

Wie freundlich trägst du mich auf deinem grünen
Rücken
Uralter Rhein,
Wie suchest du mein Aug' empfindlich zu erquicken
Durch Ufer voller Wein,
Und hab' ich doch die tausend Lustgestalten
Tief im Gedächtnis behalten
Nun weder Dinte noch Papier,
Nur dieses Herz das dich empfindet, hier!
Es scheint fast, du liebest, Allzugroßer,
Nicht mehr der Maler Prunk, der Dichter Klang,
Es scheint, du willst wie Schlosser,
Nur stummen Dank.

»Epoche in meinen Empfindungen« wird diese Reise machen. In Hochstimmung ist Jakob, voller Pläne, Gedanken, Entschlüsse.

Cornelia Schlosser, Goethes Schwester, die er schon aus ihren Briefen an Luise König kannte, muß auf ihn einen großen Eindruck gemacht haben. »Deine Entfernung von allem«, schreibt Lenz, »was den Anschein von Pomp und Prahlerei hat, Deine Eingeschränktheit in Dich selbst und Genügsamkeit mit dem großen Herzen.« Der Gedanke an sie wird allen seinen »dissoniernden Kräften Ordnung und Ruhe« geben. »Retterin«, »moralische Freundin« nennt er sie.

Lächerlich erscheint ihm plötzlich die Affäre mit Cleophe, lächerlich die kapriziösen Launen dieser schrillen kleinen Person. Was war nur mit ihm los, daß er seine »kleine Existenz« in »ebenso kleinen Frauenzimmergesellschaften zu Markte« trug, seine Zeit vertat. Tage und Wochen beschäftigte ihn, was Cleophe »Spiel des Augenblicks« war, vielleicht nie »einen ernsthaften Gedanken gekostet«.

»Du ... dachtest mich in Deinen Tiergarten anzuschließen Circe ... jetzt anatomiere ich dieses Herz und werf' es in mein Raritätenkabinettchen.«

Nicht nur diese Cleophe, alles, »das Auf- und Abziehen der geputzten Damen und Herren auf der Promenade, das ewige Zerstreuen« der Straßburger Gesellschaft, leer und hohl ist es, »... wenn ich bedenke wie unmöglich es dem meisten Teil der jungen Leute in Strasb. ist, einen vernünftigen Gedanken, ein edles Gefühl zu erhalten, wie alles sich bei ihnen täglich zerstreuen verwischen muß, wie zuletzt ihre ganze Fassungskraft stumpf und matt wird ... Elende läppische Kreaturen, sie laufen herum, spazieren, grinsen und bekomplimentieren sich, tragen handhohen Staub auf den Schuhen heim und bekümmern sich übrigens weder ums Gute noch ums Böse in der Welt ... das ewige Klavierspielen auf unseren armen Nerven ohne Zweck ohne Ganzes, das uns in einem immerwährenden zerstörenden abnutzenden Traum erhält.«

Die Abgrenzung von den Straßburger Freunden wird für Lenz in der nächsten Zeit im Leben wie im Schaffen zum Hauptproblem. Anpassen bedeutet Stillstand, Selbstaufgabe. »Es ist mir nur bange ... dass ich bei meiner Vereinzelung nicht in Stolz gerate ... Für nichts ist mir so bange als Hochmut ... denn was bin ich besser als die andern Menschen, jeder in seiner Art.« Aber die, die ihre Mittelmäßigkeit zum Maßstab der Dinge machen, die den »immerwährenden zerstörenden abnutzenden Traum« für das Leben, das wahre Leben halten, alles andere für abwegig, für verrückt erklären, sind sie nicht die Hochmütigen? Auch Goethe wehrt sich gegen das »flache unermüdete Anspülen unbedeutender Mittelmäßigkeit«, will die Welt nicht wie Tausende nehmen, »die Bilder gaukeln vorüber und verschwinden, die Eindrücke bleiben flach und einzeln in der Seele«, sagt der Freund, »drum lassen sie sich so leicht durch fremdes

Urteil leiten, sind sie so willig, die Eindrücke anders ordnen, verschieben und ihren Wert auf und ab bestimmen zu lassen«.

Lenz hat den größten Teil seines Weges von Emmendingen nach Straßburg zurückgelegt, den Rhein schon überquert. Der Fluß liegt ihm jetzt zur Rechten. Er erreicht die Ruprechtsaue. Die Dämmerung bricht herein. Leer ist der Wirtshausgarten am Wasserzoll. Auch im Haus ist vollkommene Ruhe. Hier war er mit Goethe.

> Ihr stummen Bäume, meine Zeugen,
> Ach käm' er ungefähr
> Hier wo wir saßen wieder her:
> Könnt' ihr von meinen Tränen schweigen?

Darunter steht »L. an G.«. Darüber: »Der Wasserzoll. Denkmal der Freundschaft.« (Vier Wochen später, im Juli 1775, wird es in einer Zeitschrift gedruckt sein.) Jakob wandert weiter, der Stadt zu. Der Turm des Münsters – schon lange hat er ihn vor Augen; in wechselndem Licht. Jetzt ist die Dämmerung in Dunkelheit übergegangen. Himmel und Münster sind eins. Erst als er durch das Ruprechtsauer Tor das Innere der Stadt betritt, durch die leeren Gassen und Straßen, vorbei an den Kollegienhäusern der Universität, dem Dominikanerkloster durch die Bruderhofgasse auf den Domplatz gelangt, stehenbleibt, hinaufsieht – trennen sich Münster und Himmel wieder. Unendlich weit oben das Ende des Steins. Nur eine Farbschattierung die Grenze zwischen Stein und Luft. Jakob bewegt sich nicht. Lange steht er. Dann geht er nach Hause. Vielleicht war es so, vielleicht ganz anders.

Den Juni, den Juli des Jahres 1775 jedenfalls, das ist belegt, hält die Hochstimmung der Emmendinger Reise an. »Wir sind in gewissen Augenblicken so seelig, so trunken vom Gefühl unseres Daseyns daß wir die ganze Welt mit einem Blick übersehen mit einem Blick überschreiten ...«

Jakob arbeitet, schreibt wie besessen: sein Drama »Die Soldaten«, den Prosatext »Die moralische Bekehrung eines Poeten« und »Pandaemonium Germanicum«, eine Literatursatire, Goethe gewidmet, ihm huldigend.

Auf der Rückreise aus der Schweiz besucht Goethe seinen Freund Lenz in Straßburg nochmals. »Göttertage« seien es, so Lenz. Am 13. Juli schreibt er an Herders Frau: »Goethe ist bey mir und wartet mein schon eine halbe Stunde auf dem hohen Münsterthurm.«

Jakob verläßt sein Zimmer, das Haus, eilt zum Domplatz, zum Turm, die dreihundertdreißig Stufen hinauf. Oben, auf dem Umgange, trifft er den Freund. Goethe notiert noch: »Hier ward durch Lenzens Ankunft die Andacht des Schreibers unterbrochen, die Empfindung ging in Gespräch über, unter welchen die übrigen Stationen vollendet wurden.« Sie steigen also gemeinsam bis in die Spitze des Turmes, die kleinen Treppen hoch, die in einer Spirale außen über die Rippen emporführen, bis sie – als letzte waagerechte Teilung – den kleinen Maßwerkumgang erreichen. »Mit jedem Tritte«, schreibt Goethe, »überzeugte man sich mehr: daß Schöpfungskraft im Künstler sei aufschwellendes Gefühl der Verhältnisse, Maße und des Gehörigen, und daß nur durch diese ein selbständig Werk, wie andere Geschöpfe durch ihre individuelle Keimkraft hervorgetrieben werden.«

Die letzte Treppe. Sie sind oben angekommen. Sind dem Himmel nahe. Vor ihnen das Land, weit können sie sehen. Unter ihnen die Stadt. Straßburg, die Stadt, die sie zusammenführte. Keiner der beiden, die da im Hochgefühl ihrer Schöpferkraft beieinanderstehen, mit Respekt vor der Leistung des anderen, mit Bewunderung, würde wahrhaben wollen, was kaum anderthalb Jahre später tatsächlich geschehen wird: der eine Dichter, nun Geheimer Rat im Herzogtum Sachsen-Weimar, läßt den anderen Dichter aus der Stadt ausweisen, ihn verbannen. Sie steigen die Stufen des Münsterturmes hinab, Lenz und Goethe. Sie trennen sich auf dem Domplatz. Jeder geht den Weg zu seinem Quartier, Goethe zum Gasthof, Lenz in sein Haus.

Ist denn das Glück der beiden wirklich so vollkommen, fallen nicht schon Schatten?

16

Sie fallen schon, die Schatten.

Am 20. Juli 1775 verläßt Goethe die Stadt. Lenz schreibt: »Heute saß ich da wo wir bei seinem Hiersein die Nacht geschlafen und überschaute den nun einsamen traurigen vom Mond beschienenen Plan. Ach ich muß von ihm, Länder zwischen uns setzen. Goethe erster Gespiele meiner Jugend, Goethe – muß unser Weg auseinander? Wir Unzertrennliche?«

Dramenkonzeption, Vorstellung von Theaterwirksamkeit, Lebenspläne und Zukunftsvisionen sind bei Goethe und Lenz schon immer verschieden. Herkunft, Erfahrung und Weltsicht haben beide geprägt. Sie eint Gleichklang im Wollen, im Angriff auf das Bestehende, Enthusiasmus, schöne Illusion einer raschen Veränderbarkeit der Welt.

Mitte der siebziger Jahre geht diese Illusion verloren. Bei allen, bei Herder, bei Merck, bei Schlosser, bei Wagner, bei Klinger, bei Goethe, bei Lenz. Mehr oder weniger schnell, mehr oder weniger bewußt, bei allen jedoch in einem schmerzlichen Prozeß, der sich als tiefe Lebens- und Schaffenskrise äußert.

Zum Jahreswechsel 1775/76 wird Lenz in Straßburg in »einer Gesellschaft guter Freunde« einen »Neujahrswunsch aus dem Stegreif« vortragen, der den nicht mehr abwendbaren Zweifel an dem Konzept spüren läßt, mit dem er angetreten ist, sich nicht in irgendeine »Lücke in der Republik« hineinstoßen zu lassen, zu treiben wie ein Rad, bis er abgestumpft ist, sondern zu handeln: »handeln, handeln ... sei die Seele der Welt ... daß diese unsre handelnde Kraft nicht eher ruhe nicht eher ablasse zu wirken, zu regen, zu toben, als bis sie uns Freiheit um uns her verschafft Platz zu handeln: Seligkeit! Seligkeit! Göttergefühl das!« Nun sagt er:

Was sind wir denn, wenn zwischen Tod und Leben
Wir ohne Mut und Kraft gekrümmt am Boden kleben,
Was sind wir denn, wir Götter, wir,
Auf diesen Würmerneste hier?
Die sich durch Muskelwitz, ha, oft mit Mißvergnügen
Um ihre Existenz betrügen,
Sich ein- und ausziehn, wie ein Wurm,
Und sterben dann beim ersten Sturm.

Wir sterben – pocht mit euren Fäusten,
Ihr Freunde! auf die Brust und schreit: Wir sterben?
  Nie!
Mit dieser Flamm' im Herzen, dieser Harmonie,
Darf sich der Tod uns je zu nahn erdreisten?
Gehn wir ihm nicht entgegen? Flieht er nicht,
Sehn wir ihm nur getrost ins Fratzenangesicht?

Doch eh mag ein System von Sonnen stille stehn
Als dieser Götterhauch in unsrer Brust vergehn.

Nein, leben, ewig leben wollen wir,
Und müssen wir, der Welt zur Ehre,

Bis Welt und Zeit und Atmosphäre
An unseren Sohlen hängt, und glühende Begier
Den ungebändigt stolzen Geist
Von Welt zu Welt, von Sphär' zu Sphäre reißt,
Ha, immer unersättlich – leben,
Ja, leben wollen wir, und beben
Soll unter unserem Tritt der Boden, der uns scheut,
Die Luft sich auseinander pressen, Streit
Die Elemente führen, die uns dämpfen,
Uns Götter dämpfen wollen ...

Hinter dem emphatischen Ton verbergen sich die Konflikte. Lenz ist vielleicht derjenige, der sie zunächst am wenigsten wahrhaben will, weil er auch derjenige ist, der sein dramatisches Konzept bis zum äußersten vorantreibt. In jenem Sommer 1775, als er die »Soldaten« beendet und sich selbst als den »stinkenden Athem des Volks« bezeichnet, Theater für alle, auch für den gemeinen Mann machen will.

Hier beginnt der Streit mit Goethe. »Ich habe Goethe nicht gesagt, woran ich arbeite«, Lenz an Herder. Zum erstenmal bekommt Goethe nicht das fertige Manuskript zu lesen. Drei Tage nach seinem Weggang aus Straßburg, am 23. Juli 1775, schickt Lenz »Die Soldaten« nach Bückeburg an Herder.

Das Drama »Die Soldaten«, das Jakob Lenz im Sommer 1775 in Straßburg vollendet, hat – konsequenter noch als der »Hofmeister« – eine völlig neue, radikale Dramaturgie. Die revolutionären Absichten dieser jungen Generation finden in Lenzens »Soldaten« ihren Höhepunkt.

Lenz stellt die verdrängte Erfahrung einfacher Menschen dar, legt die tieferen Grundlagen von Gefühlen frei, die selbst dem armseligsten Leben innewohnen.

Diese Hinwendung gerade zu einfachen Menschen ist

nicht Zufall, sondern Programm, Ergebnis seines Lebens, seiner Kindheit und Jugend in Livland, seiner eigenen Not.

»Ich webe und wühle unter den elenden Hunden, um was aus ihnen zu machen ... Ich nahm mir vor hinabzugehen und ein Maler der menschlichen Gesellschaft zu werden, was kann ich dafür, wenn unten lauter solche Fratzengesichter anzutreffen sind«, verteidigt Lenz sich, als sein Verleger Boie meint, die »Soldaten« könne man keinem Mädchen »vorlesen, oder sie's lesen lassen«, als Sophie Laroche ihm vorwirft, er mache »Schandtaten und Schweinereien« zum Gegenstand seiner Dramen.

Lenzens erhaltene Briefe an Frau von Laroche sind ein einzigartiges Dokument seiner realistischen Theaterkonzeption. »Doch bitte ich Sie sehr zu bedenken, gnädige Frau!« entgegnet Lenz auf ihre Vorwürfe, »daß mein Publikum das ganze Volck ist; daß ich den Pöbel so wenig ausschließen kann, als Personen von Geschmack und Erziehung, und daß der gemeine Mann mit der Häßlichkeit seiner Regungen des Lasters nicht so bekannt ist, sondern ihm anschaulich gemacht werden muß, wo sie hinausführen. Auch sind dergleichen Sachen wirklich in der Natur; leider können sie nur in der Vorstellung nicht gefallen, und sollen's auch nicht.« Er, Lenz, habe auf den »Zirkel der feinern Welt« seine »Achtsamkeit noch nicht so anhaltend ... gewendet«, schreibt er; »Ihrem zarten und feinen Gefühl muß manches in meinen Stücken hart, unanständig und ungezogen auffallen.« Aber sein Konzept sei, »die Stände darzustellen, wie sie sind; nicht, wie sie Personen aus einer höheren Sphäre sich vorstellen«. Das ist deutlich genug, und Lenz fügt noch hinzu: »Denken Sie, wenn ein Geschöpf wie Ihre Gouvernante, in die Klauen eines gewöhnlichen Officiers gefallen wäre –«.

Schließlich fragt Lenz, der sich sozial und moralisch

zu den Niederen bekennt, die adlige Schriftstellerin zweifelnd: »Könnten aber Personen von Ihrem Stande, Ihren Einsichten, Ihrem Herzen, sich jemals ganz in den Gesichtskreis dieser Armen herabniedrigen, anschauend wie Gott erkennen, was ihnen Kummer, was ihnen Freude scheint, und folglich *ist* ... Ach! das große Geheimniß, sich in viele Gesichtspunkte zu stellen, und jeden Menschen mit seinen eigenen Augen ansehen zu können!«

Lenz tut das in seinem Drama mit der ihm eigentümlichen ironisch-zwiespältigen Anlage seiner schöpferischen Phantasie. Lenz weigert sich, die Liebe zu mystifizieren. »Seine Plane, sind«, wie Goethe von Shakespeare sagt, »nach dem gemeinen Styl zu reden, keine Plane, aber seine Stücke, drehen sich alle um den geheimen Punckt, – den noch kein Philosoph gesehen und bestimmt hat – in dem das Eigenthümliche unseres Ich's, die prätendirte Freyheit unsres Wollens, mit dem nothwendigen Gang des Ganzen zusammenstösst.«

Lenzens Figuren sind in einem für sie selbst ungeklärten Widerspruch eingeschlossen, ihr moralisches Gesetz heißt gesellschaftlicher Zwang. Marie und Stolzius, Bürgerliche beide, einander versprochen, sind die beiden Hauptgestalten; beide werden Opfer des skrupellosen Sexualverhaltens der adligen Offiziere.

In Marie, diesem unerfahrenen Provinzmädchen, entdeckt Lenz eine innere Sehnsucht, sich selbst zu verwirklichen, eine Vitalität, stark genug, um sie zur Auflehnung gegen ihre gewohnte Umwelt zu führen. Das, was sie als Bürgermädchen erwartet, ist eine enge, kleinliche Welt, die ihren tiefsten Wünschen entgegensteht, eine Art Tod bei lebendigem Leibe. Marie sucht nach einer Alternative, nach einem erfüllten Leben. Aber eine Alternative gibt es nicht. So kann sich Maries Sehnsucht nur in banaler Weise offenbaren. Sie verfällt dem Traum eines sozialen Aufstiegs, sieht Fülle und Kultiviertheit in jener Welt der Oberschicht, zu der sie nun Zutritt begehrt.

Die adligen Offiziere rechnen damit, richten ihre brutale, wohleinstudierte Prozedur der Verführung darauf ein. Marie wird ihr Opfer, wird gehetzt von einem zum anderen, hetzt sich selbst in ihrem Verlangen nach einer höheren sozialen Existenz.

Als sie der Vater, der an diesem Wahn vom Aufstieg schuldhaft teilhat, am Ende findet, klammern sich Marie und der alte Wesener wie erlöst aneinander, stumm und ergriffen. »Beide wälzen sich halbtot auf der Erde. Eine Menge Leute versammeln sich um sie, und tragen sie fort.« Lenz macht die Möglichkeit eines Neubeginns am Schluß deutlich.

Gleichzeitig mit Maries Schicksal entwickelt sich das ihres Bräutigams, des Tuchhändlers Stolzius. Entstammt ihrer beider Leiden der gleichen Situation, so leidet doch jeder für sich allein und isoliert, ihre Schicksale entwickeln sich völlig unabhängig voneinander. Stolzius liebt Marie stark und aufrichtig, aber ihr Verlust führt bei ihm nicht zu einer zweckdienlichen Aktion, sondern im Gegenteil zu einer Verwirrung, einer völligen Desorientierung. Stolzius gibt seinen Beruf auf, wird Bursche bei den Militärs. Aufgenommen in das Offizierskasino, wird er wie ein Opfertier von ihnen gehetzt und beteiligt sich irrsinnigerweise selbst aktiv und drängend an seiner eigenen Opferung, weil er sich in seinem Bewußtsein an den Offizieren als Standespersonen orientiert. Das führt ihn zu dieser ratlosen Inaktivität. Erst ganz zuletzt überwindet er sie, als er wie in einem fiebrigen Anfall den Entschluß faßt, Maries Verführer Desportes und sich selbst zu töten, und die Tat ausführt.

Lenz läßt beide, Marie und Stolzius, wie auch die anderen Figuren, in Widersprüche mit sich selbst eingeschlossen sein. Die Banalität des Alltags beherrscht alle, Selbstverständnis und Erwartungshorizont werden durch die einengende Umwelt bestimmt. Das gilt auch für die Offiziere. Ihr Sexualverhalten, untrennbar mit dem militärischen Ehrenkodex verbunden, bezeichnet ihren Willen zur Klassendominanz, welcher noch durch die dem Soldatendasein innewohnende männliche Kollektivgesinnung verstärkt wird. Aber Lenz zeigt, daß diese sexuelle Ausbeutung nicht eine Frage der individuellen Moral oder des militärischen Lebens ist, sondern daß die Wurzeln dafür in den Widersprüchen liegen, die das gesamte gesellschaftliche Dasein durchziehen.

In ganz neuartiger Denkrhythmik begleiten die Gruppenszenen im Bereich des Militärs die dramatische Handlung, sind aber in auffallender Weise außerhalb der eigentlichen Handlung angesiedelt. Eingangs das Gespräch über die Huren, dann die Szene, wo Stolzius dem sadistischen Spott der Offiziere preisgegeben ist, dann die gemeinen Streiche der Militärs mit dem Juden Aaron und mit Madame Bischof. Verhaltensmuster der Militärs, die bereits aufgedeckt sind, werden gleichsam noch einmal abgewandelt, variiert, in Maries und Stolzius' Entscheidungssituationen eingeblendet.

Lenz will damit eine zu starke Einfühlung in seine Hauptfiguren verhindern, will von ihnen als Einzelpersonen ablenken und den Punkt zeigen, wo das Verlangen des Individuums nach innerer persönlicher Erfahrung mit dem Druck der unpersönlich gewordenen Gesellschaft kollidiert.

Ein äußerst virtuoser Stückbau, eine völlig neuartige Dramaturgie dient dem. »Die Soldaten« spielen an zehn verschiedenen Orten und zu verschiedenen, sich zum Teil überlagernden Zeiten; je weiter sich dem Schluß zu die Orte entfernen, desto kleiner werden die zeitlichen

Abstände zwischen den Geschehnissen, bis sie im vierten und fünften Aufzug beinah simultan zusammenfließen, die Szenen atemlos aufeinanderfolgen, manchmal gleichsam nur aus einem Satz, einem Wort bestehend.

»Die Soldaten« sind ein realistisches Zeitstück, ein Klassendrama, in dem in großer Weise soziale Kritik geübt wird. Zugleich sind sie durch die schicksalhafte Konstellation der Klassen, Umstände und Charaktere ein existentielles Drama, das zu allen Zeiten geschehen könnte. Die Menschen sind einem Geschehen unterworfen, im Grunde unschuldig, dem sie nicht entfliehen können.

Die kontrapunktische Dramenstruktur Lenzens verlangt eine ganz neue Haltung des Zuschauers.

Wie schon beim »Hofmeister« werden alle konventionellen Erwartungen umgestoßen und das Verlangen des Zuschauers nach einer klaren und geschlossenen Antwort untergraben. Der Betrachter wird in den Erfahrungsbereich der handelnden Personen einbezogen, ist selbst Befragter und Ausgelieferter.

Lenz wird diesen Zuschauer nicht finden. Er ahnt es schon. Mit diesem Stück wird er noch einsamer sein als mit seinen vorherigen. Niemand versteht es, niemand braucht es. Keiner führt es auf.

Lenzens Zeit nimmt seinen kühnsten Versuch nicht zur Kenntnis. Und das Bitterste – selbst sein engster Freund versteht ihn nicht. Lenz weiß es offenbar, deshalb schweigt er, gibt ihm das Manuskript nicht. Erst über eine Generation später wird ein junger Dramatiker es atemlos lesen und ungeheuer berührt sein: Georg Büchner. Sein »Woyzeck« ist ohne die »Soldaten« nicht denkbar. Goethe aber erreicht es nicht. Eine einzige, seltsam fremde Äußerung Goethes gibt es zu Lenzens »Soldaten«. »Übrigens lebte er, wie seine Zöglinge, meist mit Offizieren der Garnison, wobei ihm die wundersamen Anschauungen, die er später in dem Lustspiel ›Die Soldaten‹ aufstellte, mögen geworden sein.«

Nicht »wundersam«, sondern grell, zerrissen, tragikomisch ist Lenzens Weltsicht. Zerstörung der Harmonie.

Dem steht Goethe bei Lenz so verständnislos gegenüber wie später bei Hölderlin und Kleist.

Lenz lebt 1775, als er die »Soldaten« schreibt, für kurze Zeit in der rauschhaft glücklichen Vorstellung, daß sein »Publikum das ganze Volk« sei, daß er ein Theater »unter freyem Himmel vor der ganzen deutschen Nation« gründen werde, ein Theater, in dem »mir die untern Stände mit den obern gleich gelten«. Ein Theater, aus dem er den »Pöbel« nicht ausschließt.

Die Vision der Einheit von Dichter und Volk. Lenz macht mit Herders Gedanken Ernst: »Du Philosoph und du Plebejer! macht einen Bund um nützlich zu werden –«. Und er ahnt zugleich das Phantastische dieses Konzeptes. »Glücklicher Aristophanes, glücklicher Plautus, der noch Leser und Zuschauer fand«, schreibt er. Und als er Herder die »Soldaten« schickt: »Hier ... in Deinen heiligen Händen das Stück ... Es ist wahr und wird bleiben, mögen auch Jahrhunderte über meinen armen Schädel verachtungsvoll fortschreiten.«

Das ist die Wirklichkeit.

Goethe hat es früher begriffen. Wegscheide. Die Wege auseinander. Das ist nicht ein persönliches Problem Lenz – Goethe, nicht ein Problem ihrer Freundschaft. Es ist objektiv, es ist die Zeit. Angesichts der deutschen Wirklichkeit sind die Menschen alles andere als »selbständige, freihandelnde Wesen«. Und das gilt auch für die jungen Dichter, die alle Mitte der siebziger Jahre durch die Umstände gezwungen werden, ihre Lebens- und Kunstkonzeptionen zu modifizieren.

Goethe reagiert als erster, mit der ihm eigenen Mentalität; bewußt, scharfsichtig den Ausweg suchend und findend. Mit »Werther« ging er bis an die Grenze, spürt er. Gegenwart ist für ihn fortan tabu, Geschichte und Mythos wird für lange Zeit bestimmend. Schaffenskrise bei ihm zunächst am Ende der Frankfurter Jahre, wildes Suchen, viel Begonnenes. Und: die Erkenntnis, der »Werther« gibt ihm trotz des sensationellen Erfolges nicht annähernd die Möglichkeit, sich eine Existenz als freier Schriftsteller aufzubauen. Der Vater drängt auf ein Amt, auf bürgerliche Situiertheit. Goethe ist mißmutig über die sterbenslangweilige Anwaltspraxis, Literatur wird Lebenshilfe: »O wenn ich ietzt nicht Dramas schriebe, ich ging zu Grund.« Dennoch: Eine Konsequenz für die Lebenssituation muß gezogen werden. Der Ausweg für Goethe heißt Weimar. Die Bindung an einen absolutistischen Fürstenhof ist das Mögliche, die Einladung des jungen Prinzen Karl August – die große Chance. Im Dezember 1774 bei ihrer ersten Begegnung in Mainz wird sie ausgesprochen. Im Jahr darauf wird der Achtzehnjährige als Herzog die Regierungsgeschäfte übernehmen.

Nicht mit gleichgesinnten Dichtern, die ärmlich leben, ohne Geld, Beziehungen und Einfluß sind, ihre Ideale, ihr Genie der einzige Besitz – nicht in einem solchen Kreis wird er seine Vorstellungen verwirklichen können.

Nein, das ist alles nicht bewußt, wird nicht ausgesprochen. Dumpfes Gefühl, Ungewißheit. Suchen.

Auch bei Lenz. Für ihn, der die revolutionäre Konzeption des Sturm und Drang am weitesten vorangetrieben hat, muß die Modifizierung am schwersten sein. Hinzu kommen seine Lebensumstände und seine Mentalität. Bei ihm vollzieht sich alles, was das eigene Leben und seine Reflexion anbetrifft, übersteigert, unbewußt, verworren.

Die Krisensymptome äußern sich zunächst als Wechsel von Hochstimmung und Depression. »… trunken vom Gefühl unseres Daseyns daß wir die ganze Welt mit einem Blick übersehen mit einem Blick überschreiten …«, ist er in jenem Sommer, als er die »Soldaten« vollendet, und zugleich quält ihn die Angst des Versagens. Von »Sterben« ist die Rede, von »Verlöschen seiner Seele«. Er, Lenz, werde »untergehen in Dampf und Rauch«. In einer »fürchterlichen grausen Einöde« sei er gewesen. »Ach so lange ausgeschlossen, unstet, einsam und unruhevoll«, »bis zu Boden gedrückt«.

»Lange, lange« werde er durch »heiße Sandwüsten« müssen, schreibt er an Sophie Laroche. Und bittet sie, ihm ihre Meinung zu seinen Werken zu sagen, wenngleich er sich kaum danach richten wird: »… ich werde mich niemals ändern. Modifizieren kann sich der nur, der nicht von Jugend auf, wie ich, mit dem Kopf gegen die Wand gerennt ist.« Hier schreibt er, was bittere Wahrheit werden wird.

Im gleichen Brief, er ist vom Sommer 1775, spricht Lenz zum erstenmal andeutungsweise in kritischem Ton von den Unterschieden seiner und Goethes Dramenkonzeption. »Warum lassen Sie ihn [Goethe] denn so viel Operetten machen?« wirft er Sophie Laroche vor. »Freilich kann mein kaltes Vaterland großen Anteil daran haben, daß ich mehr für das Bildende als Tönende der Dichtkunst bin.«

Kaum ist das wohl Gegenstand der Debatten mit Goethe beim Zusammensein in den »Göttertagen« des Sommers 1775 in Emmendingen und Straßburg.

Wahrscheinlich entzündet sich der Streit an Wieland. Dafür gibt es Belege.

Der Gedanke an Weimar läßt Goethe Wieland anders sehen. Ihm muß er gegenübertreten, er ist der Literaturpapst und der Erzieher des Weimarer Prinzen Karl August. Auch Goethe hat seinen Spott über Wieland ausgegossen, in Göttingen mit Freunden Wielands Porträt verbrannt, dessen neuestes Buch zerfetzt und sich damit seine Pfeife angezündet und eine freche Satire, »Götter, Helden und Wieland«, verfaßt. Jetzt aber kann ihm nichts unrechter sein als der Affront. Gleich nach seiner ersten Begegnung mit Karl August schreibt er einen versöhnenden Brief an Wieland. Und nun mag Goethe Lenz verübeln, daß dieser seine Satire zum Druck beförderte. Goethe will nichts mehr wissen von Angriffen auf Wieland, will auch Lenz davon abbringen. Am 13. Mai schreibt er an Sophie Laroche, Wielands Vertraute: »Gehe von Frankfurt zu meiner Schwester, also über Mannheim, Karlsruhe und Straßburg ... rede nun selbst mit Lenz und von dorther vielleicht mehr.«

Lenz aber hat keinerlei Gespür für Goethes taktische Erwägungen. (Erst ein Jahr später wird er selbst eine ähnliche Wendung vollziehen.) Im Sommer 1775 hat er gerade die Satire »Menalk und Mopsus« im Druck, setzt mit den »Wolken« zum neuen Angriff auf Wieland an. Auch in seiner Literatursatire »Pandaemonium Germanicum« macht er Wieland lächerlich, läßt Goethe als Hauptakteur gegen ihn auftreten, auf Wieland zugehend, ruft Goethe: »Ha daß du Hektor wärst und ich dich so um die Mauern von Troja schleppen könnte.«

Das »Pandaemonium Germanicum« liest Goethe in den Straßburger Tagen und muß ganz entschieden gesagt haben, daß er die Publizierung nicht wünsche. Mit Goethes Bitte ist nicht zu spaßen, das weiß Lenz durch Leopold Wagner, dessen Freundschaft zu Goethe ein halbes Jahr zuvor durch eine solche Sache in die Brüche ging. Wagner veröffentlichte die Farce »Prometheus, Deukalion und seine Rezensenten«. Es ist eine Verteidigung des »Werthers«, die allen Kritikern des Romans eine witzig-gekonnte Abfuhr erteilt. Statt der Namen erscheinen kleine Holzschnitte: Nicolai als Orang-Utan, Wieland als Götterbote, Nachteule und Frösche deuten auf Claudius' »Wandsbecker Boten«. Manch derbes Wort fällt gegen die Kritiker und ihren Beruf. Nicht daß Goethe in seinen eigenen Farcen feiner verfahren wäre, nicht daß er eine solche Haltung nicht geteilt hätte; von ihm stammt aus jener Zeit der Ausspruch »Schlagt ihn tot, den Hund! er ist ein Rezensent« (veröffentlicht in der »Göttinger Poetischen Blumenlese auf das Jahr 1775«) – nein, aber mit dem Entschluß, nach Weimar zu gehen, beginnen diese Streitschriften seinen persönlichen Plänen entgegenzuwirken. Goethe handelt. Scharf distanziert er sich in einer öffentlichen Erklärung von der Farce »Prometheus, Deukalion und seine Rezensenten« und deren Verfasser, seinem Freund Heinrich Leopold Wagner. Den Bruch der persönlichen Beziehungen der beiden jungen Dichter zieht dies nach sich.

Nicht weniger konsequent muß das Gespräch mit Lenz verlaufen sein. Goethe verwahrt sich gegen eine Veröffentlichung des »Pandaemonium Germanicum«. Ein Indiz aus jener Zeit: von Lenz in Französisch auf die Rückseite eines Zettels geschrieben, auf dem Goethe das Personenverzeichnis von »Hanswursts Hochzeit« notiert hat. »Sie können sich auf mein Ehrenwort verlassen, daß besagtes Blatt mit meinem guten Willen niemals veröffentlicht wird. Auch wurde es nur mit Rücksicht auf einen grossen Teil Ihrer Leser geschrieben, deren Geschwätz im Hinblick auf Sie und Ihre Schriften niemals bis zu Ihnen gelangt. Ich hätte nie geglaubt, daß Dir das irgendwelchen Kummer bereiten könne, ich habe es nur mitgeteilt, um zu sondieren, wie Du diese Dinge aufnehmen würdest, um in Zukunft etwas Vernünftiges darüber sagen zu können. Das sind meine Absichten. *Ich habe alles aufgeboten*, das zu unterdrücken, und kann Dir im *voraus versichern*, daß es niemals das Licht der Welt erblicken wird.«

Es ist nicht gedruckt worden. Zwei Handschriften sind erhalten, beide tragen Lenzens eigenhändigen Vermerk, daß es nicht veröffentlicht werden solle. Lenz besaß die eine Handschrift, Goethe die andere.

Noch etwas wird Goethe an Lenzens »Pandaemonium Germanicum« mißfallen. Da wird der »Götz« in Zusammenhang mit dem im Frühjahr 1775 in Böhmen ausgebrochenen Bauernaufstand gebracht. Da wird Werther als »Antichrist« bezeichnet. Pfarrer und Küster würden, wenn dieser Werther auf ihrem Kirchhof wäre, »selbst noch die Knochen ausgraben lassen, verbrennen und die Asche ins Meer streuen. Es ist wohl gut«, sagt der Küster, »daß in Teutschland keine Inquisition ist, aber es ist doch nicht gar zu gut. Ich wollte mein Leben daran setzen einen solchen Rebellen, einen solchen ...« Die Benennung der aufrührerischen Tendenzen seiner Werke behagt Goethe nicht. Und überhaupt, er braucht keine Verteidigung. Dies wohl schon läßt ihn andere Arbeiten Lenzens, die als Manuskript in seinen Händen sind, nicht publizieren. Zum Beispiel Lenzens ihm Anfang 1775 übersandte »Briefe über die Moralität der Leiden des jungen Werthers«. Sie sind ein wichtiger Beitrag zur großen Werther-Debatte. Ein Jahr bleibt das Manuskript unter Goethes Papieren, dann entscheidet er sich auf Rat von Jacobi gegen eine Veröffentlichung. Auch anderes verschwindet in Goethes Schubladen, wird nie gedruckt. Lenzens Prosadichtung »Tagebuch«, dann die »Moralischen Bekehrungen eines Poeten« und viele Gedichte. Erst Jahre später, nach Lenzens Tod, wird Friedrich Schiller 1797 Goethe vorsichtig an die unveröffentlichten Lenz-Sachen erinnern; das »unglückliche Leben des Verfassers« habe doch »allen Neid gelöscht«, und »diese Fragmente« besäßen einen »biographischen und pathologischen Wert«, meint Schiller, der seine Zeitschrift »Die Horen« damit füllen will. »Wir müssen alles, was wir finden, für die Horen zusammenraffen.« Schiller druckt einiges, anderes geht dann wieder mit der Zerstreuung seines Nachlasses für eine Zeit verloren. Jene Briefe zum »Werther« werden erst 1918 publiziert.

Das »Pandaemonium Germanicum« aber – wie gesagt – besitzen beide, Lenz und Goethe, in je einem Exemplar. Nach Lenzens Tod will es der Livländer Dumpf, der es im Moskauer Nachlaß von Lenz findet, herausgeben und wendet sich nach Deutschland an Friedrich Hufeland mit der Bitte, ihm einen Verleger zu beschaffen und sich bei Goethe zu erkundigen, ob er der Veröffentlichung zustimme. Hufeland schreibt daraufhin an Bertuch: »Die letzte Bitte mußte ich ihm natürlich abschlagen, da der so reizbare Goethe den Mangel an Delikatesse, den eine solche, einen ihm verhaßten Gegenstand betreffende Frage verraten würde, sehr übel aufnehmen könnte.« Auch Bertuch, der Verleger, lehnt ab. Das ist über vierzig Jahre nach Lenzens Niederschrift der Literatursatire.

Im Sommer 1775, als die beiden jungen Dichter in Straßburg zusammentreffen und der Streit darüber ausbricht, kommt für Lenz nun zu der Tatsache, daß man seine Werke für die Goethes hält, noch der Umstand, daß der Freund über Wohl und Wehe, über Publizierung oder Nichtpublizierung seiner Werke entscheidet. Hat er unter ersterem schon gelitten (»Ich halte es für ein großes Unrecht das ich leide wenn man ihm meine Werke zuschreibt«), so wird letzteres seinen Schmerz vermehren. Zumal nun nicht mehr Gleichklang die Freunde beherrscht, sondern die Widersprüche aufreißen. »Den Ansatz aller niedrigen häßlichen Eigenschaften der

Seele fühle ich in mir. Was hindert's daß sie nicht in Handlungen ausbrechen, als daß mir die Hände gebunden sind«, schreibt Lenz in seinen Aufzeichnungen, wo auch das vom »nagenden Geier« der Furcht steht, daß man seine und Goethes »Produktion miteinander vermische«. Zugleich verteidigt er den Freund: »Daß ich mich nie auch über das geringste Haar von Kränkung oder Einschränkung bei ihm zu beschweren gehabt«, heißt es, »vielmehr er von mir manche Insolenz ertragen ohne mir einmal eine finstre Miene – o mein Goethe! mein Goethe, daß Du mich nie gekannt hättest.«

»Das Schicksal stellt mich auf eine Nadelspitze, wo ich nur immer schwankend Dich sehen – Dir nichts erwidern kann. Meine einsame Träne und das was ich hier niederschreibe, sollen Zeugen bei der Nachwelt sein.«

Der Widerstreit der Gefühle in Lenz muß groß gewesen sein. Ohnmacht und Bewunderung, Zorn und Eifersucht, Haß und Zweifel, Scham darüber wechseln miteinander.

Er leidet. Die Phasen seines Selbstzutrauens und Selbstbewußtseins sind kurz. Momente nur, als das Drama »Die Soldaten« fertig ist, und er fühlt, es ist »wahr« und »wird bleiben«. Lang dagegen, verzweifelt lang, müssen die Phasen der Selbsterniedrigung sein. Das muß auch mit seiner religiösen Erziehung, mit seiner offenbar ständigen Demütigung als Kind zusammenhängen. Er macht sich kleiner, als er ist, in einer beinahe zwanghaften, selbstzerstörerischen Weise.

Das »Pandaemonium Germanicum« gibt erschütternd darüber Auskunft. Lenz sieht Goethe innerhalb der deutschen Literaturbewegung als den absoluten Herrscher. Während Goethe schon auf dem Gipfel steht, kriecht er, Lenz, mühsam auf allen vieren hinauf, immer wieder im Gestrüpp hängenbleibend, verzweifelt, allein, qualvoll. Als Herder Lenz dann nach seinem Wollen fragt und ihn um eine Probe seiner Menschendarstellung bittet und Lenz sie bringt, sagt Herder: »Mensch, die sind viel zu groß für unsere Zeit.« Lenz, in einer schrecklichen Ahnung, die er schon in Zusammenhang mit den »Soldaten« aussprach, daß »Jahrhunderte« über seinen »armen Schädel verachtungsvoll fortschreiten werden«, entgegnet darauf: »So sind sie für die kommende. Sie sehn doch wenigstens ähnlich. Und Herr! Die Welt sollte doch auch itzt anfangen, größere Leute zu haben als ehemals. Ist doch solang gelebt worden.« Klopstock segnet Lenz, Goethe umarmt ihn, nennt ihn »Bruder«. Dann geben Klopstock, Herder und Lessing ihr Urteil über Lenz ab: »Der brave Junge. Leistet er nichts, so hat er doch groß geahndet.« Lenz läßt Goethe darauf sagen: »Ich will's leisten.«

Das ist zu einem Zeitpunkt, als Goethe »Götz« und »Werther«, Lenz den »Hofmeister« und die »Soldaten« geschrieben haben und kein Anlaß zu einer solchen Selbstverleugnung besteht.

Noch öfters gibt es das bei Lenz, daß er visionär vorwegnimmt, was dann geschieht, es ist eine beinahe neurotische Reaktion, in der sich seine Ängste manifestieren, eine Art unablässiger Demütigung, die mit Lenzens ganzer Lebenslage zusammenhängt; vor dem Vater geflohen, in einem fremden Land, ohne Beziehungen, ohne Bindungen. Ausdruck auch seiner Unsicherheit, Schüchternheit, seines fehlenden Selbstvertrauens. »Den guten Menschen«, sagt Luise König einmal, »freut jede Achtung des Vernünftigen so inniglich u. er ist dabey so blöde, so bescheiden, mein Tage habe ich keinen Autor so gesehen.«

Aber wie kann man auch leben, ohne erkannt und gebraucht zu werden. Wie lange kann man Einsamkeit ertragen!

Nach Goethes Weggang Ende Juli 1775 versucht Lenz,

einen eigenen Weg auszuprobieren, versucht sich, wie er sagt, »zu modifizieren«.

Das Krisenbewußtsein gibt ihm die Gewißheit, daß mit Literatur allein die Welt nicht zu verändern sei. Also führt er erstens seine Literaturkonzeption in gesellschaftspolitische Bereiche über. Dem Drama »Die Soldaten« hat er einen merkwürdig didaktischen, aufklärerischen Schluß angehängt. Man könne ihn weglassen, meint er nun, denn er arbeitet die dort geäußerten Gedanken in einer umfangreichen politischen Schrift aus, in der er die soziale Lage der Soldaten analysiert. Diese Arbeit wird von zunehmender Wichtigkeit für ihn, und die Unterbringung an einem aufgeklärten Fürstenhof wird dann alle seine Entschlüsse bestimmen.

Zweitens reflektiert er seine Existenzprobleme und die Frage des Verhältnisses von Künstler und Gesellschaft in seinen nun entstehenden Arbeiten, in der Erzählung »Zerbin« und in den beiden Dramen »Die Freunde machen den Philosophen« und »Der Engländer«.

Und drittens wendet er sich einer ganz unmittelbaren gesellschaftlichen Aktion zu. Er versucht, im Herbst 1775 eine Gruppe junger Intellektueller zusammenzuschließen.

Es sind zum Teil Leute, die sich in Salzmanns Sozietät versammeln. Von »Unglauben, Zerrütetheit, vaquen Geschnarch«, von »steifer leiser Schneckenmoralphilosophie« klagt Lenz im Frühjahr fünfundsiebzig. Dann provoziert er die Freunde: »entweder unsere Societät verwandelt sich in eine partie de plaisir, wo wir zusammenkämen, uns über die ganze Welt zu mokiren ... oder sie verwandelte sich in ein schulgerechtes Kränzchen, wo wir nach einigen herskandierten Exerzitiis in aller bürgerlichen Ordnung deliberierten ...«

Am 8. Oktober 1775 wird die Sozietät »neu eingerichtet«. »Gesellschaft der deutschen Sprache« nennt sie sich nun. Ein Heftchen ist erhalten, im Format eines heutigen Schulheftes, zweiundzwanzig einzelne Blätter, erst später mit Fäden lose befestigt, da sind die Namen der Teilnehmer verzeichnet und die besprochenen Themen.

Das meiste von der Hand Lenzens geschrieben, denn er ist der Sekretär der Gesellschaft.

Zweiunddreißig Mitglieder stehen in alphabetischer Reihenfolge auf den von Lenz in zwei Kolonnen geteilten Blättern. Friedrich Philipp Eisenberg aus Treptow in Pommern, Franz Josef Armbruster aus der Schweiz, ein O. Westmann aus Schweden, ein von Keller aus dem Gothaischen, einer namens Spener aus Berlin, aus Göttingen Christian Friedrich Michaelis. Studenten sind es, die sich zeitweilig in der Stadt aufhalten, Mediziner, überwiegend aber Juristen. Und Einheimische, Straßburger: Ehrmann, Lobstein, Salzmann (nicht der Aktuarius, sondern Fridrich Rudolf, sein Neffe), Türkheim, Schönfeldt, Blessing, Haffner. Dreizehn Lehrer darunter, ein Vize-Kapellmeister bei der Neuen Kirche, ein Beamter des Magistrats. Und Studenten, ansässig in Straßburg, Gottfried Röderer und Johann Michael Ott, Jakobs engste Freunde. Drei in dem Kreis der zweiunddreißig sind Dichter. Ludwig Franz Elisabeth Ramond, Heinrich Leopold Wagner, beide Straßburger, und Jakob, der in das Quartheftchen schreibt: »Lenz (Jakob Michael Reinhold aus Dörpt in Liefland)«.

Des Donnerstags, jeweils am Nachmittag um drei Uhr treffen sich die jungen Leute gegenüber dem Rathaus in Salzmanns Wohnung, die er zur Verfügung stellt, obwohl er selbst nicht Mitglied wird. Eine »Anrede über die Vorteile einer Verbindung diser Art«, heißt es im Protokoll, habe Herr Lenz am 2. November zur Eröffnung gehalten. Am Sechzehnten dann ein großer Zulauf, viele Neue. Der Vorschlag, eine Bibliothek zu gründen, wird gemacht, jeder zahlt drei Livres ein. Am Dreiundzwanzigsten die nächste Zusammenkunft, den darauffolgenden Donnerstag wieder, Dezember und Januar. Mit großer Regelmäßigkeit jede Woche einmal.

Vorgetragen werden eigene Arbeiten, dramatische oder essayistische, Übersetzungen, Abhandlungen über literarische, religiöse oder wissenschaftliche Themen. Siebzehn Sitzungen leitet Jakob Lenz. Zehn davon bestreitet er ganz allein, liest seine ungedruckten »Briefe über die Moralität der Leiden des jungen Werthers«, liest den Aufsatz »Veränderung des Theaters im Shakespeare«, trägt Stücke vor, seine Plautus-Bearbeitung »Captivi«, sein Fragment gebliebenes Drama »Die beiden Alten«.

Auf den beiden Eröffnungsveranstaltungen verkündet Lenz das Programm. Niedergeschrieben hat er zwei Ausarbeitungen schon vor Monaten: »Ueber die Bearbeitung der deutschen Sprache im Elsass, Breisgau und den benachbarten Gegenden« und »Ueber die Vorzüge der deutschen Sprache«.

»Wenn wir«, sagt Lenz im Kreis der Freunde, »in die Häuser unserer sogenannten gemeinen Leute gingen, auf ihr Interesse, ihre Leidenschaften acht gäben, und da lernten, wie sich die Natur bei gewissen erheischenden Anlässen ausdrückt, die weder in der Grammatik noch im Wörterbuch stehen: wie unendlich könnten wir unsere gebildete Sprache bereichern … Und hundert eingeschlichene Wörter fremder Sprachen könnten verrufen werden.«

Für die Würde der eigenen Sprache einzutreten hat in dem Frankreich zugehörigen Straßburg eine besondere Bedeutung. Und »Deutsche Gesellschaft« ebenso. Die Sprache soll eine Annäherung der Provinzen Deutschlands herbeiführen. Gerade ist Klopstocks »Gelehrtenrepublik« erschienen. Wie da vorgeschlagen, will auch Lenz mit seinen Freunden ein Mundartwörterbuch des Elsaß als Beitrag »zu einem Idiotikon von ganz Deutschland« erarbeiten. »Und sodann auf einem Klopstockischen Landtage der ältesten und einsichtsvollsten Gelehrten jedes Orts auf ein Vereinigungsmittel« sinnen, dann wäre »unsere Sprache wie ein Baum, der seine Wurzeln im ganzen Vaterlande ausgebreitet hat.«

»Unsere deutsche Gesellschaft vergrößert sich von Tage zu Tage, Schlosser ist auch davon und in Colmar Freyburg und andern benachbarten Oertern bekommen wir Zuwachs.« Auch an Publizität denkt Lenz, versucht, Boie und dessen neu gegründete Monatsschrift »Deutsches Museum« dafür zu gewinnen. Bald aber teilt er ihm mit, daß in Straßburg eine eigene Wochenschrift »Der Bürgerfreund« im Entstehen ist. Lenz gehört dem Herausgeberkollektiv nicht an. Fridrich Rudolf Salzmann, der Buchhändler, bei dem die Schrift wahrscheinlich gedruckt wird, Schönfeldt, Leypold, Wagner, Röderer und Türkheim sind dafür verantwortlich.

Alles also ist vorhanden. Fähige Leute, Enthusiasmus und ein Forum der Öffentlichkeit. Trotzdem, es geht nicht.

Der Magistrat der Stadt Straßburg beobachtet argwöhnisch das Treiben der jungen Leute. Ein Privatbrief von einem der Freunde Lenzens gibt Aufschluß über die Haltung der Behörden zur »Deutschen Gesellschaft« und ihrem Publikationsorgan, dem »Bürgerfreund«. Johannes von Türkheim schreibt am 6. Januar 1776 an Isaak Iselin in die Schweiz: »… was nur auch mit den gemäßigsten Ausdrücken von Vaterland und Aufklärung redet, wird unterdrückt … So wissen Sie, Theuerster Gönner! daß eine unschuldige Wochenschrift, die wir zum belehrenden Vergnügen unserer ehrlichen Mitbürger unternahmen, alle möglichen Hindernisse erfährt … Die Zensoren haben sich nicht geschämt, öffentlich zu sagen, es sey nicht nöthig und gar gefährlich, das Volk zu unterrichten, die Obrigkeit allein brauch die Rechten der Menschheit zu wissen. Es seys nicht erlaubt, im geringsten was, das Straßburg besonders angehe, zu schreiben ... Meine Aufsätze, welche in der Bastille selbst hätten können gedruckt werden, sind fast alle in die Acht erklärt worden.«

Noch hundert Jahre später heißt es in einer Kulturgeschichte der Stadt Straßburg, ein Mann namens Abbé Frick, der am 3. Oktober 1783 hingerichtet wurde, sei »hauptsächlich durch den Einfluß der literarischen Erzeugnisse des Sturm und Drang« zum »Räuber und Mörder« geworden. Das läßt uns annähernd eine Vorstellung bekommen, wie der Leumund der jungen Leute in dieser Stadt Straßburg gewesen sein muß.

Es gibt keinen Beleg, daß Jakob Lenz in politische Schwierigkeiten gerät, daß ihn die Zensur bedroht. Notizen Jakobs aus dieser Zeit sind nicht vorhanden, die Akten der Stadt-Archive und der Zensurbehörden sind bei der Belagerung von 1871 zum großen Teil verbrannt. Aber er ist der führende Kopf der Gesellschaft. Er ist es, der die Mitglieder seiner Vereinigung auffordert, »in die Häuser« der »sogenannten gemeinen Leute« zu gehen, auf »ihr Interesse, ihre Leidenschaften acht« zu »gäben«, der dabei ist, eine politische und soziale Analyse der Lage der unterdrücktesten Schicht, der Soldaten, zu machen.

Erinnert sei daran: In jenem Jahr 1776, als Lenz sich für die »Deutsche Gesellschaft« einsetzt, äußert sich auch ein anderer Schriftsteller in einer Literaturzeitschrift zu den gegenwärtigen Verhältnissen. Christian Daniel Schubart. Älter, erfahrener als Lenz. Am 25. März 1776 erscheint in der »Deutschen Chronik« sein Artikel über den Soldatenhandel, den der Landgraf von Hessen-

Kassel, der Herzog von Braunschweig und der Kurfürst von Bayern betreiben. Genannt werden von Schubart Mengen und Summen. Wenige Monate später, am 23. Januar 1777, wird er verhaftet. Ohne Verhör, Anklage und Prozeß von Herzog Karl Eugen auf der Festung Hohenasperg eingekerkert. Zehn lange Jahre, die produktivste Zeit seines Lebens. Als sich die Festungstore wieder öffnen, hat er nur noch vier Jahre zu leben. Ein extremes Beispiel. Sicher. Aber wenn einer der Freunde Lenzens, Türkheim, davon spricht, daß in Straßburg das, »was nur auch mit den gemäßigsten Ausdrücken von Vaterland und Aufklärung redet ... unterdrückt« wird, so weiß man, daß die Zensur die Bestrebungen der jungen Leute von vornherein im Keim erstickt. Reglementierungen treffen verschiedene Mitglieder aus Lenzens Gesellschaft. Schlosser und Wagner zum Beispiel.

Hofrat Schlosser ist ein hoher Beamter des Markgrafen von Baden. Dieser Markgraf handelt nicht wie Herzog Eugen, er ist für Reformen, will aus Baden ein »Musterländle« machen und umgibt sich mit klugen Leuten. Schlosser duldet er zwar nicht in der Residenz Karlsruhe, aber in Emmendingen ist er nützlich. Schlosser lernt dort die Lage des gemeinen Mannes, des Bauern kennen. Katastrophal ist sie, sieht er und richtet Denkschriften an den Markgrafen. Schlossers Ton ist fordernd, anklagend. Der Markgraf gibt sich tolerant. Kein Verbot. Aber auch kein Eingehen auf Schlossers Vorschläge. Soll er Denkschriften verfassen, soviel er will. Als sich Schlosser aber an die Bauern selbst wendet, auf die er Einfluß hat, da greift die Macht sofort zu. Schlossers Schrift »Katechismus der Sittenlehre für das Landvolk« ist beileibe keine Aufforderung zum Aufruhr. Sie enthält lediglich eine andere Wertung der Bauern, als sie Kirche und Staat vorgeben. Es reicht aus, daß »die schwarzen Männer mit weißen Krägen«, wie Goethes

Vater am 24. Juli 1776 an Schönborn schreibt, Schlossers Schrift »nach ihrer dogmatischen Lehrart nicht gestellet fanden, und daher den weltlichen Arm zur Confiscation reizten«. Das Büchlein, 1776 gesetzt und gedruckt, wird, kaum ist es fertig, vom Konstabler beschlagnahmt und die ganze Auflage vernichtet.

Möglich, Schlosser hat die Grundgedanken des »Katechismus« in der Straßburger »Deutschen Gesellschaft« vorgetragen. Drei Sitzungen bestreitet er mit seinen Beiträgen, nach Lenz also fast das aktivste Mitglied. Am 7. Dezember 1775, steht im Protokoll, »las Herr Lenz einen von Herrn Hofrath Schlosser an die Gesellschaft eingesandten verbindlichen Brief nebst dessen erster Abhandl.: Skizze seiner Vorstellungsart der Moral betitelt, vor, die von der ganzen Gesellschaft mit allgemeinem Beifall und Bewunderung aufgenommen wurden«.

Auch ein anderer, gebürtig aus Straßburg, Sohn eines hiesigen Kaufmannes, ist dem Magistrat ein Dorn im Auge, der junge Dramatiker Heinrich Leopold Wagner. Zwei Jahre zuvor hat man ihn schon aus der Stadt Saarbrücken ausgewiesen wegen Beleidigung der Stadt und des Hofes. Nun greift er, der in Straßburg Jura studiert hat, die seit Jahrhunderten unangetasteten Gesetze an, macht sich gemein mit diesen »gemeinen Leuten«, untergräbt die Autorität der Gerichtsbarkeit. Zum Gegenstand eines Dramas macht er den stadtbekannten Fall einer Kindsmörderin, und in dieser »Deutschen Gesellschaft« wird es unter dem Beifall aller vorgetragen.

Das wird am 18. Juli 1776 sein, da ist Lenz schon nicht mehr in Straßburg. Am 1. März nimmt er das letzte Mal an einer Sitzung der »Deutschen Gesellschaft« teil. Viel Arbeit hat er gehabt. Aber das Ergebnis ist enttäuschend wie auch die Haltung seiner Freunde, die sich eben mit »Geschnarch« zufrieden geben, am Alltagstrott kleben. Auch Lenzens Dichterfreund Heinrich Leopold Wagner empfindet es so. Als er 1776 nach Straßburg kommt, schreibt er: »... ich befinde mich in einer Einöde inmitten meiner teuren Mitbürger ... nur sind so Wenige, fast sollte ich sagen Keiner hier, die mich fühlen, verstehen können, die ich wieder fühlen, wieder verstehen kann; das ist ärgerlich! ... nun sitz ich und kau mir die Nägel ab. Und dann die unbedeutenden Kerls, die einem die Zeit verderben und alle gute Laune verjagen.«

Ähnliche Empfindungen muß Lenz gehabt haben. Am 14. Januar 1776 schreibt er an Gotter: »Meine Situation ist eine der wunderbarsten die ich mir jemals hätte können träumen lassen. *Soviel* gesellschaftliche Freunde und keinen für Bedürfniß. Und beydes nimmt nach dem Maaß zu nach dem ich hier bekannter werde. –«

Zeitgleich mit den Bemühungen um die »Deutsche Gesellschaft« reflektiert Lenz in seinem dichterischen Werk sein Verhältnis zu den Straßburger Freunden und die Probleme seiner Künstlerexistenz.

»Ich bin allen alles geworden – und bin am Ende nichts«, ist der erste Satz des Strephon in dem Drama »Die Freunde machen den Philosophen«. Reinhold Strephon ist ein gequälter Mensch, der niemals nein sagen kann, allen helfen will, allen freundlich gesonnen ist, nachgiebig, dienerisch, demütig ist und dadurch schamlos ausgenutzt wird. Es ist weitgehend offenbar ein Psychogramm Lenzens. »Euere Freunde haben Euch angefressen, Ihr geht drauf, wenn's so fortwährt.«

»Ach, nehmen wir, was wir bekommen können«, entgegnet Strephon darauf, »oder wählen uns die Bären zu Gesellschaftern! Ich bin ein Fremder, ich habe keinen Umgang, keine andere Mittel, dieses Land und seine Sitten kennen zu lernen und jeder dieser Leute vermehrt meine innere Konsistenz durch das, was er mir entzieht. Ich suche denn nach in mir, ob ich nicht noch etwas habe, das sie mir nicht entziehen können, und das gibt mir einen gewissen Stolz, der mich über sie hinaussetzt und mein Herz wieder ruhig macht.«

Lenzens Problem ist, daß seine Freunde »einen Menschen, der von seinen Talenten leben muß seine Zeit und folglich sein letztes Hülfsmittel stehlen ...« Der »höchste Zustand der Bewegung« sei, sagt Lenz, »derjenige Zustand, wo unsere äußeren Umstände, unsere Relationen und Situationen so zusammenlaufen, daß wir das größtmögliche Feld vor uns haben, unsere Vollkommenheit zu erhöhen, zu befördern und andern empfindbar zu machen«. Nun schrumpft ihm das »größtmögliche Feld« zum kleinlichen Straßburger Leben, das ihn umgibt, mit dem er nicht fertig wird. Die Akzente verschieben sich. »... was er zu seyn gezwungen ist, und was er ist«, ist nun die Frage. Leben oder Gelebtwerden. Ein großes Gefühl der Ratlosigkeit muß Lenz erfaßt haben.

Er kann für sich und für die Helden seines Dramas nur formulieren, was er nicht will. Nicht nach Livland zurück. Das Gespenst des Vaterlandes taucht übermächtig auf. »... das stille Land der Toten ist mir so fürchterlich und öde nicht als mein Vaterland«, entgegnet Strephon seinem Vetter, der ihn nach Hause holen will und ihm Vorwürfe macht, daß er seit acht Jahren im Ausland »nichtswürdigen Grillen« nachjage.

Vaterland, Väter – ist Metapher für Anpassung, für Nicht-Leben, für Gelebtwerden. »Weg mit den Vätern! Laßt mich allein! Laßt mich allein!« schreit Robert Hot im »Engländer«. In dieser kleinen, unerhört dicht gebauten »dramatischen Phantasie« verweigert sich der Held seinem Vaterland. Finanzielle Sicherheit, Heirat, eine Stellung erwarten ihn dort, aber Hot geht nicht. Das bürgerliche Leben ist für ihn zur abstoßenden Fratze erstarrt. »Oft ist das Leben ein Tod ... und der Tod ein besseres Leben.« Die Liebe ist für Hot der einzig verbliebene Schimmer einer Lebens- und Glücksmöglichkeit. Aber er liebt eine Prinzessin, unerreichbar für ihn, Teil der Wirklichkeit, die sich verweigert. Hot begeht Selbstmord.

Auch in »Die Freunde machen den Philosophen« liebt der Held eine für ihn unerreichbare Frau. Nach vielen dramatischen Wechselfällen aber läßt Lenz Strephons Glück zustande kommen. Seine Seraphine heiratet einen Adligen, dieser tritt, als er ihre Liebe zu dem jungen Philosophen erkennt, großmütig alle Rechte an den ab, den der Geist adelt. »Der Poet oder Wege zum Ehemann« hieß das Drama ursprünglich.

Eine autobiographische Träumerei ist dieses Stück zweifellos. Da es keinen Ausweg aus den Widersprüchen gibt, werden sie utopisch übersprungen. Der Traum bekommt Macht. In Lenzens armseliger Straßburger Lage, die im Widerspruch zu seiner Leistung und der Tatsache steht, daß die gelehrte Welt in ganz Deutschland bei der Nennung seines Namens aufzuhorchen beginnt, spielt die Vorstellung eine Rolle, von einem geistreichen adligen Fräulein anerkannt und geliebt zu werden. Diese Sehnsucht teilt er mit anderen, sie hat nichts Seltsames. Es ist die Zeit des übermäßigen Schwärmens, des Freundschaftskultes. Enthusiastische Urteile über Frauen werden nach Schattenrissen gefällt. Junge Intellektuelle schreiben intime Tagebücher für adlige Damen, ohne persönlich mit ihnen bekannt zu sein. Die adligen Damen gefallen sich darin, mit jungen Dichtern und Gelehrten zu korrespondieren.

Und auch in Lenzens Leben gibt es Anlaß zu solchen Illusionen. Luise König hat als Brieffreundin eine junge Straßburgerin, Fräulein Henriette von Waldner. Lenzens Wirtin zeigt ihm die Briefe. Sie, die einem sentimentalen Freundschaftskult huldigt, wird von Henriettes Geist, ihrem Sinn für die Künste, von ihrer Schönheit und Lieblichkeit erzählt haben, sie, die selbst unter ihrem Alter und den entstellenden Brandflecken in ihrem Gesicht leidet. Lenz entflammt, und Luise König nährt das. Im Winter, als Henriette von ihrem Gut in die Stadt kommt, sieht und spricht er sie wohl auf einem Ball, begegnet ihr dann im Hause seiner Wirtin. Er erhält ihr Bildnis, schickt es Lavater für die »Physiognomischen Fragmente«.

Lenzens Eigenheit ist, daß er sich in solchem Maße hineinsteigert, daß aus Leben Dichtung und aus Dichtung Leben wird. Als er erfährt, daß Henriette von Waldner heiratet, ist er außer sich. »Ich bin dem Tode geweyhet«, steht in einem Brief, von »Todesstreich« ist mehrfach die Rede. Er empört sich maßlos, daß sie ihren Geist wegwerfe, aus Standesrücksichten einen doppelt so alten Mann nehme. Von »Verbrechen«, das sie begehe, ist in einem der Briefe Lenzens an sie die Rede, sie, eine in »allen Punkten außergewöhnliche Frau« in den Händen eines »gewöhnlichen und infolgedessen kalten und inkonsequenten Mannes«, der »weit unter Ihnen steht«. Ein Bleistiftkonzept dieses Briefes befindet sich im Nachlaß, wahrscheinlich aber hat Lenz ein solches Schreiben tatsächlich abgesandt, denn fast gleiche Töne enthält ein Brief an Lavater, in dem er diesen beschwört, Henriette von Waldner von der Verbindung abzuhalten.

Lavater wird nichts tun. Zu sehr weiß er um die Realität. Baron von Oberkirch kommt aus einer unterelsässischen Adelsfamilie, er gehört zu den reichsten Männern der Gegend. Henriette schreibt auch Lavater. »Ihr Brief ist entsetzl. kalt. recht so im Fürstenstyl« notiert dieser.

Das Adelsfräulein wird den Baron heiraten, und als Frau Baronin wird sie später Memoiren veröffentlichen. Von Goethe und Wieland ist die Rede, sie gibt sogar zwei Briefe wörtlich wieder, die sie von ihnen erhalten hat. Lenz wird darin mit keinem Wort erwähnt.

Der Liebesschmerz, dem Lenz sich in seinen letzten Straßburger Monaten hingibt, steht offenbar auch für andere, nicht benennbare Schmerzen, die mit seiner Existenz- und Schaffenskrise zusammenhängen. Zweifel an seiner ursprünglichen Dramenkonzeption beginnen ihn zu martern. Den »Hofmeister« und die »Soldaten« hält er nun für »unfertig«, »dramatische, noch unbearbeitete Masse« seien sie. Er ahnt, daß die Kraft seiner letzten Stücke geringer ist als die seiner vorigen, eine »Notarbeit des Verfassers« seien sie. Zugleich hofft er wohl heimlich auf die Gunst des Publikums, und nicht zu Unrecht. Sein Verleger schreibt: »Empfangen Sie, liebster Lenz, meinen besten warmen Dank für Ihr Schauspiel: Die Freunde machen den Philosophen. Ich habe es mit Entzücken gelesen, und es hat mich gerührt und getroffen, wie irgend eines.« Auch anderen gefällt es, es ist regelmäßig gebaut, kommt dem Zeitgeschmack entgegen. Dem Schauspieler Schröder ist es das liebste Lenz-Stück, und er will es auf die Bühne bringen. »Wenn ich in Ruh komme, dramatisiere ich sie alle«, meint Lenz in bezug auf seine Stücke. Aber er wird nicht »in Ruh« kommen, im Gegenteil, immer weiter treibt er in die Krise hinein.

17

»... ich sitze mitten in der Noth« – das ist das Fazit seiner freiberuflichen Tätigkeit. Soviel er auch schreibt, soviel Unterrichtsstunden er gibt, er kann davon nicht existieren.

Hier ist »sehr teuer zu leben«, sagt er kurz nach der Trennung von den Kleists. Ich »unterhalte mich ein wenig mühselig von Lektionen«. Zwölf Monate danach: »ich laufe wie ein Postpferd herum, mein Schicksal ist jetzt ein wenig hart. Ich gebe von Morgen bis in die Nacht Informationen und habe Schulden.«

Es läuft und läuft. Jedem ankommenden Livländer bietet er seine Sprachkenntnisse an, gibt Nachhilfestunden, unterrichtet Offiziersanwärter in Fortifikationslehre. Das frißt Zeit. Und trotzdem, er sitzt »mitten in der Noth«, fürchtet sich vor dem nächsten Tag.

Jede Kleinigkeit wird zum Problem. Woher das Geld für das Papier nehmen, jenes mit dem Wasserzeichen F. Meyer en Alsace und J. Eschenauer en Alsace, das er in den ersten Jahren in Straßburg hat, das mit dem Füllhorn und den Buchstaben E. H., das mit dem Wasserzeichen F. A. P., weiß, glatt und schönformatig, in Quart und Oktav einen kleinen Stapel auf dem Tisch. Nun notiert er auf Rückseiten von Briefen, auf abgerissenen Zetteln. Die Seiten vollgedrängt von oben bis unten, noch die Ränder beschrieben. Und das Postgeld. Die Briefe an Goethe, Lavater, Herder, Schlosser, Merck, an Sophie Laroche, an die Verleger, Reich in Leipzig, Steiner in Winterthur, Boie in Darmstadt, die Herausgeber von Almanachen, die Theaterleute. »Ich bin durch meine Correspondenz hier in tiefe Schulden gerathen.«

Andere Ausgaben: die Miete für die Stube. Weniger zwar als beim Metzger Kreß, aber zahlen muß er Luise König. Das Brennholz für den Winter, die Talglichter, zu viele verbraucht er jetzt. Wenn die Tage nur erst länger würden! Und Schreibfedern, Sand, Siegellack, Tinte. Das Geld, das er mit dem Stundengeben verdient: »Alles was ich mit Schweiß erwerbe fällt in einen Brunnen, der fast keinen Boden mehr zu haben scheint.« An Bücher wagt er nicht zu denken. Besorgt sieht er auf seine Hemden, seine Tuchhose, die Schnupftücher, die Halsbinden, die zwirnenen und seidenen Strümpfe, Schuhe und das Paar Stiefel, alles packte ihm die Mutter noch in Dorpat in den Mantelsack. Nur der Straßburger Frack mit

Weste und der Korsenhut scheinen noch tadellos. Damit kann er in Gesellschaften gehen, das hilft, was ihn innerlich »preßt sehr sorgfältig zu verstecken«.

Lenz versucht verzweifelt, sich von seiner schriftstellerischen Arbeit zu ernähren. »Ich muß nie vergessen mich bei all meiner romantischen Gutheit als einen höchst billigen Kaufmann anzusehen, der seine Produktionen auf die feinste und menschenliebigste Art dem Vaterlande überläßt.« Was er sich da auf einem Zettel notiert, den man im Nachlaß finden wird, stammt vielleicht genau aus jener Zeit. »Denn ich muß«, steht da, »leben und meinen Gläubigern gerecht werden, oder ich kann keinen Tritt mehr fürs Vaterland tun ... Ich habe meinen Beruf insgeheim, er ist mir von den Edlen bestätigt, tu ich einen Schritt zurück oder verzage aus übertriebener Moralität, so bin ich dieses Berufs nicht wert. Dagegen muß ich mich getrost und herzhaft ganz hineinwerfen.«

Er tut es. Widerwillig, verschämt zwar, schwankend – aber er tut es. Er habe noch ein »kleines Stück« in seinem »Schrank liegen das allenfalls auch spielbar seyn würde«, schreibt er am 8. Oktober 1775 dem am Gothaer Hoftheater beschäftigten Gotter. »Fragen Sie Herrn Seiler, ob er mir sechs sieben Dukaten dafür geben möchte, ich bin nie gewohnt gewesen, meine Sachen zu verkauffen, die höchste Noth zwingt mich dazu.«

Das Drama »Die Soldaten« aber möchte er aus diesem Handel ausschließen. »Was ich verlange?« – am 2. November an Herder – »nichts verlange ich, einen Dukaten zwey Dukaten was der Kerl geben will. Wär' ich meiner kleinen Schulden erst frey, nähm' ich durchaus auch gar kein Buchhändler*honorarium*, das mir jedem Schriftsteller äusserst *schimpflich* scheint.«

Ob nun schimpflich oder nicht, er ist gezwungen, Geld zu verlangen. Und bald versucht er es sogar mit

Schläue und Taktik. »Ich habe noch etwas für Sie ... fünf Bogen, sehr kompreß geschrieben«, so an den Verleger Boie, »daß ich aber unter zehn Dukaten baare Bezahlung nicht herausgeben kann.« Er verlangt zunächst, ohne das Manuskript abzusenden, einen Vorschuß, schickt es dann doch, sich ganz fachmännisch gebend. »Hier lieber Freund, Zerbin, den ich aber unverzüglich zurück haben muß, wenn Sie ihn nicht brauchen können, wollen, was weiß ich. Ich habe mehr als einen, der mir zehn Ducaten dafür giebt und was ich thue, thu ich um Ihrentwillen.« Der Verleger geht auf den Ton ein, schickt sieben Dukaten, statt der geforderten zehn und fügt hinzu: »Aber, um Himmels willen, Freund, lassen Sie sich nicht merken, was ich Ihnen schicke. Ich kann keinem anderen das geben, oder ich bin verloren mit dem ganzen Unternehmen.«

Der 10. Januar ist es, da Boie in Göttingen das »Paket« mit den vier Louisdor (gleich sieben Dukaten) fertig macht. Am Zweiten des gleichen Monats gab Gotter in Gotha einen Brief zur Post: »An Herrn Lenz in Straßbourg mit 4 Louis'dor abzugeben bey Jungfer Lutte in der Knoblochgaße.«

Die acht Louisdor reichen kaum, um Jakobs dringlichste Schulden zu begleichen. Einen »Bettler« nennt er sich und übertreibt damit nicht. »... Meine Schulden sind nach meiner Proportion beträchtlich ...«, heißt es Ende Januar 1776 immer noch. Die Lage wird immer komplizierter. Sein Ruf, seine »Reputation« ist es, die ihm »bisher« seinen »Unterhalt verschafft hat«, ihm Studenten zutreibt, ihm in der Gesellschaft Autorität gibt, meint er. Geht diese »Reputation« verloren, läuft er Gefahr, »für immer und unwiederbringlich prostituiert zu werden«.

Was bloß tun? Die Rückkehr nach Livland scheidet von vornherein aus. Aber eine Reise wäre das beste, sich von

Straßburg wenigstens für eine Zeit zu entfernen. Schon des längeren spielt er mit dem Gedanken. Und beinahe glückt ihm das. Im Herbst fünfundsiebzig lernt er Flies, einen jungen Mann, Sohn des reichen Berliner Münzjuden Ephraim kennen. Der sucht einen Reisebegleiter. Lenz sieht sich schon in Italien, der Schweiz, in Frankreich, Holland, England; schreibt es den Freunden. Immer wieder ist in seinen Briefen von jener Reise die Rede. »Mich mit Flies auf keine andere Bedingungen einlassen«, so ist auf einem abgerissenen, im Nachlaß befindlichen Zettel zu lesen, »als daß er mir außer Logis und Kost jährlich wenigstens 40 Dukaten ausmacht und am Ende mir ein Geschenk von 100 macht.« Er will den Fehler, den er bei den Baronen Kleist begangen, nicht wiederholen; er stellt seine Bedingungen. Ob er sich da vergriffen hat oder – wie er schreibt – Flies »sich itzt so an Strsb. angeklebt hat, daß ich nicht weiß ob er je loßkommen wird«, die Reise jedenfalls findet nicht statt.

Da bekommt er unerwartet ein anderes Reiseangebot. Ein kleines freilich nur, innerhalb Deutschlands. Lindau, sein Freund, hat sich als Leutnant an das Wuthgenauische Regiment verdingt, das der Landgraf von Hessen-Kassel an die Engländer verkauft. Er wartet in Kassel auf den Abmarsch der Truppen und die Einschiffung nach Amerika und bittet Lenz, seinen zehnjährigen Adoptivsohn Peter, den er als Burschen mitnehmen will, von Straßburg aus zu ihm zu begleiten.

Ins Hessische, ins Sächsische also! In Jakob muß sofort der Plan entstanden sein, diese Reise mit einem Besuch in Weimar zu verbinden. »... rechnet nun nach dem Postkalender die Meilen«, bittet er Lindau, »rechnet die Tage unseres Aufenthalts, rechnet die Rückreise, ein zwölf Louisdor werdt ihr müssen in die Hand nehmen, von Emmendingen nichts zu sagen und den Umweg auch darüber.« Reisegeld müsse er haben, denn wandern, das heißt »apostolisch reisen leidet die Jahreszeit nicht«, ebenso »freyen Aufenthalt in Cassel und Weymar«.

Lindau, wie Lenz in einer schwierigen materiellen Lage, kann ihm so viel Geld nicht geben. »9 armselige Carolinen« schickt er Jakob, »alles was ich missen kann … Wenn Du aber gerne bis nach Weimar gegangen wärest, Lieber«, fügt er hinzu, »so habe ich gros Recht gehabt Dich für Schlösser in der Luft zu warnen …«

Wenig später – Ende Februar ist es wohl – liest er verwundert in Jakobs Brief. »Ja lieber Lindau, es ist geschehen, das Luftschloß ist gebaut und auf deine Unkosten.« Lindau solle ihm sagen, wem er das Geld wieder einhändigen soll. Er wird den Jungen nicht begleiten. Aber die Reise nach Weimar wird er machen. Allein!

Weimar. Das läßt ihn nicht mehr los. Das ist der Ausweg. Dieser Fürstenhof mit seiner Aufgeschlossenheit den Künsten gegenüber. Prinz Karl August hat ihn im Vorjahr hier in Straßburg auf seiner Durchreise besucht, ihn, den Dichter Lenz, in seinem unscheinbaren Zimmer. Goethe ist jetzt Gast bei jenem Fürsten.

Bisher haben Lenz nur gute Nachrichten von Weimar erreicht. Die erste am 2. Januar 1776. Gotter schreibt, Goethe spiele »den Günstling in bester Form und Ordnung«, habe den »ihm eignen vertraulichen, nachläßigen, hingeworfnen Ton überall eingeführt«. Dann ist es Stolberg, von dem er Anfang Februar hört. »In Deutschland ist mir in Weymar vorzüglich wohl worden. Der Herzog ist ein herrlicher Junge, beide Herzoginnen, Mutter und Frau, sind zween Engel. Unser lieber Wolf lebt dort herrlich u. in Freuden, weil von allen geliebt …« Und Merck am 8. März: »Von Goethe hab' ich allerley hübsche u. gute Sachen … Eine schöne Zeichnung … wo er sitzt, u. den Faust vorließt, der Herzog u. alle andere um ihn herum.«

»Ists wahr daß er ganz dableibt?« fragt Jakob. Schon geht das Gerücht um. Und Merck klagt Lenz in einem Brief, wenn Goethe in Weimar bleiben sollte, so lebe er in seinem Darmstadt »auf einem verwünschten Sandfleck, wo nie was gescheutes keimen kann u. wird«. Nun erfährt Lenz noch, Fritz Stolberg hat dort einen Posten als Kammerherr. »Unsern treuen Wolf hoffe ich oft zu sehen«, liest Jakob. Und Herder wird als Superintendent nach Weimar gehen. Goethe hat es vermittelt. Die Freunde werden sich dort alle finden. Der »Hof zu Weymar ... jetzt ein Zusammenschluß der schönen Geister in Deutschland wie der Medicis ehemals in Florenz«. Wie sollte da nicht in Lenz die Hoffnung entstehen, auch für ihn sei ein Platz, auch er könne an diesem Hofe gehört werden.

Sein Entschluß steht seit Mitte Februar wohl fest. Er trifft die ersten Vorbereitungen. Nimmt Verbindung zum Hofe auf, weiß zu schmeicheln, zu loben, nicht ohne Geschick. »Wenn Sr. Durchlaucht der Herzog«, schreibt er an den Kammerherrn Knebel nach Weimar, an die kurze Begegnung mit ihm in Straßburg anknüpfend, »sich noch des unbedeutendsten aller Eindrücke zurückerinnern können, den ein Mensch in einem damals gewiß seltsamen Aufzuge und noch seltsamern Lage auf *Sie* gemacht haben muß, der, wie Diogenes aus seinem Schneckenhause geschüttelt, in einer sehr unphilosophischen Verlegenheit dastand, als ihm die zuvorkommende Herablassung *eines solchen Prinzen* alle seine weitausgesponnenen Ideen von Verläugnung der Welt mit einemmal zerschnitt und ihn außer der Sonne noch etwas Besseres schätzen lehrte, so legen Sie mich Höchstdenenselben unterthänigst zu Füßen. Wie nicht weniger Sr. Durchlaucht dem Prinzen und unbekannterweise den Durchlauchtigsten Herzoginnen. Ich bewundere einen Hof, der Deutschland das erste Muster von Beschützung der deutschen Musen aufstellt, das in der bekannten Wanderung der Wissenschaften gewiß Epoche machen wird.«

Wieland und Weimar. Der Gedanke beginnt Lenz zu beschäftigen. Gerade hat er erneut eine Satire gegen ihn in die Druckerei gegeben. Lenz wird sich jetzt des Streites mit Goethe im Vorjahr erinnern. Da wollte er unbedingt den Kampf allein fortsetzen, obwohl ihn auch andere Freunde vor einer Veröffentlichung warnten. Schlosser und Lavater, der am 5. Oktober 1775 schrieb: »Du bereüst's, *wenn die Wolken gedrukt werden!*« Goethe hat Lenz »ein Zettelgen aus Weimar geschrieben«, ist »sehr zufrieden mit Wielanden. Bindelt mir auch ein, ich soll ihn ungeschoren lassen«, so Lenz an Lavater. Auch Stolberg schreibt am 3. Februar an Lenz: »Ich muß Ihnen doch sagen daß Wieland weit besser ist als ich dachte, sein Herz ist würklich gut ... Ich habe viel öfter mit ihm sympathisieren können als ich geglaubt hatte, es gieng so weit daß ich, welcher so viel Gefallen sonst hatte an allem Herzeleid so Sie u. Voß ihm anthun, endlich Mitleiden mit ihm kriegte, und es mir schien Sie beyde hätten ihm zu viel angethan. Wolf geht viel weiter als ich, und ist sein wahrer Herzensfreund.« So also liegen die Dinge.

»Soviel weiß ich aber«, verteidigt sich Lenz, »daß Wieland mein Freund werden wird wenn alles unter uns abgethan ist ... Es ist nicht meine Sache, die ich treibe ... ich kann nicht wider meine Consique handeln, was auch Freund und Feind dazu sagen mag.«

Nun aber, als er nach Weimar will, scheinen sich die Dinge doch für ihn zu verändern und folgender Umstand ihm willkommen zu sein. »Eben jetzt erfahre ich von Me. la Roche, was ich noch nie gewußt, daß sie einen Sohn bei Wiel. im Hause gehabt. Ein Donnerschlag hätte mir nicht empfindlicher kommen können als eine Nachricht, die so viel Beziehung auf meine Pasquiade hat, denn ich wollte ehe alles in der Welt als diese Frau oder etwas das ihr angeht beleidigen oder kompromittiren. Ich bin ... ausser mir«, sie »zertrümmert mein ganzes Projekt.«

Zu dem Zeitpunkt taucht zum erstenmal der Gedanke auf, die Satire auf Wieland nicht zu veröffentlichen. Zaghaft freilich: »Können Sie es also auf irgendeine Art machen, daß die Wolken entweder gar nicht oder wenn dies unmöglich ist, statt der deutschen Namen die griechischen aus dem Aristophanes ...« gedruckt werden, heißt es an Boie, den Verleger, um dann doch entschiedener zu enden: »Wenn der Druck der Wolken ganz inhibirt werden kann, ich gebe was darum.«

Zehn Tage später ein kategorisches Nein. »Wenn Sie noch mein Freund sind«, in einem Brief, den Boie am 20. Februar empfängt, »hindern Sie noch den Druck dieser Mißgeburt meiner Galle ... Ich will gern alle Kosten tragen ... schicken Sie mir, ich bitte das Mskpt. der Wolken zu, damit es in keine andere Hände durch Zufall jemahls gerathen könne ... Ich muß Ihnen bekennen, daß ich sehr mit den Wolken gefehlt habe. Ich habe an hunderttausend Sachen nicht gedacht, die mir aus denselben auf ewig zur Last gelegt werden könnten ... Ich bitte Sie um baldige Antwort Boie, weil eine mir sehr wichtige Reise davon abhängt.«

Lenz wartet. Am 8. März dann ein Brief von Boie. »Helwig hat mir endlich zwar ziemlich verdrießlich und unzufrieden, aber doch geschrieben, daß er die W. unterdrücken will. Der erste Bogen der Verteidigung war angedruckt. Auch der muß umgedruckt werden. Er verlangt 29½ Rthtr., so viel ihn Druck und Papier gekostet, zur Entschädigung.« Dann noch ein Hin und Her zwischen Verleger und Autor. Lenzens Angst, daß die Schrift doch bekannt wird, »lassen Sie die abgedruckten Exemplare *alle* zu sich kommen und heben Sie sie sorgfältiger als Schießpulver auf –«; Boies »heiliges Wort«, die »versiegelten Exemplare« zu vernichten.

Als alles geschehen zu sein scheint, ein versöhnender Brief an Wieland nach Weimar. An Sophie Laroche die Versicherung, sein »Widerwillen gegen W.« rührte »bloß aus einigen seiner Schriften her«; er hoffe, Wieland kennenzulernen und sich mit ihm »auszusöhnen«. Und die Ankündigung der Weimar-Reise.

Lenz würde Straßburg sofort verlassen, aber das Reisegeld fehlt. Lindau hat er die neun Karolinen zurückgesandt. Die einzige Chance ist das Honorar für die »Soldaten«. Nur, es ist immer noch nicht da.

»Helfen Sie! Ihrem aufs Äusserste gebrachten JMR Lenz« lesen wir am 15. März 1776 in einem Brief an Zimmermann, der in Herders Auftrag für die »Soldaten« einen Verleger vermittelt. Und: »Eine Reise deren Folgen für mein Vaterland wichtiger als für mich seyn werden, zwingt mich bester der Menschen Sie zu beschwören daß Sie bey Herrn Reich alles anwenden mir das Geld das er für die Soldaten versprochen, sogleich durch Ihre gütige Vermittlung zu übermachen und zwar unter dem Couvert des Herrn Merk in Darmstadt, mit dem ich deswegen schon die gehörige Abrede genommen … Ich brauche Geld nöthiger als das Leben und das zu einem entscheidenden Augenblick der hernach nicht wiederkommt … könnte es auf späteste in 14 Tagen da seyn«, steht da am Rand des Briefes. »Verzeyen Sie das erste und letztemal daß mich die Noth zwingt in dem *Grad unbescheiden* zu seyn.«

Die Not wird sich nicht legen, und es ist eine Illusion, zu glauben, er müsse nur fleißiger schreiben, die Verlegerverbindungen verbessern. In einem Brief an Merck heißt es: »Mir gehts wie Ihnen, ich bin arm wie eine Kirchenmaus; von verschiedenen Sachen, die theils unter der Presse, theils noch in Göthens Händen sind, hab ich gar keine Abschrift; die anderen sind noch nicht gestaltete Embryonen, denen ich unterwegs Existenz geben will.«

»Mir fehlt zum Dichter Musse und warme Luft und Glückseligkeit des Herzens.« Wohl kaum glaubt er das alles in Weimar zu finden. So simpel und unrealistisch denkt er nicht. Weimar ist für ihn Ziel einer Reise mit dem Vorsatz der Rückkehr nach Straßburg. »Ich denke Sie kommen bald wieder wann nicht allenfalls eine bessere vocation Sie uns weg kapert«, wird Salzmann ihm dorthin schreiben. Weimar ist für Lenz, zunächst für eine kurze Zeit, das Losreißen aus einer verzweifelt festgefahrenen finanziellen Situation, aus einer inneren Krise. Weimar – das ist auch ein sehr ernsthafter Plan. Ein aufgeklärter Fürstenhof, dem Lenz seine Reformpläne, seine politische Schrift über das »Soldatenwesen« vorzutragen gedenkt. »Ich habe eine Schrift über die Soldatenehen unter Händen, die ich einem Fürsten vorlesen möchte«, an Herder. Da ist schon »von dringender Angelegenheit« die Rede, »die meine Gegenwart in Weymar nothwendig« macht. Wie immer nimmt alles sofort übersteigerte Formen bei Lenz an.

Weimar ist auch Reiselust, Sehnsucht nach anderen Städten, anderen Menschen, nach Neuem. Weimar – ist ein Sichausprobieren, ist Wagnis, Hoffnung.

Und vielleicht auch unwiderstehliche, geheime Anziehung durch Goethe. Denn Lenz hätte auch andere besuchen können. Zu jener Zeit sind ihm viele freundschaftlich zugetan. Ältere, Erfahrene, Herder und Merck und Lavater schätzten ihn. Boie, Kaiser, die Stolbergs bewundern seine Leistung, ebenso Wagner und Ramond. Viele suchen seine Nähe. »Sie haben mehr Freunde als Sie glauben«, Merck an Lenz im April 1776. »Bleiben Sie ja ich bitte Sie in Deutschland.« Er lädt Jakob in sein Haus nach Darmstadt ein. Für Christian Boie, den Verleger, ist Lenz nach Goethe der »zweyte Zauberer«. – »Wären Sie doch bei uns!« schreibt er ihm am 8. März 1776. Und Lavater aus Zürich Anfang April an Lenz: »Ach! mein Lieber! wärst du bey mir!« Nein, keine platonische Erklärung in überschwenglichem Freundschaftskult. Lavater wird die Einladung in die Schweiz mehrmals wiederholen. Johann Gottfried Herder schreibt im Frühjahr an Lenz: »Wie gern wollt' ich Dir näher leben« und wenig später, Lenz ist schon im Thüringischen: »... so beschwör ich Dich, komm zu mir!!! ... Ich will Dir die Reis' ersetzen ... Komm her, ich bitt u. flehe Dich ... oder bleib immer da ...« Auch eine Anstellung mit Wohnung und festem Gehalt wird ihm in Dessau angeboten, eine Professur an dem von Basedow dort gegründeten Philantropin.

»... so viele vortreffliche Liebe Freunde fragen, wollen wißen was Lenz macht –«.

Lenz geht nach Weimar.

Der letzte in Straßburg geschriebene Brief ist auf den 15. März 1776 datiert. Den Tag darauf oder wenig später wird er aufgebrochen sein.

Den Rhein abwärts nach Mannheim. In Mannheim lernt Lenz Friedrich Müller kennen, Maler Müller, den Idyllenschreiber. Seit 1774 ist der in dieser Stadt, gehört der von Dalberg und dem Buchhändler Schwan geleiteten »Deutschen Gesellschaft« an. Müller muß Lenz eingeführt haben, denn später richtet Lenz Grüße an das Ehepaar Schwan aus. Auch über die Gründung des Mannheimer Theaters haben sie gesprochen. Lenz wird gleich Feuer und Flamme gewesen sein. Will mittun.

Schickt dann seine »Soldaten«. Müller bittet ihn um Vermittlung von Schauspielern. »Wie stehts mit dem Nationaltheater? Das müsst ihr nun dort von der Hand allein betreiben«, schreibt Lenz einige Wochen danach aus Weimar.

Und natürlich besucht Lenz in Mannheim auch die Statuensammlung der Kopien der berühmten Belvederischen Antiken, steht vor der Laokoongruppe. Hochstimmung der Reise. Ein Brief an Goethe gibt sie wieder: »Als ich den Antikensaal in Mannheim sah Bruder Goethe so durchdrung durchbebte überfiel mich Dein Geist, der Geist alles Deines Thuns und aller Deiner Schöpfungen mit einem Entzücken, dem sich nichts vergleichen läßt. Ich sah Dich an meiner Seite stehn, ich sah, wie sich Dein Blick an den Zähren letzte die ich vor Laokoon vergoß wie alle die himmlische Begeisterung dieser Gestalten denen ich – o wie gern die Ehre der Anbetung erwiesen hätte auch Dein Herz zu höherer Freundschaft für mich emporhub da ich ihrer nun würdiger war ...«

Nach einigen Tagen verläßt Lenz Mannheim.

Darmstadt ist die nächste Station. Johann Heinrich Merck lebt hier. Zehn Jahre älter als Lenz, Freund Goethes, Herders und Schlossers. Geistiger Kopf der »Frankfurter Gelehrten Anzeigen«. – »... daß ich Sie mit der wärmsten Umarmung erwarte«, schrieb Merck Jakob. »Mein Haus ist der nächste Nachbar am Post Haus, also sehn Sie's ganz als das Ihrige, u. Gott gebe, auf etwas mehr, als kurze Zeit an.«

Ankunft Lenzens, Begrüßung, Verstehen. Unterhaltung über Literatur, die Freunde. Sicher erzählt Merck dem Livländer Lenz von seiner Rußlandreise 1773, seinem kurzen Aufenthalt am Hofe Katharinas. Vielleicht Gespräche über Mercks »zweite Existenz«, sein Beamtendasein am Darmstädter Hof seit neun Jahren. Geheimsekretär zuerst, dann Zahlmeister, jetzt Kriegsrat. Aber viel Zeit bleibt für Eigenes, für seine Kritiken, seine Kupferstichsammlungen. Bittere Erfahrungen am Hofe stehen noch aus.

Merck muß Lenz mit aller Freundschaft umgeben haben. Und als Lenz aufbricht, begleitet Merck ihn in der Kutsche. Wenige Meilen sind es nur bis Frankfurt am Main. Dort hat es sich herumgesprochen, daß der Dichter Lenz in die Stadt kommt. Maximilian Klinger und sein Freund Schleiermacher empfangen ihn weit vor den Toren Frankfurts. »Lenz war hier«, schreibt Klingers Schwester am 19. Mai 1776. »Mein Bruder und Ernst sind ihm entgegen geritten drei Stunden, d.h. bis zu der Poststation Langen. Sie machten in Frankfurth groß Aufsehens, ieder Kerl blieb stehen und gaft sie an. Als sie Lenz entgegen ritten hatten sie ihre blauen Fräck und gelbe Westen an, weiße Hüt mit gelben Bendern – und so sind sie Lenz in der Stadt vor der Kutsche her ritten. War das' nicht herlich, so einem Jungen wie Lenz ist vor zu reiten? Herr Hofrath Merck hat Lenz von Darmstadt hierher begleit.«

Frankfurt am Main.

Dieses Willkommen und eine sehr gastfreundliche Aufnahme im Haus am Hirschgraben bei Goethes Eltern. Lenz wird Goethes Mutter fortan schreiben, sie ihm erwidern, noch über die Zeit des späteren Bruchs mit dem Sohn hinaus. Von der Stadt Frankfurt hat er wohl nicht viel gesehen, »... weil ich nicht aus Goethes Hause kommen bin«.

Dann reist er weiter. »Einige Stunden hinter Frankfurt nach Weymar« so steht über dem letzten unterwegs geschriebenen Brief.

Über Fulda wird er gegangen sein, die Hohe Rhön rechts im Blick, dann Eisenach, die Hörselberge.

Schließlich Gotha. Hier wohl macht er die letzte Rast. Am Markt im Gasthaus »Zur Schelle« steigt er ab. Er sucht Gotter auf, den Theaterdichter und Brieffreund, dem er sein Drama »Die Algierer« geschickt hat, damit es die Seylersche Truppe am Gothaer Hoftheater spiele. Wandert über den Markt, am Rathaus vorbei den Schloßberg hinauf, rechts in die Augustinerstraße. Die Nummer 13. Gotters Haus. Freundlicher Empfang. Wohlwollen. Gotter geht über Stufen und Steige mit ihm zum Schloß Friedenstein hinauf, zeigt ihm das kleine Theaterchen, das der Herzog unterhält. Zuschauerraum, Bühnenraum, alles kann er besehen.

Lenzens Aufenthalt in Gotha ist nicht belegt. Aber so hätte es sein können. Ja, sogar das. Bei der Rückkehr vom Schloß durch die engen Gassen hinab begegnen Gotter und Lenz zwei jungen Mädchen. Eine Sechzehnjährige, eine Dreizehnjährige. Kichern. Lachen. Die ältere ist Luise Stiehler, die Tochter des Gothaer Bürgermeisters. Fünf Jahre später wird sie Gotters Ehefrau. Die jüngere ist Caroline Michaelis, später die Caroline Schlegel-Schelling. Seit 1775 ist sie für zwei Jahre hier in Gotha, besucht gemeinsam mit ihrer Freundin Luise die Mädchenschule. Ihren Bruder Christian Friedrich kennt Lenz von Straßburg her; der Medizinstudent gehörte zur von Lenz geleiteten »Deutschen Gesellschaft«.

Diese Begegnung – eine der vielen Möglichkeiten, vom Zufall geschaffen oder verhindert.

Abschied. Noch eine Stadt hat Lenz vor sich: Erfurt.

Viertes Kapitel

18

Am Abend des 2. April muß Jakob Lenz Weimar erreicht haben; die neblig-kalte Ilmstadt, gelegen in einer großräumigen Mulde. Kommt er zu Wagen, zu Pferde, zu Fuß? Die Königsstraße, von West nach Ost führend, geht nördlich hinter dem Ettersberg an Weimar vorbei. Und der Weg von Erfurt her ist noch nicht ausgebaut, schwer befahrbar.

Er kommt mit der Postkutsche. Es ist belegt. Nicht durch das Weimarer Torschreiberbuch von 1776, das ist vernichtet. Durch die herzogliche Schatulle. Da steht auf einer Rechnung für Lenz gleich obenan als erstes: »Postgeldt mit der Ordinaire von Erfurth hieher 15 Groschen«.

Lenzens Ankunft.

Die Silhouette der Stadt, sie liegt verschwommen, nichts kommt ihm entgegen. Undurchdringliches Dunkel. Die Wolken sind tief, sie ziehen schnell, bedecken die Erde mit »kaltem und stürmischen Schatten«. Der Wind.

Vom Westen her kommt Jakob auf dem Weg, erreicht das Erfurter Tor, durchfährt es, steigt aus, wird nach dem Woher und dem Wohin, nach Namen und Stand gefragt. Nein, Dr. Goethe sei nicht in der Stadt, erst in den folgenden Tagen käme er aus Leipzig zurück, wird ihm der Torwächter gesagt haben.

Lenz geht durch die Gassen, über das schlechte Pflaster, die Häuser sind klein und dürftig, der Geruch nach

Dung, nach Ställen. Jakob verirrt sich, gerät in Winkel. Keine Laterne hat er, keinen Fackelträger, der ihm leuchtet. Er findet wieder zurück auf den vom Torwächter beschriebenen Weg zum Markt. Kein Mensch begegnet ihm. Ländlich klein ist alles; erst am Marktplatz wird es anders, er überquert ihn, erreicht einen Wassergraben. Vor ihm gespensterhafte Schemen: Ruinen, Stümpfe, hohe Mauern, schwarz, verkohlt, mit blicklosen Fensterhöhlen. Das ist wohl das Schloß, war es, bevor ein verheerender Brand es zerstörte.

Er mag sich gewendet haben, den Weg zurückgegangen sein. Niemand also empfängt ihn. Am Marktplatz, im Gasthof »Zum Erbprinzen«, neben dem »Elephanten«, findet er ein Nachtquartier. Am nächsten Morgen schickt er dem Herzog Karl August, der jetzt im Landschaftshaus gleich hinter dem Gasthof residiert, einen kleinen Foliobogen mit einem Gedicht.

Placet
Ein Kranich lahm, zugleich Poet
Auf einem Bein Erlaubnis fleht
Sein Häuptlein dem der Witz geronnen
An Eurer Durchlaucht aufzusonnen.
Es kämen doch von Erd' und Meer
Itzt überall Zugvögel her
Auch woll' er keiner Seele schaden
Und bäte sich nur aus zu Gnaden
Ihn nicht in das Geschütz zu laden.
Lenz

Auch Goethe soll bei seiner Rückkunft einen Zettel vorgefunden haben. »Der lahme Kranich ist angekommen. Er sucht, wo er seinen Fuß hinsetze.« Das ist am 4. April 1776, und im Laufe dieses Tages kommt Goethe aus Leipzig zurück. Sehen sich die Freunde noch an jenem Abend, eilt Goethe zu ihm, holt er Lenz zu sich? Nicht in das Haus am Frauenplan, das hat er noch nicht, auch nicht das in den Ilmwiesen vor den Toren der Stadt, wenig später erst ist es das seine, jetzt wohnt er noch hinter der Wache gegenüber dem Schlosse beim Hofkassierer König.

Sehr freundschaftlich muß Goethe Lenz aufgenommen haben. Schon am nächsten Tag, am Morgen des 5. April, schickt er an Charlotte von Stein einen Zettel: »... darf ich heute früh mit Lenzen kommen ...?« Sie gehen zusammen in die Teichgasse 8, sie wohnt damals noch nicht im Obergeschoß des alten Stiedenvorwerkes an der Ackerwand. Lenz lernt sie kennen.

Noch am gleichen Tag, es ist der Karfreitag, bringt Goethe ihn ins Fürstenhaus. »Ich bin 2 Stunden beym Herzoge gewesen und werde Morgen Mittag bey ihm essen. Sehr gnädig empfangen worden«, schreibt er am Abend seiner Mutter nach Dorpat. Den nächsten Tag dann geht er wieder ins Fürstenhaus hinauf. Und den folgenden und so fort, »... ich komme den ganzen Tag nicht vom Herrn weg ... Welch ein Herr ist das!«

Lenz wird aufgenommen in den Kreis, der sich bei Karl August versammelt. Sein Ruf als Dramatiker geht ihm voraus.

»Vor kurzem ist auch der Dir durch seine Theaterstücke bekannte Herr Lenz hier eingetroffen, um unsere Gesellschaft zu vergrößern«, einer der Hofleute am 12. April. »Lenzen möcht ich kennen lernen.« Luise von Göchhausen am 7. April, vier Tage nach Jakobs Ankunft in Weimar. Als Christoph Martin Wieland, den Lenz mit so beißendem Spott bedachte, Lenz sieht und spricht, ist er angetan. »Ich habe den Jungen lieb gewonnen«, schreibt er schon am 12. April. Ein »guter Junge«, ein »herrlicher Junge«, das »wisse Gott und Poet à triple carillon«.

Die ersten Wochen und Monate in Weimar scheint es Lenz zu gefallen, er ist zufrieden, beglückt. »Ich bin hier unendlich wohl, bin verschlungen vom angenehmen Strudel des Hofes ... daß mir meine Existenz halb wie ein angenehmer Traum vorkommt.« »Seelig« mache ihn »die vorzüglichste Gnade des Hofes und die Freundschaft so vieler herrlicher Geschöpfe Gottes«.

Austausch, Aufgeschlossenheit, viele neue Gesichter. Leute, die den Weimarer Hof besuchen. »Ich habe Eckhofen hier auf einem Conzert bey Hofe gesprochen und viel von Mannheim mit ihm ger(edet).« Auch der Freund Gotter aus Gotha kommt nach Weimar zu Besuch. Und Bode, der Übersetzer von Sternes »Tristram Shandy« ist gerade auf dem Wege zur Schröderschen Gesellschaft nach Hamburg und verspricht Lenz, ein Drama von ihm dort unterzubringen. Lenz liest beim Herzog vor; in mehreren Briefen bittet er Freunde um Zusendung neuer Stücke. Maler Müller um seinen »Golo« zum Beispiel. Auch Lavaters »Physiognomische Fragmente« sieht er mit Karl August zusammen durch.

Und Anna Amalia, die Herzogin-Mutter, lädt ihn ein. Siebenunddreißig Jahre ist sie, als Lenz nach Weimar kommt. Mit sechzehn verheiratet worden, zwei Söhne, mit achtzehn Witwe. Regentin während schlimmer Zeiten. Nun, da Karl August volljährig ist, tritt sie ab, sucht und findet in der Kunst einen neuen Wirkungsbereich, fördert sie, zeichnet und komponiert selbst, hat Interesse für das Theater.

Lenz will ihr nützlich sein. »Sollten Sie ein Exemplar des Barbier de Seville besitzen«, an Gotter, »so bitt ich Sie doch sehr es mir gütigst auf 8 Tage zu leyhen. Die Herzogin Mutter ist sehr verliebt drinn und ich hab ihrs zu übersetzen versprochen damit wirs hier aufführen können.«

Anna Amalia mag Lenz wohl, immer äußert sie sich

freundlich über ihn, auch später, vielleicht weil sie spürt, er ist arglos und offen, buhlt nicht um ihre Gunst, wie so viele. »Fürsten«, schreibt sie, »haben selten Freunde, weil sie ständig von Schmeichlern umgeben sind, die nur ihren Vorteil suchen.« Lenz, wissen wir, vertraut ihr seine Schreibpläne an. Und Luise von Göchhausen; die Hofnärrin, die Schiller später »ein verwachsenes und mokantes Geschöpf«, Knebel »eine Kreuzspinne« und Wieland »eine Gnomide« nennt, ist, als Lenz in die Stadt kommt, vierundzwanzig Jahre und erst seit kurzem in Weimar. Im Nachlaß eine Notiz von ihrer Hand: »Meinen besten Dank, und könnt Ihnen an meinem Beyfal etwas liegen, meinen ganzen Beyfal.« Jakob wird ihr also seine Arbeiten zu lesen gegeben haben.

Andere zufällig erhaltene Überlieferungen: ein Zettel, geschrieben von Johann August von Kalb. »8ten May Morgens 7 Uhr: Ich reite um Göthen zu sehen heute Morgen nach Ilmenau. Begleiten Sie mich Lieber Lenz bey dem schönen Wetter so wir haben dahin. Morgen oder übermorgen sind wir wieder zurück. Wann Sie sich zu dieser Reise entschließen so schicken Sie mir Ihr Nacht Zeug und halten Sich um 9 Uhr gestiefelt, ich besorge Ihr Pferd und hole Sie ab. Der Ihrige Kalb.« Dann die Schriftzüge Baron von Einsiedels, die Nachricht undatiert. »Daß Sie mein Ausbleiben diesen Nachmittag nicht stutzig macht; noch einmal einen vergebnen Weg zu unternehmen: so erfahren Sie hiedurch bester Freund daß ich nunmehr auf dem Garten Hauß bin und Sie sehnlichst erwarte.«

In Goethes Tagebüchern und Lenzens Briefen Details, Datierungen. Am 25. April ein Maskenball bei Hofe. Am 8. Mai der Ritt Lenzens und Kalbs nach Ilmenau. Goethe ist dort schon seit Tagen wegen eines Brandunglücks und um die Bergwerke zu besichtigen. Sie reiten wahrscheinlich gemeinsam zurück, Goethe, Lenz und

Kalb. »Über Arnstadt. Neu Dietendorf Erfurt zurück nach Weimar«, notiert Goethe in sein Tagebuch.

Dieser Ausflug Lenzens zu Pferde nach Ilmenau ist zweifach belegt. Einmal durch die Rechnung, die der Weimarer Stallmeister Johann Karl Anton Wächter an den Herzog schickt. »Was der Herr Magister Lenz bei mir an Pferden bekommen hat zu reuten, wie folgt.« Am 8., 9. und 10. Mai für den ganzen Tag, je 12 Stunden = 36 Groschen. Bertuch, der Schatzmeister Karl Augusts zahlt, trägt es in die herzoglichen Rechnungsbücher unter die laufende Nummer 629 ein: »Pferdemiete für Herrn Lenz aus Serenismus Schatulle bezahl. 3. Juni«. Zum anderen sind die Gasthofrechnungen des Wirtes »Zum Erbprinzen« im Weimarer Staatsarchiv aufbewahrt. Für »Zehrung und Logis Herrn Lenzens« findet sich da. Genau aufgeführt ist, wann Jakob gefrühstückt, ob er Kaffee oder Tee dazu getrunken, das Mittagsmahl im Gasthof eingenommen hat, dort zu Abend aß, ein Glas oder einen Krug Schwarzbier trank. Die genannten Tage im Mai sind leer, weder Frühstück noch Mittag noch Übernachtung.

Nach der Rückkehr aus Ilmenau, am 14. Mai dann, sind alle bei Wieland. Lenz ist Mittelpunkt. Goethe an Charlotte von Stein, 14. Mai: »Wieland, bei dem ich bin, hat heute veranstaltet in seinen Garten zu gehen. Drum lassen wir Sie fragen, ob Sie nicht dorthin gehen wollen. So holen wir Sie ab. Wir haben was von Lenz vorzulesen.«

Auch zu Charlotte von Stein hat Lenz bald freundschaftliche Beziehungen; »eines der herrlichsten Geschöpfe auf Gottes Erdboden« nennt er sie und »Goethes grosse Freundinn«. Öfters muß er dort gewesen sein. Auch allein. »Wenigstens hört ich gestern durch Lenz was von Ihnen«, Goethe an Charlotte in jenen Junitagen, da sie einander nicht sehen wollen. Vier Tage später – Charlotte hat Jakob etwas gegeben, was er Goethe bringen soll – schreibt dieser: »Ach Ihre Gesandten! – Liebe Frau. Lenz hat die Kirsche verwahrlost! hat mir sie nicht gegeben, mir nicht den Kern nicht den Stiel gegeben ... Hat mir nichts davon gesagt biss heute ...«

Und Wieland lädt Lenz in sein Haus. Ein Zettel, undatiert, von ihm an Jakob: »Wenn Ihr nichts beßers habt, und einmal euer üppiges Fleisch kreuzigen wollt, liebes Brüderlein, so kömmt heute auf den Mittag und eßt eine Suppe mit mir. Vielleicht kömmt Göthe auch.«

Am 21. Mai, wiederum belegt durch die Rechnung Johann Karl Anton Wächters, des Pferdevermieters, reitet Lenz. »21.: ein Pferd zu reuten« einen halben Tag gleich 9 Groschen. Wahrscheinlich reitet Lenz mit Goethe. Am gleichen Tag essen sie gemeinsam am Markte zu Mittag. In Lenzens Quartier, dem »Erbprinzen«, auch »Post« genannt, da die Poststation sich dort befindet, der Wirt der Postmeister Braun ist, der 1749 die Gasthauskonzession unter dem Namen »Zum Erbprinzen« nach Anna Amalias Mann Prinz Ernst August Konstantin erwarb.

Lenz und Goethe im Gasthof, sie essen, trinken, sind wohl ausgelassen. Es ist das einzige Mal, daß Goethe seinen Freund in seinem Quartier am Markte aufsucht, denn nur an jenem Tag stehen auf Lenzens Rechnung nicht ein, sondern zwei Mittagessen, eines extra angeführt »vor Hr. Doctor Goethe« und ebenfalls »vor Hr. Doctor Goethe: 1 Boutille Bourgonge 1 Krug Sauerwein.« Sie müssen lange gesessen, geredet, gestritten, vielleicht gelacht haben.

Am folgenden Tag dann, am 22. Mai, findet ein Manöver in Weimar statt; »... heute früh ritten wir herein dem Maneuvre der Husaren zuzusehen ...«, so Goethe. Lenz war sicher dabei. An anderer Stelle spricht Jakob davon, daß er »des Morgens auf der Wiese« sei, »wo die Soldaten exerzieren«, Wieland und Goethe aber »beyde Morgens in ihren Gärten«.

An einem Aprilsonntag des Jahres 1776, am Einundzwanzigsten, bezieht Goethe ein kleines Haus mit Garten, in den Ilmwiesen vor den Toren der Stadt gelegen. Richtet sich dort ein, lädt Freunde zu sich. Oft sind sie beisammen in jenem Gartenhaus, Lenz und Goethe in jenem Frühsommer 1776. Im Mai. Im Juni. »Gesch.[lafen] mit Lenz im Garten«, Goethe in seinem Tagebuch am 23. Mai. Am 9. Juni: »L.[enz] ... da geschlafen.« Am Zehnten: »Nachts im Garten mit Lenz.« Am 23. Juni: »Herrlicher Abend mit W.[ieland] und Lenz ...« Am Vierundzwanzigsten: »L.[enz] bey mir zu Mittage.« Am 25. Juni: »Abends Wiel. Kalb. Lenz Klinger.«

Er »lebe« mit Goethe und Wieland »in einer seeligen Gemeinschaft«, schreibt Lenz. Übereinstimmung also mit den Dichterfreunden.

Und die günstigste Aufnahme am Fürstenhof. Lenz weiß sich auch dort höfisch-galant zu geben, verfaßt Huldigungsgedichte an Anna Amalia, an die junge Herzogin Luise. »Auf einem einsamen Spaziergang der Durchlauchtigsten Herzoginn Louise unter Bäumen nach dem tödlichen Hintritt der Großfürstin von Rußland« ist das eine betitelt, ein anderes heißt »Auf die Musik zu Erwin und Elmire, von Ihrer Durchlaucht, der verwittibten Herzogin zu Weimar und Eisenach gesetzt«. Eine Reverenz an die kompositorischen Fähigkeiten der Herzogin. Ein drittes spricht von den Vergnügen am Weimarer Hof. Wie die anderen ein unbedeutendes, artiges Gedichtlein, dies wohl auf den 20. Mai 1776, da ging der ganze Hofstaat, Lenz darunter, nach Tiefurt hinaus. Prinz Konstantin, Anna Amalias zweiter Sohn, hat dort seinen Landsitz. Die Bauern empfangen die Hofgesellschaft mit Böllern, ländlichen Ehrenpforten, mit Kränzlein und Kuchen, mit Tanz und Feuerwerkspuffen.

Wie ein einziges Fest erscheinen diese ersten Monate am Weimarer Hof – und sie sind es auch. Nicht ist die Rede von ernsthaften Regierungsgeschäften, die die bittere Wirklichkeit erfordern würde.

Klein und arm ist das Land, das Karl August am 3. September 1775 als Regent übernimmt. Verschuldet, von allen Seiten bedrängt, während des Siebenjährigen Krieges rücksichtslos von Friedrich von Preußen als Vorfeld seines Krieges benutzt. Ein Land, nicht gewachsen, sondern im Spiel der Zufälle von Erbfolge und Teilung entstanden. Zerstückelt, durch fremde Territorien getrennt, durch Kur-Mainz als Besitzer von Erfurt, durch Sachsen-Gotha und Herrschaftsgebiete der Schwarzburger Grafen. Drei ehemals selbständige Fürstentümer umfaßt der Staat »Sachsen – Weimar – Eisenach«. Die Gebiete um Weimar und Apolda und der Landzipfel Allstedt in Nordthüringen gehören dazu, die Gebiete von und um Jena und Eisenach und schließlich Teile von Ilmenau und Umgebung, die sogenannte Hennebergische Erbschaft. Insgesamt etwa einhundertzwanzigtausend Einwohner hat das kleine Land, die Mehrzahl lebt in den Dörfern, ist in der Landwirtschaft tätig, der weitaus geringere Teil ist in den etwa acht Städten ansässig, von denen keine mehr als viertausend bis sechstausend Einwohner hat. Außer den Apoldaer Strumpfwirkern, die auf Verlegerbasis arbeiten, gibt es kaum Industrie. Auch die Landwirtschaft ist unbedeutend, keine Güter, sondern vorwiegend kleine, gutsherrlich abhängige Bauernwirtschaften.

Reformen, ökonomische Veränderungen sind dringend nötig. Und Karl August tritt sein Amt durchaus mit solchen Vorstellungen an. Das ist nichts Ungewöhnliches, Neuerungen werden allerorts debattiert. Junge Erbprinzen, die sich auf die Machtübernahme vorbereiten, lesen die Enzyklopädisten, wissen etwas über den

Merkantilismus oder Turgots physiokratisches System. Der Weimarer Prinz wurde von Wieland unterrichtet, und Goethe schwärmt bei ihrer ersten Begegnung von Justus Mösers »Patriotischen Phantasien«, sieht sie als Vorbild, wie ein kleiner Staat regiert werden müsse.

Ideale Vorstellungen über menschenbeglückende Möglichkeiten und Pflichten hat Karl August. Aber als er, gerade achtzehnjährig, die Regentschaft übernimmt, genießt er zunächst in jugendlich-rauschhaftem Übermut die Verlockung seiner Macht. Nur er hat zu entscheiden. Unbändig und vergnügungssüchtig stürzt er sich in das Leben. Der Gestus dieser jungen Intellektuellen, dieser Dichter, von ihm sicher sehr einseitig verstanden, scheint ihm gerade recht. Gegen das Alte – alles provozierend neu.

Die Bekanntschaft mit Dr. Goethe und seine Ankunft in Weimar gibt den Ausschlag. Seit Goethe in der Stadt sei, werde das »philisterhafte Weimar« plötzlich »genialisiert«. – »Alles komme aus den Fugen.« Die Jungen betonen ihr Anderssein. Auch im Äußeren. Die steife Hoftracht, die Vorschriften, die Etikette – hinweg damit.

Karl August versammelt Freunde um sich, »Weltgeister«, »Schöngeister« nennen sie sich. Mehrere Hofleute gehören dazu, der Kammerherr von Knebel, der von Seckendorff, Hildebrand von Einsiedel und Herr von Kalb. Sie alle haben eine Beziehung zur Kunst, schwärmen von ihr, betreiben sie selbst. Knebel ist mit den Berliner Schriftstellern und dem Göttinger Kreis persönlich bekannt, führte auch Goethe und Herzog Karl August zusammen. Knebel dichtet selbst, übersetzt. Seckendorff macht Verse, später wird er ein Theaterstück und einen »Chinesischen Roman« schreiben, Lieder komponieren und übersetzen. Einsiedels Novellen und Gedichte werden gedruckt, er komponiert und spielt Cello.

Und Bürgerliche gehören dem Kreis an. Bertuch, der

Schatzmeister und Geheimsekretär des Herzogs, später der große Weimarer Verleger und Unternehmer; jetzt 1776, hat er nach dreijähriger Arbeit die Übersetzung von Cervantes' »Don Quichote« ins Deutsche fertiggestellt. Andere werden erwartet: Herder, Wagner, waren da: Stolberg, oder kommen, wie Klinger, ungerufen.

Mittelpunkt und Zentrum jenes Kreises sei Johann Wolfgang Goethe, sagt Lenz. Ihr »Hauptmann« sei er. Lenz gehört nun dazu, und faszinierend muß für ihn zunächst die Atmosphäre am Weimarer Musenhof sein. Scheinbare Gleichheit, nicht hier Adlige, da Bürger, nein, »Weltgeister« sind sie alle. Demokratische Formen: das Du zueinander. »Alles duzt sich, der Herzog, Wieland, Goethe, Lenz, der Graf Stolberg etc.«, so berichtet einer im Mai 1776 aus Weimar. »Da saßen wir und rauchten Tabak und waren gleich«, ein anderer. Klinger ist es, und er fügt hinzu: »Wenn ich dir nur den guten Ton beschreiben könnte, der unter diesen Leuten herrscht.« Die Hofleute »passen« in »unser«, das heißt der Dichter »Leben und Denken ... wir haben Zeugs zusammen abgehandelt, so wie wir gewöhnlich wenns uns recht säuwohl ist ...«

Lenz, der Neuhinzugekommene, tut mit, die Freunde animieren ihn, an Keckheit überbieten sie sich.

Sie treffen sich in Karl Augusts Räumen im zweiten Stock des Fürstenhauses, tragen alle »eine besondere Art Kleidung«: dunkelblauer Frack mit Messingknöpfen, gelbe Weste, Lederbeinkleider und Stulpenstiefel. Die Wertherkleidung! Die ledernen Beinkleider und Stiefel sind wohl das Auffallendste. Kein Mann wagt in jener Zeit in einer Gesellschaft anders als in seidenen Strümpfen und Schnallenschuhen zu erscheinen. Diese jungen Leute aber wagen es, kehren das Derbe, Grobe, ihre »Natur«, wie sie sagen, hervor. »Affectieren Bauernfrugalität«, formen die Sprache im Stil des »Götz« um. »Pöbelhafte, niedre Ausdrücke« seien zu hören, so Charlotte von Stein.

Sie fluchen, sie trinken, sie schießen im Gang des Fürstenhauses mit Pistolen, sie knallen auf dem Marktplatz mit der Peitsche, sie reiten wie wild, sie »steckten zusammen nakend im Fluß und treiben des Teufels Lermen«. Goethe soll sich in Bertuchs Zimmer im Fürstenhaus auf dem Boden gewälzt, die Haare losgebunden haben.

Ein anderer aus dem Kreis, Christoph Kaufmann (wir werden noch von ihm reden, Lenz lebt später eine Zeit bei ihm), erscheint im Sommer 1776 in Weimar mit langem, mähnenartig wehendem Haar, mit grüner Friesjacke und ebensolchen Hosen, mit einem derben Knotenstock, mit bis zum Nabel offenem Hemd.

Auch wenn der junge Regent offizielle Gäste empfängt, macht sich der Kreis einen Spaß daraus zu schokkieren. Als Baron Dalberg Karl August besucht, findet er ihn – so berichtet ein dritter – »Blindekuh spielen mit den Philosophen. Man unterbrach sich ein wenig, um ihn zu begrüßen spielte dann weiter Blindekuh, was ihn, wie man sagt, nicht wenig verdroß.« Bode, so wird erzählt, habe »mit dem Herzog von Weimar, Goethe, Wieland und Lenz gespeist ... Goethe hätte unter andern bei der Suppe geflucht: ›Das Donner und das Wetter! wie heiß ist die Suppe!‹ ... Und der Herzog hätte Devisen nebst dem Papier klein gekrümelt, Wein darauf gegossen und Lenzen gereicht, der es auch angenommen und getrunken.«

Merkwürdige Späße. Fürwahr! Lenz müssen sie äußerst mißfallen. Aber er wird in eine Rolle gedrängt und läßt sich drängen. Er ist es, der sich beim Blindekuhspielen die Augen verbindet. Er ist es, den sie mit Ironie und Spott zu immer neuen Späßen treiben.

Seine »Willfährigkeit mißbrauche« man, sagt er Wochen später und fügt hinzu: »... und trotz der Ehre, einem Hofe zu gefallen, der gegenwärtig die Augen von ganz Deutschland und sogar unserer Nachbarn auf sich zieht, habe ich Ehrgeiz genug, um nicht mehr den Narren machen zu wollen.«

»Lenz am Hofe – Was dünkt euch dazu?« schreibt Wieland schon am 13. Mai an Merck. »Seit er hier ist, ist kaum ein Tag vergangen, wo er nicht einen oder andern Streich hätte ausgeführt, der jeden andern als ihn in die Luft gesprengt hätte. Dafür wird er freylich auch was Rechtes geschoren.« Lenzens Arglosigkeit, Naivität, auch seine Unerfahrenheit – alles kommt gerade recht, ein Spaß mehr.

Ein Vorfall aus dem ersten Monat seines Weimar-Aufenthaltes. 25. April 1776. An diesem Tag ein Zettel Goethes an Charlotte: »Liebe Frau, gestern hatt ich einen guten Tag. Addio. Lenzens Eseley von gestern Nacht hat ein Lachfieber gegeben. Ich kann mich gar nicht erhohlen.« Die es sahen oder von Zeugen berichtet bekamen, überliefern es: »Lenz hörte im Erbprinzen, es sei diesen Abend Hofball en masque. Er läßt sich einen rothen Domino holen und erscheint so Abends im Saal, wo nur Adlige Tanzrecht und Zutritt haben. Ehe man ihn noch durchbuchstabieren kann, hat er schon ein Fräulein von Lasberg an der Hand und tanzt frischweg. Es wird ruchbar, daß ein bürgerlicher Wolf unter die Herde gekommen sei, alles wird aufrührerisch. Der Hofball desorganisiert sich ...« Noch nach dreizehn Jahren erzählt man in der Stadt den Vorfall. Karamsin, Lenzens Moskauer Freund, schreibt 1789 aus Weimar: »Ich habe hier manche Anekdote von unserem Lenz gehört ... Man nahm ihn als einen Mann von Talenten sehr gut auf; aber bald zeigte sich viel Sonderbares an ihm. So erschien er zum Beyspiel einmal bey Hofe auf dem Balle maskirt und im

Domino, mit dem Hute auf dem Kopfe; und als nun aller Augen auf ihn hinstarrten und das Ah! der Verwunderung von allen Seiten erschallte, trat er ganz ruhig und unbefangen zu einer der vornehmsten Damen, und nahm sie zum Tanz auf. Der junge Herzog, der ein Liebhaber von Farcen war, freute sich über diese lustige Erscheinung, die ihm etwas zu lachen gab; aber die betitelten Herren und Damen, die den weimarischen Hof ausmachten, meynten, daß dem naseweisen Lenz wenigstens der Kopf vor die Füße gelegt werden müsse.« Das also ist die zur Legende gewordene Hofballgeschichte, die bis heute als Beweis für Lenzens Absonderlichkeit und Unbotmäßigkeit in Weimar steht. Aus Karamsin spricht hier der Adlige, und nur zu offensichtlich ist, daß es allein die Höflinge sind, die sich schockiert zeigen und Goethes »Lachfieber« sich eben auf jene Empörung der Höflinge bezieht. »Kröten und Basilisken«, »Scheißkerle, die auf dem Fasse sitzen«, nennt Goethe sie zuweilen – heimlich natürlich, für einen offenen Affront steht für ihn zu viel auf dem Spiel.

Vielleicht will Lenz gar nicht auffallen. Er kommt aus dem großen Straßburg, und die Maskenbälle sind dort für Adlige und Bürgerliche gemeinsam. Es gibt keinen Beleg, daß dort die feudalen Kleidervorschriften (die rote Maske ausschließlich für den Adel) streng gehandhabt wurden.

Oder er nimmt einfach Goethe beim Wort, der in jenen Tagen an Herder schreibt, ihn auf die neue Umgebung in Weimar einstimmend: »Du brauchst nur zu seyn wie du bist, das ist iezt hier Politik«, nimmt das Du des Herzogs, die verkündete Gleichheit ernst. Will sein, wie er ist, will sich nicht der Hofetikette anpassen. Vieles spricht dafür. Überliefert ist, Goethe sei bei jenem Maskenball hinzugekommen, man habe Lenz erklärt, daß es nicht bal masqué, sondern bal paré sei, und er habe geantwortet: »Mit all solchem höfischen Distriktionskram sollt ihr mich ein für allemal ungeschoren lassen, wenn ihr nicht wollt, daß ich sogleich wieder umkehre und mein Bündel schnüren soll.«

Wieland jedenfalls, der als Prinzenerzieher selbst unendlich unter dem Zwang des Hofzeremoniells gelitten hat, bewundert Lenz, der sich diese Freiheit nimmt: »... aber das ficht ihn nichts an; er geht seinen Weg fort, und wischt sein Vidle ans Thor, wie die Schweizer sagen. Ein herrlicher Junge ...«

In der Tat, Lenz zieht die Konsequenz, er verläßt den Weimarer Fürstenhof. »Vor einigen Monaten war ich freilich in glücklicherer Stimmung«, an Herder Ende Juni. Von einer »Seelenlage«, in der er nicht werde schreiben können, von »gänzlicher Taubheit« seiner »Nerven« lesen wir. Noch als Jakob vom »Strudel« und »Taumel« des Hofes spricht, von »unendlichem Wohlsein« und »vorzüglichster Gnade«, muß er schon gewußt haben: in Weimar ist seines Bleibens nicht. »Nichtsdestoweniger werd ich einen Monathen aufs Land gehn um zu meinen Arbeiten wiederaufzuwachen.« Vier Wochen später: »Ich werde wohl bald den gar zu reizenden Hof verlassen und in eine Einsiedelei hier herumgehen ...«

Mitte Juni dann gipfelt die Enttäuschung über den Weimarer Hof in jenem bitteren Satz, den Jakob Goethe geschrieben haben soll: »Ich geh aufs Land, weil ich bei Euch nichts tun kann.«

Um Lenzens anfängliche Begeisterung, dann seine Enttäuschung zu verstehen, muß man über die Veränderungen sprechen, die im Sommer 1776 am Weimarer Hof vor sich gehen und mit Goethes Eintritt in die Regierungsgeschäfte zusammenhängen.

Das Treiben des jungen Herzogs und der Dichter seit

November 1775 wird – unter ganz unterschiedlichen Aspekten – argwöhnisch sowohl von den Höflingen in Weimar als auch von den Literaturinteressierten in ganz Deutschland beobachtet.

»Unser Hof ist nicht mehr das, was er war«, schreibt Frau von Stein pikiert. Der Hofmarschall von Putbus entsetzt sich über die Zustände. Graf Görtz, vor Wieland Erzieher von Karl August, verbreitet Übles, malt den Hof mit »Dreckfarben«.

Auch zu den Dichtern dringen diese Gerüchte, zu Johann Heinrich Voß, zu Ludwig Gleim und zu Klopstock. »In Weimar geht es schrecklich zu. Der Herzog läuft mit Göthen wie ein wilder Pursche auf den Dörfern herum, der besauft sich und genießt brüderlich einerlei Mädchen mit ihm«, schreibt Voß seiner Braut. Friedrich Gottlieb Klopstock will ebenfalls von Ruin, von Trunksucht, von einer »gemeinschaftlichen Mätresse« Goethes und des Herzogs wissen.

Wieland wehrt ab. »Überhaupt, mein Lieber«, schreibt er an Gleim, »glauben Sie von allem Bösen, was die Dame Fama von Weimar und dem Herzog und Goethen und der ganzen Wirtschaft aus ihrer schändlichen Hintertrompete in die Welt hineinbläst, kein Wort! ... Sie kennen mich und Goethen, und die Höfe und die Höflinge ... Also glauben Sie nicht leicht, wenn Sie was Absurdes und Schlechtes von Weimar hören!« an einen anderen.

Klopstock aber beginnt zu rechten, schreibt einen pedantischen Ermahnungsbrief an Goethe. »Die Deutschen haben sich bisher mit Recht über ihre Fürsten beschwert, daß diese mit ihren Gelehrten nichts zu schaffen haben wollen. Sie nehmen itzund den Herzog von Weimar aus. Aber was werden andere Fürsten, wenn sie in dem alten Tone fortfahren, zu ihrer Rechtfertigung nicht anzuführen haben, wenn es nun wird geschehen sein, was ich fürchte, daß geschehen werde?« Goethe antwortet zunächst nicht, dann entgegnet er schroff: »Verschonen Sie uns ins Künftige mit solchen Briefen, lieber Klopstock! Sie helfen uns nichts und machen uns ein paar böse Stunden.« 21. Mai 1776. Klopstock kündigt daraufhin die Freundschaft. Das persönliche Verhältnis der Dichter bricht auf Lebenszeit ab. Ebenso werden die Beziehungen zu den Brüdern Stolberg getrübt, Friedrich Leopold, unter Klopstocks Einfluß stehend, tritt seine Stelle als Kammerherr in Weimar nicht an.

Auch andere Stimmen erheben sich in der literarischen Szene in Deutschland. »Begierig ist jedermann, wie lange sich auf dem neuen Parnaß en miniature Köpfe von so himmelweit verschiedener Denkungsart, und dabei so warme Köpfe, miteinander vertragen werde«, Gebler am 24. Juni 1776 an Nicolai, »ich fürchte immer, die Friktion dürfte ein gewaltiges Ungewitter erregen«. Und Bode, der Goethe und Lenz im Sommer sechsundsiebzig dort in Weimar erlebt, schreibt am 31. August des Jahres an Lenzens Verleger Boie: »Was gab es da nicht für Gelegenheit zu Anmerkungen! Mich soll wundern, ob sich die Szene dort wie eine lahme Farce oder wie ein Trauerspiel endet?« Graf Putbus bemerkt: »Lenz, Klinger und einige subalterne Schriftsteller atmen nur durch die Gunst der beiden anderen.«

Noch Jahre später wird ein durch Weimar reisender Franzose schreiben, Goethe habe einer »Kalmückenhorde das Signal« gegeben, den »deutschen Parnaß, der in voller Blüte stand ... zu verheeren. Es erschien ein Schwall von dem elendsten Geschmiere, das je die Welt gesehen ... Diese Kalmückenhorde rekrutierte unter allen Klassen Künstler«, und Goethe »schämte sich nicht, ... an der Spitze der Rotte zu stehen ... allein er hat sich seit einigen Jahren merklich geändert«, lenkt der Schreiber ein, auf Goethes Ämter, auf seinen Ministerposten und seinen Geheimratstitel, auf seine »bürgerliche Existenz« deutend.

Und das ist genau der Punkt, an dem in Weimar 1776 die unterschiedlichen Haltungen der jungen Dichter aufeinandertreffen.

Von Literatur will Goethe nichts mehr wissen. Am 18. Juni 1776 teilt Weisse mit: »Vor kurzem sprach ich Goethen, der, wie er sagt, seine literarische Laufbahn Lenzen überlassen.« Wir haben nur die Buchstaben, zudem noch von einem dritten übermittelt, haben nicht Goethes Stimme, den Tonfall, mit dem er das Lenz sagt. Sicher ist es Ironie, Spott. Aber auch Berechnung. Goethe wirkt an der Fama, daß er sich von der Literatur zurückziehe, kräftig mit. »... daß er als Dichter wenigstens auf viele Jahre für die Welt verloren« sei, meint auch Wieland 1776.

Und in der Tat: Nach seinem kometenhaften literarischen Aufstieg mit »Götz« und »Werther« folgt ein langes Schweigen. Über zehn Jahre wird Goethe wenig veröffentlichen. Die frühen Werke werden zwar eifrig nachgedruckt, die Verleger aber haben den Autor aufgegeben, sind überzeugt, daß von ihm als Dichter kaum mehr etwas zu erwarten sei. Viele Jahre ist der Weimarer Kreis Goethes einziges Publikum. Er verfaßt kleine Stücke für Anna Amalias Liebhabertheater, arrangiert Feste und Maskeraden, schreibt dazu Verslein. Und schöne Gedichte entstehen, die er meist für sich behält. Vieles aber auch bleibt angefangen liegen, dramatische Entwürfe vor allem. Ungeöffnet stehen die Papiersäcke mit den Manuskripten im Gartenhaus an der Ilm.

Zeigt Goethe schon in Straßburg, daß er der literarischen Fehden überdrüssig ist, so macht er nun in Weimar keinen Hehl aus seinem Desinteresse an den Werken der Freunde. Als Maximilian Klinger im Sommer

1776 in Weimar aus seinem Drama vorliest, das der ganzen literarischen Richtung dann den Namen gibt (ursprünglich ist der Titel »Wirrwarr«, im September sechsundsiebzig schlägt dann Christoph Kaufmann in Gotha »Sturm und Drang« dafür vor), soll Goethe aus dem Zimmer gerannt sein und von »närrischem Zeug« gesprochen haben. Auch über Lenzens letztes Stück lacht man in Weimar, »ich teile das Gelächter über Strephon«, schreibt Klinger.

Von gemeinsamen literarischen, gar politischen Zielen, die Goethe, Lenz, Klinger, Stolbergs, Herder doch anfänglich zusammengeführt, zu vertrauten Freunden gemacht hat, davon ist hier in Weimar die Rede nicht mehr.

Sie bilden keine Gruppe, die jungen Dichter, die sich im Durchbrechen der höfischen Etikette, im Provozieren in jenem »Tempel des Apollo und der Ausgelassenheit« gefallen. Und die Hofleute, die da in der Kunst dilettieren, sie bindet kein Programm, sie haben kein Ziel, sie füllen die Leere und Langeweile des Hoflebens damit aus. Und auch Karl August ist ein Hofmann. Gemeinsamkeit also, die sich im Äußeren, in der genialischen Gebärde erschöpft?

Es scheint, als ob das alles Vorspiel, Auftakt sei; das Eigentliche noch verborgen, widerwillig lärmende Probe. »... bloßer Spektator von allem« sei er, sagt Wieland. Lenz, wissen wir, mag das Laute nicht, es ist nicht seine Neigung. Und Goethe, weltzugewandter und weltgewandter, mag es auch nicht. Vielleicht hat sie recht, die Goethe da beginnt in sein Vertrauen zu ziehen, Charlotte von Stein, wenn sie schreibt: »Gewiß sind dies seine Neigungen nicht; aber eine Weile muß er's so treiben, um den Herzog zu gewinnen und dann Gutes zu stiften.«

Von einem »großen Umsturz« bei Hofe spricht Charlotte am 10. Mai 1776. Und Seckendorff am 1. Juni: »In wenigen Tagen wird sich das Gesicht unseres Hofes in einer Weise ändern, die für den Herzog und dessen Nachfolger Epoche machen wird. Es ist beschlossen worden, allen denjenigen bedeutende Stellen zu verleihen, die bisher nur zur Unterhaltung des Herrn da waren ... Aus ihren Kreis soll ein Kammerpräsident und ein dirigierender Minister des Geheimen Consiliums genommen werden.«

Goethe ist bisher nur Gast in Weimar, ohne Amt, ohne Bezahlung, freilich Günstling und Favorit des Herzogs. In Karl Augusts Treiben mit ihm und den anderen Dichtern sieht der Hof bisher keine Gefahr. Man duldet diese Bürgerlichen, amüsiert sich, das sterile Hofleben erfährt Belebung, Gelegenheit zum Klatsch.

Nun aber wendet sich das Blatt. Herzog Karl August besinnt sich auf sein Amt. Als erstes scheint ihm eine Personalveränderung in seinem verknöcherten Beamtenapparat notwendig. Die nimmt er in Angriff. Nun stehen sich plötzlich zwei Parteien gegenüber. Die der Schöngeister und die der Höflinge. Letztere sieht »alle ihre Pläne durch die erstere durchkreuzt«. Die »Schöngeister« an der Macht beteiligt, da setzt die offene Empörung ein. Freiherr Jakob Friedrich von Fritsch, erster Minister und seit fünfundzwanzig Jahren im Dienst dieses Fürstentums, erklärt, daß er »in einem Collegio dessen Mitglied gedachter D. Goethe anjetzt werden soll, länger nicht sitzen« könne, droht mit Demission.

Karl August weist ihn scharf zurück. »Sein Kopf, und sein Genie ist bekant ... Einen Mann von Genie nicht an den Ort gebrauchen, wo er seine außerordentlichen Talente nicht gebrauchen kann, heißt, denselben mißbrauchen ...«, erwidert er Freiherrn von Fritsch. Freilich, Karl August hat nicht den Ehrgeiz, fähige Dichter um sich zu scharen, er hat den Ehrgeiz, die Fähigkeiten des einen für seine Staatsgeschäfte zu nutzen. Widerwillig müssen die Höflinge die Entscheidung des Herzogs akzeptieren.

Von Seckendorff wissen wir um die Stimmung bei Hofe. Unter den »Fahnen« dieser »Schöngeister« müsse man nun »marschieren«, schreibt er am 1. Juni an seinen Bruder. Während sie »Macht und glänzende Titel« bekommen, hätten die Hofleute »keine Aussicht auf Erhöhung ihrer Besoldung«. Im Gegenteil. Man halte sie »für ebenso unbequeme als unnütze und kostspielige Wesen«, die man »so niedrig stellen wird, daß die meisten die Lust verlieren müssen, in diesem Range zu glänzen ... Was zum Teufel!«, fährt er fort, »soll man mit den Leuten anfangen? Sie ausrotten und sie mitsamt der Erinnerung an ihr lästiges Dasein in die Erde versenken? Das ist ungefähr der Plan, der zur Ausführung kommen wird.«

Was dann zur Ausführung kommt, ist bei weitem nicht so revolutionär, wie der Höfling es befürchtet. Der Adel, die Hofleute behalten das Sagen. *Ein* Bürgerlicher vermag die Hofwelt noch nicht zu verändern. Aber immerhin: die Ernennung Goethes zum Geheimen Legationsrat mit einem Gehalt von eintausendzweihundert Talern, mit Sitz und Stimme im »Geheimen Conseil«, diese Ernennung am 11. Juni 1776, ist ein kühner Schritt des jungen Herzogs. Im Frühsommer 1776 beginnt also in Weimar ein Regime neuen Stils.

Mit dem Eintritt in die Politik verändert Goethe sehr entschieden den Ton. »In den ersten Monaten«, meint Wieland rückblickend, habe Goethe »die meisten durch seine damalige Art zu sein skandalisiert«, aber »von dem Augenblicke an da er dezidiert war, sich dem Herzog und seinen Geschäften zu widmen, hat er sich mit untadeliger *σωφροσυνη* (griechisch: weise Mäßigung) und aller ziemlichen Weltklugheit aufgeführt.« Auch Hofmarschall von Putbus bestätigt am 29. Juli 1776, also kurz nach Goethes Amtseinführung: »Indessen hat ihr Ton sich doch ein wenig mit ihrer Politik verändert. Je mehr sie die Möglichkeit wahrnehmen, etwas darzustellen, um so mehr wachsen sie an Würde und Höflichkeiten.«

Goethes Respektierung der Hofetikette, seine Anpassung ist ein bewußter Vorgang. Sein Weg zu den beiden Existenzen, der des Hofmannes und der des Dichters, nimmt da seinen Anfang.

Wir wollen nicht von Goethes bitteren Erfahrungen sprechen, von seinen Enttäuschungen, seinem Rückzug. Das hat noch Jahre Zeit. Jetzt, 1776, ist von seinen Hoffnungen zu reden. Er glaubt verändern, Einfluß nehmen zu können. Alles steht ihm offen. »Meine Lage ist vorteilhaft genug, und die Herzogtümer Weimar und Eisenach immer ein Schauplatz, um zu versuchen, wie einem die Weltrolle zu Gesicht stünde.« Mit Phantasie, mit Eifer, mit Spaß stürzt er sich in die Regierungsarbeit.

»Mein Freund Goethe findet sich in seinem neuen Amte so mit Geschäften überhauft«, hören wir von Lenz. »Er stickt in politischen Geschäften«, von Klinger. Und von Wieland, zehn Tage nach Goethes Amtsantritt: »Unsern Goethe habe ich seit acht Tagen nicht sehen können. Er ist nun Geheimer Legationsrat und sitzt im Ministerio unseres Herzogs, ist Favorit-Minister, Faktotum und trägt die Sünden der Welt. Er wird viel Gutes schaffen, viel Böses hindern, und das muß, wenn's möglich ist, uns dafür trösten, daß er als Dichter wenigstens auf viele Jahre für die Welt verloren ist. Denn Goethe tut nichts halb. Da er nun einmal in diese neue Laufbahn getreten ist, so wird er nicht ruhen, bis er am Ziel ist; wird als Minister so groß sein, wie er als Autor war.«

Wieland hat recht. Fast zehn Jahre wird Goethe mit riesigem Kraftaufwand sich der Politik des Weimarer Fürstentums widmen, bis er schmerzlich begreift, was Wieland schon 1776 sagt, daß er »am Ende doch nicht den 100sten Teil von dem thun kann, was er gern thäte«, daß er »mit allem seinem Willen, aller Kraft doch keine leidliche Welt schaffen wird«. 1781/82 beginnt Goethe sich von den Staatsgeschäften zurückzuziehen, schließlich gibt er eine unmittelbare politische Einflußnahme ganz auf. »Ich mag nicht immer der Popanz seyn.«

»Ich habe auf dies Capitel weder Barmherzigkeit, Anteil, noch Hoffnung und Schonung mehr«, am 2. April 1785 an Knebel. Am 10. Juli 1786 das Resümee seiner politischen Existenz: »... wer sich mit der Administration abgibt, ohne regierender Herr zu seyn, der muß entweder ein Philister oder ein Schelm oder ein Narr seyn.« Das ist 1786.

1776 aber sind alle Hoffnungen noch ungebrochen. Das Bündnis mit Karl August und sein gesunder Menschenverstand scheinen ihm auszureichen, die Welt »vernünftiger« einzurichten. Eine Vorstellung von der Wirklichkeit im Land und den Widerständen, die sich den geringsten Veränderungen in einem feudalabsolutistischen Staat in den Weg stellen werden, hat er kaum.

Am 27. Juni 1776, zwei Tage nachdem Goethe in die Regierungsgeschäfte des Herzogtums eingeführt wird, verläßt Lenz enttäuscht Weimar. Die Konflikte zwischen Goethe und ihm sind schon unüberbrückbar. »Ich geh aufs Land, weil ich bei Euch nichts tun kann.«

Ist nicht auch Lenz mit politischen Plänen nach Weimar gekommen, in der Hoffnung, jener aufgeklärte Fürstenhof habe ein offenes Ohr für seine Reformgedanken, und berechtigten ihn nicht die Veränderungen, die er in den Monaten in Weimar erlebt, zu solchen Hoffnungen?

Eine feste Anstellung in Weimar wäre eine Voraussetzung gewesen. »Es ist beschlossen worden, allen denjenigen bedeutende Stellen zu verleihen ...«, Seckendorff spricht in der Mehrzahl. Wieland ist versorgt, Stolberg hat man eine Stelle angeboten, über Herders Superintendantur (er selbst ist noch in Bückeburg) wird verhandelt, Goethe unterstützt sie wärmstens. Klinger ist noch nicht in der Stadt.

»Lenz Lenz von der Vocation ins Philantropin sag ich kein Wort, aber warum nimmst du die zu Weimar nicht an? Warum? gieb Acht wo die Ursache her kommt und wo sie hin führt«. So schreibt sein engster Freund, Röderer, aus Straßburg beschwörend. Das ist am 23. Mai und ist eine Antwort auf einen langen Brief Jakobs. Dieser Brief ist nicht erhalten. Auch der nächste nicht, als Jakob dem Freund in Straßburg Goethes Berufung als Geheimen Legationsrat mitteilt; »... werde bald mein bester sein College oder des etwas«, antwortet Röderer jedenfalls und fügt hinzu: »... dann liebster hastu (siehstu ich bitte dich aufm Knieen) heitere Miene, bist alsdann Lenz und ein etablirter Mann ...«

Lenz und ein etablierter Mann. Was wohl soviel heißen mag wie, er sei versorgt, habe dann Amt und Wohnung und bleibe doch Lenz, der Dichter.

Aus diesem Brief geht hervor, man muß Lenz eine Stelle in Weimar angeboten haben. Ist es die eines Vorlesers bei Hofe, und hat er sie schon zeitweise innegehabt, sind die nachweislichen Geldzahlungen des Herzogs für Kost und Logis im Hotel zum »Erbprinzen« dafür?

23 Taler 10 Groschen vom 4. April bis 8. Mai, 10 Taler vom 11.–31. Mai und 12 Taler vom 1.–27. Juni 1776, von Bertuchs Hand unter laufende Kosten in die fürstliche Schatullenrechnung eingetragen. Ein möglicher Beleg, daß er eine Art Anstellung hatte: Am Rand des Röderer-Briefes, da der Straßburger Freund Lenz beschwört, die »Vocation« in Weimar anzunehmen, steht, von Jakobs Hand geschrieben: »Sobald meinen Platz ein anderer ausfüllen kann, warum ihn nicht verlassen?«

Belegt ist auch, daß einflußreiche Freunde sich – ohne Lenzens Wissen – mit Empfehlungen nach Weimar wenden. Johann Kaspar Lavater, der Anna Amalia kennt; auch Herder wohl, der die Gunst der Landgräfin von der »Gemeinschaft der Heiligen« hat, der Mutter der jetzt in Weimar regierenden jungen Herzogin Luise. Am 17. April schreibt Lavater an sie, daß er ihr Lenz »empfehlen möchte«. – »Lenz«, so steht in dem Brief an Luise, »der weiß nichts von meiner Bitte, denkt auch gewiß nicht daran ... Doch vielleicht hat Goethe schon gethan, was ich wünsche. Goethe, der uns immer mit seinen guten Gedanken für Fremde mit liebenswürdiger Schnelle vorläuft. *Lenz wünschte ich bei Ihnen.* Ich sage mehr nicht.«

»Glück, tausendfaches Glück begleite Lenz nach Weimar! Das hatte ich immer gedacht.« Zimmermann am 10. April an Herder, als dieser ihm Lenzens Reiseabsicht mitteilt.

Und Lavater verfolgt dann Jakobs Weg in Weimar. »Bis der gute Junge fixe Stelle und täglich Brod hat, bin ich an ihm und seinen Freunden«, so schreibt er am 29. Mai nach Straßburg. Am 10. Juli dann mahnend nach Weimar: »Lieber Lenz – wäge deine Schritte ...«

Zu der Zeit hat Lenz schon dem Hofe den Rücken gewandt, die Stadt verlassen.

Sorglos sei er gewesen, weltfremd, tritt das, was man solid nennt, mit Füßen, sagen die Freunde. Ihn als »Teutschen Schriftsteller«, freie Reisekosten und nach »ein zwey Jahren«, wenn es ihm nicht wohl sein sollte, »kostfrey« dorthin »geliefert, wohin er will ... Alle Bedingungen, die Sie noch machen ... sollen erfüllt werden«, so lautet das Angebot des Professors Simon ans Dessauer Philantropin vom 4. April 1776. Lenz lehnt es ab.

Und auch das Angebot in Weimar muß er abgelehnt haben. Uns fehlen die sicheren Belege, was für eine

Stelle es überhaupt war. Möglich: eben jene als Vorleser bei Hofe. Möglich oder sehr wahrscheinlich aber ist: Goethe hat Lenz von vornherein bedeutet, daß seines Bleibens in Weimar nicht ist. Auch dafür haben wir keinen Beweis, aber einem anderen Dichter sagt es Goethe unumwunden. Maximilian Klinger, der im Sommer 1776 ebenfalls nach Weimar kommt.

Auch er ist – wie Lenz – ohne Berufsabschluß, ohne Geld. Goethe hat den frühen Frankfurter Freund lange finanziell unterstützt, ihm sogar eigene Manuskripte geschenkt, damit er den Erlös eventueller Veröffentlichungen für sich verwenden kann. Anfang 1776 schreibt Klinger an Lenz: »Nun leb ich schon ein ganzes Jahr von seiner Güte.«

In Weimar aber sagt Goethe Klinger, daß er hier keine Stellung haben kann. »Eine Civilbesoldung kann ich nicht kriegen ... Goethe hat mit mir über alles ein für allemal geredt.« Bei Goethe heißt es sehr direkt: »Klinger kann nicht mit mir wandeln, er drückt mich, ich habs ihm gesagt, darüber er außer sich war und es nicht verstund und ichs nicht erklären konnte und mochte.« Am 24. Juli ist das. Um seinen Worten Nachdruck zu geben, stellt Goethe ab August jegliche Geldzahlungen an Klinger ein. Er ist nun völlig mittellos.

»Schade, daß Ihr mit diesem Körper nicht adelich gebohren seyd, Ihr hättet großes Fortün gemacht«, meint Wieland. Offizier solle er werden. Als Goethe Klinger fallen läßt, bemüht sich die Herzogin Anna Amalia um ihn, sucht eine Anstellung beim Militär, wendet sich deswegen an den Herzog von Braunschweig. Auch Amerika ist im Gespräch. »Ich geh unter Soldaten«, Klinger am 30. Juni 1776, »es wird gearbeitet für mich, und mir wird eine große Bahn eröffnet.«

Aber noch ehe Anna Amalia ihre Recherchen zu Ende führt, muß Klinger Weimar verlassen. »Klinger ist uns ein Splitter im Fleisch«, sagt Goethe Anfang September, »seine harte Heterogenität schwürt mit uns, und er wird sich herausschwüren.« Mitte September geht Klinger aus der Stadt. »Goethes Liebe ist groß«, schreibt er am Fünfundzwanzigsten, »aber die Umstände sind gegen uns.«

Wieland hat es vorausgesehen. »Klinger ist auch (d. i. nach Lenz) gekommen, leider!« schrieb er am 5. Juli. »Er ist ein guter Kerl, ennuyirt uns aber herzlich und drückt Goethen. Was ist mit solchen Leuten anzufangen?«

Nicht nur im Fall Klinger und Lenz hat sich Goethe vor Dichtern in seiner unmittelbaren Nähe zu schützen gewußt. Auch die Anstellung der Freunde Schlosser und Merck hat er – in späteren Jahren – in Weimar verhindert, bei letzterem sogar gegen den ausdrücklichen Wunsch des Herzogs. Wir ahnen es, Goethe ist 1776 nicht im geringsten daran interessiert, den Freund Lenz in irgendeinem Amt bei Hofe in seiner Nähe zu wissen.

Zumal Lenz sich auch in die Politik zu mischen beginnt. Die sozialen Reformpläne würden seinen Dramen ein »größeres Gewicht«, einen »ganz andern Ausschlag« geben, »wichtiger« für sein »Vaterland« als für ihn selbst seien sie, hat er schon in Straßburg gesagt. Sein Entschluß, nach Weimar zu gehen, wird von der Hoffnung bestimmt, in Herzog Karl August einen Interessenten für seine Reformen zu finden. Direkt an die Person des Regenten von Sachsen-Weimar-Eisenach wendet er sich, ihm widmet er die Schrift. Noch 1789, als Karamsin in Weimar weilt, weiß man davon: »... weder die Dichtkunst noch die Liebe füllten« Lenzens »Seele gänzlich«, er »konnte sich noch mit einer Reform beschäftigen, die, wie er glaubte, das Militär Seiner Durchlaucht erfahren müßte, und reichte darüber dem Herzog verschiedene Pläne ein«.

»Was ist unsere heutige Kenntniß der Finanzen, wohin lauffen unsere unendlichen Berechnungen? Den Bürger, den Landmann, der bis aufs Blut ausgedrückt ist, vollends abzuschälen, zu sehen, ob ihm nicht noch eine Faser übrig gelassen worden, die er gleichfalls zum Besten des Staats hergeben könne.«

»Wehe dem neuen Projektemacher, der diese Erniedrigten noch tiefer erniedrigt, diese Zertretenen noch mehr zertritt, aller Fluch ihrer unterdrückten Seufzer (leider können die meisten nicht mehr seufzen) über ihn! Wenn der Bauer ausser den Frohndiensten, die er dem Edelmann, und denen, die er dem König thun muß, noch von dem wenigen Schweiß, den er für sich verwenden kann, alles bis auf die Hefen für ausserordentliche Abgaben aufopfern muß – die Feder fällt mir aus den Händen für Entsetzen. Und wozu? sein Elend von anderen Elenden beschützen zu lassen, die um nichts glücklicher sind als er –«. Mit den »anderen Elenden« meint Lenz die Soldaten. Er analysiert ihre Lage und kommt zu dem Schluß: »Das einzige Motiv, das unsere Armee bewegt, die Seele unserer Tacktick ist die Furcht ... Baut Galgen schmiedet Galeerenketten für die Deserteurs, im entscheidenden Augenblick, im Augenblick der Schlacht werdet ihr sie nicht halten, wenn ihr sie nicht durch andere Bande gebunden habt. Die Ehre eines Königs, die Ehre seiner Nation – dieses Mittel reicht nicht ... Es müssen sinnliche, von allen Soldaten gleich anerkannte Vortheile seyn ... Wohlstand, Selbstvertheidigung sehen Sie da die einzigen noch übrigen Keime der ersterbenden Tapferkeit! ... Der Soldat muß für sich selbst fechten, wenn er für seinen König ficht ... die Natur allein macht Helden ...«

Das ist Lenz. Nichts mehr von einem Poeten, der, »ein Kranich lahm ... Erlaubniß fleht«. Nicht mehr ein Lenz, der devot das ihm vom Herzog gereichte Glas mit den im Wein zerkrümelten Devisen austrinkt. Nichts mehr davon, »sein Häuptlein ... An Eurer Durchlaucht aufzusonnen«.

Die Sprache hart, klar, fordernd. Die Zeugenschaft der Wirklichkeit betonend. »Ich deklamiere nicht, ich protokolliere nur das, was ich überall hörte und sah, als ich mich unter die Leute mischte ... Ich habe Gelegenheit gehabt, die Seufzer und Beschwerden der Leute aus erster Hand zu hören.«

Es ist der Ton von Christian Daniel Schubart, den Lenz da anschlägt. Es ist der Gestus von Georg Büchner, der seinen »Hessischen Landboten« nicht mehr als Bittschrift an die Fürsten, sondern als Flugblatt an das Volk richten wird. Unerhörte Worte von Lenz in jenem Weimar des Jahres 1776, gerichtet an einen jungen Herzog, der gerade die Regierung eines rückständigen Ländchens übernommen hat.

Lenz muß bald begriffen haben, zu Hoffnungen gibt es im Weimarer Fürstentum keinen Anlaß. Schon am 9. Mai 1776 schreibt er seinem Verleger, die Schrift über die Soldaten solle nun in französischer Sprache gedruckt werden. Er wird sie an einen anderen Hof senden; ein Vermittler, der livländische Baron von Vietinghoff, durch Weimar nach Paris gehend, bietet sich an, sie dorthin mitzunehmen.

In Weimar findet er kein Gehör, nun gut, der Herzog, diese Enttäuschung ließe sich noch verwinden. Was sich aber nicht verwinden läßt: die Reaktion seiner Freunde Wieland und Goethe. Phantastisch sei sein Plan, eine »Marotte« seine »Projekte, die Welt zu verbessern«, meint Wieland.

Goethe aber muß ihn gewarnt, schließlich ihm geboten, zuletzt das Projekt gänzlich verboten haben; »verbrennen« solle er die Ausarbeitungen. »Für einen Kenner des Waffenwesens« habe sich Lenz gehalten, schreibt Goethe viele Jahre später, und »dieses Fach nach und nach so im Detail studiert, daß er ... ein großes Memoire an den französischen Kriegsminister aufsetzte, wovon er sich den besten Erfolg versprach. Die Gebrechen jenes Zustandes waren ziemlich gut gesehen die Heilmittel dagegen lächerlich und unausführbar. Er aber hielt sich überzeugt, daß er dadurch bei Hofe großen Einfluß gewinnen könne, und er wußte es den Freunden schlechten Dank, die ihn teils durch Gründe, teils durch tätigen Widerstand abhielten, dieses phantastische Werk, das schon sauber abgeschrieben, mit einem Briefe begleitet, kuvertiert und förmlich adressiert war, zurückzuhalten und in der Folge zu verbrennen.«

Lenz wird es nicht verbrennen. Vielleicht treibt ihn Goethe so weit, daß er es vorgibt, um Ruhe zu haben. Lenz arbeitet sehr intensiv daran weiter, das ganze Jahr über, beschäftigt sich vor allem mit dem Militär im Herzogtum Sachsen–Weimar–Eisenach. Erkundet genaue Zahlen über die Stärke der Truppen, über die Anzahl der im Kriegsfall der Reichsarmee zu stellenden, über die Höhe der Besoldungen und so weiter, studiert die Militärverhältnisse in anderen deutschen Kleinstaaten, läßt sich aus Straßburg und Colmar Aufstellungen über militärische Dinge aus französischen Tageszeitungen schicken. Präzisiert, berechnet, argumentiert. Freilich, manches Phantastische enthalten Lenzens Pläne, vor allem, wenn er über die Ehen der Soldaten spricht. Wie aber sollten auch bei der erbärmlichen deutschen Wirklichkeit Zustandsschilderung und Änderungsvorschläge in Einklang gebracht werden. Die Reformen müssen, wenn sie nur irgendeine Chance der Verwirklichung haben sollen, die Diagnose der gesellschaftlichen Zustände zugleich paralysieren. Müssen, wenn sie die Fürsten erreichen sollen, finanzielle Vorteile bieten, die Aussicht auf Auffüllung der Staatskassen. Aber: Lenzens Schrift über das Soldatenwesen ist zugleich ein großes, seiner Zeit weit vorausgreifendes Dokument der Verfechtung der Freiheitsideen, für die ein Soldat kämpfen solle, und letztlich hat Lenz in seiner Darstellung die Ursachen vorweggenommen, die zur Katastrophe von Jena und Auerstedt führten. Manche Detailvorschläge Lenzens finden sich dann im Krümpersystem wieder, das 1808 als große Reform eingeführt wird.

»Lächerlich« seien Lenzens vorgeschlagene »Heilmittel«, meint Goethe. Das schreibt er später und in der Annahme, Lenz habe die Schrift verbrannt. Über hundert Jahre nach Lenzens Tod findet man seine handschriftlichen Aufzeichnungen, und im Jahr 1913 werden sie erstmals gedruckt.

Und Goethes »Heilmittel«? Goethe ist viele Jahre für das Militärwesen des Herzogtums Weimar, für alle militärischen Ausgaben, die Aushebung der Rekruten, die Personalangelegenheiten der Deserteure verantwortlich. 1779 übergibt ihm der Herzog die Leitung der Kriegskommission.

»... mit den Rekruten fein säuberlich verfahren, wenn sie zur Schule kämen«, bittet Goethe seinen obersten Kriegsherrn. Er läßt besseres Kommißbrot für die Soldaten backen. Er bemüht sich, daß die Soldatenkinder eine bürgerliche Berufsausbildung bekommen. In manchen Fällen erreicht er, daß ihnen, wenn sie ein Handwerk erlernen, Aufding- und Lossprechegeld erlassen werden. Und wenn er Desertionen bearbeitet, versucht er möglichst, die Einziehung des gesamten Vermögens der Deserteure zu verhindern. Goethe tut also im Laufe der vielen Jahre eine Menge kleiner arbeitsaufwendiger Dinge und sicher gegen den Widerstand der Hofbeamten.

Aber Heilmittel sind es gewiß nicht. Mit dem »dunklen Plan der Reduktion des Militärs« geht er gleich nach

1 Jakob Michael Reinhold Lenz. Bleistiftzeichnung von Heinrich Pfenniger, um 1777. (Österreichische Nationalbibliothek Wien)

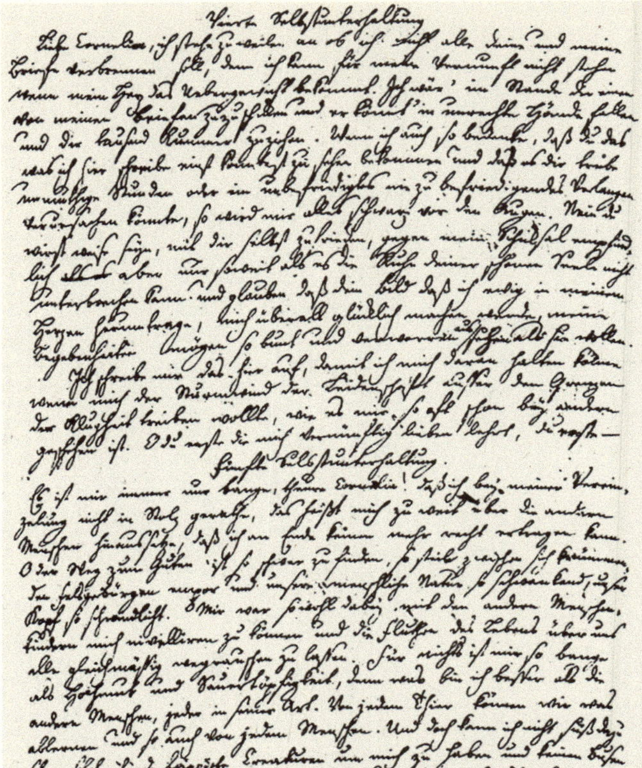

2 Handschrift von Lenz. Vierte und Fünfte Selbstunterhaltung aus »Moralische Bekehrung eines Poeten«.
(Goethe- und Schiller-Archiv Weimar)

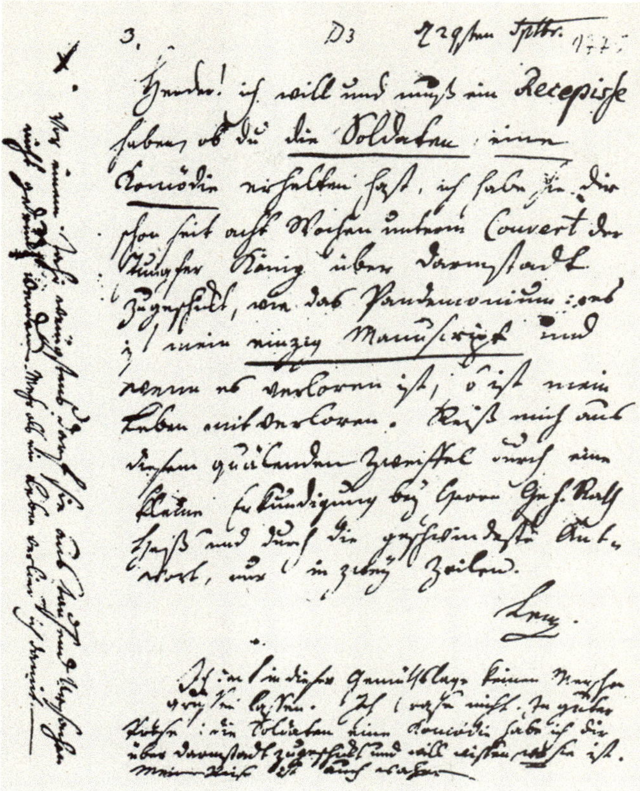

3. D3 d. 29sten Sptbr. 1775

Herder! ich will und muß ein Recepiße haben ob du die Soldaten eine Comödie erhalten hast. ich habe sie dir schon seit acht Wochen unterm Couvert der Münzer König über Darmstadt zugeschickt, wie das Pandämonium; es ist mein einzig Manuscript und wenn es verloren ist, so ist mein Leben mit verloren. Reiß mich aus diesem quälenden Zweifel durch eine kleine Erkundigung bey Herrn Geh. Rath [illegible] und durch die geschwindeste Antwort, nur in zehn Zeilen.

Lenz.

3 Brief an Herder, 29. September 1775.
(Goethe- und Schiller-Archiv Weimar)

4 Johann Kaspar Lavater, Zeitgenössischer Kupferstich von Christian Fritsch. (Deutsches Literaturarchiv Marbach am Neckar)

5 Charlotte von Stein (wahrscheinlich). Zeichnung mit schwarzer Kreide von Johann Wolfgang Goethe, um 1777. (Nationale Forschungs- und Gedenkstätten der klassischen deutschen Literatur Weimar)

6 Katharina II., Kupferstich von A. Radiques (1721–1809) (Deutsche Staatsbibliothek Berlin)

7 Cornelia Goethe. Rötelzeichnung, weiß gehöht, von Johann Ludwig Ernst Morgenstern, zwischen 1772 und 1775. (Freies Deutsches Hochstift, Goethe-Museum Frankfurt am Main)

8 Johann Wolfgang Goethe. Bleistift- und Kreidezeichnung von Georg Melchior Kraus, 1776.
(Nationale Forschungs- und Gedenkstätten der klassischen deutschen Literatur Weimar)

9 Christoph Martin Wieland. Kupferstich nach einer Zeichnung von Johann Heinrich Lips, 1791.
(Deutsches Literaturarchiv Marbach am Neckar)
10 Karl August, Großherzog von Sachsen-Weimar-Eisenach.
Silhouette, 1785. (Deutsches Literaturarchiv Marbach am Neckar)

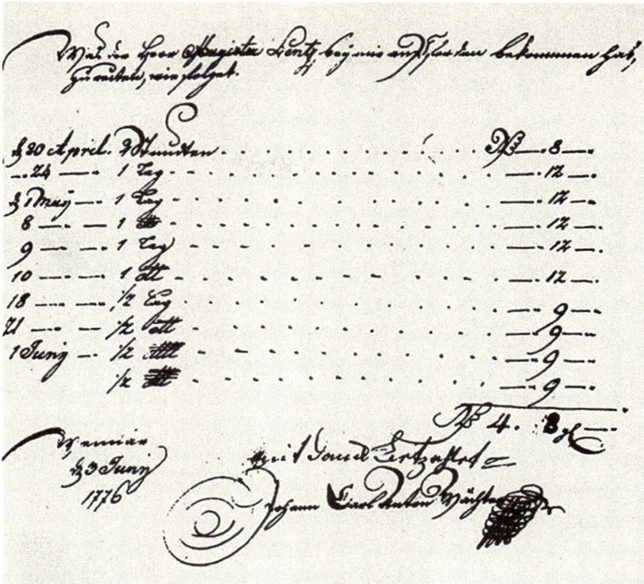

11 Rechnung für Pferdemiete Lenzens in Weimar. Anlage zur Schatullenrechnung des Großherzogs Karl August von 1776. (Staatsarchiv Weimar)

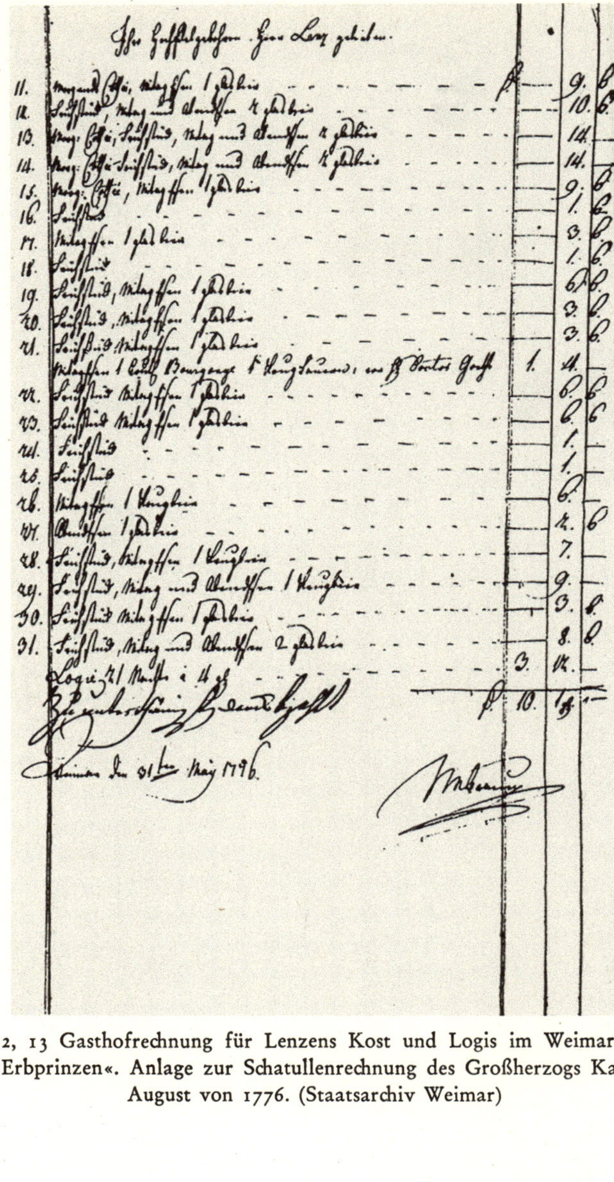

12, 13 Gasthofrechnung für Lenzens Kost und Logis im Weimarer »Erbprinzen«. Anlage zur Schatullenrechnung des Großherzogs Karl August von 1776. (Staatsarchiv Weimar)

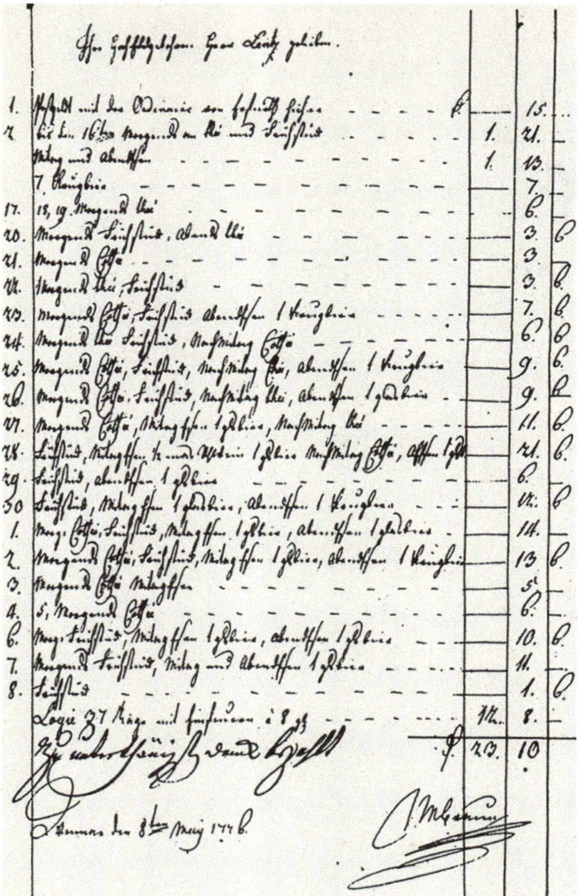

Ihro Hochedelgebohren Herr Lenz geblieben.

1.	Abgeholt mit der Chaise von Erfurth hieher - - - - f.		15.	
2	bis den 16ten Morgends an Thee und Frühstück - - - - - -	1.	21.	
	Mittag und Abendessen - - - - - - - - - - - -	1.	13.	
	7 Krug Bier - - - - - - - - - - - - -		7.	
17.	18, 19. Morgends Thee - - - - - - - - - - -		6.	
20.	Morgends Frühstück, Abends Thee - - - - - - -		3.	6
21.	Morgends Coffé - - - - - - - - - - - -		3.	
22.	Morgends Thee, Frühstück - - - - - - - - -		3.	6.
23.	Morgends Coffé, Frühstück Abendessen 1 Krug Bier - - - -		7.	6
24.	Morgends Thee Frühstück, Nachmittag Coffé - - - - - -		6.	6
25.	Morgends Coffé, Frühstück, Nachmittag Thee, Abendessen 1 Krug Bier		9.	6.
26.	Morgends Coffé. Frühstück, Nachmittag Thee, Abendessen 1 glas Wein -		9.	6
27.	Morgends Coffé, Mittag essen 1 glas Wein, Nachmittag Thee - - - -		11.	6.
28.	Frühstück, Mittag essen [illegible] und Wein 1 glas Wein Nachmittag Coffé, Abendessen 1 glas		21.	6.
29.	Frühstück, Abendessen 1 glas Wein - - - - - - - - -		6.	
30	Frühstück, Mittag essen 1 glas Wein, Abendessen 1 Krug Bier - - -		14.	6
1.	Morg. Coffé, Frühstück, Mittag essen 1 glas Wein, Abendessen 1 glas Wein -		14.	
2.	Morgends Coffé, Frühstück, Mittag essen 1 glas Wein, Abendessen 1 Krug Bier		13	6.
3.	Morgends Coffé Mittagessen - - - - - - - - - -		5	
4.	5, Morgends Coffé - - - - - - - - - - -		6.	
6.	Morg. Frühstück, Mittag essen 1 glas Wein, Abendessen 1 glas Wein - -		10.	6.
7.	Morgends Frühstück, Mittag und Abendessen 1 glas Wein - - - -		11.	
8.	Frühstück - - - - - - - - - - - - - -		1.	6.
	Logie 27 Tage mit Einheizen à 8 gr - - - - - - -	12.	8.	
	Ist unterthänigst dankbar bezahlt f.	23.	10	

Weimar den 8ten Maij 1776.

14 Der obere Seiteneingang zur Schnecke im Herzoglichen Park bei Weimar. Zeichnung von Georg Melchior Kraus, 1794.
(Deutsches Literaturarchiv Marbach am Neckar)

15 Durchsicht der Schloßbrücke im Herzoglichen Park bei Weimar. Zeichnung von Georg Melchior Kraus, 1799.
(Deutsches Literaturarchiv Marbach am Neckar)

16 Ansicht von Großkochberg mit Schloß. Paravant. Malerei auf Leinwand von Unbekannt, entstanden zwischen 1730 und 1750. (Nationale Forschungs- und Gedenkstätten der klassischen deutschen Literatur Weimar)

17 Bruchau bei Großkochberg. Bleistiftzeichnung von Lenz, 18. 10. 1776, mit dem Gedicht »Ach soll soviele Trefflichkeit ...«. Auf der Rückseite: »auf die Stelle in der Bruchau, bei Kochberg, die sich Frau von Stein zu ihrem Grabe ersehen hatte ... from Lenz to his friend Goethe.« (Nationale Forschungs- und Gedenkstätten der klassischen deutschen Literatur Weimar)

18, 19 Pfarrhaus Sesenheim. Zwei Rötelzeichnungen von Johann Wolfgang Goethe, 1770/71.
(Nationale Forschungs- und Gedenkstätten der klassischen deutschen Literatur Weimar)

ARGENTORATUM STRASBURG

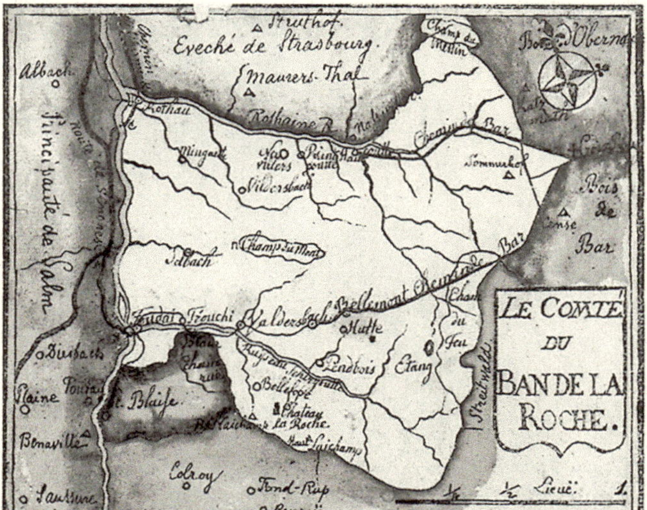
LE COMTE DU BAN DE LA ROCHE.
Eveché de Strasbourg
Struthof
Maurers-Thal
Rothau
Rothaine R.
Albach
Principauté de Salm
Champ du Meix
Etang
Belfosse
Chateau la Roche
St. Blaise
Colroy
Fond-Rup
Plaine
Bois de Bar
Bar
Lieuë

22 Illpartie bei Straßburg. Radierung von Johann Daniel Heimlich, betitelt: »Vue des Environs de Strasbourg prise sur le pont de la Montagne verde«.
(Goethe-Museum Düsseldorf)

20 Straßburg. Prospekt der Stadt um 1770. Kolorierter Kupferstich von Georg Balthasar Probst. (Goethe-Museum Düsseldorf)
21 Steintal in den Vogesen, Umrißkarte von Johann Friedrich Oberlin auf einen Holzstock gedruckt, von einem seiner Schüler koloriert und mit geographischen Angaben versehen.
(Archives Municipales de Strasbourg)

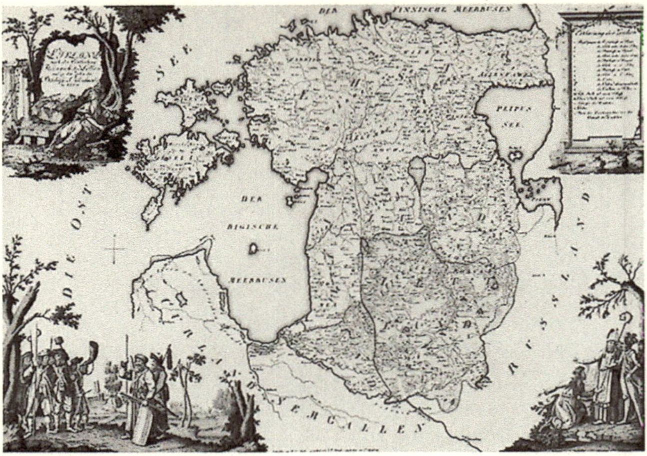

23 Topografische Karte vom Baltikum Mitte 18. Jahrhundert.
(Staatsbibliothek der Stiftung Preußischer Kulturbesitz Berlin)
24 Estnischer Hochzeitsgesang.
(Forschungsbibliothek Schloß Friedenstein Gotha)

25 Petersburg. Ansicht des Marmorpalais von dem gegenüberliegenden Ufer der Newa, 1804. Kolorierte Radierung von Gabriel Lory d. Ä. (Kupferstichkabinett Berlin)

26 Moskau. Blick auf den Alten Markt, 1799–1804. Kolorierte Radierung von Gabriel Lory d. Ä. (Kupferstichkabinett Berlin)

27 Jakob Michael Reinhold Lenz.
Getuschte Silhouette, um 1777.
(Goethe-Museum Düsseldorf)

der Übernahme der Kriegskommission um, wagt aber nicht, ihn dem Herzog anzutragen, da er um dessen »Soldatenpassion« weiß. Erst 1782, als er selbst die Finanzverwaltung des Herzogtums in die Hand nimmt, reduziert er den Militäretat um die Hälfte und saniert damit die Finanzen. In dem Jahr aber, als er die Kriegskommission übernimmt, macht er sogleich die Erfahrung, wie begrenzt seine Entscheidungsmöglichkeiten sind. Von den Übeln kann er lediglich das kleinere wählen. Der Bayrische Erbfolgekrieg 1778/79 fordert Soldaten. Der preußische König will seine Werber in das weimarische Land schicken. Goethe im Januar 1779 an den »Gnädigsten Herrn«: Wenn man den preußischen Werbern die Sache überlasse, würde sie »alsdenn mit offenbarer Gewalt brauchbare, verheiratete, angesessene Leute mit wegnehmen, man würde den Untertan vor Prellereien und Bevorteilungen nicht schützen können ... eine Auswahl selbst zu machen und ihnen die Leute auszuliefern, so ist darin wohl fürs ganze das geringste Übel ...«

Ende Februar 1779 reitet der Kriegskommissar Goethe zusammen mit dem Artillerieleutnant Castorp in die thüringischen Dörfer, um junge Burschen als Rekruten auszuheben. »Menschenklauberei« nennt er die Rekrutierung, ein »unangenehmes, verhaßtes und schamvolles Geschäft«. Nach Jena und Maua reiten sie, nordwärts dann über Porstendorf nach Dornburg. Als die Aushebung der Soldaten im Amt Dornburg erledigt ist, schließt Goethe sich zwei Tage in das Rokokoschlößchen ein, schreibt an der »Iphigenie«. Reitet dann mit Castorp weiter, das Rekrutierungsgeschäft fortsetzend. Buttstädt, Herrengosserstedt, Rastenberg und Allstädt. Drei Tage Rast in Weimar, dann wieder gesattelt. Über Wülfershausen, Arnstadt, Martinroda nach Ilmenau. Am 17. März Rekruten ausgehoben, am 19. einen Tag Rast auf dem Schwalbenstein bei Manebach, die ruheatmenden Waldhänge des Ilmtals; »sereno die, quieta mente« – am heiteren Tage, beruhigsten Geistes – notiert er in sein Tagebuch. Er hat den vierten Akt der »Iphigenie« geschrieben. »...es ist verflucht, der König von Tauris soll reden, als wenn kein Strumpfwürcker in Apolde hungerte«. Goethe weiß um die Widersprüche, empfindet sie, erleidet sie, verdrängt sie schreibend. Seine praktische Tätigkeit stößt ihn auf die Zwänge des feudalabsolutistischen Kleinstaates, denen er in keiner Weise entrinnen kann. Die Kunst wird das »Heilmittel«.

Niemals legt er so grundsätzliche Ausarbeitung über soziale Mißstände vor, wie Lenz das 1776 mit der Schrift über die Soldaten tut. Lenzens Plebejertum, die Radikalität seiner Forderungen sind Goethe fremd. Gemäßigter denkt er, der Frankfurter Bürgersohn. Realistischer. Beginnt sein gegen den Widerstand der Hofbeamten errungenes Amt mit Durchsicht der Akten, mit Bearbeitung von Vorgängen, mit Sitzungen des Konzils, dreimal wöchentlich meistens, mit der Beaufsichtigung der Feuerwehr, für die er verantwortlich gemacht wird. Und da stört ihn Lenz mit seinen großen Plänen.

Von »tätigem Widerstand« spricht Goethe selbst. Was heißt das, verbirgt sich dahinter Aufschluß über jenes seltsame Wörtchen »endlich«, mit dem Goethe im Sommer 1776 die Übereinstimmung mit Lenz nach dessen Weggang aus Weimar dokumentiert? »Lenz ward endlich gar lieb und gut in unserem Wesen ...«, schreibt er an Merck, »sitzt jetzt in Wäldern und Bergen allein.« Verbergen sich dahinter Auseinandersetzungen, ausgetragene Konflikte, Widersprüche? Es wird im einzelnen immer Spekulation bleiben.

Fest steht, Lenz wird nicht gebraucht, von seinen Reformplänen will man in Weimar nichts wissen. Und von der Narrenrolle bei Hofe will er nichts wissen. Die Erwartung Weimar wandelt sich in die Enttäuschung Weimar, Taumel in Überdruß.

Letzte Tage in Weimar.

Der Junimonat, schwül, heiß, mit langen Sommerregen. Jakob Lenz in seiner engen Kammer im Gasthof »Zum Erbprinzen«. Er liegt auf dem Bett, schon mehrere Tage. Grübelt, überdenkt die Wochen, die Monate, da er hier weilt, den April, den Mai, den Juni. Der Gasthof mit seinem Lärm, seinen Gerüchen. Die Fensterkreuze dunkel, die Kammer niedrig. Vier Wände – ja, aber durchlässig; trunkene Stimmen, ordinäres Gekreisch bis spät in die Nacht. Morgens um vier die Räder der Fuhrwerke, das Fluchen der Kutscher, die Pferdehufe, die Stimmen, die Geschäftigkeit der Poststation, die sich im Hause befindet.

»Solang ich nicht in meinen vier Wänden bin, erwartet nichts Ordentliches von mir.« Schiller an Körner in eben jenem Gasthof »Zum Erbprinzen«, Jahre später. Lenzens Nerven sind bis zum äußersten gespannt. Ihm gelingt nichts. Klinger, der wie er ohne Geld in Weimar eintrifft und im Gasthof die Kammer genau über ihm innehat, bleibt nur wenige Tage. Herr von Kalb vermittelt ihm eine Unterkunft. »Seit gestern habe ich mein Logis auf die herrlichste Art verändert. Ich war Zeit über in der Post und nun wohn ich in einem schönen neugebauten Hauße, wo ich zwey angenehme, ganz moderne, und hübsch aufgeputzte Zimmer einhab. Dabey die herrlichste Aussicht, erst in eine öffentliche Promenade und weiter in Gärten, Feld und Berge. Keine 50 Schritt von mir wohnt die Herzogin Mutter, an deren Wohnung ein surrender Wasserfall seit ab in Garten rauscht, und mich in Schlaf und poetische Träume plätschert.« Der Herzog schenkt Goethe Haus und Garten vor den Toren der Stadt. Als nunmehrigem Besitzer von Grund und Boden werden ihm die Stadtrechte verliehen.

Lenz stellt es sich vor, das Haus draußen am Stern in den Ilmwiesen; auch in ihn würde die Stille kehren, die Sanftheit des Flusses, der durch den Wiesenplan in mancherlei Gestalt dahinfließt. In ihn würde der Geruch der Morgenkühle dringen, der Geruch der steigenden Frühnebel und – hat er nicht schon die Schnitter auf der Wiese gesehen – der betäubende Geruch der Heumahd. Ihn würde Ruhe umgeben, der Wind, die Vogelstimmen und das Wehr von ferne.

»... nach der Beschreibung von Lenzen muß er ganz vortrefflich sein, meines Bruders Garten«, schreibt Cornelia Schlosser aus Emmendingen, und auch bei Goethes Mutter liest man Ende Mai in einem Brief an Klinger von jenem »herrlichen Garten«. »Lenz hat denselbigen poetisch beschrieben und mir zum Durchlesen zugeschickt ...«

»Weimar«, fährt Elisabeth Goethe fort, »muß vors Wiedergehn ein gefährlicher Ort sein, alles bleibt dort. Nun, wenn's dem Völklein wohl ist, so gesegne's ihnen Gott!«

Lenz wird es nicht wohl. Keine Aussicht auf irgendeine soziale Sicherheit, ewig in dem Gasthof, selbst Unterkunft und Zehrung dort vom Herzog bezahlt. Auf Almosen angewiesen. Er kann nicht mehr schreiben. Er ist wie gelähmt. »Eine gänzliche Taubheit meiner Nerven«, klagt er.

Lenz da in seiner Kammer auf dem Bett. Er wird sich wieder erheben. Nach Tagen. Wird unter die Freunde gehen. Die Freunde scheinen nichts von alledem an ihm zu bemerken.

In jenen Tagen, da er immer verzweifelter geworden sein muß, ist er oft mit ihnen zusammen; mit Wieland, mit Goethe, mit Klinger. Am 23. Juni, am 24. Juni, am 25. Juni. Sie reden, sie sprechen, sie lachen, sie trinken. Sie trinken Wein im Gartenhaus am Stern. Die Abende sind schon lau. Auch er, Lenz, lacht, trinkt, spricht ... Vielleicht.

Aber er erreicht die Freunde nicht mehr mit seinen Worten; die Freunde erreichen ihn nicht mehr mit ihren Worten. Am 25. Juni wird Goethe sein Regierungsamt übertragen. Im Tagebuch unter dem Datum: »Einführung. Schwur. Bey Hofe gessen. Abends Wiel. Kalb. Lenz Klinger.«

Am 26. Juni dann muß Lenzens Entschluß wohl festgestanden haben. Er mag an jenem Tag durch seine Kammer gegangen sein, viele Male. Ordnet seine Habseligkeiten, sieht die Kleider, die Wäsche durch, türmt die Bücher auf einen Stuhl, legt die Manuskripte in den Koffer. Jenen Koffer aus Dorpat, mit dem er von Dorpat nach Königsberg und von Königsberg nach Straßburg, von Straßburg nach Weimar gezogen war.

Er wird es verlassen, dieses Weimar, seinen Weg fort gehen, sein »Vidle ans Thor wischen«.

Der Koffer wird hierbleiben.

19

Den 27. Juni 1776 schreibt man. In der Morgenkühle mag es gewesen sein, als Lenz aufbricht, um die fünfte Stunde. Keiner seiner Freunde bemerkt ihn, nur Bauern und Marktfrauen begegnet er auf seinem Weg durch die Stadt.

Nach dem etwa drei Meilen von Weimar entfernt im Thüringischen gelegenen Berka will er. Er geht wohl, wie er ist. Ohne Gepäck.

Ackerwand, das äußere Frauentor. Lenz schlägt den Weg nach Belvedere ein, die Allee mit ihrer langen sanften Steigung. Frühnebel ringsum. Nach einer Dreiviertelstunde erreicht er die Höhe.

Dort unten in der Talmulde liegt die Stadt. Die Türme der Jakobskirche, die der Stadtkirche St. Peter und Paul, die vielen Dächer der kleinen Häuser, die Teile der Stadtmauer, die Tore; vertraut ist ihm alles. Aber in dieser Morgenstunde sieht er nichts. Er wird sich seiner Ankunft erinnert haben, als er auf der Erfurter Landstraße der Stadt vom Westen her entgegenkam, an jenem Aprilabend voller Wind und Kälte, vor einem Vierteljahr. Da verbarg sich Weimar. Auch jetzt entzieht sich ihm die Stadt. Alles ist im Nebel.

Seltsam, Mauern um ihn herum. Kein anderer vermag es zu begreifen. Die Enttäuschung Weimar. Zunächst der Taumel, der Trubel des Hofes. Freunde, ihm freundlich gesinnte. Seine »Existenz ... halb wie ein angenehmer Traum«. Doch bald Abweisung, Gelächter. Eine »Marotte« seine »Projekte, die Welt zu verbessern«. Seine »unbehelfsame Existenz« dem Gespött ausgesetzt.

Lenz läuft die Landstraße weiter, die sich talseits befindet, erreicht Vollersroda. Dahinter ein Kammweg. Kein Blick in die Weite des Landes. Nur Nebel.

Und seine Einsamkeit. »Wie alles dumpf und öde und traurig um mich her liegt.« Die alleinigen Vertrauten die Bäume, die zehn Schritt vor ihm aus dem Weiß sich dunkel abzuheben beginnen. Melancholisch ihre Gebärden, so scheint es Jakob. Hilflos die Zweige in einen unsichtbaren Himmel gereckt.

Lenz geht und geht. Vielleicht formen sich Gedanken, spricht Lenz Worte, Sätze vor sich hin, da auf der Landstraße. »Traurigkeit verändert alle Gegenstände um uns herum, wie der Winternebel aus einer prächtigen Stadt Ruinen, ja selbst aus der göttlich wärmenden belebenden Sonne einen kalten Flecken macht. Sie lächelt ihm umsonst – wie der zum andermal grünbekleidete Acker im späten Herbst vergeblich dem rauhen Himmel entgegen lächelt.«

»Hast du den Schilf gesehen am Meeresufer, wenn ein Sturm ihn bewegt? Alle die Halmen bücken sich tief auf eine Seite, als ob eine schwere Last sie zu Boden drückte, dann richten sie sich plötzlich alle empor, schütteln die bärtigen Häupter, dann bücken sie sich alle wieder mit immerwährendem klagenden Geräusch – also bewegte sich die Menge des versammelten Volks, als sie die Nachricht von Catos Tode hörten. Unerkanntes Verdienst. Cato im Unglück glich einem Berg in Nebel eingewickelt. Wer des Landes nicht kundig, geht vorbei und sagt: hier ist Ebene. Aber die wiederkehrende Sonne enthüllt ihm seinen Irrtum und läßt ihn vor Verwunderung atemlos dastehn.« Entwürfe zu einem Drama, in Lenzens Nachlaß wird man es finden.

Die siebente Morgenstunde muß es wohl sein. Lenz verläßt die Landstraße, biegt in den Wald ein. Talwärts geht es dann, durch Unterholz, Gestrüpp, über eine Weide. Unten hat sich der Nebel fast aufgelöst.

Lenz mag Menschen begegnet sein, einen Hirten gefragt haben, ja Buchfart heiße das Dorf, tiefer unten, der Kirchturm sei schon zu sehen. Und rechts, das seien Felsenhöhlen. Jakob tritt näher. Fast mauergleich steigen über dem Fluß Steilhänge aus Muschelkalk auf. Eine große Wand. In ihr, von menschlicher Hand eingeschlagene Behausungen. Kleine Kammern wie Zellen, eine nach der anderen, dann größere Räume.

Lenz an jenem 27. Juni 1776, vom langen Weg ermüdet, hat sich dort vielleicht niedergesetzt. Der Tag steigt höher. Die Wärme der Steine, die Wärme des Sommers. Hoffnung, ach Hoffnung. »Wer des Landes nicht kundig, geht vorbei und sagt: hier ist Ebene. Aber die wiederkehrende Sonne enthüllt ihm seinen Irrtum und läßt ihn vor Verwunderung atemlos dastehn.« Seine Erstarrung, seine Taubheit, sie wird sich hier lösen, er wird schreiben, den »ekelhaften Zustand zwischen Leiden und Betäubung« überwinden.

Er geht ins Dorf hinab, durch die überdachte Holzbrücke, wendet sich zur gegenüberliegenden Anhöhe. Fast zwei Stunden führt der Weg durch einen dicht mit Rotbuchen bestandenen Wald, dann ist sein Ziel erreicht.

Steil geht Lenz nach unten, der Ort liegt im Talkessel. Berka, das Dorf, nein die Stadt, als solche schon 1414 erwähnt, ein Marktflecken wohl mehr, als Lenz dort hinkommt, etwa siebenhundertfünfzig Einwohner. Noch kein Bad, das wird der Herzog über dreißig Jahre später anlegen.

Über zwei Monate, den Hochsommer, den Juli, den August des Jahres 1776 verbringt er in Berka. Wie er lebt, wo er wohnt, wenig ist überliefert, belegt. Möglich, er hat im alten Klostervorwerk der Zisterzienserinnen gewohnt, den Weimarer Herzögen gehörte dort ein Kammergut. Oder im Jagdzeughaus von Karl August. Vielleicht aber hat er den Herzog nicht um Hilfe gebeten, sucht sich eine Unterkunft, eine alte Frau bietet ihm eine Schlafstelle oder ein Bauer eine Kammer. Geld besitzt er wohl kaum.

Doch! Einmal schickt Goethe ihm welches. Ein Zettel von seiner Hand: »Da ist ein Louisdór.« Lenz darauf: »... als ich unten war, Brot zu kaufen ...«

»Von Heuschrecken und Wildfang« nähre er sich »vermutlich« in seiner Berkaer Einsamkeit, meint Wieland, schreibt es am 5. Juli an Merck. »Wenn ich Mangel habe, gehe ich ins Dorf, und tue einen Tag Tagelöhners Arbeit, dafür kann ich zwei Tage meinen Gedanken nachhängen«, läßt Lenz seinen Helden in einem Prosafragment sagen, das er in jener Zeit in Berka niederschreibt. Mag sein, es ist seine eigene Situation. Genaues wissen wir nicht.

Andere Details kennen wir kurioserweise. Lenz hat in seinem Zimmer im Gasthof in Weimar einen Zettel an Goethe hinterlassen. »Sachen die ich mir ausbitte. Alle Bücher auf dem Stuhl.« Es folgt eine Liste. Dann persönliche Dinge, Kleidungsstücke, einzeln aufgezählt. Am Schluß: »Einen Haarkam hätte ich noch nöthig und ein Scheermesser, weil ich mich sonst vor mir selber fürchten muß. Was ich da lasse und nicht zu eröfnen bitte Im Coffer.« Wieder eine lange Aufzählung. Und: »Wenn ein Vorhängeschloß vor meinen Coffre hättest wegen der Papiere wäre mirs sehr lieb. Dies schließt nicht ich habe den Schlüssel verloren.«

Goethe beauftragt seinen Diener Philipp Seidel; denn mit dessen Strichen und Kreuzen versehen, gelangt der Zettel zusammen mit dem Gewünschten an Jakob nach Berka. Von Seidels Hand mit Bleistift dann: »Die Wäsche ist noch bei der Wäscherin, die Stiefel beim Schuster nicht fertig.« Mit eigenen Sachen und mit denen Goethes hilft er aus: »Siegellacke – Seife – 2 Schnupftücher v. mir« – steht da. »1 Hemd m. Manschetten v. mir – 1 ohne M. vom Hrn. G. L. R.« (Herrn Geheimen Legationsrat) – »Unterstrümpf ... Scheermesser Puder Pomade Frisierkam – Federmeßer und Rasierpulver von mir.« Äußerlichkeiten, die uns eine Vorstellung von Lenzens Alltäglichkeiten geben.

Sein Inneres aber? Aus ihm bricht es in jenen Sommermonaten in Berka heraus. Er schreibt und schreibt. Das kleine Stück »Henriette von Waldeck« oder »Die Laube«. Er beginnt den »Waldbruder«, einen Briefroman, »ein Pendent zu Werthers Leiden«. Er schreibt das Dramolett »Tantalus«, seine Erfahrungen am Hofe, mühsam ins Ironische gekehrt. Er schreibt die »Epistel des Einsiedlers an Wieland«, ein Gedicht, preisend Wielands Fähigkeit, »auf dem dornigen Lebensgang / Noch immer Blumen genug zu finden«. Es endet mit der Bitte:

»Komm schließe dich mit Göethen an ... mich zu bilden, / Und macht aus dem Waregischen Wilden / Der keinen Vorzug kennt als daß er fühlen Euch kann, / Einen Eurer nicht unwerten Mann.« Er arbeitet an seiner Soldatenschrift weiter. Aber er verschweigt es dem Freund. Spricht nur über wirtschaftliche Pläne, zum Beispiel eine Messe französischer Kaufleute in Weimar. Die Weiterleitung dieser Pläne vertraut er Goethe an, der nun der Politiker ist. »Wolltest du doch das dem Herrn weisen, Liebgen, wenn du meynest daß es ihm Spas machen kann«, schreibt er ihm. Und: »Dies sind nur noch Träume Bruder.«

Resignation. Ja! Und nicht nur in bezug auf die politischen Pläne.

Eine Frage wird er wohl nicht mehr los, sie muß ihn gequält haben. Seine Poesie, seine Prosa, seine Stücke – für wen sind sie? Hat er nicht für das Volk schreiben wollen, hat nicht das »ganze Volk« sein »Publikum« sein sollen?

Immer unsicherer wird er. Die Wahrheit ist nicht am Hofe in Weimar, nicht bei den Dichterfreunden.

Nun sucht er sie beim Volk, bei den »stummen Personen auf dem großen Theater der Welt«, bei den Bauern in jenem thüringischen Land, den Mägden und Knechten, den Tagelöhnern und Landläufern. Niemals wieder tut er das so verzweifelt besessen und gestaltet es auch in seinem Werk wie in jenen Sommermonaten in Berka. Auf dem Felde, auf den Wegen im Dorf, in den Häusern begegnet er den einfachen Menschen, spricht sie an, wenn sie vom Acker kommen, die Magd bei der Schüsselwäsche, sieht zu, wie die Bauern des Abends im Wirtshaus Karten spielen.

Emphatisch ruft er: »Willkommen ihr lieben Kleinen! kommt an meine Brust, hier ist ein Herz, das euch tragen kann, das eure Größe in sich vereinigen möchte ...

Das sei mein Zweck, die unberühmten Tugenden zu studieren, die jederman mit Füßen tritt. Lebt wohl große Männer, Genies, Ideale, euren hohen Flug mach ich nicht mehr mit, man versengt sich Schwingen und Einbildungskraft, glaubt sich einen Gott und ist ein Tor. Hier wieder auf meine Füße gekommen, wie Apoll, als er aus dem Himmel geworfen ward will ich unter den armen zerbrochenen schwachen Sterblichen umhergehen und von ihnen lernen, was mir fehlt, was euch fehlt – …«

»Welch ein Ausdruck in den Gesichtern!« schreibt Lenz über die Bauern, »küssen möcht ich euch … glücklich sind diese Leute eben durch die Härte ihrer Fibern«. Lenz will selbst Bauer, will einer der ihren sein; »ich möchte die Stunde verwünschen, da ich nicht ein Bauer geboren bin«.

Aber je besessener er die Wahrheit bei den einfachen Menschen finden will, um derentwillen er zu schreiben glaubt, um so mehr enthüllt sich ihm diese Wahrheit: »… wie schwach und ohnmächtig jeder Entschluß, wie dunkel und traurig jede Vorstellung … in dem kleinen engen Zirkel der Gedanken jener Unterdrückten …« – »Hände und Füße« sind ihnen »gebunden« durch ihre Lebensverhältnisse. Wie denn bloß jenen »deformierden Kreislauf zwischen Geburt und Grab« durchbrechen, diese Menschen durch Literatur verändern, aus ihrer Apathie, ihrer Anspruchslosigkeit reißen, welch ein illusionärer Auftrag!

Lenz läßt in seinem Drama »Die Kleinen« den Helden, der seine Züge trägt, einem Mädchen begegnen, das auf dem Felde Kartoffeln gehackt hat und sie nun heimschleppt. Er spricht sie an, sie versteht ihn nicht. Lenz: »Soviel Schönheit und soviel Duldsamkeit. Welt, Welt! große traurige beschämende Schule. Die ganze Glückseligkeit dieses Mädchens, Kartoffeln zu essen, die sie selber gegraben hat. Bei so viel Schönheit – so wenig Erwartungen, so wenig Ansprüche, so wenig Mißvergnügen.«

»Sie sehen mich oft so verwunderungsvoll an, wenn ich so unter ihnen herumschleiche und nirgends zu Hause bin, mit ihrem Scherz und Ernst nicht sympathisieren kann, so daß ich mich am Ende wohl schämen und in ihre Form zu passen suchen muß, da sie ihren Witz nach ihrer Art meisterhaft über meine Unbehelfsamkeit wissen spielen zu lassen. Alles dies beleidigt mich nicht, weil sie meistens recht haben und ein Zustand wie der meinige durch die äußeren Symptome die er veranlaßt, schon seit Petrachs Zeiten jedermann zum Gespött dienen muß.«

Nirgends findet Lenz sich. Er zieht sich zurück. Ein Einsiedler wird er. Immer wieder umkreist er auch dieses Thema in seinen Werken. Sitzt vielleicht in jenen Felsenhöhlen in Buchfart. Tief unter ihm das breite Tal, von der Ilm durchflossen. Schreibt hier. Die langen hellen Sommertage, die warmen Abende. Manchmal erreichen ihn die Stimmen der Vögel, das Geräusch des Regens. Manchmal die Gerüche des Sommers. Manchmal die Farben: das Dunkelblau des Nachthimmels, das satte Grün der wie übereinandergetürmt liegenden Berge, die verwirrende Farbigkeit der Sommerblüten, das Gelb der Taubnessel, das glänzende Schwarz der Tollkirsche.

Lenz allein mit dem Glück und dem Unglück seiner Imaginationen, seiner Phantasien; »aus meiner glücklichen Höhle« heißt es einmal. »Ich finde einen unaussprechlichen Reiz an der Einsamkeit, sie allein befriedigt alle meine Bedürfnisse … Ich schmecke die ganze Wollust der Einsamkeit auf den Kontrast des Hofes … ich bin auf dem Lande und in mir selbst sehr glücklich.« Als ob er beschwörend auf sich einreden wollte.

Am 17. Juli notiert Goethe in sein Tagebuch: »Abends nach Berka. Lenz Einsamkeit. Schweigen.« Wiederholt müssen sie sich vermutlich in der Berkaer Zeit gesehen haben, durch die Wälder gelaufen, geritten sein. Also noch die Nähe, die persönliche Begegnung. Auch Briefe gehen des öfteren hin und her, die meisten sind von Goethe vernichtet.

Einmal muß Lenz Zeichnungen geschickt haben. Goethe antwortet jedenfalls: »Deine Zeichnungen sind brav, fahre nur fort wie Du kannst.« Ein wenig herablassend, so scheint es. Eben in jenem Ton des »Lenz – du dauerst mich«. Auf einem Zettel steht das von seiner Hand. Er war in Lenzens Nachlaß.

Oder haben wir Vorurteile, hat Lenz sie? Von Goethes »zuvorkommenden Mitleid«, das er nicht wolle, spricht er einmal. »Lebwohl und arbeite Dich aus, wie du kannst und magst«, schließt Goethe den Brief.

Tatsache ist, Goethe kümmert sich um Lenz in Berka. Bücher, Wäsche, seine Post. Auch die Abschriften von Lenzens Werken veranlaßt er. »... hier 2 versiegelte Flaschen Wein und 3 Citronen in Papier. Der Herr Geh. Leg. Rath läßt sie vielmals grüßen und wünscht daß Ihnen ihre Rhabarbera wohl bekommen möge ...« Durch seinen Diener Philipp Seidel läßt Goethe für Lenz sorgen, denn er selbst ist von Mitte Juli bis zum 9. August in Ilmenau.

Auch andere Weimarer Freunde kümmern sich um Lenz. Als Goethe zum Beispiel jenen Wein sendet, ist wohl die Nachricht von einer Krankheit Jakobs nach Weimar gedrungen. Man schickt ihm Dr. Buchholz und »verschiedene Arzeneymittel«. Aber Lenz wehrt ab; daß ein Bote ihn »weinend zu Bett getroffen«, das sei nicht die Wirkung seiner Krankheit, »da mir eine Mißdeutung von der Art noch öftere Besuche des Arztes zuziehen könnte, so habe ihr nur durch diese Zeilen zuvorkommen wollen«, schreibt er an die Herzogin Anna Amalia.

Lenz weinend im Bett, die hellen Haare unordentlich, die Augen groß. Was ihn quält, im Leben und im Schreiben, nicht benennbare Schmerzen.

Ende August machen die Freunde einen Versuch, Jakob wieder nach Weimar zurückzuholen. »Lieber Schaz«, Wieland am Siebenundzwanzigsten, »mach, daß du bald wieder hier existierst. Du kannst hier so gut einsam leben als in Bercka, wenn du nur ein für allemal ein wenig arrangirt bist – Wozu alles was dich lieb hat, herz. gern behülflich seyn wird.«

Und Goethe, will auch er den Freund wieder in Weimar haben, wo er doch offen bekennt, daß er mit Klinger in Weimar nicht leben kann, etwa zur gleichen Zeit an Kayser schreibt »... bleib ruhig in Zürich«. Im Verhältnis zu Lenz scheint die Sympathie noch zu überwiegen, die Freundlichkeit, das Zusammengehörigkeitsgefühl.

Ende August. Noch fällt kein böses Wort. Sie sehen sich, zu Goethes Geburtstag, am 28. August, kommt der Freund nach Weimar. »Nachts Lenz« notiert Goethe in sein Tagebuch. Eine Woche später sind sie schon wieder zusammen. »Früh 6 weg von Kranichf.« [Kranichfeld] »bis Bercka mit Lenz zu Fuse geirrt nachts in Bercka geblieben.« Goethe kam von Ilmenau. Der Freund ist ihm entgegengekommen bis Kranichfeld, ist vielleicht mit ihm in Ilmenau gewesen. Nur diese kurze Notiz.

Wenig später Worte Lenzens in einem Brief an Goethe, die uns eine Ahnung von der Intimität, Vertraulichkeit ihres Gesprächs zu geben vermögen: »... wollte Gott ich hätte deine Art zu sehen und zu fühlen, und du zu Zeiten etwas von der meinigen, wir würden uns glaub ich beyde besser dabey befinden.« Und einmal schreibt Lenz über den Freund in Weimar: »Goethe ist wirklich Mignon hier und ganz glücklich und ganz unglücklich.«

Vier Tage nach jener Wanderung durch die Wälder von Kranichfeld nach Berka, nach jener gemeinsamen Nacht, Goethe ist inzwischen nach Weimar zurück, schreibt Wieland, der oft Meinung und Stimmung Goethes wiedergibt, an Merck: »Von unserem Lenz wird Ihnen Goethe bald etwas schicken, das Ihnen Spaß machen wird. Man kann den Jungen nicht lieb genug haben. So eine seltsame Komposition von Genie und Kindheit! So ein zartes Maulwurfsgefühl und so ein neblichter Blick! Und der ganze Mensch so harmlos, so befangen, so liebevoll! ... Er lebt noch immer in seiner Camera obscura zu Berka und macht nur alle 3–4 Wochen eine kurze Erscheinung bei uns. Wir lieben ihn alle wie unser eigen Kind, und so lange er selbst gern bleibt, soll ihn nichts von uns scheiden.«

Auch Charlotte von Stein bittet Lenz um die Rückkehr nach Weimar. Sie muß ihm einen Brief geschrieben haben. Nur Lenzens Antwort ist erhalten. »Sie sprechen davon«, schreibt Jakob, »mich meiner Einsamkeit zu entreißen – und geben mir dafür ebenso beredte Gründe an. Haben Sie, Madame!, als Sie diese Zeilen schrieben, auch wohl bedacht, welche Wirkungen sie auf mich haben würden? Auf mich, der ich gegen all die Übel, die mich bedrücken, keine anderen Erleichterungen kannte, als mich vor der Welt zu verstecken können? ... Warum, ich flehe Sie an, mich bei Hofe produzieren? Warum mir so reizvolle Ausblicke eröffnen, nachdem ich mich mit dem Landleben abgefunden habe.«

Dann teilt er im einzelnen die Gründe mit, warum er nicht zurückwill, vertraut sich Charlotte von Stein rückhaltlos an. Er will nicht den »Narren« bei Hofe machen, mit sich spielen lassen. Und Charlotte ihrerseits bekundet Mitgefühl, Interesse, das sich sogar zu dem Wunsch steigert, Lenz auf ihr Landgut einzuladen.

Goethe kann das nicht recht sein, seit er in Weimar ist, wirbt er um diese Frau. Ihr Verhältnis ist wechselvoll und spannungsgeladen. In jenem September, am Ersten, schreibt Goethe an Charlotte: »Wenn das so fortgeht beste Frau werden wir warrlich noch zu lebendigen Schatten.« Einige Tage später dann: »Warum soll ich dich plagen! Liebstes Geschöpf! – Warum mich betrügen und dich plagen und so fort. – Wir können einander nichts seyn und sind einander zu viel –«. Am Achten dann: »Adieu, ich bin dem Schicksal zu viel schuldig als dass ich klagen sollte, und doch für meine Gefühle kann ich nichts. Adieu, ich werde nicht nach Kochberg kommen denn ich verstund Wort und Blick. Adieu.«

In diese angespannte Situation hinein fällt Charlottes Bitte, daß Lenz nach Kochberg kommen soll. Für einen Monat und mehr. Und sie muß diesen Wunsch wiederholt geäußert haben.

Wer eigentlich ist Lenz für sie, wie denkt sie über ihn? »Lenz, Goethens Freund, ist hier, aber es ist kein Goethe.« Am 10. Mai, fünf Wochen nach Jakobs Ankunft in Weimar. In einem Brief an Zimmermann. Goethe ist schon der alleinige Maßstab. Eindeutiger und verletzender kann kein Urteil sein über einen Menschen, der nicht Goethe heißt, nicht seine Art zu gehen, zu sprechen, zu lachen, zu charmieren hat. Gut, sie wird es Jakob nicht ins Gesicht gesagt haben.

Aber warum lädt sie ihn auf ihr Schloß nach Kochberg ein? Mag sein, die neue fremde Welt der Gedanken und Gefühle, die sich ihr mit Goethe geöffnet, möchte sie besser verstehen. Über den anderen, wie er ein Dichter; »ich hab«, sagt sie, »zu mancherlei Betrachtungen durch Goethen Anlaß bekommen; je mehr ein Mensch fassen kann, deucht mir, je dunkler, anstöß'ger wird ihm das

Ganze, je eher fehlt man den ruhigen Weg.« Der Ausbruch aus ihrer bisherigen Welt, eine Beunruhigung. Daher der Wunsch nach Nähe.

Oder nein, vielleicht ist es einfach Laune. Mitleid. Oder Langeweile, die Sucht nach Unterhaltung, Abwechslung, nach einer Berühmtheit; sie kann es sich leisten. Der andere hat zu tun, steckt in Geschäften. Mag auch sein: Schutz vor dem aufkommenden Hofklatsch, die Einladung eines *anderen* Dichters. Oder ganz einfach fraulicher Instinkt; den anderen, den um sie Werbenden, Goethe, zu verletzen, eifersüchtig zu machen. Ein Reiz, ein Spiel, sehen, wie er reagiert.

Wir kennen Charlotte von Steins Motive nicht, kennen nur den Fakt. Lenz geht nach Kochberg. Es ist beschlossene Sache. Am Zehnten notiert Goethe in sein Tagebuch: »Früh war Lenz da wegen Kochberg. Reine Trauer des Lebens.«

Und am gleichen Tag schreibt er der Freundin: »Ich schick Ihnen Lenzen, endlich hab ich's über mich gewonnen. O Sie haben eine Art zu peinigen wie das Schicksal, man kann sich nicht darüber beklagen, so weh es thut. Er soll Sie sehn ... Er soll mit Ihnen seyn – mit Ihnen gehen ... Sie lehren, für Sie zeichnen, Sie werden für ihn zeichnen, für ihn seyn. Und ich – zwar von mir ist die Rede nicht, und warum sollte von mir die Rede seyn –«.

Unverkennbar: Er ist verletzt. Noch ein Jahr später, als er in ihrer Abwesenheit in Kochberg weilt, wird er ihr vorwerfen: »Vorm Jahr waren Sie da, und mir wars versagt.« Und im September sechsundsiebzig kann er sich nicht enthalten, seinen Zeilen hinzuzufügen: »Ade. von mir hören Sie nun nichts weiter, ich verbitte mir auch alle Nachricht von Ihnen oder Lenz. Wenn was zu bestellen ist mag ers an Philip schreiben.« Einlenkend setzt er zwei Tage später darunter: »... ich hatte Bedencken Ihnen die vorhergehnde Seite zu schicken, doch Sie mögen sehn wie mirs im Herzen manchmal aussieht.«

Dennoch: Goethe überwindet sich Lenz gegenüber freundschaftlich und gibt das auch mit sympathischer Offenheit zu. »... endlich hab ich's über mich gewonnen.«

Von »verstörter Seele« Lenzens spricht er, die in Gegenwart der geliebten Frau »die Balsamtropfen einschlürpfen« soll, um die, sagt Goethe, »ich alles beneide«. Lenz sei »ganz betroffen« gewesen, da er ihm »sein Glück ankündigte, in Kochberg mit Ihnen zu seyn ... Er war ganz im Traum da ich's ihm sagte, bittet nur Geduld mit ihm zu haben, bittet nur ihn in seinem Wesen zu lassen. Und ich sagt ihm dass er es, eh er gebeten, habe.«

Am 12. September dann an Charlotte die sachliche Mitteilung: »Lenz will fort.« Am gleichen Tag eine Notiz im Tagebuch: »Nach Tisch ritt Lenz weg nach K.«

20

Nach dem Mittag also findet Lenz das Pferd gesattelt. Er verläßt Weimar, reitet nach Kochberg. Südlich von Berka gabelt sich der Weg; über Thangelstedt führt er. Drei Stunden etwa reitet Lenz.

Der Tag mag schön gewesen sein, ein Herbsttag mit mildem durchsichtigem Licht. Es ist ihm vertraut, das Thüringer Land, die Täler, Schluchten, die schmalen Waldwege mit den langen Steigungen. Auf der Höhe immer wieder das gleiche Bild: in der Ebene verstreut liegende Dörfer, Vorwerke, Gehöfte, dahinter Berg und Berg und Hügel und Hügel, die nahen im dunklen Ton, die ferneren heller, verblassend in einem merkwürdig fahlen Blau. In unendlicher Weite vereinigen sich Berge und Horizont.

Dann liegt das Dorf vor ihm. Inmitten der Gehöfte ragt das Schloß empor. Eine Guts- und Gerichtsherrschaft, von Stein sind die Besitzer. Zu Kochberg gehören laut Lehnsbrief der Thüringer Landgrafen von 1750 die Dörfer Klein- und Großkochberg, die Vorwerke Clößwitz, Studnitz und Kuhfraß mitsamt den Bauern, Anspännern und Handfrönern, den Zinsen, Renten, Frondiensten, den Jagden und der Gerichtsbarkeit.

Das Schloß, von Osten, ist ein schmuckloser Wehrbau, ein vielstöckiger Kasten, die unterste Fensterreihe in Leiterhöhe, mit meterdicken Mauern, mit Tonnen- und Kreuzgewölben. Das Ganze umgeben von einem Graben. Zwei hölzerne Brücken führen darüber. Eine alte Wasserburg. Weiter ein großer Wirtschaftshof, Kornspeicher, Ställe. Nach Südwesten lockert sich der Bau. Das Wehrhafte schwindet, Dächer in verschiedener Höhe, ein Innenhof, der Seitenflügel mit einem geschwungenen Giebel. Der Eingang zum Schloß ist auf der Ostseite, der hohe Steg, dahinter das Tor.

Hier lebt Charlotte von Stein. Vom 12. September bis zum 30. Oktober wird Jakob Lenz ihr Gast auf Schloß Kochberg sein, wird den Hauptteil des Tages und den Abend mit ihr verbringen, wird für sie zeichnen, sie unterrichten, mit ihr spazierengehen.

Von Charlotte von Stein gibt es kein Gemälde, nur Bildnisse, kleine, beinahe unscheinbare. Eine Kreidezeichnung von Goethe, 1777 entstanden. Ein kühles Gesicht, im Profil, die Nase groß, auffallend die schweren Augenlider, eine hohe Stirn, alles streng, die Haare in der Zeitmode straff nach oben, in merkwürdigen Aufbauten toupiert. Doch offen, klar, dieses Gesicht. Schön. Empfänglich für alles. In Liebe gezeichnet. Drei Jahre später mit Silberstift ein kleines ovales Porträt von ihr selbst gemacht. Das bekannte Bild. Die Haare lang über den Rücken, eine Lockenfülle, mit einem Band gezähmt. Auch wieder im Profil, auch wieder die herabgezogenen Augenlider, die starke Nase. Die Lippen halb geöffnet, der Hals schlank – in allem das schöne Ebenmaß betont. So sieht sie sich, und so möchte sie gesehen werden. Fünfzig Jahre später dann, ein kleines Bildnis, von Luise Seidler gezeichnet. Zum erstenmal von vorn, sie blickt uns an. Hilflos, ausgeliefert, die Welt nicht verstehend, das Altern nicht verwindend. Die Höhlen der Augen tief, die Lider ohne Wimpern. Das kleine Gesicht, seitlich geneigt, in einer Rüschenhaube versteckt, auch der Hals bis oben in verspielten Rüschen. Drei Bilder, ihr Leben.

Als Lenz nach Kochberg kommt, ist Charlotte von Stein vierunddreißig Jahre. Die äußeren Daten: Gutsherrin und Hofdame, Freifrau und Frau Oberstallmeister. Geboren in Eisenach, aufgewachsen in Weimar in der Scherfgasse 3, ihr Vater ist der Reisemarschall Johann Wilhelm Christian von Schardt; die Mutter, aus Schottland gebürtig, eine Irving of Drum. Charlotte ist als Kind zusammen mit ihren Geschwistern streng höfisch erzogen. Mit Achtzehn wird sie Hofdame bei der Herzogin Anna Amalia. Mit Zweiundzwanzig heiratet sie. In den ersten zehn Jahren ihrer Ehe sieben Schwangerschaften; vier der Kinder sterben während der ersten Lebensjahre. Sie habe »schwache Nerven« und »viele Kinder«, meint ihr Badearzt, und »überaus große schwarze Augen«, die Stimme sei »sanft und bedrückt«, der »Körper mager; ihr ganzes Wesen elegant mit Simplizität«. Die »Hofmanieren« habe sie »vollkommen an sich«.

Josias von Stein, ihr Ehemann, schreibt 1776, genau in jenem Septembermonat, als Lenz in Kochberg ist, an seine Frau: »Es ist ganz besonders, meine liebe Beste, wie ich Dich liebe. Ich sehne mich so sehr nach Dir, daß ich mir immer vorstelle: Wenn ich nach Kochberg ginge, wenn der Herzog nicht gestern abend angekommen wäre und morgen Dürckheim erwartet würde, mit welchem ich nach Leipzig zu gehen gedenke, so wäre ich heute zu meinem Liebigen gekommen. Ach, gute Frau, es ist doch gar hübsch, Dein Mann zu sein, wenn man von Dir geliebt wird.« Einundvierzig Jahre ist er da, Gottlob Ernst Josias Freiherr von Stein, Erb-, Lehns- und Gerichtsherr von Kochberg und zugleich herzoglicher Oberstallmeister am Weimarer Hof.

Er ist in jenem Herbst 1776 nicht in Kochberg. Wie überhaupt kaum. Das Gut scheint er lediglich als Erwerbsquelle gesehen zu haben. Mit seiner Handschrift ist in das Wirtschaftsjournal des Verwalters geschrieben: »Ich brauche notwendig und viel Geld, so bald als möglich.« Sein Ehrgeiz ist sein Beruf als Oberstallmeister, die edelsten Pferde für den Herzog, die schönsten Equipagen. Ein praktischer Mann soll er gewesen sein, in seinem »Laboratorio« neue Lackarten für die Kutschen ausprobiert haben. Wohlgebaut ist er, spielt Flöte, tanzt ausgezeichnet, ist ein Pferdekenner und guter Reiter, spricht fließend französisch. Man sagt ihm nach, daß er durch nichts in Verlegenheit zu bringen sei. Das mag auf einen unsensiblen Menschen, auf übertriebene Selbstsicherheit deuten. Ein Ölgemälde zeigt ihn. Tiefdunkel der Hintergrund, das Weiß des Hemdkragens, das Lila und Blau des samtenen Rockes, das Ohr beinahe impressionistisch verwischt, die Hände nicht zu sehen. Alles konzentriert sich auf das Gesicht, im Halbprofil tritt es hervor. Glänzende Augen, buschige Brauen, ein breiter, sinnlicher Mund. Nicht in großer Pose, eher nachdenklich, bescheiden, kein glatter Höfling, ein vertrauter Mensch.

Charlotte und Josias von Stein haben drei Kinder,

Karl, Ernst und Fritz. In jenem Herbst ist der Älteste, Karl, elf Jahre, der Jüngste, Fritz, gerade vier Jahre. Sie freuen sich sicher über Lenzens Ankunft. Eine Abwechslung, einer, der zu phantastischen Spielen bereit ist, der ihnen erzählen wird, dessen Soldatenpuppen im Mantelsack sie sofort entdecken.

Die Bewohner auf Schloß Kochberg mögen Lenz an jenem Spätnachmittag des 12. September 1776 neugierig begegnet sein, auch Kästner, der Hauslehrer, Dorothee, die Beschließerin, und die Dienerschaft. Die Hausherrin wird deutlich gemacht haben, Lenz gehört für die kommenden Wochen zur Familie. Und Lenz wird linkisch gewesen sein, überaus täppisch und verlegen zunächst. Merkwürdig zieht er die Schultern hoch. So viel Aufmerksamkeit ist er nicht gewöhnt. Menschenscheu ist er in seiner Berkaer Einsamkeit geworden.

Die Zeit wird es zeigen. Die Tage, die Wochen, der Monat: die Röte, die fatale Verlegenheit, sie schwinden; er lebt auf, weiß sich zu geben, ist charmant, geistvoll, witzig. Lenz wird beinahe heimisch. Zwar ist es nicht das Ende seiner Unbehaustheit, aber die verführerische Illusion der Geborgenheit. »Dir alle die Feerey zu beschreiben in der ich izt existire, müßte ich mehr Poet seyn als ich bin«, schreibt Jakob aus Kochberg an Goethe. »Ich bin zu glücklich Lieber als daß ich deine Ordres dir von mir nichts wissen zu lassen nicht brechen solle; ... Ich schreibe dir dies vor Schlaffengehen, weil ich in der That bey Tage keinen Augenblick so recht dazu finden kann.«

Und später, als er Kochberg schon verlassen hat, an Charlotte von Stein: »Es ist höchst wahr ich konnte nur einmal in meinem Leben auf so entzückende Weise beglückt werden, die, hätte ihr Zauber ein paar Tage länger gedauert, mich all meine Verbindungen hätte vergessen lassen und in den zweifelsfreien Glauben versetzt, ich befände mich in einer anderen Welt. Ich fühlte all meine Fähigkeiten gesteigert durch Ihre Gegenwart und hielt mich selbst für ein höhres Wesen, so wie ich sicher war, dafür, nahe den Einflüssen Ihres Genius, in allem, was ich unternahm, den Nachweis zu erbringen.« Sicher, es ist die Sprache der Galanterie, von »verpflichtenden Liebenswürdigkeiten«, die sich mit »unauslöschlichen Buchstaben ins Herz gegraben haben«, ist da noch die Rede – aber es ist auch Ausdruck seiner Hochstimmung, seines Glückes, anzugehören und angehört, ja gebraucht zu werden in Kochberg.

Die ausgefüllten Tage in Kochberg sind kaum dokumentarisch belegt. Wenig Briefe, die sich auf sein Hiersein beziehen, einige Zeichnungen, das meiste verloren.

Aber einiges wissen wir. Zum Beispiel, daß Lenz Charlotte von Stein Englischunterricht erteilt. Im blauen Salon, dem Wohnzimmer. Ein verhältnismäßig kleiner, intimer Raum. Der Herbst hat schon kalte Tage, Feuer ist im Kamin. Sie sitzen da, Shakespeare aufgeschlagen vor sich. Hochrot und eifrig. Lenz als Lehrer. Er selbst hat es beschrieben: »Mit dem Englischen gehts vortreflich«, Charlotte sei eine »begeisterte Schülerin«, liest der Freund in Weimar. »Ich lasse sie nichts aufschreiben als die kleinen Bindewörter die oft wieder kommen; die andern soll sie a force de lire unvermerkt gewohnen, wie man seine Muttersprache lernt. Auch bin ich unerbittlich ihr kein Wort wieder zu sagen was den Tag schon vorgekommen und was mich freut ist, daß sie es entweder ganz gewiß wiederfindt oder wenigstens auf keine falsche Bedeutung räth, sondern in dem Fall lieber sagt, daß sies nicht wisse, bis es ihr das drittemal doch wieder einfällt«, schreibt er an Goethe und kann sich nicht enthalten, ein wenig schadenfroh hinzuzufügen: »Die Frau von Stein findt meine Methode besser als die deinige.«

Und andere Nähe Lenzens zu dieser Frau. Die Spaziergänge in die Umgebung. Zur Schäferei Clößwitz, nach Weitersdorf auf die Anhöhe mit der steinernen Kirche. Auf den Blassenberg. Hinter dem Schloß steigt er allmählich, dann steil an mit seinen weithin leuchtenden Felsenbänken aus Muschelkalk. Und durch das Dorf bis zur Scherfmühle, dann zur Bruchau. Lenz hat diese Landschaft gezeichnet, hat ein Gedicht geschrieben auf jene Stelle in der Bruchau, die Charlotte von Stein sich als Grab ausersehen hat.

Und Gäste kommen in jenem Herbst ins Schloß, auch das ist belegt. Johann Gottfried Herder zum Beispiel. Am 4. Oktober 1776 trifft er in Weimar ein. Schon am Achten schreibt er nach Kochberg: »Lieber Lenz, Da bin ich hier u. freue mich Dich zu sehen.« Am Dreizehnten bedauernd an einen anderen: »Lenz kenne ich noch nicht.« Dann, Ende des Monats muß es gewesen sein, auf Schloß Kochberg: die erste persönliche Begegnung zwischen Lenz und Herder, den mehrjährigen Brieffreunden. Lenz erinnert sich vielleicht seiner Hilfe bei der Drucklegung der »Soldaten«, des enthusiastischen Urteils über die »politische Seite« seines Dramas, erinnert sich der wohltuenden Worte: »In Dir ist wahrlich Funke Gottes, der nie verlöscht u. verlöschen muß. Glaube! ... Du mußt noch Morgenstern werden.«

Als sie nun zum erstenmal in Kochberg miteinander sprechen, muß Jakob doch berührt sein. Nichts darüber in seinen Briefen. Nur die sachliche Mitteilung: »Herder ... ist hier gewesen.« Auch bei Herder keine Notiz.

Anderer Besuch. Die Herzogin Anna Amalia wahrscheinlich oder Herzogin Luise. Gemeinsames Essen, Konversation, Spaziergänge in die Umgebung. Lenz wird den Felsen zeichnen, vor dem die Herzogin bei ihrem »Aufenthalt in Kochberg selbst bewunderungsvoll gestanden«, wird ihr die Zeichnung schenken. Sie existiert nicht mehr, nur der Entwurf eines kleinen Begleitbriefes.

Und Herzog Karl August, auch er ist Gast in Kochberg. Goethe dieses Mal nicht, »er ist so von Geschäften absorbirt in W., daß er den Herzog nicht einmal hat herbegleiten können«, schreibt Lenz. Wie arglos! Goethe verzichtet bewußt, die Spannungen zu Charlotte sind es, der Schmerz, daß Lenz dort weilt, nicht die Geschäfte. Am 20. Oktober notiert Goethe in sein Tagebuch: »♃« (das Zeichen für den Herzog) »nach Kochberg«. Am gleichen Tag ein Brief an Charlotte, Karl August anvertraut. »Wenn Sie glauben dass ich Sie nur im mindesten lieb habe, können Sie sich vorstellen wie mir's war da der Herzog Abschied nahm, und Einsiedel in meiner Uniform sich reisefertig machte. Ich will aber nichts weiter sagen. Hier ist der Land Prediger lassen Sie sich's recht wohl seyn, und lernen recht viel englisch.«

Drei Tage bleiben der Herzog und Einsiedel in Kochberg. Über den Besuch Karl Augusts eine Überlieferung aus Lenzens Briefen. An Salzmann nach Straßburg schreibt er, »Kochberg, den 23sten Oktober 1776«: »Der Herzog hat neulich hier einen sonderbaren Zufall gehabt: er fiel von einem Floß im Schloßgraben ins Wasser, ich sprang nach und hatte das Glück, ihn ohne Schaden, heraus zu ziehen.«

Weitere Auskünfte über Lenzens Alltag geben Briefe, Zettelchen, Botschaften zwischen Weimar und Kochberg. Jakob ärgert sich über den Boten, der mit der »Geschwindigkeit eines Mauleseltreibers« laufe, und die Bäuerin, die ohne Nachricht für ihn zurückkommt. Die »Bothenfrau, will – oder kann nicht länger warten«, schreibt Schenck in Weimar an Lenz: »An keinem Orte keine Antwort. – Herr Herder hat um 12 noch nicht geschrieben will bis weitere Gelegenheit versparen. – Herr Göthe habe eigenhändig Ihren Brief gegeben, auch ohne Antwort. – Philip habe auf 3 mal nicht getrofen ... innliegend etwas, u. da es ein Hofbedienter gebracht vermuthe daß solches von Herrn Göthe sei u. etwan bei Durchl. Herzog geschrieben ist. Der Schneider ist nicht fertig. Philip hat es vielleicht vergeßen.« Am 22. September dann ein Paket von Philipp. »Hier Herr Lenz schike etwas Wäsche von Schenck wo ich iezo bin, Ich bin in einem grimmigen Zorn über die Wäschern die mich so herum zieht ... Und da schiken sie doch mit dem nächsten dann Hr. G. L. R. seine Sporen wieder zurük.«

Wieland schreibt Lenz nach Kochberg: »Meine Frau, ich selbst und alle unsere Kinder bevollmächtigen dich, Lieber, unserer liebsten Frau von Stein das schönste was du sagen kannst, in unserem Nahmen zu sagen.« Eine Notiz noch. »Lieber Engel«, Wieland an Lenz, »da hast du die Offenbarung Merciers –«. Er schickt ihm das in Frankreich verbotene, verfemte, 1772 in Deutsch erschienene »Das Jahr Zweitausendvierhundertvierzig. Ein Traum aller Träume« von Sébastien Mercier. Eine aufrührerische Anklage der politischen und sozialen Zustände in Frankreich, eine Prophezeiung, zwanzig Jahre vor Ausbruch der Französischen Revolution. Solcher Art ist Lenzens Lektüre, damit beschäftigt er sich. Aber wie nimmt er es auf, was erregt ihn daran, steht es mit seinen literarischen Arbeiten, seinen politischen Projekten in Verbindung? Nichts wissen wir.

Nur Äußerlichkeiten. Und die Briefe von ihm, an ihn, Fetische, Oberfläche, nicht viel mehr. Vielleicht sogar Verhüllungen, Verkleidungen, diese Briefe, zuweilen von der Hast diktiert, auf den Empfänger zugeschnitten, eingegeben von der Sucht, ein Bild von sich zu entwerfen.

Wie unsinnig, diese Annäherungsversuche. Jakobs Zimmer in Kochberg zum Beispiel. Es kann die Giebelkammer nach der Ostseite im zweiten Stock gewesen sein, wo Kinder und Diener wohnen, oder die Stube, die Familie Stein später das Gästezimmer nennt, wo nach ihrer Aussage Goethe gewohnt haben soll. Ein Durchgangszimmer, acht Schritt in der Länge, sechs Schritt in der Breite. Durch die eine Flügeltür gelangt man in den blauen Salon, durch die andere in das Arbeitszimmer Steins. Zwei Fenster in tiefen Nischen. Das eine nach Süden auf den Wirtschaftshof. Hinter dem Pächterhaus und den Katen des Dorfes das weite Feld, ansteigend – und der Himmel. Das andere Fenster nach Westen, fast gegenüber das Patrimonialgericht, in dem der Steinsche Verwalter und seine Gerichtsknechte Bauern aburteilen, die ihre Frondienste nicht leisten, Soldaten, die entlaufen sind.

In Lenzens Zimmer ein Klappbett sicher, Waschkrug und Schüssel. Der schwere barocke Schreibschrank Charlottes zwischen den Fenstern, ein derbes Stück von einem Rudolstädter Tischler gefertigt, in massiver Eiche mit Esche. Goethe hat auf die Schreibplatte die Daten seines Hierseins eingeritzt: »6. Dec. 75«, »4. Oct. 80«, »5. Nov. 80«.

Von Lenz nichts. Über einen Monat ist er doch in Kochberg. Sitzt hier, schreibt, grübelt. Läuft durch die Räume, von seinem Zimmer in das des Hausherrn, von da in die Bibliothek, zur anderen Seite in das Wohnzimmer. Weiter in den roten Salon, das Gesellschaftszimmer Charlottes, in den Saal mit der bemalten Wandbespannung, den vorgetäuschten französischen Gobelins, oben in die Räume der Kinder im Hohen Haus, die Steintreppen wieder hinab. Alles ist ihm vertraut, im Wohnzimmer die barocken Sessel und Stühle, das kleine Schachtischchen, das Ölgemälde links vom Kamin, »Heroische Landschaft«. Im roten Salon die Rokoko-Wandspiegel, die Stühle mit den schön geschwungenen Lehnen.

Er fühlt sich wohl in diesem Haus. Wochen ohne Anfang und Ende, ohne Besinnung und ohne Hast. Vielleicht. Keine Angstausbrüche, nicht das Gefühl einer letzten Frist.

Und doch. Sie gehen zu Ende, diese Wochen. Lenzens Zeit in Kochberg ist abgelaufen. Charlotte wartet auf das Herannahen des Winters, auf die Rückkehr nach Weimar. Die letzten Oktobertage. Am Einunddreißigsten wird sie mit Lenz, dem Hauslehrer und den Kindern das Gut verlassen. Der 30. Oktober 1776, Abschied von Kochberg.

Lenz – vielleicht – geht hinunter. Das Schloß liegt in der Dämmerung. Er steht auf der hölzernen Brücke, sieht in den Schloßgraben. Der Wind weht von Westen. Fast die ganze Wasseroberfläche ist mit Blättern bedeckt. Langsam, unaufhörlich treiben sie auf dem Wasser des Grabens, eine ewige kreisförmige Bewegung. Und Blätter auf dem Grund, Schicht um Schicht ist da schon hinabgesunken während der Wochen seines Hierseins.

Stille. Eine Kastanie löst sich im Baum. Jakob verfolgt ihren Weg, ein dumpfes Geräusch von Zweig zu Zweig, dann der Aufschlag im Wasser des Schloßgrabens.

Er wendet sich, geht über den hohen Steg zurück, schließt das große Tor. Das alles wird nicht mehr sein. Morgen wird er Kochberg verlassen. Er geht durch die Räume. Zuletzt in Charlottes Zimmer. Sie ist wohl bei den Dienstboten, bereitet die Abfahrt vor.

Lenz setzt sich, nimmt einen Bogen, den Federkiel und schreibt mit seiner schönen klaren Schrift: »Abschied von Kochberg«. Es ist ein Gedicht. Über einhundertsiebzig Jahre wird es in der Familie von Stein aufbewahrt werden. 1953 taucht es dann in einer Autographen-Auktion auf. Zweieinhalb Blatt, fünfunddreißig Zeilen. Am Ende der Verse hat Lenz vermerkt: »den letzten Tag in Kochberg in dem Zimmer der Frau v. Stein gemacht; niemand als ihr selber vorzulesen.«

Abschied von Kochberg

So soll ich dich verlassen, liebes Zimmer,
Wo in mein Herz der Himmel niedersank,
Den ich aus ihrem Blick, wie selig, aus dem Schimmer
Der Gottheit auf der Wange trank,
Wenn sich ihr Herz nach ihm, nach ihm empörte
Und ihr entzücktes Ohr der Sphären Wohllaut hörte,
Wenn sie mit Shakespeare, der ihren Geist umfing,
Ha! zitternd oft für Furcht und Freude,
Der Engel Lust im süßen Unschuldskleide,
In die Mysterien des hohen Schicksals ging:
Auch ich sah ihren Pfad, auch mir
war es vergönnt, ein Röschen drauf zu streuen,
Zur Priesterin des Gottes sie zu weihen
Und hinzuknien vor ihm und ihr.
Ach wär ich nur so rein gewesen,
Als die Erscheinung dieses Glücks
Vorausgesetzt! Ihr höhren Wesen,
Verzeiht dem Strauchelnden, euch waren sie erlesen;
Doch Ewigkeiten Lust sind Kranken, die genesen,
Nur Freuden eines Augenblicks.
Ja, es erwarten dich, du Himmelskind! der Freuden
Unzählige, durch selbstgemachte Leiden,
Dir unbegreiflich, längst erkauft,
Mit Tränen insgeheim getauft.
Ja, es erwartet dich, was du nicht lösen könntest,
Der Rätsel Allentwicklung
Und höherer Gefühle Schwung,
Wovor dir schwindelte, die du dir selbst nicht
gönntest.
Indessen wird die weise Hand
Des Jünglings Ungestüm beschränken,
Und wenn die Seele schon auf blassen Lippen stand,
Die Lust zum Leben wiederschenken.

Ich aber werde dunkel sein
Und gehe meinen Weg allein.

Lenz trägt es Charlotte vielleicht noch an jenem Abend vor. Sie müssen in den Wochen ihres Zusammenseins sehr offen zueinander gewesen sein. Charlotte von Stein vertraut sich Lenz an; jene Zeile, »wenn die Seele schon auf blassen Lippen stand«, spielt auf ihre Todessehnsucht an.

Und Lenz vertraut sich ihr an. »Ich komm in der That hieher wie ein Bettelmönch, bringe nichts als meine hohe Person mit einer großen Empfänglichkeit ...« Charlotte hat Gespür für Lenzens Sensibilität, seine Widersprüchlichkeit, läßt ihn, offenbar, wie er gebeten, »in seinem Wesen«, hat »Geduld« mit ihm.

Ganz gewiß ist Jakob verliebt, die Nähe dieser Frau »zaubert« ihn »in das Land grenzenloser Schimären«.

Lange Gespräche. Ratschläge. Sicher. Und immer wieder werden beide auf den gemeinsamen Freund, auf Goethe kommen. Lenz hat – wie das Gedicht zeigt – keinerlei Illusionen. Er erlebt schmerzlich die gleiche Situation wie in Sesenheim. Die Frau ist mit ihrem Gefühl bei dem anderen. Er ist vielleicht nur da, um mit ihr über *ihn* zu sprechen. Ob in der Erinnerung oder der Erwartung. Immer ist es der andere, ist es Goethe, dem sie angehören wollen.

Und Goethe weiß um seine geheime Überlegenheit. »Lohns Gott, was Sie für Lenzen thun«, am 16. September 1776 an Charlotte. Zwei Tage später: »Grüßen Sie Lenzen Kestnern und die Kinder.« Als Motiv kommt für Goethe allenfalls Mitleid in Frage.

Lenzens Linkischkeit nimmt wieder zu. Das Hochziehen der Schultern, kaum kann er es mehr verbergen. Manchmal verrät ihn seine Zerstreutheit.

Am Morgen des 31. Oktober steht die Kutsche auf

Schloß Kochberg bereit. Sie steigen ein. Auch Lenz. Am frühen Nachmittag werden sie in Weimar sein.

Des Abends schon sind Charlotte und Goethe zusammen. »Stein ankommen mit ihr zu Nacht gessen«, notiert Goethe in sein Tagebuch. Ein Ball findet statt. »Nachts Tanz bis früh 3. Lenz fand ich«, unter dem Datum des 31. Oktober.

Am 1. November dann: »Mit Lenz Mittags im Garten gessen. Lenz gegen Abend fort.«

21

Nach Berka in seine Einsamkeit, seine »Camera obscura«, geht Lenz wieder in jenem Frühwinter 1776.

Noch ehe dieser Monat sich geneigt haben wird, wird Goethe sich von seinem Freund Lenz lossagen. Was wohl die beiden jungen Männer im Gartenhaus an jenem Nachmittage des 1. November miteinander sprechen, was sie voreinander verschweigen; geheime, versteckte, ihnen selbst fremde Regungen.

Lenz verschweigt sicher seine Pläne. In Kochberg haben sie – wohl auch durch Charlotte von Stein – Konturen angenommen. Auf der Rückseite eines Briefes von Philipp Seidel notiert Lenz: »Sobald ich nach Weimar komme, mein Dien[st] für die Herzogin ausmachen sehr vorteilhaft für ... [nicht zu entzifferndes Wort] und für sie.« Andere Überlegungen: im Nachlaß der Familie Lenz in Riga ein winziger Zettel, Schriftzüge mit Blei. »An La Roche geschrieben, daß ich nach Amerika gehe«. Auch mit dem Gedanken, in militärische Dienste Karl Augusts zu treten, spielt er. »Vielleicht sehen sie mich bald in herzoglich-sächsischer Uniform wieder«, heißt es in einem Brief vom 23. Oktober aus Kochberg.

Auch für sein künftiges Auftreten am Weimarer Hof hat Lenz feste Vorsätze, er wird nicht mehr den Narren machen, er wird »keine Rücksicht« mehr nehmen. Von einer »neuen Laufbahn« spricht er Charlotte von Stein gegenüber. »Es ist leicht vorauszusehen, daß Ihnen« (Lenz meint die Hofleute und Goethe) »dieser Wechsel im Verhalten kaum zusagen wird, nachdem ihnen das Verhalten, das ich bei der Ankunft an den Tag legte, so viel Vorteil verschafft hat.«

Teilt er das Goethe mit an jenem Novembernachmittag im Gartenhaus, wird dieser schweigen, gar nicht erwidern.

Klinger ist nicht mehr in Weimar, ist schon »ausgestoßen aus dem Himmel«. Ende September war es. Anfang des Monats schreibt Goethe über Klinger und Lenz: »Ich hab' über die beiden Kerls nichts Treffendes zu sagen.« Die erste Unmutsäußerung über Lenz.

Lenzens Aufenthalt bei Charlotte in Kochberg wird Goethes Beziehung zu dem Freund äußerst sensibilisiert haben. Aber das ist es nicht allein, ihr Leben und Denken strebt immer mehr auseinander, die Unlust, den anderen verstehen zu wollen, wird offenbar immer größer.

Sie leben in verschiedenen Welten. Der eine in Weimar in großer Geschäftigkeit, tätig-praktisch, der andere in Berka in seiner Einsamkeit, in endlosem Gespräch mit sich selbst.

Nehmen wir jene drei ersten Wochen des Novembers 1776. Bei Goethe sind sie durch Tagebuchaufzeichnungen und Briefe belegt. Dichtung, Politik, Freunde, Vergnügungen, sein Gartenhaus. Er »kehrt« im Haus an den Ilmwiesen die »Wirtschaft« um, pflanzt »Linden und allerley Zeugs das künftig Jahr soll schön aussehn«. Er beschäftigt sich mit seinen Bienen, bringt sie zur »Winterruh«; unternimmt einen »Feldzug gegen die Jahreszeit«, »kalfatert Fenster und Türen«, um sich gegen die

»Unbilden der Witterung« zu schützen. Er betreibt die Regierungsgeschäfte. Sechs Sitzungen des Geheimen Consiliums, am 2., 5., am 8. November, am 13., 15. und 20. des Monats. Immer ist Goethe anwesend. »Gesuch des Chirurgen Goeckel um Zulassung zur Praxis in Eisenach« – »Aufstellung eines Kammeretats« – »Gnadengeschenk an den Jenaer Professor Blasche« – »Erlaß rückständiger Pachtgelder aus dem herrschaftlichen Wirtshaus in Kammerberg« – »Erlaß und Stundung von Steuerresten des Kaufmann Kramer in Jena« – das sind Aktenstücke, die seit Goethes Amtsantritt zur Verhandlung standen; von ihm geschrieben oder mit seinen Korrekturen versehen. Im November das Reskript eines »Zunftstreites zwischen Maurern und Ziegeldeckern«. Zudem gehört Goethe einer Spezialkommission an, die über die »Aufstellung eines Hof- und Stall-Etats« zu berichten hat. Dann die ständigen Gedanken, die Goethe an das Ilmenauer Bergwerk zu knüpfen beginnt. Seine Aufgabe, wenn Feuer ausbricht, sofort zur Stelle zu sein. Am 15. November notiert er: »Feuerlärm«. Nach den Sitzungen des Consiliums ißt Goethe meist mit dem Herzog zu Mittag, oder er geht zu Herder, zum alten Herrn von Kalb, zu Wieland, zu Charlotte von Stein. Viele Gäste hat er, wie sein Tagebuch ausweist, in seinem Haus am Stern. Luise, Amalia, die Göchhausen, Fritsch, den Herzog, Corona Schröter.

Und er dichtet. Am 26. Oktober die Notiz im Tagebuch: »Die Geschwister erfunden«, am Achtundzwanzigsten »an den Geschw. geschrieben«, Neunundzwanzigsten »Allein und geendigt das Drama«, Dreißigsten »diktiert an den G.«, Einunddreißigsten »Abschr. d. G. geend«. Mitte November beginnen die Proben. Goethe spielt die Hauptrolle. Fast jeden Tag die Eintragung: »Probe«, meist bei Musäus im Haus. Am 21. November ist dann die Uraufführung.

Das alles in diesen drei Wochen. Und mehr noch. Er wird zum Gevatter gebeten von Koppenfels in Tiefurt. Er besucht die Kirchweih, er reitet nach Troitstedt, nach Erfurt zum Statthalter, bleibt da zwei Tage. Er tanzt bis »nachts 12«, er geht auf die Jagd. Liest Homer, Marschall von Sachsen und anderes, schreibt Briefe. Als er einmal nicht schlafen kann (am 18. November, die ganze Nacht über ist heftiger Sturm), fertigt er für Charlotte aus einem »stümpfgen Wachslicht« das »Model zu einem Schlitten«, am anderen Morgen bestellt er den Schlitten. Alles in seinem Leben ist ausgefüllt, aktiv.

Er ist glücklich; »ich ... will euch nur mit wenig Worten sagen«, schreibt er, »dass ich so vergnügt und glücklich bin, als ein Mensch seyn kan«, am 6. November. Am Zweiundzwanzigsten Ähnliches an Merck, er sei »so rein glücklich« und »die Abwechslungen der Witterung und der Welthändel um mich frischen mich immer wieder neu an, ich bin weder Geschäftsmann, noch Hofdame und komm in beyden fort«.

Wenn Goethe so zu Lenz spricht, heiter-souverän, ironisch, beinahe ein wenig selbstzufrieden mit der Rolle, die er spielt, kann dieser das nur in seiner so ganz anderen Situation schmerzhaft als Überlegenheit empfinden. Lenz mit seinen Depressionen, seinen Selbstzweifeln, Lenz, der sich zurückzieht, den die Berührung mit der Welt schmerzt.

Die äußeren Vorgänge in Lenzens Leben in den drei Novemberwochen in Berka sind kaum benennbar. Einsamkeit und Schreiben. Der frühe Einbruch der Dunkelheit, die herunterbrennende Kerze in irgendeiner Bauernstube, in der er sitzt. Keine Verpflichtung, keine Begegnung, keine Freunde.

»Ich ging gestern als die Sonne uns mitten im Winter einen Nachsommer machte, in der Wiese spazieren, und überließ mich so ganz dem Gefühl für einen Gegenstand der's verdient, auch ohne Hoffnung zu brennen. Das matte Grün der Wiesen, das mit Reif und Schnee zu kämpfen schien, die braunen verdorrten Gebüsche, welch ein herzerquickender Anblick für mich! Ich denke, es wird doch für mich auch ein Herbst einmal kommen, wo diese innere Pein ein Ende nehmen wird. Abzusterben für die Welt, die mich so wenig kannte, als ich sie zu kennen wünschte – o welche schwermütige Wollust liegt in dem Gedanken! ... Beständig quält mich das, was Rousseau an einem Ort sagt, der Mensch soll nicht verlangen, was nicht in seinen Kräften steht, oder er bleibt ewig ein unbrauchbarer schwacher und halber Mensch. Wenn ich nun aber schwach, halb unbrauchbar bleiben will, lieber als meinen Sinn für das stumpf machen, bei dessen Hervorbringung alle Kräfte der Natur in Bewegung waren, zu dessen Vervollkommnung der Himmel selbst alle Umstände vereinigt hat. O Rousseau! Rousseau! wie konntest du das schreiben!«

Aus dem »Waldbruder« ist das. Jakob hat das Manuskript wieder vor sich, das er hier in Berka vor Monaten begann. Zwei Helden stehen sich gegenüber. Herz und Rothe. Lenz und Goethe. Der eine, Herz, ein sensibler junger Mann, hat sein Amt in der Stadt niedergelegt, ist in den Wald geflohen. Er liebt unglücklich. Von allen wird er verlacht, keiner versteht ihn. »Absterben« für die Welt möchte er. Am Ende geht er als Soldat nach Amerika. Der andere, Rothe, weiß sich in alles zu fügen. Er hat Erfolg im Beruf, hat Erfolg bei den Frauen. »Ich lebe glücklich wie ein Poet«, sagt er, »das will bei mir mehr sagen als glücklich wie ein König ... Man nötigt mich überall hin und ich bin überall willkommen, weil ich mich überall hinzupassen und aus allem Vorteil zu ziehen weiß.«

Rothe, der Weltmann, ist Herzens Freund, der »einzige Mensch«, der ihn »zuweilen« noch »versteht«. Die beiden tauschen Briefe, öffnen sich einander; »ich klage Dir«, schreibt Rothe, »meine kleinen Empfindungen auf der Querpfeife wie Du Deine auf dem Waldhorn«. Rothes Ziel ist, den Freund in die Stadt zurückzuholen, aus ihm einen »brauchbaren Menschen« zu machen. »Alle Deine Talente in eine Einsiedelei zu begraben. – Und was sollen diese Schwärmereien endlich für ein Ende nehmen?« – »Menschenliebiger Don Quichotte« und »Narr« nennt Rothe seinen Herz und gibt ihm unaufhörlich Ratschläge, wie er sich zu verhalten habe. Von »Selbstliebe« ist da immer wieder die Rede, von notwendiger Anpassung.

Rothe berichtet Herz zum Beispiel von einem Familienkonzert, wo die Töchter mehr »kreischend als singend die Ohren« ihrer Zuhörer »zerschnitten«. Rothe lobt, schmeichelt. »Da in laute Aufwallung des Entzükkens auszubrechen und bravo, bravissimo zu rufen, das war die Kunst«, schließt er, und an Herz gewandt: »Nicht wahr, das würde Dir eine Folter gewesen sein, Kleiner ... Ich weiß«, schreibt er ihm, »Du knirschest die Zähne zusammen, aber mein Epikurismus führt doch wahrhaftig weiter, als Dein tolles Streben nach Luft- und Hirngespinsten.«

Die Briefe zwischen Herz und Rothe gehen hin und her. Aber Rothes Geduld ist begrenzt. »Alles, was ich Dir schrieb, war, um Dich zurückzubringen; willst Du nicht, so laß bleiben, kurz und gut. Alle Deine Klagen und Leiden und Possen helfen Dir bei uns zu nichts, wir, Deine wahren Freunde und Freundinnen und alle Vernünftigen – verzeih mir's, was können wir anders tun – lachen darüber – ja lachen entweder Dich aus der Haut und der Welt hinaus – oder wieder in unsere bunten Kränzchen zurück.« Die Antwort Herzens auf diesen Brief bleibt aus.

Ganz zweifellos hat Lenz unverhüllt ihrer beider Leben, ihre Berührungen, Gespräche, ihre gewechselten Briefe, ihren Streit, ihre Andersartigkeit thematisiert. Zum Teil muß er Briefe wörtlich zitiert haben. Verwirrt, abgestoßen sucht Lenz nach einem moralischen Urteil für seine Haltung und für die Goethes. Obgleich er keinen Zweifel an der Narrheit und Unbrauchbarkeit der seinen läßt, wird sie moralisch weit höher gewertet als die fragwürdig vordergründige Brauchbarkeit des anderen, dessen Gesellschaftsfähigkeit seinem Anpassungsvermögen zu verdanken ist.

Lenz spitzt zu. »… lachen Dich aus der Haut und der Welt hinaus –«. Es klingt wie eine bedrohliche Vorwegnahme des Kommenden.

Ende November 1776. Äußerlich scheint alles ruhig. »Ich komme nicht zu Dir, das hab' ich verschworen. Aber ich erwarte Dich bei mir, wenn Du mich wieder einmal zu sehen Lust hast.« Rothe an Herz. Goethe ist im November nicht in Berka. Lenz ist aber in Weimar. Am Zehnten besucht er den Freund im Haus an den Ilmwiesen. »Lenz grüßt Sie. Er ist bei mir«, schreibt Goethe an diesem Tag an Charlotte von Stein.

Am 23. oder 24. November dann ein Zettel von Goethes Diener an Lenz: »Hier schik ich Ihnen etwas Äpfel Herr Lenz aus unserem Garten. sie sind eben nicht gar gut. Probieren sie sie. Auch ein Brief kommt anbei.« Von Goethe, wie zu vermuten ist. Seidel dann weiter: »Am Donnerstag wurden Erw. u. Elmire und die Geschwister aufgeführt, es wäre mir unendlich leid wenn sies nicht sollten gewußt haben und ich also Schuld dran wäre weil ich's Ihnen Mittwoch nicht sagen lies. Ich habe, Fabricens Rolle ausgenommen die sehr elend war, noch nichts so liebes gesehen. Das Maidel ich hätte sie nun auffressen können. Sie war eben ganz Marianne und der Hr. Geh. Leg. Rath ganz Wilhelm. Ich kanns ihnen nicht sagen was es auch vor einen Eindruck auf alle Leute machte. Leben sie recht wohl, Hr. Lenz. Das andere besorge ich richtig.«

Die Uraufführung des Dramas »Die Geschwister«, dessen biographischer Hintergrund Goethes Beziehungen zu Charlotte von Stein sind, findet ohne Lenz statt. Nur ein zufälliges Versehen des Dieners? Jenen Gedanken des Lebensüberdrusses Charlottes, der in Lenzens Gedicht »Abschied von Kochberg« eine Rolle spielt, hat Charlotte auch in einem Brief an Goethe geäußert. Dieser übernimmt das intime Zeugnis der Freundin wörtlich in sein Drama. Alle Weimarer Hofleute können es hören.

Lenz ist also am 21. November noch in Berka. Wenig später, am 25. November, kommt er wahrscheinlich nach Weimar.

22

Ein Montag ist dieser 25. November. Ehe die Woche sich neigt, nimmt die Katastrophe ihren Lauf. Lenz beleidigt den Freund. Goethe bricht daraufhin die Verbindung zu ihm radikal ab.

Die äußeren Vorgänge jener Tage:

Der 26. November. »Lenzens Eseley«, Goethe in sein Tagebuch. Diese Notiz ist der einzige Hinweis.

Einen Tag vorher, am 25. November, die Eintragung »Nachts Bal«. Schon einmal war bei Goethe im Zusammenhang mit einem Ball von einer »Eseley« die Rede. Am 25. April: »Lenzens Eseley von gestern Nacht hat ein Lachfieber gegeben.« Wir können nicht mit Sicherheit sagen, ob Lenz auf jenem November-Ball war. Wenn, so kann es sich nicht um Brüskierung der Hofgesellschaft gehandelt haben. Die Fürsprache der Hofleute für Lenz schließt es so gut wie aus.

Es muß ein Vorgang zwischen Lenz und Goethe gewesen sein. Zwischen Ihnen beiden allein, den Dichtern. Goethe allein fühlt sich angegriffen, verletzt. Lenz gesteht auch, er habe Goethe beleidigt.

Der 27. November, der Tag danach. In Goethes Tagebuch der Vermerk: »Früh nach Bercka um 11. Uhr zurück Angezogen.« Sollte Lenz gar nicht in Weimar gewesen sein, das Ärgernis Auslösende vielleicht ein Brief, eine Schrift, eine Äußerung Lenzens, von anderen hintertragen? Oder: Lenz war auf dem Ball und verließ noch in der Nacht nach dem Vorfall die Stadt. Goethe ritt im Morgengrauen zu ihm. Es gab eine harte Auseinandersetzung. Nur sie beide. Und den Bruch. Oder: Lenz war in der Stadt, nach der durchtanzten Nacht schlief er, der Arglose. Es gab einen Streit. Lenz weiß nicht, wie sehr sich Goethe getroffen fühlt, weiß noch nicht, welche Konsequenzen es für ihn haben wird. Goethe aber reitet allein nach Berka. Sucht in Jakobs Behausung nach seinen Briefen. Er will sie an sich nehmen, seine Briefe, in denen er sich Jakob anvertraut hat. Das am 27. November. Mehr wissen wir nicht über den Tag.

Am Abend wohl steht für Goethe fest: Lenz muß weg. Er wird ihn unter keinen Umständen länger in Weimar dulden. Schritte müssen unternommen werden. Den Herzog weiß Goethe auf seiner Seite, er wird zustimmen, gegebenenfalls ein aufgesetztes Schriftstück unterzeichnen.

Das erste Schreiben des Herzogs, von dem Lenz selber spricht, ist nicht erhalten. Nur Lenzens Antwort in französischer Sprache. Von »m'exiler«, von verbannen ist da die Rede.

»Eure Hoheit wollten mich, nach dem letzten Schreiben zu urteilen, für noch lange Zeit aus Weimar verbannen. Ich gehorche. Ich danke Ihnen für den Brief, in dem Sie geruhten, mir diese Strafe zu versüßen. Ich sehe Hoffnungsstrahlen, daß Sie nicht ein Projekt aufgeben werden, dessen Ausführung den fühlbarsten Reiz meines Lebens ausmachen wird.« (Das erwähnte Projekt ist eine Biographie über Karl Augusts Vorfahren Herzog Bernhard von Weimar. Lenz arbeitet daran.) Am 27. oder 28. November wird Lenz der Brief des Herzogs überbracht.

Am 28. November jedenfalls erfährt man es bei Hofe: ein Skandal, der Dichter Lenz wird aus der Stadt gewiesen. So widerspruchslos, wie das spätere Schweigen vermuten läßt, verläuft die Ausweisung nicht. Einsiedel, Göchhausen, die Stein, Anna Amalia, sie alle verwenden sich vermutlich für Lenz. In welcher Weise, wissen wir nicht. Auch die Motive, die im einzelnen sehr unterschiedlich gewesen sein mögen, kennen wir nicht. Goethe, der Günstling des Herzogs, gegen den niemand etwas sagen darf, hat nicht nur Freunde. Die Namen der Genannten und ihre freundschaftlichen Bindungen an Goethe und Lenz sprechen für ein Bemühen um Schlichtung des Streites.

Im Tagebuch, in dem Goethe sich in der Zeit vom 25. November bis 30. November ausschließlich mit der Sache um den Freund Lenz befaßt, steht unter dem Datum des 28. November 1776: »Fortwährender Verdruss. Zu Anna Amalia gangen. Zu Stein zu Thusnelden.« Goethe stößt offenbar auf Widerstand. Die für Lenz eintreten, ahnen vielleicht die Folgen, die die Ausweisung für den Sensiblen haben wird.

Goethe muß andere Verbündete suchen. Und das tut er an jenem 28. November auch. Zwei Belege: Der erste ist die Tagebucheintragung vom 28. November. »Resolvirt durch Herd. schreiben zu lassen.« Herder also muß er aufgesucht, in die Sache mit Lenz eingeweiht, ihn um Hilfe gebeten haben. Der zweite steht in Zusammenhang mit Goethes Tätigkeit im Geheimen Consilium. Von diesem Tag ein Schriftstück, der Bericht einer Spezialkommission an Herzog Karl August über die »Aufstellung eines Hof- und Stall-Etats«, ausgefertigt vom Geheimen Kanzlisten Johann Andreas Mittelsdorf, mit den eigenhändigen Unterschriften von sechs Hofbeamten, darunter Johann Wolfgang Goethe und Johann August Kalb. Kalb war zu der Zeit Kammerpräsident, Verwalter des herzoglichen Geldetats beim Consilium. Kalb und Goethe sehen sich an jenem Achtundzwanzigsten, sprechen miteinander.

Am nächsten Tag dann vermutlich das Ergebnis: Herder schreibt einen Brief an Lenz, und Herr von Kalb erscheint persönlich und ganz offiziell bei Lenz. Wir wissen es durch Lenz.

An diesem 29. November, einem Freitag, erstmals Lenzens Stimme zu dem Vorgefallenen, ein Antwortschreiben Lenzens an Herrn von Kalb. »Ich danke Ihnen mein verehrungswürdiger Freund und Gönner für die unangenehme Bemühung die Sie meinethalben übernommen und versichere daß mir eine Odre wie die auch wenn ich sie verdient durch die Hand die sie mir überbrachte, versüßt worden wäre. Da ich aber nach meiner Überzeugung erst gehört werden müßte, ehe man mich verdammte und meine Ehre die mir lieber als tausend Leben ist, mich durch Annehmung dessen was Sie mir von unbekannter Hand hinzugelegt eines mir unbewußten Verbrechens schuldig zu bekennen, nimmermehr erlauben wird, so verzeyhen Sie daß ich diese beygefügte Gnade nicht annehmen sondern um Gerechtigkeit bitten darf.«

Jene »beigefügte Gnade« ist vermutlich eine Geldsumme. Reisegeld. Eine Abfindung. Die letzte Regung von Mitleid des Freundes oder eine Gabe des Herzogs. Lenz weist es zurück. Er bittet um Gerechtigkeit.

Die Handschrift des Briefes ist erhalten. Sie befindet sich im Archiv in Weimar. Aber der zweite Teil des Briefes ist vernichtet. »Es ist nicht seit heute, daß ...«, beginnt er. Weggerissen. Eine Erklärung? Am Rande oben steht: »Hier ein kleines Pasquill das ich Goethen zuzustellen bitte, mit der Bitte, es von Anfang – bis zu Ende zu lesen.«

Lenz verteidigt sich also, weiß sich im Recht. Er sagt, er müsse gehört werden, ehe man ihn verdammt. Das ist keine unbillige Forderung, die Lenz da stellt.

Wie Goethe darauf reagiert, wissen wir. Unter dem Datum des 29. November notiert er in sein Tagebuch: »Dumme Briefe von L. Kalb abgeschickt. Einsid. hartes Betragen.« Kalb war also bei Goethe. Goethe weist ihn ab, nimmt auch jenes Pasquill von Lenz nicht an. Er ist nicht zum Einlenken bereit. Für ihn scheint alles festzustehen.

Die Notiz von Einsiedels »hartem Betragen«. Goethe antwortet auf dieses Betragen mit entschiedenen Zeilen. Am 29. oder 30. November schreibt er an Einsiedel: »Lenz wird reisen.« Das ist unmißverständlich. Wie es auch die Schlußfolgerung zuläßt, daß Hildebrand von Einsiedel sich für Lenzens Bleiben in Weimar eingesetzt hat.

Einsiedel ist mit Goethe befreundet, aber auch Lenz zugeneigt, »bester Freund« nennt er ihn, erwartet ihn »sehnlichst«. Ist es Sympathie, Gerechtigkeitssinn, handelt er im eigenen oder im Auftrag anderer, in dem der Herzogin Anna Amalia, bei der er seit Oktober 1776 als Kammerherr angestellt ist? Die Zusammenhänge, die Motive bleiben im dunklen.

Goethes hartem Satz, »Lenz wird reisen«, folgt die Erklärung. »Ich habe mich gewöhnt«, schreibt Goethe, »bey meinen Handlungen meinem Herzen zu folgen und weder an Misbilligungen noch an Folgen zu dencken. Meine Existenz ist mir so lieb, wie jedem andern, ich werde aber just am wenigsten in Rücksicht auf sie irgend etwas in meinem Betragen ändern.«

Goethe wirft seine »Existenz« in die Waagschale. Wie wichtig die dem Herzog ist, bedarf keiner Erklärung. Widerspruch ist unmöglich.

Wie verhalten sich andere? Herder zum Beispiel. Goethe hat ihm die Anstellung in Weimar verschafft, und gleich zu Beginn des Streites bittet er ihn um Hilfe. Ein Brief Herders an Lenz. »Ich habe Dir nichts zu sagen«, beginnt er. Herder ist nicht bereit, zwischen Goethe und Lenz zu vermitteln, Goethe etwa zum Lesen jenes Pasquills, mit dem schon Kalb unverrichteter Dinge von ihm ging, zu animieren. Versucht aber zu mildern, zu glätten. Er habe am »vorigen Posttag« einen Brief von Kaufmann bekommen, der »wünsche«, ihn, Lenz, mit in die Schweiz zu nehmen. Lenz solle »in der Nachbarschaft hier (etwa in Erfurt) seine Ankunft erwarten«. Herder stellt in Aussicht, daß er selbst nach Erfurt kommen werde. »Da (in Erfurt) sehe ich Dich vielleicht mit Kaufm. wieder.«

Lenz darauf: »Es freut mich bester Herder! daß ich eine Gelegenheit finde Abschied von dir zu nehmen.«

Trotz freundschaftlicher Geste enthält der Brief Herders die klare Aufforderung an Lenz, sofort die Stadt zu verlassen. Nicht jene Vorbehalte gegen Goethes Entscheidung, wie bei Einsiedel, sind herauszulesen. Im Gegenteil, eher die Unterstreichung der Entscheidung. »Sudle und laure aber nicht, sondern geh.« Herder an Lenz. Beinahe im Ton des Vorwurfs.

Der 30. November. Am Abend des Neunundzwanzigsten oder am frühen Morgen des Dreißigsten eine Antwort

Lenzens an Herder. Überschwenglicher Dank – und die Abfindung. Keine Verteidigung mehr. Resignation. Er wird gehen.

Goethe, so muß Lenz gespürt haben, ist zu keiner Versöhnung bereit. Es ist aus. Goethe hat die Macht, so mit ihm zu verfahren. Vielleicht aber hat Lenz noch einen winzigen Hoffnungsschimmer. Wie sonst würde er sich so demütigen. Er bittet Herder, beim Herzog »untertänigst« für ihn einen Aufschub von einem Tag zu erwirken, »nur einen einzigen Tag –«. Es ging um jene Biographie über Bernhard von Weimar, zu der Lenz schon Studien in den herzoglichen Archiven gemacht hat. »Schick doch diesen Brief«, bittet er Herder, »sogleich ihm hin, ich flehe ... Er wird mir diese letzte Gnade nicht abschlagen, wenn ihm Goethe für die Reinheit meiner Absichten Bürge ist. Und der wird es sein, so sehr ich ihn beleidigt habe.«

Herder geht wohl nicht zum Herzog, sondern zu Goethe, denn dieser notiert am 30. November in sein Tagebuch: »L. Letzte Bitte um noch einen Tag stillschweigend accordirt.«

Einen Tag also noch in Weimar. An diesem 30. November ein Billett von Goethes Diener Seidel: »Lieber Herr Lenz ich habe weiter nichts zu erinnern als den Degen. Besinnen Sie sich doch es wär doch dumm wenns damit gehen sollte wie mit den Goloschen. Und dann hat letzhin der Hr. Geh. Leg. Rath nach der Laube gefragt ich weiß nicht warum, wollts ihnen aber doch sagen.«

Von Goethe dann ein Schriftstück an Lenzens Verleger Reich, an eben diesem Tag wohl geschrieben oder am 1. Dezember: »Herr Lenz lies mir gegenwärtiges bey seiner Abreise zurück, und glaubte ich würde die innen benandte Manusscripte beylegen können, ich finde sie aber nicht unter meinen Papieren. Seyn Sie also nur so gütig mit dem Drucke des Stücks bis auf weitere Nachricht von ihm nicht vorzuschreiten.« Wahrscheinlich handelt es sich um Lenzens Drama »Die Laube«.

Von Lenz dann noch die letzten Schreiben in Weimar. An Herder: »Meinem ehrwürdigsten Freunde Herder dieses einzig existierende Manuskript zu seiner willkürlichen Disposition. Von einem armen Reisenden der sonst nichts zu geben hat.« Das Kuvert, auf dem dies mit den großen klaren Schriftzügen Jakobs steht, ist heute im Handschriften-Archiv in Weimar. Im Nachlaß von Herder fand man es. Das Kuvert ist aber leer. Das Manuskript verschwunden. Hat es Herder später dann doch Goethe gegeben, wie es Lenz sich so sehnlich wünschte in den Tagen des Streites? Oder ist es ein anderes Manuskript, das Lenz Herder hinterläßt?

Am 1. Dezember 1776 ein Abschiedsbrief an die Herzogin. Er ist verschollen, wir wissen nur durch Goethe von ihm. »Lenz hat mir weggehend noch diesen Brief an Herzogin Luise offen zugeschickt, übergeben Sie ihn, liebe Frau«, schreibt er an Charlotte von Stein.

Lenz geht aus der Stadt. Leer. Bitter. Ausgeliefert. Jakob, wie er da geht, in der kalten Dezembernacht, auf jener Landstraße von Weimar nach Erfurt. Wieder Wind, wieder schnell ziehende Wolken, wieder die »Erde bedeckt mit kaltem und stürmischen Schatten«.

Jene »niedrige, verachtete, zertretene Knechtsgestalt«, als die er Christus immer empfand, mag ihm in den Sinn kommen. »Das allerhöchste Leiden ist Geringschätzung. Nicht höher kann das Leiden irgend eines sterblichen Menschen steigen als das Leiden Christi da er als ein gefährlicher Mensch angesehen eingezogen und gestraft wurde und man doch nicht mehr als dreißig Silberlinge auf seinen Kopf setzte. Ihn nicht auf das Fest greifen, sondern so ganz in der Stille und gleichsam daß kein

Hund oder Hahn darnach krähte von der Welt schaffen wollte. Ein Gott der auf der ganzen Erde Revolutionen zu machen die Kraft und den Beruf in sich spürte, so gleichsam wie ein aufschießendes Unkraut in der Geburt erstickt zu werden … Christo schien es den Pharisäern nicht der Mühe zu lohnen sich in große Unkosten zu setzen – und sein eigener Freund und Anhänger also sein Bewunderer – verriet ihn um diese Kleinigkeit. Denkt auch das Herz das dieses fühlen mußte.«

Lenz im Dezember des Jahres 1776 da auf der Landstraße.

Lenz geht nach Erfurt, wie Herders Briefäußerung vermuten läßt, wartet dort auf Kaufmann, der von Dessau nach Zürich will. Wandert ruhelos im Thüringischen umher, Erfurt, Gotha, Arnstadt, Kranichfeld, Berka, Erfurt. Der »umherirrende Lenz« ist einer seiner Briefe vom Dezember 1776 unterzeichnet.

Er wartet vergeblich, denn Kaufmann wird erst gegen Jahresende in Weimar eintreffen, wird das Weihnachtsfest mit Goethe feiern. Herder fährt nach Erfurt, ihm zu sagen, er soll nicht länger säumen, kommt, um von ihm Abschied zu nehmen. »Ich habe dich gesehen und gesprochen«, schreibt Lenz Wochen später, »habe an deinem Halse gehangen und Dir Lebewohl gesagt. Was bedarfs des Schauspiels.« Von Herder ist also nichts mehr zu erwarten.

Aber von Charlotte von Stein! Lenz geht noch einmal nach Weimar. Er wagt es, Goethe und der Herzog sind nicht in der Stadt, weiß er. Lenz geht zur Teichgasse, zur Nummer 8, in das Haus von Charlotte von Stein, bittet sie um Vermittlung, um Gerechtigkeit, um Gehör. Das ist eine Vermutung. Sie stützt sich auf eine Aussage von Charlottes Sohn Fritz von Stein, der in seinen Erinnerungen schreibt: »Lenz kam noch einmal durch Weimar und gab alle von Goethe empfangenen Briefe meiner Mutter, in die er ein großes Vertrauen setzte.« Das kann nach allem, was wir von Lenzens und Charlottes Beziehungen wissen, mit großer Wahrscheinlichkeit zutreffen. Lenz vertraute ihr.

Aber wie kann diese Frau, Goethe ganz ergeben, zugleich Partei und Richter sein. Am 21. Dezember kommt Goethe zurück. Am Zweiundzwanzigsten dann ein Zettel Goethes an sie: »Wie ich Ihnen dancke fühlen Sie, sonst hätten Sie das nicht geben.« Es sind vielleicht jene Briefe von Lenz, die sie Goethe gibt.

Dann Schweigen. Ein mysteriöses Schweigen. Niemand wagt, darauf zurückzukommen.

Goethe verdrängt es. »Wegen Lenzen«, schreibt er sechs Wochen danach, am 13. Januar 1777 an Reich, »bitte ich Sie zu verfahren, als wenn ich gar nicht existiere, wie ich auch an der ganzen Sache keinen Antheil habe, auch keinen daran nehme.« Es scheint, als habe es Lenz in Weimar nicht gegeben.

Auch gute Freunde von Lenz schweigen. Als einziger wagt Wieland nach außen hin, über Weimar hinaus, ein Wort der Verteidigung. An Goethes Freund Merck schreibt er am 13. Januar 1777: »Uebrigens bitte ich Sie doch, weil es unmöglich ist, ohne selbst hier zu sein und lange hier zu sein, in unserer Sache klar zu sehen, auch von Lenzen lieber milde als strenge zu urteilen.«

23

Das Weimar-Kapitel zu Ende; »ausgestossen aus dem Himmel als ein Landläuffer, Rebell, Pasquillant«, sagt Lenz. Und weiß nicht, wie sehr das die Wahrheit seiner Gegenwart, die Vision seiner Zukunft ist.

Landläufer, ein ungesichtig lantlewffel, Landstreicher,

Vagabund, landloffer, leuffer (Läuffer heißt Lenzens Hofmeister); lantlauffel, seit dem Mittelalter schon immer mit dem Bettler in einem Atemzug genannt. Die soziale Misere der Dichter. Derer, die arm geboren werden. »Die deutschen Dichter genossen in der bürgerlichen Welt nicht der mindesten Vorteile. Sie hatten weder Halt, Stand noch Ansehen, als insofern sonst ein Verhältnis ihnen günstig war, und es kam daher bloß auf den Zufall an, ob das Talent zu Ehren oder Schanden geboren sein sollte«, schreibt Goethe später. »Ein armer Erdensohn im Gefühl von Geist und Fähigkeiten mußte sich kümmerlich ins Leben hineinschleppen und die Gabe, die er allenfalls von den Musen erhalten hatte, von dem augenblicklichen Bedürfnis gedrängt, vergeuden ... ein Poet ... erschien in der Welt auf die traurigste Weise subordiniert, als Spaßmacher und Schmarutzer, so daß er sowohl auf dem Theater als auf der Lebensbühne eine Figur vorstellte, der man nach Belieben mitspielen konnte. Gesellte sich hingegen die Muse zu Männern mit Ansehen, so erhielten diese dadurch einen Glanz, der auf die Geberin zurückfiel ... Besonders wurden auch solche Personen verehrt, die neben jenem angenehmen Talente sich noch als emsige Geschäftsmänner auszeichneten.«

Auf »die traurigste Weise subordiniert ... eine Figur, der man nach Belieben mitspielen« konnte. Das ist ungefähr Jakob Lenzens Lage in Weimar. Ihm ist kein anderes »Verhältnis« günstig.

»Was ist mit solchen Leuten anzufangen«, sagte Wieland in bezug auf Lenz und Klinger. Die sozialen Unterschiede lassen sich nicht leugnen und spielen auch bei den Zerwürfnissen zwischen Lenz und Goethe 1776 eine nicht zu unterschätzende Rolle. Die denkbar ungünstigste Ausgangssituation: Lenz kommt ohne einen Groschen an den Weimarer Musenhof, hat keinen Berufsabschluß, will nur Dichter sein. Irgendeine Besoldung, ein Amt aber braucht er zum Leben. Die denkbar günstigste Situation: Dr. Goethe, Rechtsgelehrter, schon mit Anwaltserfahrung, kommt nach Weimar. Ob er geht oder bleibt, läßt er offen. Das erste halbe Jahr ist er ohne Bezahlung am Hofe. Er ist finanziell unabhängig. Geld hat er. Sein Großvater hinterläßt ein Familienvermögen von neunzigtausend Gulden in Grundstücken und Hypotheken und siebzehn Ledersäcke mit Bargeld. Das gibt ihm, dem Bürgerlichen, eine Souveränität gegenüber den Adligen. Selbst als Goethe im Juli bei der Amtsübernahme von Karl August das Gehalt für das gesamte Jahr bezahlt bekommt, sind seine Jahresausgaben höher als sein Einkommen. 1411 Taler gibt er 1776 aus; sein Einkommen beträgt 1200 Taler, 1781 wird er schon 1400 Taler erhalten, 1785 dann 1600. Seine Ausgaben betragen 1780 2249 Taler, 1782 2605 Taler.

Lenz »ausgestossen aus dem Himmel als ein ... Rebell ...«. Rebellieren, Lärm machen, Getöse erregen, revoltieren. Rebell, ein Lehnwort aus dem Lateinischen und schon im Mittelalter außerhalb der Gelehrtensprache. Es ist Lenzens plebejische Haltung, die hier im Wege ist, seine politischen Gedanken, seine Mißachtung der Hofetikette. Lenz ist unfähig, diesen Fürstenhof nach außen hin scheinbar zu bejahen und darin die Voraussetzung einer möglichen Veränderbarkeit zu sehen. Er kann Goethes grenzenlosen Optimismus, »ich bin weder Geschäftsmann, noch Hofdame und komm in beyden fort«, nicht teilen. Kann sich nicht in »alle Hof- und politischen Händel verwickeln« wie dieser und von sich sagen, daß die »Welthändel« ihn »immer wieder neu an frischen«. Freilich, Goethe wird diese ungebrochene

Haltung zum Weimarer Hofe nur kurze Zeit haben. Zwei Jahre später lesen wir des öfteren in seinem Tagebuch über »die Armuth des Hoftreibens«. Am 8. Oktober 1777: »... die Kluft zwischen mir und denen Menschen allen fiel mir so grass in die Augen«. »Hatte traurig in mich gezogene Tage« am 16. Januar 1778. »War zugefroren gegen alle Menschen« im Dezember achtundsiebzig. Goethe freut sich auf den Winter, wenn er im Gartenhaus einschneit, da hat er Ruhe vor den Menschen, »mit denen ich doch nichts zu theilen habe« (8. Oktober 1777). »Ich bin nicht zu dieser Welt gemacht ...« (15. Dezember 1778). Schließlich wird er 1786 nach Italien fliehen.

»Der Wahn, die schönen Körner die in meinem und meiner Freunde daseyn reifen, müssten auf diesen Boden gesät, und iene himmlischen Juwelen könnten in die irdischen Kronen dieser Fürsten gefaßt werden, hat mich ganz verlassen.«

Aber es ist nicht 1786, nicht 1778. Es ist November 1776.

»... ausgestoßen aus dem Himmel als ein Pasquillant«. Pasquino ist eine verstümmelte Statue in Rom, an die man in der Nacht anonyme Spottschriften anzuheften pflegte. Geklatsch, Geschmier, giftig, boshaft, infam, verbindet sich mit Pasquillant. »Göthe hat ein Pasquill von mir, worin Euch allen die Köpfe gewaschen werden – bis ihr gescheuter seyd«, Lenz im Sommer an Klinger. »Ich hab' Euch versprochen, es Euch sauer zu machen Klinger so Maler Müller und Wagner, den ich recht sehr schätze. Nehmt Euch also in Acht vor mir, parirt ja wohl und wenn Ihr Blöße findet, so stoßt herein auf *mich*, wie ihr wollt und wie ihr könnt.« Im Zusammenhang mit der Ausweisung aus Weimar ist auch im Brief an Herder von einem Pasquill die Rede: »Und doch waren zwo Stellen in diesem Pasquill die Goethe sehr gefallen haben würden, darum schickt ichs dir. Wie lange werdt ihr noch an Form und Namen hängen ... Hätt ich nur Goethens Winke eher verstanden. Sag ihm das.« Und dann setzt er noch darunter »Von dem versiegelten Zettel an Goethen sag niemand.«

Worum es sich im einzelnen handelt, ist nicht zu rekonstruieren. Alles ist vernichtet, der »versiegelte Zettel«, das Pasquill. Alle Spuren des Streites sind sorgsam getilgt. Klar aber wird, Goethe warnt Lenz mehrmals, gibt ihm »Winke«, die Lenz nicht versteht und Goethe wohl auch nicht deutet. Wie bei Klinger, dem Goethe sagt, er könne nicht mit ihm in Weimar leben und Klinger »es nicht verstund und ichs nicht erklären konnte und mochte«.

Lenzens Beleidigung ist für Goethe vielleicht ein Anlaß, ihn endlich loszuwerden, sich der auf vielen Ebenen schwebenden Konflikte mit ihm, deren Ausbruch ständig droht, zu entledigen. Der Streit muß alles hochgeschleudert haben. Eine große Wahrheit muß Lenz Goethe gesagt haben, wie sonst könnte Goethe so getroffen sein.

Von »tiefster Verwirrung mein selbst« spricht Goethe. Aber er sagt es nicht leidend, sondern abwehrend, sich behauptend, es damit schon überwindend. »Die ganze Sache reisst so an meinem innersten«, Goethe an Charlotte am 1. Dezember, »dass ich erst dadran wieder spüre dass es tüchtig ist und was aushalten kann.«

»Meine Existenz ist mir so lieb, wie jedem andern, ich werde aber just am wenigsten in Rücksicht auf sie irgend etwas in meinem Betragen ändern.«

Wie noch öfters in seinem Leben entzieht sich Goethe den Konflikten durch eine Reise. »... lebwohl! Ich geh nach Leipzig«, etwa am 1. Dezember an Einsiedel. Am gleichen Tag ein Briefchen an Charlotte: »Ich sollte gar nichts schreiben, denn ich weis nicht wie mir ist. Die Reise muß wohl gut seyn.«

Am Morgen des 2. Dezember verlassen Goethe und Karl August Weimar. Sie gehen an den Dessauer Fürstenhof. Vier Tage nach der Ankunft schreibt Goethe von Wörlitz: »Wir hezzen uns mit den Sauen herum, und mir thuts besonders wohl dass so viel neues um mich herum lebt.« Im Tagebuch dann immer wieder Eintragungen: »Schweinehetze« – »auf der TreibJagd« – auf der »Schweinehetze« – »auf dem Feldtreiben«. Nach drei Wochen erst kehrt Goethe nach Weimar zurück.

»... statt der all belebenden Wärme«, schreibt Wieland einen Monat später, »ist politischer Frost um ihn her. Er ist immer gut und harmlos, aber – er theilt sich nicht mehr mit –«. – »Goethe schreibt überall keiner Seele; verschließt sich allem;« Lavater an Zimmermann. Goethe an Merck dann: »Hab mich immer lieb, glaub, daß ich mir immer gleich bin, freilich hab ich was auszustehen gehabt; dadurch bin ich nun ganz in mich gekehrt.«

Goethe geht gekräftigt aus der Sache hervor. Er hat einen harten Schnitt gemacht.

Lenz wird zerstört.

Wie immer der Streit verlaufen sein mag, bei Lenz muß man bedenken, daß seine soziale Unsicherheit und Zukunftsangst für ihn auch psychologisch eine schwierige Situation schafft. »Es ist unmöglich, Ihnen die ganze Bitterkeit meiner Lage zu erhellen«, schreibt Lenz an Charlotte von Stein, »Sie werden etwas davon aus dem Widerspruch in allen meinen Handlungen erahnen, obgleich meine wie Sie vermuten so verderbten Gefühle nicht immer darauf reduziert werden können, daß sie sich widersprechen.«

Auch Klinger leidet darunter; er sei »ohne Ziel und Zweck« klagt er. »Ich treib mich in unendlichem Wirrwarr herum und flüchte da und dorthin vor mir, dem Schrecklichsten«, am 19. August 1776. »Ich bin toll und unausstehlich und kränke manch gute Seele dadurch.«

Klinger hat die gleichen Erfahrungen in Weimar gemacht, erst die Beglückung über den Musenhof, der Taumel, der Trubel, dann der Überdruß (»... hätt ich nicht den seeligen Gedanken gefaßt mich manchmal einige Tage zu Hauß gehalten wär ich ernstlich crepirt vor langer Weile ...«), schließlich die Entfernung aus Weimar. Dabei ist Klinger in ganz anderer Weise als Lenz zur Anpassung bereit. Sosehr ihn die »Verhältnisse drüken«, hat er sich »vom ersten Moment vorgenommen sie zu respectiren und so that ichs bißher. Überhaupt ists eine große Schule für mich. Also immer die Schule durch geritten und Menschen Wesen sehen und verdauen. Von den Hofdamen und Hof Weibern red ich nicht, denn die meid ich wie Feuer.«

Solche Worte wären Lenz unmöglich, sie setzen das Bewußtsein einer Machtstruktur voraus. Lenz war wohl ganz naiv. Die Freunde empfinden es, »so kindlich, so liebevoll« sagt Wieland, Goethe: »Lenz ist unter uns wie ein krankes Kind, wir wiegen und tänzeln ihn und geben ihm das Spielzeug, das er haben will«. Das – als Lenz nach Kochberg geht.

Lenzens Naivität hängt auch mit seinem Künstlertum zusammen. Und letztlich ist das wohl der geheime und ausschlaggebende Punkt des Streites. Obwohl Lenz sich demutsvoll und beinahe dienerisch unter Goethe stellt, fühlt dieser die große Begabung des Freundes. Fühlt etwas darin als ihm feindlich, fremd, bedrohlich. Lenzens Tragikomik, die bittere Ironie in seinen Dramen, die ausschließliche Darstellung der erbärmlichen deutschen Wirklichkeit sind Goethes innerstem Wesen entgegengestellt. Er versteht es nicht, wehrt es ab. Wie er später Heinrich von Kleist und Friedrich Hölderlin abwehren wird, wie er in der Romantik Krankes sieht und es für sich abwehrt – so reagiert er auf Lenz. Lenzens Talent würde »kränkeln«, sagt er, ja, es sei »krank«, Lenzens Wesen sei eine »Halbnarrheit«, ein »gewisser von jedermann anerkannter, bedauerter, ja geliebter Wahnsinn«.

Da Goethe es über seinen Freund sagt, den Gleichaltrigen, den Gleichbegabten, den, mit dem er seinen Weg antrat und eine Strecke gemeinsam ging, ist jenes Nicht-Begreifen besonders tragisch, und Tatsache und Umstände des Bruches sind menschlich so bitter für Lenz. Zumal Goethe noch seine Machtposition am Hofe ausspielt. Die große Kälte und Konsequenz, mit der Goethe die Ausweisung betreibt, und seine späteren emotionsgeladenen und ungerechten Urteile über Lenz in »Dichtung und Wahrheit« – als »whimsikel«, als Intriganten stempelt er ihn ab – deuten auf seine starke innere Betroffenheit 1776 und sind wohl auch als eine Art unbewußter Selbstrechtfertigung zu verstehen. Noch 1816 darf der Name Lenz als ein Goethe »verhaßter Gegenstand« in Weimar möglichst nicht erwähnt werden, wie wir aus einem Brief Hufelands wissen.

Auch keinerlei äußere Umstände – wie im Falle Klinger – zwingen Goethe jemals zu einer Revision seiner Haltung gegenüber dem Jugendfreund Lenz. Bei Klinger sind es die Beziehungen zwischen dem Weimarer Hof und dem russischen Hof in Petersburg, an dem Klinger als Generalleutnant lebt. Als 1799 und 1801 Herzog Karl August für seinen Sohn um die russische Großfürstin Maria Pawlowna werben läßt, gibt Goethe dem Gesandten einen Brief mit, nennt Klinger plötzlich »verehrter alter Freund«, bittet um »freundliches Andenken«. Briefe werden getauscht. Später sendet Goethe den ersten Teil von »Dichtung und Wahrheit«, »im dritten« fügt er in einem Begleitbrief hinzu, »erlauben Sie mir, daß ich Sie auch vorführe«. Klinger fühlt sich ermutigt, kommt wieder – wie schon Jahre zuvor – auf das Zerwürfnis von 1776 zurück. Goethe schweigt darauf.

Schickt drei Jahre später den dritten Teil von »Dichtung und Wahrheit«; »ich wünsche, daß Sie sich mit demselben freundschaftlich abgespiegelt, mit einiger Zufriedenheit erblicken möchten«, schreibt er und fügt hinzu: »Da aber erst in der Folge unser Zusammenleben und Wirken eigentlich recht angeht, so wünschte ich, daß Sie selbst hierzu mir einige Beiträge gönnten, wie schon mehrere Freunde auf mein Ansuchen gethan. Denn da es mir an Documenten aus jener Zeit gar sehr fehlt, und das Gedächtniß zu den Thatsachen wohl allenfalls hinreicht, aber nicht immer uns die Eindrücke, die wir damals empfingen, wieder hervorrufen kann, wir vielmehr öfters spätere Reflexionen unterschieben; so ist es uns höchst interessant zu erfahren, wie ältere Freunde sich und uns gesehen und was sie sich noch von jenen Epochen bewußt sind.«

Klinger schickt das Gewünschte, kommt ein letztes Mal auf das Jahr 1776 zurück. Bezichtigt andere, um Goethe nicht zu belasten. Es sei ein Irrtum gewesen, keiner von beiden, weder Goethe noch er trügen die Schuld. Ein dritter, Kaufmann, der »widrige Schwärmer«, sei es gewesen (Kaufmann war 1795 gestorben). »Die Stunden, die ich mit Ihnen lebte gehören zu den angenehmsten meines Lebens, u. lebte ich sie in der vollen Kraft des Lebens, so genieße ich sie nun in lieblicher stiller Erinnerung.«

Goethe geht nicht auf die Vorgänge 1776 in Weimar ein. Er verstummt. Klinger bleibt die höfliche Verehrung. Zum 7. November 1825, dem groß gefeierten fünfzigjährigen »Jubel-Jahr« Goethes in Weimar, schreibt er dann dem »unwandelbaren Freunde Goethe« und beteuert, daß dieses Jubiläum für ihn zugleich »zum feyerlichen Jubiläum« ihrer »mehr als 50jährigen Freundschaft« wurde.

1776: Die beiden jungen Dichter Lenz und Goethe in

Weimar. »Das Schicksal stellt mich auf eine Nadelspitze«, schreibt Lenz, »wo ich nur immer schwankend Dich sehen, Dir nicht erwidern kann.« In Lenz, dem Begabten, dem großen Talent, ist etwas, was Goethe tief verborgen in sich selbst fühlt. Ein Jahr später wird Goethe seine eigene Heilung von »Melancholie« und »Wahnsinn«, wie er sagt, durch »Psychodramen« erwägen. Die ständige Gefährdung des Künstlers durch seine Sensibilität, sein Talent, seine Wahrnehmungsintensität, Selbstzweifel und Selbstübersteigerung, das Unberechenbare in ihm, tritt Goethe in Jakob Lenz gegenüber.

Er stößt den Freund von sich – aus Angst vor den eigenen Gefährdungen. Er will zu dieser Zeit die Konflikte mit der Wirklichkeit, die sich daraus ergeben und bei Lenzens sozialer Unbehaustheit in viel schärferer Form hervortreten, einfach nicht wahrhaben. Er verschließt sich dem. Aber er kann nicht entrinnen. Jahre später wird er sich in seinem Drama »Tasso« dazu bekennen, es ist »Bein von meinem Bein und Fleisch von meinem Fleisch«, sagt er.

Zugleich mögen einige Charakterzüge der historischen Gestalt des Dichters Tasso, seine Unsicherheit, sein mangelndes Selbstvertrauen, die seinen Feinden und Neidern die Intrigen erleichtern, auch eine verdrängte Erinnerung an seinen Freund Jakob Lenz sein. Goethe äußert sich nie dazu.

»in meinem iezzigen Leben weichen alle entfernte Freunde in Nebel«, schreibt er Anfang 1777 und Ende des Jahres im Gedicht »Auf dem Harz im Dezember 1777«:

Aber abseits, wer ists?
Im Gebüsch verliert sich sein Pfad,
hinter ihm schlagen
die Sträucher zusammen –

Sieht er vielleicht Lenz, seinen Freund, der vier Wochen vor dem Bruch, vor seiner Ausweisung aus Weimar, ahnungsvoll schrieb:

Ich aber werde dunkel sein
Und gehe meinen Weg allein.

Fünftes Kapitel

24

Lenz verbirgt die Weimarer Demütigung, indem er sich selbst verbirgt. Er meidet Freunde, schlägt Lavaters Einladung nach Zürich aus. Seine »Einzelheit« sei nicht von »Gewicht«. Allein mit den quälenden Gedanken, fährt er in den hereinbrechenden Winter. Erfurt, Gotha, Eisenach, Frankfurt am Main, Darmstadt. Die Städte, in denen er auf der Reise nach Weimar Freunden begegnete und neue fand, durchflieht er nun, ängstlich auf unbekannte Gesichter aus. Auch in Straßburg besucht er niemanden. Salzmann und Röderer wähnen Lenz zu dieser Zeit, da er die ihm vertrauten Gassen durchläuft, in Weimar, »... sey glücklich und sorgenfrei«, Röderer in einem Brief, den er am 15. Dezember in Straßburg der fahrenden Post an die Adresse des Hofrates Wieland mitgibt. Am 20. Dezember Salzmann an Lenz nach Weimar: »Zu dem glücklichen Dienst den Sie dem guten Herzog geleistet haben gratuliere ich Ihnen und bin gewiss daß Sie von dem Hof nicht, wenigstens nicht mit leerer Hand wegkommen werden.« Die Freunde vermuten in ihm einen »etablirten Mann«, vom Herzog gefördert, Goethes »bester College«.

Lenz verläßt Straßburg, wandert weiter, findet bei Goethes Schwester Cornelia und ihrem Mann Georg Schlosser in Emmendingen Aufnahme. Mitte Dezember kommt er dort an. »Lieber Herder! was kann was darf ich dir sagen. Es wäre betrübt für mich, wenn du mein Stillschweigen nicht verstündest … Schick mir wo möglich noch einige Zeilen Stärkung derweil ich in Emmend. bin. Adieu! Grüß Weib und Kind! Adieu Herder! ich mache keine Entschuldigung. In der Christnacht bey Schlossern.«

Bis in das Frühjahr und den Sommer 1777 hinein lebt Lenz im Hause von Cornelia und Georg Schlosser.

Freundschaftlich sind beide ihm zugetan. Goethes Schwester kann wohl nachfühlen, was es heißt, für Goethe plötzlich unwichtig zu werden. Sie selbst hat es schmerzlich erlebt. Cornelia war dem Bruder seit der Kindheit engste Vertraute, noch als sie einundzwanzig ist, teilt er ihr alles mit; Briefe, die er erhält oder absendet, ja »jedes kleine Gedicht, wenn es auch nur ein Ausrufungszeichen gewesen wäre«, wie er selbst sagt. Das Leben führt ihn von ihr weg. In Wetzlar beschäftigt Goethe anderes. Die Schwester, so erinnert er sich später, »fühlte sich allein, vielleicht vernachlässigt«. Ihre Bindung an Schlosser sei die Folge. Er sagt sich »heimlich«, »daß wenn der Bruder nicht abwesend gewesen wäre, es mit dem Freunde so weit nicht hätte gedeihen können«, bekennt, daß er »wirklich eifersüchtig« gewesen sei. Im November dreiundsiebzig heiratet Cornelia. Ein Jahr später zieht sie nach Emmendingen, bekommt ihr erstes Kind, ist lange krank, wird erneut schwanger. »Wenn ich manchmal über ihr Schicksal phantasirte«, mochte ich sie »nicht gern als Hausfrau« denken, schreibt Goethe, »wohl aber als Aebtissin, als Vorsteherin einer edlen Gemeinde. Sie besaß Alles, was ein solcher höherer Zustand verlangt, ihr fehlte, was die Welt unerläßlich fordert.«

Cornelia ist offenbar eines jener durch Bildungsehrgeiz des Vaters überzüchteten Geschöpfe. Drei Sprachen muß sie lernen, Physik und Mathematik. Als aber der Bruder zur Universität kommt, hat sie sich mit der Enge des Hauses zu bescheiden: Hausfrau, Ehefrau, Kinder. Bildung und Empfindsamkeit sind eine Last, die sie lebensuntüchtig macht. Depressionen. Sie »schleiche … denn ziemlich langsam durch die Welt«, schreibt Cornelia im Dezember 1776, »mit einem Körper, der nirgend hin als ins Grab taugt«. Sie hat tatsächlich nur noch ein halbes Jahr zu leben.

»Wir sind hier ganz allein, auf dreißig, vierzig Meilen ist kein Mensch zu finden – meines Mannes Geschäfte erlauben ihm nur sehr wenige Zeit bei mir zuzubringen …« im gleichen Brief, wenige Tage bevor Lenz dort eintrifft.

Cornelia und Lenz. Über ihr Zusammensein, ihr Verhalten zueinander gibt es keine Zeugnisse. Der letzte Brief Cornelias ist vom 10. Dezember 1776. Und hätte sie noch geschrieben, wäre gewiß kein Wort über Lenz gefallen, denn ihre Briefpartnerinnen sind Vertraute des Bruders: Charlotte von Stein und Auguste von Stolberg. Aber eines deutet darauf, wie sehr Cornelia Jakob Lenz geschätzt haben muß. Als Paten des Kindes, das sie erwartet, bestimmt sie ihn, Lenz, und ihre Mutter.

In Emmendingen findet Lenz auch zur Arbeit. In wenigen Wochen schreibt er die Erzählung »Der Landprediger« nieder. Sie erscheint im gleichen Jahr in drei Teilen in Boies »Deutschem Museum«.

Von Emmendingen aus unternimmt Lenz einige Reisen. Im Januar fährt er nach Straßburg, nach Fort Louis und nach Colmar. In Straßburg weilt er, »ohne irgendjemanden zu sehen, die Ihnen so aufrichtig zugetan sind«, schreiben seine Freunde »mit tausend Vorwürfen«. In Colmar macht er Station. »Lenz war acht Tage bei uns, ein liebenswürdiger Junge, der hundertmal mehr ist als er scheint«, Pfeffel am Vierundzwanzigsten.

Dann wandert Lenz nach Basel. Wird dort in eines der

prunkvollsten Häuser der Stadt eingeladen, in das »Weisse Haus«, den Wendelstörfershof, Rheinsprung 18. Jakob Sarasin hat es 1770 gebaut. Sarasin ist Kaufmann, Besitzer einer Seidenbandfabrik, Reformer, Kunstliebhaber und Mäzen. Sehr freundlich nehmen er und seine Frau Gertrud den Dichter auf. Eine Woche ist er zu Gast. In Basel scheint Lenz endlich so viel Selbstbewußtsein wiedererlangt zu haben, um Johann Kaspar Lavater, Goethes und seinen gemeinsamen Freund, in Zürich aufzusuchen. Von Zürich geht er nach Emmendingen zurück. Aber bald zieht es ihn erneut in die Schweiz.

25

Das Unberührte der Landschaft und die nationale Geschichte des Volkes, Natur und Politik faszinieren wohl Lenz. Er teilt die Schweiz-Begeisterung seiner Zeit, ausgelöst durch Hallers Alpendichtung und Rousseaus »La Nouvelle Héloise«. Er bewundert Lavaters nationales Engagement in den »Schweizerliedern« wie sein mutiges Auftreten gegen den tyrannischen Landvogt Grebel, dessen Absetzung Lavater als Einundzwanzigjähriger gemeinsam mit dem Maler Heinrich Füßli erzwang. Lenzens erstes Gespräch mit Lavater in Straßburg berührt eben jene Flugschrift über Grebel.

Lenz lernt nun im Lande selbst Männer wie Füßli kennen, einen Namensvetter des Malers. Dieser Füßli ist der große Rousseau-Verkünder in der Schweiz. Er hat Rousseau 1762, als dessen »Émile« auf Parlamentsbeschluß in Frankreich verbrannt und der Verfasser zu Gefängnis verurteilt wurde, in seinem Exil in Môtiers in Val de Travers besucht. Füßli will die Grundsätze des »Contrat social« – Volkssouveränität und Theorie des

»Homme né Libre« – in seinem Lande verwirklichen. Im Januar 1777 tritt er in den Züricher Großen Rat ein, später wird er einer der führenden Politiker der Schweiz. Füßli ist auch Historiker, mit Johannes von Müller zusammen schreibt er an einer Schweizer Geschichte. Lenz lernt auch Johann Caspar Hirzel, Arzt und Politiker in Zürich, kennen. Hirzel beschäftigt sich mit physiokratischen Bestrebungen in der Landwirtschaft und veröffentlicht 1761 das Buch »Die Wirtschaft des philosophischen Bauern«, macht den Musterbauern Jakob Gujer aus Wertmatswil bei Uster, genannt Kleinjogg, weltberühmt; Wallfahrtsort der Schweiz-Reisenden wird sein Hof.

In Basel begegnet Lenz außer Sarasin auch Isaak Iselin, Ratsschreiber und Popularphilosoph. Diese Männer sind alle älter als Lenz und in angesehenen Stellungen, so daß ihre Reformpläne Chancen einer Verwirklichung haben. Nach den fehlgeschlagenen Versuchen in Straßburg im Kreis einflußloser junger Leute, nach der Enttäuschung am kleinen Weimarer Fürstenhof, wo schon der Freund seine Pläne zurückhält, muß Lenz das beeindrucken.

Lenz gibt Sarasin seitenlang Ratschläge für seine Töchterschule. Äußert den Wunsch, der im März 1777 von Iselin gegründeten »Baslerischen Gesellschaft zur Beförderung des Guten und Gemeinnützigen« beizutreten. Erhält eine Einladung zur Helvetischen Gesellschaft nach Bad Schinznach, wo sich Lavater, Iselin, Geßner, Hirzel, Pfeffel, Sarasin, Füßli und andere zu ihrer Jahressitzung treffen. Vom 12. bis 15. Mai ist Lenz dort. Nicht die Themen der Tagung, die ernsthaften Gespräche sind uns überliefert, sondern der heitere Abschluß, die »bey letzter Versammlung ob der Tafel recitirten Inpromtus«. Man macht Spottverse aufeinander, ausgelassen, freimütig, spitz. Auch Lenz trifft es, man schont ihn nicht.

Ein Männgen von hoher Intelligenz,
Weiß nicht ob von reichlicher Subsistenz,
Ein gutes Schosskind der Providenz;
Kein großer Freund zwar von Jurisprudenz
Dafür ein Poet von vieler Licenz,
Und himmelrein von Insolenz

reimt Lavater auf Lenz. Umgangston und Sicht auf den Dichter Lenz geben die Verse wieder.

Allein auf den Abend war in seiner Präsenz
Gar viel geredt von des Manns Impotenz.
Er selber macht weits und breits und Allfänz:
Allein mir ist's klar bis zur Evidenz
Daß vom Schädel zun Füssen er ist ein Faullenz:
In seiner Art Einer ohn alle Concurrenz –
Drum reißt ihm vom Schädel die dichterschen Cränz
Und macht in die heutigen Gedichte viel Schränz:
Thut dann es Sünderleins Magnificenz
Nicht auf der Stelle Pönitenz,
So bleibts auf ewig bey der Sentenz:
S' ist alles verloren an Michael Lenz.

Und Pfeffel schreibt:

Doch glaubt mir als einem wahren Propheten,
Lenz wird noch einer der grösten Poeten
Die unseren deutschen Helikon zieren.
Und sollt' ich ja meine Wette verlieren,
So ist es wahrlich blos seine Schuld:
Dann aber verlier' ich die Geduld,
Und laß ihn, ohne ferners Hofiren,
Von Schärer Phoebus, wie Läufern – castriren.

Den Rest des Monats Mai verbringt Jakob bei Freunden. »Ich schwärme in der Schweiz herum, habe in Schinznach vier goldene Tage gelebt, in Zürich Basel und Schafhausen viel Liebe genossen.« Er fängt an, ein Stück zu schreiben, das Sarasin und seine Frau Gertrud bei ihm bestellt haben. Im Liebhabertheater will man es aufführen. Lenz wird über den Anfang und die ihn begeisternde Vorstellung, auf diese Weise Frau Sarasin zu huldigen, nicht hinauskommen.

Im Juni dann bricht er zu einer vierzehntägigen Fußwanderung in die Schweizer Berge, die »wilden Cantons«, auf. Füßli ist bereit, ihm noch einen Wegbegleiter zu verschaffen. Aber Lenz will nur mit dem Züricher Komponisten Christoph Kayser (schon des längeren sein Brieffreund) wandern. Am 3. Juni, morgens um vier, gehen sie los. Die schneebedeckten Berge, die Täler, Almen, die Bergseen und stürzenden Flüsse sind für Lenz, den Nordländer, eine neue ungeahnte Welt. Lenz und Kayser steigen, wandern, steigen – über unwegsames Geröll bis zur Erschöpfung. Vom Fuße des Sankt Gotthard ist ein Brief Lenzens an Lavater datiert. »Ursener Thal an der Matte d. 14ten Jun. Sonntags«. – »Dir aber mündlich alles was wir gesehen und genossen – und gelitten.« Meyringen und Grindelwald werden erwähnt. »Daß wir müde und matt über den beschneyten Grimsel u. Furka kommen sind kannst du dir vorstellen. Morgen gehts durch Urnerloch nach Hause.« Am Rande noch: »Wir sehen beyde aus wie die Gänse von hinten wenn sie gerupft sind und die letzten Härgens abgeschreyt. Kaiser sind beyde Augen verschwollen und ich kann auch nit viel sehen. So hat uns Schnee u Sonne zugericht.«

Als Lenz wieder in Zürich ankommt, findet er die Nachricht vor, daß Cornelia Schlosser am 8. Juni, drei Wochen nach der Geburt ihres Kindes, gestorben ist.

Lenz bricht sofort nach Emmendingen auf. Der Tod Cornelias trifft ihn tief. »Mir füllt diese Lücke nichts – ein edles Wesen von der Art auf der Welt weniger kann sie einen schon verleiden machen ... Ihr Geist war hier wie in einem fremden unbekannten Wohnort, in den er sich nicht zu fassen wußte. Alles drückte auf sie, diese heilige reine Seele mußte sich Luft machen –«.

In Emmendingen rät ihm Schlosser, mit seinem Freund Hohenthal wieder in die Schweiz zu gehen. Lenz zögert, »ich bin noch unschlüssig ob ich Schlossern verlassen darf«. Hohenthal fährt zunächst allein. Lenz folgt dann. Am 4. Juli ist er schon in Basel. Da ist es beschlossene Sache. »Meine itzige Schweitzerreise geht (in Gesellschaft eines Sächsischen Freyherrn v. Hohenthal) über Neuburg u. Yverdon nach Lausann und Genf, von da ins Walliserland und zu den Eisgebirgen ... (wir denken auch nach Graubündten und von da nach Zürich zurückzukommen) ... Bern, das Entlibuch, die freyen Aemter, wollen wir auf unsre Rückreise über Bern u. Basel verspharen.« Bald erweitern sich die Pläne der beiden, »schon im Wagen zwischen Solothurn und Neuburg, noch mehr aber hier, wo der Rath einiger Bekannter des Barons hinzugekommen ist«. Nach Italien wollen sie nun. Mailand. Rom. Florenz. Neapel. Lenzens großer Traum. Er muß überglücklich gewesen sein. Schreibt nach Zürich, nach Basel, bittet Füßli und Sarasin um Empfehlungsschreiben und Ratschläge. Sarasin antwortet: »Hier sind 2 Briefe die Sie etwas nüzen können. Verzeihen Sie daß ich sie überall als Poet ankünde. Es schadt nichts ich weiß wohl was ich thue.« Er ist verwundert über Reiseumfang und Kürze der Zeit. »Und im September wieder in Zürich. Bravo! Da fährt mein Lenz immer zu einem Thor hinein und zum andern gleich wieder hinaus, denn da ist keine Zeit zum Aufenthalt zu verlieren ... Nein im Ernst. vier Monath müssen Sie zu dieser Reise haben und da werden Sie noch keine Minute übel anwenden dörffen.«

Es wird weder September noch November werden bis zur Rückkehr aus Italien. Schon Anfang August endet die Reise. Noch in der Schweiz, am Fuße des Sankt Plomb. An Lavater am Rande des Briefes die lakonische Mitteilung: »Ich habe mich hinter Sitten von Hohenthal getrennt.« Keine Erklärung. An Sarasin, er werde mündlich berichten. Später ist von »kränkeln« des Barons die Rede. Und davon, daß der Italien-Plan in »Don Quirotischer Laune« entworfen sei.

Lenz jedenfalls geht allein nach Bern zurück. Besieht sich zwei Tage die Stadt mit ihren »Merkwürdigkeiten«. Steigt im Gasthof »Zur Krone«, einem »theuren Wirthshause« ab. Von da aus schickt er am 9. August Lavater einen Brief. »Lavater! ich bin hier ... und erwarte von dir – daß du mir gleich nach Ansicht dieses einen Louisd'or und einen Dukaten zuschickest. Schiebst dus einen Posttag auf, so gerath ich in Schulden und andern Händeln die noch schlimmer sind.« Dann bittet er noch um »ein acht Tage Aufenthalt« in Lavaters Haus, um seine »Wirthschaftsumstände« zu »richten«. »Kanns aber nicht seyn so sags nur ohne Rückhalt, *denn du bist ohnehin geplagt* genug.«

Lavater nimmt ihn auf. Aus den acht Tagen wird ein Vierteljahr, das Lenz in Zürich in Johann Kaspar Lavaters Haus zum Waldries in der Spiegelgasse 11 verbringt. Von Mitte August bis in den November des Jahres 1777 hinein.

Zürich ist in jenen Monaten, da Lenz dort weilt, voller Ereignisse. Er wird ihr Zeuge. »Die Bürgerschaft scheint es möchte bey nichts weniger aufhören wollen als bey einer Revolution«, meint er und verfolgt die politischen Vorgänge gespannt; »täglich interessanter« werden sie ihm. Ja, er begründet geradezu seine lange Anwesenheit in Zürich damit. Als Schriftsteller wolle er »auflauernder Zuschauer« dieser »bürgerlichen Unruhen« sein. 28. September 1777: »In der That wird der politische Himmel hier alle Tage merkwürdiger für einen Beobachter der Menschheit«, und reise er ab, müßte er »mit Recht fürchten, dergleichen Gelegenheiten für einen dramatischen Spürhund in meinem Leben nicht wieder zu finden ...« Die »Schweizerneüigkeiten« seien von »größrem Einfluß aufs Allgemeine ... als hundert es zu glauben scheinen«. Der »Patriotismus« habe ihn »durchaus angesteckt«, steht in einem Brief an Füßli, »von einheimischen Gährungen in Republiken« habe er »die schlimme Meynung nicht«, womit »die meisten Philosophen den Geist der Ruhe der das Bewusstsein der Kräfte einschläfert empfehlen«, ihm dünken »Händel in Republiken und die darauf geschlossenen Verträge dem politischen Horizont so zuträglich als die Gewitter dem Physischen«.

Johann Heinrich Füßli spielt eine Hauptrolle in jenen Züricher Ereignissen.

Lenz hat »Freunde«, wie er sagt, bei »beyden Partheyen«, den »Whigs und Tories«, und sieht sich als künftigen »epischen Dichter über Schweiz und Schweizerangelegenheiten«. Die Züricher beobachten das offenbar mit Mißtrauen. Als in Boies »Deutschem Museum« ein anonymer Brief aus Basel gedruckt wird, gerät Lenz in Verdacht, der Verfasser zu sein. Auch ein Brief Lenzens an den Züricher Politiker Hirzel deutet auf Mißstimmungen. Lenz fühlt sich verpflichtet, zu versichern, daß die »Absichten« seiner Schweizer Reise, »da das Richteramt« sein »Beruf nicht ist, niemandem zum Schaden gereichen können«. Ausdrücklich, beim »theuersten Eyde«, hebt er zudem hervor, daß Lavater keinen Anteil an seiner Meinung habe, daß er sie im Gegenteil »äußerst tadelhaft gefunden haben würde«.

»Mein Aufenthalt in dem Hause des Herrn Pfarrer Lavaters sollte mich freylich in meinen Reden und Handlungen ein wenig fürsichtiger gemacht haben«, meint Lenz, »wenn man bey einem dringendem Herzen nur fürsichtig bleiben könnte und ich durch fatale Schriftstellerverhältnisse hinaufgeschraubt, alle politischen Reservationes mentales für Cruditäten in meinem Gewissen zu halten, nicht beruffen gewesen wäre.« Dann steht da noch: »da ich eben von ihm auszuziehen willens war und schon die Nacht ausser seinem Hause geschlaffen«.

Worum es sich im einzelnen bei den Auseinandersetzungen, insbesondere bei den Meinungsverschiedenheiten mit Lavater gehandelt hat, ist nicht zu belegen. Wie überhaupt so gut wie nichts von jenem Vierteljahr, da Lenz in Lavaters Haus lebt, bekannt ist. Schlosser wird später sagen, Lenz habe durch Lavater die Religion falsch aufgefaßt. Auch dafür gibt es keine Anhaltspunkte. Lenz spricht zu dieser Zeit seine Abneigung gegen die Pfaffen noch unumwunden aus, sieht in Lavater aber eine Ausnahme (»um Gottes willen lassen Sie keinen Prediger sich in ihre Anstalt mischen«, schreibt er zum Beispiel an Sarasin in Hinblick auf dessen Töchterschule, »es giebt wenig Lavaters«). Lenz ist Lavater zugetan, bewundert seine ab 1775 in vier Bänden erscheinenden »Physiognomischen Fragmente zur Beförderung der Menschenkenntnis und Menschenliebe«, die in ganz Europa ungeheures Aufsehen erregen, bewundert den Menschen Lavater, den warmherzigen Enthusiasten und Schwärmer. Lavater seinerseits wird sich ein Leben lang zu Lenz bekennen, ihm noch bis in die letzten Moskauer Jahre Briefe schreiben. Aber das Miteinander in einem Haus belastet die Freundschaft. Die ausgebetenen Tage dehnen sich über Gebühr. Lavater ist zudem mit »Geschäften überhäuft«, seine Frau ist krank. »Bis der gute Junge fixe Stelle und täglich Brod hat, bin ich an ihm«, hat Lavater im Mai des Vorjahres geschrieben. Vielleicht also nun Ermahnungen, schließlich Ungeduld, Vorwürfe für Lenz.

Wieder ist ein Jahr vergangen. Straßburg endete mit Schulden und völliger Mittellosigkeit. Weimar mit Almosen, auf die Lenz angewiesen war. Nun steht er auch in der Schweiz vor dem Nichts. Hat Schulden bei Füßli, bei Sarasin, bei Iselin, bei Lavater. Von allen hat er Geld geborgt. Immer wechselt er die Orte, zieht umher, ist Gast hier und dort, fällt zur Last, flieht. Im heißen Sommer das Wanderleben, die Fülle der Eindrücke und kein Ort, der Ruhe gibt. Keine Ruhe zum Arbeiten, zum Schreiben.

Die Unbehaustheit. Lenz muß auch körperlich erschöpft sein. Mit hektischer Betriebsamkeit sucht er alles zu überspielen. »Ich bin ein Fremder ... unstet und flüchtig und habe so viele die mit mir unzufrieden sind«, schreibt er und klagt über seine »unbehelfsame Existenz«.

Wie schrecklich seine Lage wirklich ist, wissen wir von Christoph Kaufmann und seiner Braut Elise Ziegler, bei denen Lenz, als er Lavaters Haus verläßt, Unterkunft findet. Sie nehmen ihn mit nach Schloß Hegi, wo Elises Vater Landvogt ist, dann nach Winterthur zu Kaufmanns Eltern. Von dort bricht Lenz am 28. November wieder zu einer Wanderung auf. Die Freunde nutzen die Zeit. »Lenz ist gestern nach St. Gallen – nun sehen wir seine Sachen durch –«, schreibt Elise am Neunundzwanzigsten, »setzen diese Liste auf – und dachten sie einigen unserer nächsten Freunde zu senden ... Wer den edlen, guten Jüngling kennt und liebt, trägt gewiß gern etwas zu seiner Ruhe bei – so ist er noch immer gedrückt, daß in die Länge auch sein moralischer Charakter darunter litte – und Sie werden sehen, wie Ruhe und stille Befreiung von Sorgen herrliche Wirkungen in ihm hervorbringen. ... Lenz soll nicht das Mindeste erfahren um aller Liebe willen still.« Kaufmann legt dem Brief einen Zettel mit dem Inventar der defekten Kleidung Lenzens bei. »So wie fast alles hier Verzeichnete mangelbar ist, so mangelt alles Uebrige, was ein ehrlicher poetischer Kerl sonst noch bedarf. Auch ist nichts von einer Uhr, silbernen Schnallen, Degen oder Hirschfänger etc. vorhanden.« Das heißt, Lenz hat die Sachen, die er noch in Weimar besaß, versetzt. »Wer Lenz kennt«, fährt Kaufmann fort, »muß ihn lieben und wer das sieht, muß mit mir fühlen, daß es für ihn beständige Folter, nagender und zerstörender Gram ist, den er ohne stille Hilfe nicht heben kann.«

In Lenz müssen in dem Schweizer Jahr alle Hoffnungen, wieder Boden unter den Füßen zu bekommen, geschwunden sein. Wahrscheinlich sucht er eine feste Anstellung am Philantropin in Graubünden. Aber als er im Oktober von Zürich aus Karl Ulysses von Salis dort in Marschlins besucht, findet er nur noch die »Trümmer«, die Schule gibt es seit Mitte 1777 nicht mehr.

Vielleicht spielt er auch in der Schweiz mit dem Gedanken, Bauer zu werden. Im thüringischen Berka hat er schon gewünscht, als Bauer geboren zu sein. Nun beschäftigt er sich erneut mit dem Bauernstand, idealisiert ihn wie alle seine Freunde. Hat vor, den philosophischen Bauern Jakob Gujer aufzusuchen.

Auch Heinrich von Kleist wird in seiner Verzweiflung 1801 auf den Gedanken kommen, ein Bauer in der Schweiz zu werden, wird auf einer Insel im Thuner See vergeblich Ruhe suchen. Und Gottfried August Bürger glaubt im bäuerlichen Leben einen Ausweg aus seiner finanziellen Misere zu finden. Er scheitert, wie auch Johann Heinrich Merck mit seinen wirtschaftlichen Experimenten scheitert. Und ebenso Christoph Kaufmann.

Ende 1777, in jenen Monaten, da Lenz bei ihm ist, erwirbt er das Freigut Claris bei Kloster Feldbach. Er will ein einfaches Leben führen, sieht darin eine Alternative zu den Aufbruchsidealen seiner Generationsgefährten. Kaufmann dichtet nicht selbst, gehört aber dem Kreis an. Er lebt nach dem Rousseauschen Ideal, badet im Winter eiskalt, trägt lange Haare und ein offenes Hemd, erscheint so an fürstlichen Tafeln in Weimar, Dessau und Petersburg. Goethe, Herder, Klinger sind von ihm begeistert. Er ist der Fürsten- und Bürgerschreck. In Dessau will man ihn nicht haben, da er die »Philantropins zum Brandherd der Revolution mache«, wie Campe an Nicolai schreibt. Kaufmanns Versuch, als Bauer zu leben, scheitert nach kurzer Zeit. Er steht mittellos da, wie die anderen auch.

Wir wissen nicht, ob Lenz mit solchen Gedanken spielt und welche verzweifelten Versuche er macht, um seine Lebens- und Existenzkrise zu überwinden. Bis an die äußerste Grenze der Angst muß er am Ende des Schweiz-Jahres physisch und psychisch getrieben sein. Die unbewältigten Konflikte versetzen ihn in eine ungeheure Spannung. Sein Körper ist ermattet, gefährdet. Als er vor zwei Jahren von Straßburg ging, gab es noch die Prometheus-Hoffnung, voll überlegener Selbstironie schrieb er den Freunden eine »Schauervolle und süsstönende Abschiedsode«. Die forcierte Lustigkeit freilich hatte schon Beklemmendes.

> Wem unter Jünglingen und Schönen
> Ich ohne meine Schuld missfiel,
> Der denk': Er spielt die letzten Szenen
> Von einem frühen Trauerspiel.

In Weimar vor einem Jahr ein Abschiedsgedicht, das an Charlotte von Stein:

Ich aber werde dunkel sein
Und gehe meinen Weg allein.

Verse von berührend klagender Stille, die aber die Hoffnung an sich selbst noch in sich tragen. Nun in der Schweiz das Gedicht »An den Geist«.

O Geist! Geist! der du in mir tobst
Woher kamst du, daß du so eilst?
O verzeuch noch himmlischer Gast
Deine Hütte vermag's nicht
alle ihre Bande zittern
Kann nicht weiter empor.

Sei nur getrost, bald bist du frei
Bald wird dir's gelungen sein, grausamer
Teurer grausamer Gast!
Bald hast du dein steinern nordisch
Treues Haus übern Kopf dir zertrümmert
Ach da stehst du wie Simson und wirfst
Wirfst – strebst – wirfst's übern Haufen
Weh uns allen, schone noch, schone
Dieser treuen Hütte Trümmer
Möchten dich sonst unter sich begraben.
Sieh noch hält sie mit schmeichelnden Banden
Dich zurück, verspricht dir reine
Tausend reine Lebensfreuden
Zur Belohnung für deine Müh.
Schone noch Grausamer, Undankbarer
Kehre zurück, heft ihre Gelenke
Wieder mit zarter Selbstlieb' zusammen
Denn Gott selber baute sie dir,
Klein und gebrechlich wie sie da ist.

Wenn sie ausgedauert dann breche sie
Erst wenn der Baum gesaftet, geblüht
Früchte mehrjährig getragen, verdorr' er,
Gehe sein Keim ins ewige Leben
Aber jetzt, himmlische Flamme
Jetzt – Erbarmen! – verzehr ihn noch nicht.

Ein Gedicht, an niemanden mehr als sich selbst gerichtet. Erschütternd. Der Leib, das Gehäuse spricht mit dem verborgenen Bewohner, dem Geist. Ein flehend angstvoller Hilferuf, ihm noch eine Frist zu gönnen, ihn noch nicht zu zerstören.

Am Ende dieses Schweiz-Jahres, in Winterthur im November 1777, muß mit Lenz etwas passiert sein. Das einzige, was wir darüber wissen: »Lenzens Unfall«, schreibt Pfeffel am 24. November an Sarasin, »weis ich seit Freitag von Mecheln. Gott wolle dem armen Menschen beistehen. Ich gestehe dir, daß diese Begebenheit weder mich noch meinen Lerse sonderlich überraschte. Ich hoffe aber doch, der gute Lenz werde wieder zurecht kommen und dann sollte man ihn nach Hause jagen oder ihm einen bleibenden Posten ausmachen.« Und am 6. Dezember Sarasin an Lavater: »Wie sehr bedaure ich Lenzen. Aber so gehts, wenn man sein ora et labora vergißt. Wenn er nun wieder in Bau und Ehren gestellt ist, so sollte der Kavalier einen Beruf wählen, dessen er warten müßte.« Lavater antwortet: »Lenzen müssen wir nun Ruhe schaffen, es ist das einzige Mittel ihn zu retten, ihm alle Schulden abzunehmen und ihn zu kleiden.«

26

Wie kann dieser Unbehauste, der grauenhaft genau um seine Gefährdung weiß, Ruhe finden! Nach jenem Vorfall schreibt er am 12. Dezember: »sonst führen wir alle ein sehr ruhiges und still fröhliches Leben in Hoffnung«. Bis zum Jahresende ist Lenz noch in Winterthur. »Ich muss Schlossern besuchen«, schreibt Kaufmann Anfang Januar, »ziehe deswegen künftigen Donnerstag mit Lenz, Ehrmann und Bosshardt zu Fuss die Straße nach Emmendingen, bleibe einige Tage allein bei Schlosser, dann kommt mein Mädchen, und wir fahren nach Freiburg und nach Strassburg ... und endlich zu's Steinthals friedlichen Bewohnern wieder zurück und schnell bei Basel vorbei nach Zürich.«

Im Januar des Jahres 1778, an jenem Donnerstag also der Aufbruch. Lenz geht mit den Freunden »zu Fuss die Straße nach Emmendingen« hinunter. Er macht Rast bei Schlosser. Dann läuft er allein weiter. Das Steintal ist sein Ziel, Pfarrer Oberlin in Waldersbach. Die Freunde haben ihn wohl zu diesem Besuch überredet. Von Oberlin erhoffen sie Rat für Lenz. Als Theologe, der dort predigen wolle, kündigt Kaufmann ihn an. Ein kurzer Besuch soll es nur werden. Auf der Rückreise wollen Kaufmann und Elise Ziegler Lenz bei Oberlin abholen, am 3. Februar wird in Winterthur die Hochzeit der beiden sein, auf der Liste der geladenen Gäste steht auch Jakob Lenz.

Lenz auf dem Weg ins Steintal. Vor ihm die schneebedeckten Berge der Vogesen. Dahinter irgendwo das Tal. Obwohl nur eine Tagreise von Straßburg entfernt, liegt es in ungeheurer Abgeschiedenheit. Teil eines Hoch- und Feuerfeldes ist dieses Ban-de-la-Roche, dieses Steintal, abgeriegelt nach Süden, Westen und Osten. Rauh, steinig, »elsässisches Sibirien« wird es genannt, »vogesische Wüste«. Ginster und Sümpfe sind mit Schnee zugeweht, ein schneidender Wind auf dem Hochfeld, Nordostwind, von den Bewohnern Roßschinder genannt.

Lenz im Januar auf dem Weg über das Hochfeld, auf dem Wege nach Ban-de-la-Roche. Unaufhörlich quälen ihn Gedanken über seine Gegenwart, seine Zukunft. Die Berge Bedrohungen, die Abgründe Schlünde. Öde Wolkenfelder, fahle Hänge, windgetragene Stummheit. Lenz mit seinen Gedanken, er versucht, sie zu fassen, sie lösen sich auf, zerfallen in Teile, Teile, Teile. Das Dichten Existenzbedrohung, das Nicht-Dichten unmöglich, Existenzverlust. Nirgends Halt, nur »verungeheurender Nebel« ringsum. Die abgestorbene Ruhe der Landschaft. Seine Gedanken schießen in die Leere.

Jakob läuft, läuft. Bei Rothau verengt sich die Talsohle, die Hänge der Vogesenberge rücken näher aneinander. Bei Fouday mündet die kleine Chirgouette, sie durchfließt auch Waldersbach. Fünf Dörfer: Waldersbach (Valdersbach, Waldbach), Belmont (Schönberg), Fouday (Urbach), Bellefosse (Schönfuss), Solbach (Zollbach) und drei Weiler (la Hutte, Pendbois, Trouchy) gehören zur Gemeinde des Pastors Oberlin. Seit zehn Jahren lebt er in dieser abgelegenen Gegend.

Am Nachmittag des 20. Januar 1778 erreicht Lenz das Dorf Waldersbach. Fragt nach dem Pfarrhaus, tritt ein, »den Haaren und hängenden Locken nach« hält Oberlin ihn für einen Schreinergesellen. Lenzens »freimüthige Manier« aber zeigt bald, daß »die Haare betrogen« haben. Als er Grüße von Kaufmann ausrichtet und seinen Namen nennt, erinnert sich der Pfarrer, von seinen Dramen gehört zu haben. Lenz wehrt ab, »belieben sie mich nicht danach zu beurtheilen«, soll er gesagt haben.

Oberlin schreibt wenig später einen fünfzehnseitigen Bericht über Lenzens Aufenthalt bei ihm. Vieles aus jenen Tagen in Waldersbach ist daher überliefert.

Am ersten Abend sind sie »vergnügt unter einander«, Lenz »zeichnete … verschiedenen Kleidungen der Russen und Liefländer vor«, spricht von »ihrer Lebensart«. »Wir logirten ihn in das Besuchszimmer im Schulhause. Die darauf folgende Nacht hörte … ich«, berichtet Oberlin, »mit Schulmeisterstimme laut sagen: Allez donc au lit – qu'est-ce qu c'est que ça – hé dans l'eau par un temps si froid! – Allez, allez au lit. [Gehen Sie doch ins Bett – was soll denn das – im Wasser bei solch einer Kälte! Gehen, gehen Sie ins Bett.] … Ich warf meine Kleider um mich und hinunter an das Schulhaus. Schulmeister und seine Frau … sagten mir: Herr Lenz hätte die ganze Nacht nicht geschlafen, wäre hin und her gegangen, auf's Feld hinter dem Hause, wieder herein, endlich hinunter an den Brunnentrog, streckte die Hände ins Wasser, stieg auf den Trog, stürzte sich hinein und plattscherte drin wie eine Ente; sie, Schulmeister und seine Frau, hatten gefürchtet, er wolle sich ertränken, riefen ihm zu – er wieder aus dem Wasser, sagte, er wäre gewohnt sich im kalten Wasser zu baden, und gieng wieder auf sein Zimmer. – Gottlob, sagte ich, daß es weiter nichts ist; Herr Kaufmann liebt das kalte Bad auch, und Herr Lenz ist ein Freund von Herrn Kaufmann … Von dem an verrichtete er, auf meine Bitten, sein Baden mit mehrerer Stille.«

Am nächsten Morgen, an einem Mittwoch, reitet der Pfarrer mit Lenz zu einer Beerdigung in das Nachbardorf Belmont. Jakob sagt ihm »freimüthig«, was ihm an seiner Predigt »mißfallen« habe, und bittet, selbst predigen zu dürfen. In den folgenden Tagen nimmt Lenz »die Schulen der Conductrices und Anderes in Augenschein«, beschäftigt sich auf Oberlins Zimmer mit »Zeichnen und Malen der Schweizergegenden, mit Durchblättern und Lesen der Bibel, mit Predigtschreiben« und unterhält sich mit Oberlins Frau. Oberlin freut sich über Lenzens Anwesenheit: »wir waren vergnügt bei einander, es war mir wohl bei ihm; er zeigte sich in allem als ein liebenswürdiger Jüngling«.

Dann treffen Kaufmann und Elise in Waldersbach ein. Am Sonntag, dem 25. Januar, sind sie dabei, als Lenz in der Dorfkirche auf der Kanzel steht und predigt; eine »schöne Predigt, nur mit etwas zu vieler Erschrockenheit«, meint Oberlin.

Am 26. Januar brechen Elise Ziegler und Christoph Kaufmann auf. Den Vorsatz, Lenz mitzunehmen, müssen sie aufgeben. Auf der Herwanderung durch die unwegsamen Berge hat Lenz sich verletzt. »Er hatte eine Wunde am Fuß hieher gebracht, die ihn hinken machte und ihn nöthigte hier zu bleiben. Meine Frau verband sie ihm täglich, und man konnte baldige Heilung hoffen.« Lenz wird also die Hochzeit nicht mitfeiern. Oberlin aber nimmt die Einladung an. Am 26. Januar verläßt er Waldersbach, will einige Wochen wegbleiben. Oberlins Entschluß, zu reisen, wird nicht unwesentlich durch Lenzens Anwesenheit bestimmt. Ihm überträgt er die Amtsgeschäfte, die »Kanzel« werde Lenz »versehen«, der Pastor weiß seine Gemeinde in guten Händen. Lenz zieht vom Schulhaus in das Pfarrhaus hinüber, wohnt nun im ersten Stock über der Kindsstube.

Nichts also erscheint Oberlin an Lenz befremdlich. Unvoreingenommen begegnet er ihm. Das wird sich ändern, als er Urteile anderer vernimmt. Er sei verrückt, dieser Dichter, hört er in Emmendingen von Schlosser, in Colmar von Pfeffel und Lerse. »Habt Ihr schon gehört, daß der arme Junge Lenz verrükt ist? Schlosser hat mirs selber geschrieben, bey dem er kürzl. war«, schreibt Merck am 3. Februar 1778 an Wieland nach Weimar.

Oberlin entschließt sich daraufhin, vorzeitig nach Waldersbach zurückzukehren, um seine Frau nicht mit dem Verrückten allein zu lassen. Mit vorgefaßter Meinung und Bekehrungsabsichten kommt er am 5. Februar wieder in Waldersbach an. Drei Tage später wird er Lenz fortschaffen lassen. Von den einundzwanzig Tagen, die Lenz im Pfarrhaus weilt, ist Oberlin elf Tage abwesend. Zehn Tage sind sie zusammen, die ersten sieben Tage am Beginn verlaufen in völliger Harmonie.

Die letzten drei Tage aber sind schrecklich. »Ich hörte«, schreibt Oberlin in seinem Bericht, »daß in meiner Abwesenheit Vieles, auf Herrn Lenz's Umstände Passendes und für ihn Nützliches, gesprochen worden, ohngeachtet meine Frau die Umstände selbst, die ich erst auf meiner Reise erfuhr, nicht wußte. Ich erfuhr ferner, daß Herr Lenz, nach vorhergegangenen eintägigen Fasten, Bestreichung des Gesichtes mit Asche, Begehrung eines alten Sackes, den 3. Hornung ein zu Fouday so eben verstorbenes Kind, das Friedericke hieß, aufwecken wollte, welches ihm aber fehlgeschlagen.«

Oberlin hat es selbst nicht gesehen, und ein Augenzeuge, der Schullehrer Johann David Bohy aus dem Steintal, berichtet es anders. Von Fasten, von Hüllen in einen Sack, von Bestreichen des Gesichtes mit Asche ist da nicht die Rede. Die Büßergeste ist wohl schon Teil einer Legende, die aus dem Ungewöhnlichen des Vorfalls erwächst.

Denn zum Leben wiedererwecken will Lenz das Kind wirklich. Die Tat eines Wahnsinnigen also!

Bohy schreibt am 25. Februar 1778 an Pfeffel: Lenz, »der sich durch zwo Predigten und durch seinen liebreichen Umgang alle Herzen gewonnen hatte, besuchte ein totkrankes Kind in Bellefosse, eine halbe Stunde vom Pfarrdorf Waldersbach. Ungeachtet keine Hoffnung zum Aufkommen war, weissagte doch Lenz in einer Art von Begeisterung, das Kind würde nicht sterben. Des anderen Tags ging er, vom Schulmeister Scheidecker von Waldersbach begleitet, wieder nach Bellefosse. Unterwegs geriet er in eine heftige Gemütsbewegung, verdoppelte seine Schritte und kam wenige Augenblicke nach dem Hinschiede des Kindes bei der Mutter an. Er weinte laut, hieß aber gleich darauf alles hinausgehen. Er ward unbemerkt beobachtet. Er that ein lautes brünstiges Gebet, warf sich auf den Leichnam und versuchte es eine ganze Stunde lang, ihn von den Toten aufzuwekken. Neue Gebete unterbrachen die Versuche, und als er endlich ihre Eitelkeit einsah, ging er zur Mutter. Es ist geschehen, sprach er, es ist umsonst. Hierauf beschuldigte er die Mutter sehr bitter, ihr Unglaube sei schuld an der Fruchtlosigkeit des Unternehmens, ging zurück und sagte zum Schulmeister, der ihn begleitete, er, Lenz, habe das Kind vergiftet.« Später habe Lenz die Mutter »wegen des ihr verwiesenen Unglaubens kläglich um Verzeihung gebeten«.

Diese Tat ist offenbar der verzweifelte Versuch Lenzens, zum Glauben zurückzukehren. Vieles deutet darauf hin. Lenzens häufiges Beten und Bibellesen, seine freiwillige Übernahme der Kanzelreden und anderer Pfarrgeschäfte.

Das Dasein eines Landpredigers vielleicht doch als Alternative, ihm eingeredet von den Freunden, ihm selbst der einzig mögliche Ausweg!

Lenz weiß um seine große Gefährdung. Aus Waldersbach schreibt er am 22. Januar an Lavater: »Warst du es nicht Lieber! der mir erzehlte, daß Apostel Johannes, in den Zwischenstunden da er das Evangelium schrieb, weiter nichts that, als mit seinem Sperber zu spielen. Und dabey gesagt ein Bogen der immer gleich gespannt bleibt, verliert zuletzt seine Schnellkraft.«

In einer ungeheuren nervlichen Anspannung und seelischen Bedrückung kommt Lenz in Waldersbach an. Wenn der Glauben in ihn zurückkehren könnte, so müßte Gott ihm ein Zeichen geben, die Schuld seiner

Ungläubigkeit von ihm nehmen. »Christus war Gesetzgeber mehr durch sein Leben und Thaten als durch seine Worte. Er heilt Kranke mit seinem Athem, mit seinem Anrühren alles symbolisch, ich bin der Herr Dein Arzt nennt er sich im 2. Buch Moses ... Heißt: folgt ihr meinen Gesetzen voll Liebe, so verlieren sich, verschwinden alle Krankheiten Cörpers und Geistes jenachdem ihr meinem Cörper homogener werdt«, hat Lenz Lavater vor Jahren geschrieben.

Was ihm damals Gleichnis war, wird ihm nun – in der Verzweiflung – Tat. Die Kindheitsnähe der Christusgestalt wird wieder mächtig.

Lenz will helfen. Der Mutter des Mädchens, dem Kind, das Friederike heißt. Der Name Friederike ist Erinnerung an Sesenheim, an Friederike Brion. Ist Erinnerung an Cornelia Schlosser, ihr zweiter Name war Friederike. Die Gestalten werden Schemen, sie verwirren sich. Er will helfen, retten. Er will durch eine erlösende Tat sich selbst befreien.

Das Ritual der Totenerweckung kennt er aus der Bibel. Der Leib des Verstorbenen muß in seine Gewalt. Durch die Vereinigung strömt das Leben in den toten Körper über. Im ersten Buch der Könige, Vers 21, heißt es von Elias, der den Sohn der Witwe erweckt: »Und er streckte sich aus über dem Kinde dreimal und rief den Herrn an und sprach: Herr, mein Gott, laß die Seele dieses Kindes wieder zu ihm kommen.«

In wahnsinniger Anspannung aller Kräfte will Lenz in der Hilfe für andere ein Zeichen Gottes für sich haben.

Aber Gott versagt es ihm, stößt ihn zurück.

Nun bleibt ihm nur noch der Wahn der Sünde. Zunächst beschuldigt Lenz die Mutter: ihr Unglauben sei es. Dann sich selbst: er habe das Kind vergiftet. Die Schuldbezichtigungen nehmen zu, nehmen manische Formen an. Um ihnen entgegenzuwirken, zu entfliehen –

schrecklich muß die innere Folter sein –, sucht Lenz den körperlichen Schmerz. Die Wunde am Fuß hat sich sehr verschlimmert, trotzdem badet Lenz nach dem Tode des Kindes wieder im kalten Wasser des Brunnentroges.

Er muß in jener Nacht sehr verzweifelt gewesen sein.

Am folgenden Morgen kommt Oberlin zurück. Es ist Donnerstag, der 5. Februar. Oberlin hat eine feste Meinung. Lenzens Zustand ist selbstverschuldet, er ist Strafe Gottes, ist die »Folge der Principien, die so manche heutige Modebücher einflößen«, die Folge seines »Ungehorsams gegen seinen Vater«, seiner »herumstreifenden Lebensart, seiner unzweckmäßigen Beschäftigungen, seines häufigen Umgangs mit Frauenzimmern«. Seiner Diagnose folgt die Therapie: Lenz muß sich mit seinem Vater in Livland aussöhnen, muß sich zum Glauben bekennen, muß ein bescheidener Landpfarrer werden. Gleich nach seiner Rückkehr beginnt Oberlin mit den Vorhaltungen. Er bestätigt Lenz seine Sündhaftigkeit.

Fest steht, das steigert Jakobs Konfliktsituation, ist der unmittelbare Anlaß zum Ausbruch seiner Wahnsinnsanfälle in den kommenden drei Tagen.

Oberlin preist zunächst den Stand der Landgeistlichen, »beneidenswerth« sei er, »weil er so unmittelbar zur Beglückung des Nächsten aufweckt«. Wie ein Hohn muß das Lenz erscheinen, denkt er an das tote Kind. Das erste Krankenbett, an das er trat, ist ein Totenbett. Gott hat ihn nicht erwählt. Die wahnsinnige Kindheitsangst, ausgelöst durch die fanatischen Bußpredigten seines Vaters, wird nach ihm gegriffen haben. Sündenangst. Sein Glaube ist nicht stark genug. Unfähig ist er für dieses Amt. Oberlin aber glaubt: »Es machte Eindruck auf ihn. Ich bediente mich dieses Augenblicks, ihn zu ermahnen, sich dem Wunsche seines Vaters zu unterwerfen, sich mit ihm auszusöhnen u. s. w. Da ich bei manchen Gelegenheiten wahrgenommen, daß sein Herz von fürchterlicher Unruhe gemartert wurde, sagte ich ihm, er würde sodann wieder zur Ruhe kommen, und schwerlich eher, denn Gott wüßte seinem Worte: ›Ehre Vater und Mutter‹, Nachdruck zu geben u. s. w. ... Ich merkte, daß er bei Erinnerung gethaner, mir unbekannter, Sünde schauderte, an der Möglichkeit der Vergebung verzweifelte; ich antwortete ihm darauf; er hob seinen niederhängenden Kopf auf, blickte gen Himmel, rang die Hände ...«

Oberlin hat ihm aus Emmendingen Gerten als Geschenk mitgebracht, am gleichen Tag verlangt Lenz, damit gegeißelt zu werden. Oberlin entgegnet: »alle möglichen Schläge würden keine einzige seiner Sünden tilgen, dafür hätte Jesus gesorgt, zu dem möchte er sich wenden.«

Lenz geht. Beim »Nachtessen« ist er »tiefsinnig«. »Um Mitternacht«, schreibt Oberlin, »erwachte ich plötzlich«; Lenz »rannte durch den Hof, rief mit harter, etwas hohler Stimme einige Sylben, die ich nicht verstand; seitdem ich aber weiß, daß seine Geliebte Friedericke hieß, kommt es mir vor, als ob es dieser Name gewesen wäre, – mit äußerster Schnelle, Verwirrung und Verzweiflung ausgesprochen. Er stürzte sich, wie gewöhnlich, in den Brunnentrog, patschte drin, wieder heraus und hinauf in sein Zimmer, wieder hinunter in den Trog, und so einige Mal – endlich wurde er still. Meine Mägde, die in dem Kindsstübchen unter ihm schliefen, sagten, sie hätten oft, insonderheit aber in selbiger Nacht, ein Brummen gehört, das sie mit nichts als mit dem Ton einer Habergeise zu vergleichen wüßten. Vielleicht war es sein Winseln mit hohler, fürchterlicher, verzweifelter Stimme.«

Am folgenden Morgen, zwei Tage nach dem Erwekkungsversuch des Kindes, einen Tag nach den Vorhaltungen Oberlins und der durchwachten Nacht, macht Jakob Lenz den ersten Selbstmordversuch. Er stürzt sich aus dem ersten Stock aus dem Fenster.

Oberlin erfährt es, als Lenz danach in sein Zimmer kommt, »mit vorwärts gebogenem Leibe, niederwärts hängendem Haupt, das Gesicht über und über und das Kleid hier und da mit Asche verschmiert, mit der rechten Hand an dem linken Arm haltend«, ihn bittet, den Arm wieder einzurenken und, da es niemand gesehen, es auch niemandem zu sagen.

Lenz ist sich ganz offensichtlich seiner Lage bewußt, fürchtet, für verrückt gehalten zu werden. Und Oberlin bestätigt ihm diesen Zustand. Er läßt ihn von nun an bewachen und verschlimmert damit die Situation. Da er mit seiner Frau wegreiten will, schickt er zum Schullehrer Sebastian Scheidecker, »er solle herunter kommen, Herrn Lenz hüten«. Der Lehrer kommt, Jakob ist freundlich, schlägt ihm einen Spaziergang nach Fouday vor. Geht dort zum Grab des Kindes, küßt die Erde, betet, kehrt wieder um, versucht Scheidecker loszuwerden. Der aber holt sich Verstärkung, findet »heimlich Mittel, seinen Bruder Martin von der Gefahr zu benachrichtigen, und nun hatte Herr Lenz zween Aufseher statt einen«, berichtet Oberlin.

Unerträglich muß Lenz die Bewachung sein. Er reißt sich los und rennt trotz des schmerzenden Fußes und der offenen Wunde nach Fouday und verlangt, gefesselt und ins Gefängnis geworfen zu werden. Er gibt an, der Mörder Friederikes zu sein. Der Schullehrer holt ihn zurück, die Stricke werden gelöst. Lenz dankt allen. Die Nacht über hören ihn die Mägde beten. Am anderen Morgen sagt er: »Liebster Herr Pfarrer, das Frauenzimmer, von dem ich ihnen sagte, ist gestorben, ja gestorben – o, der Engel!« Auf Oberlins Frage, woher er das wisse, soll er geantwortet haben: »Hieroglyphen – Hieroglyphen«.

Der 8. Februar verläuft zunächst ruhig. Lenz schreibt Briefe. Des Abends geht er durchs Dorf. Das Wetter ist lind. Der Mond scheint. Oberlin begegnet ihm, nun weiß Jakob, gleich wird man einen Bewacher hinter ihm herschicken. Er rennt in seine Kammer, springt aus dem Fenster. »Einen Augenblick nachher platzte etwas im Hof mit so starkem Schall, daß es mir unmöglich von dem Fall eines Menschen herkommen zu können schien. Die Kindsmagd kam totenblaß und am ganzen Leibe zitternd zu meiner Frau: Herr Lenz hätte sich zum Fenster herausgestürzt – ich sprang heraus, und da war Herr Lenz schon wieder in seinem Zimmer.«

Oberlin geht zu Lenz, »er zitterte vor Frost am ganzen Leibe. Am Oberleib hatte er nichts an als das Hemd, welches zerrissen und sammt der Unterkleidung über und über kothig war. Wir wärmten ihm ein Hemd und Schlafrock und trockneten die seinigen.«

Der Pastor kommentiert: »Nun, dachte ich, hast du mich genug betrogen, nun mußt du betrogen, nun ist's aus, nun mußt du bewacht seyn. Ich wartete mit großer Ungeduld auf die zwei begehrten Mann.« Gegen zehn Uhr kommen die Bewacher. »Sie sind«, sagt Oberlin zu Lenz, »wenn Sie die Melancholie überfällt, Ihrer nicht Meister; ich habe daher zwei Männer gebeten in Ihrem Zimmer zu schlafen … Der eine seiner Wächter durchschaute ihn mit starren erschrockenen Augen.« Angst auf beiden Seiten.

Welch eine Qual für Lenz, die körperliche Nähe zweier ihm völlig fremder Menschen in der engen Kammer. Unerträglich. Er fordert ein Messer, tobt, versucht sich loszumachen, ringt mit den beiden, schlägt – wenn er irgend kann – den Kopf mit aller Gewalt gegen die Wand. Oberlin läßt noch einen Wächter rufen.

Befiehlt zugleich, »in's geheime mein Wäglein einzurichten, zu decken, noch zwei Pferde zu suchen zu dem meinigen, beschickte Seb. Scheidecker, Schullehrer von Bellefosse, und Johann David Bohy, Schullehrer von Solb, zween verständige, entschlossene Männer und beide von Herrn Lenz geliebt. Johann Georg Claude, Kirchenpfleger von Waldersbach, kam auch; es wurde lebendig im Haus, ob es schon noch nicht Tag war ... Nachdem ich alles bestellt hatte, gieng ich zu Herrn Lenz, sagte ihm, damit er bessere Verpflegung nach seinen Umständen haben könnte, hätte ich einige Männer gebeten, ihn nach Straßburg zu begleiten, und mein Wäglein stünde ihm dabei zu Diensten.«

Lenz bittet flehentlich, in Waldersbach bleiben zu dürfen, bittet, »nur noch acht Tage mit ihm Geduld zu haben«.

Er muß in den Wagen steigen.

Lenz dankt allen, fragt nach allen (Oberlins Frau und die Mägde haben sich aus Angst vor ihm versteckt). Lenz bittet alle um Vergebung.

Im Morgengrauen des 8. Februar 1778 wird er, bewacht von drei Männern, aus Pfarrer Oberlins Haus geschafft. Durch das unwegsame Gebirge bewegt sich der Wagen. Am Abend erreicht er Ensisheim; in der Nacht vom 8. zum 9. Februar schlafen sie dort, die zwei Fuhrleute, Lenz und seine drei Bewacher. »Auf der Reise wandte er nirgends keine Gewalt an, da er sich übermannt sah; aber wohl List, besonders zu Ensisheim ...«

Wenig später wird sich Oberlin hinsetzen und die Ereignisse der Tage aufschreiben. In längeren Passagen in wörtlicher Rede, sehr suggestiv und authentisch wirkt es daher. Den Bericht verfaßt er aus einer Rechtfertigungshaltung heraus. »Hier schon fällt man verschiedene Urtheile von uns; die Einen sagten: wir hätten ihn gar nicht aufnehmen sollen, – die Andern: wir hätten ihn nicht so lange behalten, – und die dritten: wir hätten ihn noch nicht fortschicken sollen. So wird es, denke ich, zu Straßburg auch sein ... Alles, was ich auf die nun, auch die zu erwartenden, einander zuwiderlaufenden, sich selbst bestreitenden Urtheile antworten werde, ist: Alles, was wir hierin gethan, haben wir vor Gott gethan, und so, wie wir jedesmal allen Umständen nach glaubten, daß es das Beste wäre. Ich empfehle«, schließt Oberlin, »den bedauerungswürdigen Patienten der Fürbitte meiner Gemeinen und empfehle ihn in der nämlichen Absicht Jedem, der dieß liest.« Für Pfarrer Oberlin trägt Lenz durch seine Lebenshaltung selbst die Schuld.

Pfarrer Oberlin, der Pietist, sucht nach einzelnen Ursachen: »Modebücher«, »Ungehorsam gegen den Vater«, »herumschweifende Lebensart«, »unzweckmäßige Beschäftigung«. Lenzens Sinn dem anderen ein Wahn. Ändert er den Sinn, wird auch der Wahn schwinden. Oberlin will ganz gewiß Lenz aufrichtig helfen. Aber er verschlimmert dessen Zustand nur. Seine und Lenzens »gegenseitige Principien« seien, sagt er, »einander gewaltig zuwider«.

Daß Lenzens Leiden ein Leiden an der Welt ist, bleibt Oberlin verschlossen. Und wie wäre das auch zu fassen! Auch die anderen Freunde Lenzens werden es nie verstehen.

Als Oberlin 1826 stirbt, findet man den Bericht ungedruckt in seinem Nachlaß. Die Leichenpredigt für Oberlin hält der Vater von Georg Büchners Braut. Und Büchners Freund, August Stöber aus Straßburg, bekommt mit anderen nachgelassenen Papieren Oberlins von seinem Vater jenen Bericht. Er macht drei Abschriften. Eine schenkt der Vater Ludwig Tieck, der um diese Zeit eine Werkausgabe von Lenz gemacht hat. Die andere dient Stöber zur Veröffentlichung, 1839 druckt er Oberlins Bericht in der Elsässer Zeitschrift »Erwina«. Die dritte aber schenkt er Georg Büchner.

Büchner – fasziniert von dem großen dramatischen Talent Lenzens (die ganz seltenen Erstausgaben seiner Werke sind ihm zugänglich) – schreibt nach dem Bericht Oberlins, den er als historisches Dokument nimmt, 1835 seine wunderbare Lenz-Novelle.

Büchners epischer Stil ist von eindringlicher und großer poetischer Sachlichkeit. Büchner schildert, wie Lenz von der Angst gejagt wird, wie seine kranke Seele sich in der elementarischen Natur auflösen will und keine Ruhe findet, wie diese panische, urtümliche, namenlose Angst sich immer weiter steigert, zu Furcht und Wissen um den Ausbruch des Wahnsinns. Büchner läßt Lenz nach dem verzweifelten Ringen um einen nicht mehr gefühlten Gott in der Lästerung Gottes dann für Momente zum Bewußtsein seiner selbst finden »und mit dem Lachen griff der Atheismus in ihn und faßte ihn ganz sicher und ruhig und fest …«

Lenzens Anfälle und die daraus entspringenden Handlungen sind Krankheit, aber sie gehören in einen höheren Zusammenhang als den pathologischen. Es ist die zerrissene Welt und das erbärmliche Geschick des Menschen, namenlos und unaussprechbar. Büchner hätte Lenz verstanden, wenngleich er sein Schicksal nicht hätte ändern können.

Georg Büchner läßt seine Fragment gebliebene Novelle enden: »Er tat alles, wie es die andern taten; es war aber eine entsetzliche Leere in ihm, er fühlte keine Angst mehr, kein Verlangen, sein Dasein war ihm eine notwendige Last – so lebte er hin …«; Bewußtlosigkeit, das Anhalten des Wahnsinns damit suggerierend.

Büchner wußte nichts über Lenzens weiteres Leben.

Siebenundzwanzig Jahre ist Lenz, als sich jene Vorgänge in Waldersbach abspielen. Einundvierzig wird er werden. Dreizehn Lebensjahre liegen noch vor ihm.

27

Am 10. Februar 1778 fährt der Wagen mit dem unglücklichen Lenz und seinen drei Bewachern durch das Straßburger Stadttor. In Straßburg nimmt ihn niemand auf. Bei Johann Gottfried Röderer, seinem Freund, Lehrer im Sankt-Wilhelm-Stift, kann er nur einige Tage bleiben. Dann wird er weitergeschoben. »Was uns die Vergangenheit wird in unvorhergesehenen Augenblicken«, schreibt er seinem Freund am 18. Februar ins Stammbuch. »Vergiß nie mit diesen Worten Deinen Lenz aus Liefland.« Röderer mit seiner Hand darunter: »Ich habe dich erst spät und in harten Augenblicken verstanden.«

Die Tage in Straßburg sind offenbar voll von quälenden Versuchen, sich Gott zu beugen. Voll von Selbstbezichtigungen und Wahnvorstellungen. Mit Röderer sei Lenz, so berichtet Pfeffel am 25. Februar, nach seiner Ankunft zu Pfarrer Stuber gegangen, Oberlins Vorgänger im Steintal und nun Prediger in Straßburg. »Lenz warf sich vor ihm nieder und beschwor und flehte ihn, er möchte mit ihm beten. Dieser that es, bis er vor Schmerz und Erschöpfung nicht mehr konnte, und Lenz, in Thränen gebadet, ging fort.«

Er geht vielleicht in das Münster, wo er auf dem Turm weilte, im Überschwang seiner Kräfte; »Göttergefühl das«, als er den »Hofmeister«, die »Soldaten«, seine Prosa und die Gedichte schrieb. Das Münster betretend, empfindet er die gewaltige Raumphantasie des Langhauses, gedehnt und weit, voll Harmonie die steinernen Formen, kein hastiges Streben nach oben. Und die Farben: das tiefe Rot, Zinnoberrot, Ocker und Blau, das sich auf den steinernen Säulen und dem Boden breitet, wenn das Sonnenlicht durch die großen Rosetten und Spitzbogenfenster fällt. Glückliche Zeiten. Jetzt aber die wahnsinnige Angst vor Gottes Strafen. Mißtöne und Fratzen überall, die Orgel schrill, ihm scheint, er muß die Bälge treten, bis der Schweiß strömt. »Ein furchtsam hingekrümmter Wurm« ist er, alles gemahnt an seine Sündhaftigkeit. Er steht im südlichen Querschiff am Gerichtspfeiler, sieht die Evangelisten, darüber die tubenblasenden Engel, zuoberst die Engel mit den Marterwerkzeugen und der thronende Weltenrichter.

In jene schreckliche Februarwoche in Straßburg kann auch Jakobs nochmaliger Gang zu Friederike Brion nach Sesenheim fallen. Über diesen Besuch 1778 wissen wir von Goethe. Hat er überhaupt stattgefunden, werden da nicht in der Erinnerung Jahre und Ereignisse vermengt? Ein Bericht Röderers, der dabeigewesen sein kann, ist nur durch Dritte überliefert. Teil des Klatsches, der aus der Erweckungsgeschichte des Mädchens Friederike im Steintal herrührt, kann es auch sein. Röderer soll gesagt haben: »Alles verloren, seiner selbst nicht mächtig, will er mit einem Messerstich seinem Leben ein Ende machen. Durch einen Schrei des Entsetzens aus Friederikes Mund, die dabei in Ohnmacht fällt, auf einen Augenblick zur Besinnung gebracht, stürzt er – sie tot wähnend – über sie hin, in Tränen zerfließend und sich die Haare raufend.« Goethe greift das später auf, macht daraus: Lenz triebe es in Sesenheim »bis zu den lächerlichsten Demonstrationen des Selbstmordes, da man ihn dann für halbtoll erklären und nach der Stadt schaffen kann«. Das schreibt er zu einer Zeit, da er von der Schwere der Krankheit des Dichterfreundes wissen muß. Seine Zeugin ist angeblich Friederike Brion, die er im Herbst 1779 auf der Rückkehr von seiner Schweiz-Reise besucht. »Der größte Theil der Unterhaltung war über Lenzen«, schreibt er Jahre danach. »Dieser hatte sich nach meiner Abreise im Hause introducirt, von mir, was nur möglich war, zu erfahren gesucht, bis sie endlich, da er sich die größte Mühe gab, meine Briefe zu sehen und zu erhaschen, mißtrauisch geworden. Er hatte sich indeß, nach seiner gewöhnlichen Weise verliebt in sie gestellt ...« Dann folgen jene Worte über die »lächerlichsten Demonstrationen des Selbstmordes« und der Vorwurf, Lenz habe ihm, Goethe, schaden, ihn »in der öffentlichen Meinung vernichten wollen«. In einem Brief allerdings, den Goethe in jenem Jahr, 1779, von Sesenheim aus an Charlotte von Stein schreibt, steht kein Wort von Lenz.

Ende Februar muß Röderer Lenz nach Emmendingen gebracht haben zu Johann Georg Schlosser. Schlosser weiß von den Vorgängen in Waldersbach, fürchtet, Schlimmes kommt nun auf ihn zu. Er schlägt Lenz vor, sofort nach Livland zurückzukehren. »Ich habe ihm heute eine Proposition gethan, wodurch ich ihn gewiß curiren würde«, am 2. März. »Aber er ist wie ein Kind, keines Entschlusses fähig; ungläubig gegen Gott und Menschen.«

Schlosser dringt in ihn, redet, redet. Er müsse sein Leben ändern, ein Amt annehmen, den Vater um Verzeihung bitten. Nah sind wahrscheinlich Lenz noch die Reden, die er von Oberlin hörte. Ihm kommt vor Augen, was in Waldersbach danach geschah. Eingekreist, gefesselt, bewacht. Seine Erregung wächst. Schlosser setzt den Tag der Abreise fest. 8. März. Den kommenden Sonntag also.

Einen Tag nach dem Gespräch, am Dienstag, dem 3. März, hat Lenz einen neuen Anfall. Schlosser läßt ihn ans Bett binden und bewachen. Dann ergreift er die Initiative, schreibt nach Livland an Lenzens Vater. Jakob sei »vor einiger Zeit« von »Gott« mit einer »harten Krankheit« geschlagen worden. Schlosser bekundet Pastor Lenz, daß er schon immer Jakobs »Fehler« nicht übersehen habe, »am wenigsten den, daß er sich so weit von Ihnen entfernte«. Mit Lenzens Krankheit kehre sein »Erinnern an Ihre väterl. Treue u. alle kindl. Gefühle zurück«, schreibt Schlosser, und Jakob »versichert Sie nicht allein seiner kindlichen Liebe u. der wahren Reue über seine Entfernung von Ihnen u. seine Fehler, sondern auch von dem festen Entschluß, sobald Gott ihm die Kräfte giebt, wieder in Ihre Arme zu kehren«. Von Jakobs Hand steht unter Schlossers Brief geschrieben: »Vater! ich habe gesündigt im Himmel u. vor Dir u. bin fort nicht werth, daß ich Dein Kind heiße.«

Wie zwingt der Freund ihn, sich zu demütigen! Auch Maximilian Klinger, der Anfang März nach Emmendingen kommt, tut es. Lange nach Lenzens Tod wird Klinger aufgefordert, sich an diese Begegnung zu erinnern. Schlosser, berichtet er, habe ihm gesagt, daß Jakob »völlig rasend und in Ketten« sei. »Zugleich sagte mir mein Freund, Lenz sei bei Lavater in Zürich gewesen, habe dann zu Fuss die Alpen durchlaufen, durch den Frost der Berge und die Hitze der Täler, habe die Religion falsch aufgefaßt durch die Phantasie, wie es schien bei Lavater, sei nach Straßburg gekommen, habe ein verstorbenes Kind durch Gebet von den Toten aufwecken wollen. Ich liess mich in sein Zimmer führen, wo ich ihn gefesselt auf dem Bette fand. Ich hörte seine Rede kaum eine Viertelstunde (deren Inhalt ich mich enthalte mitzuteilen), als ich den Grund seiner Krankheit in der veranlassten Abschwächung zu entdecken glaubte ... Ich sagte Schlossern, dass ich Lenz noch diesen Abend kurieren würde. Als die Nacht einbrach, liess ich ihm die Haare scheeren, in meinen Reitermantel nackend einwickeln und ihn unter meiner Begleitung hinter den Garten an einen kleinen Fluss tragen. Ich befahl den Leuten, dann den Mantel aufzuschlagen und ihn von ihrer Höhe in den Fluss auszuschütten, ihn dann öfters unter zu tauchen usw. Dieses Bad dauerte etwa 10 Minuten, und Lenz war völlig bei sich. Man legte ihn zu Bett, er schlief ruhig und morgens erfuhr er von den Leuten alles, was ich mit ihm vorgenommen.« Die von Klinger angewandte Therapie des Eintauchens in kaltes fließendes Wasser wird damals bei Geisteskranken häufig verordnet. »Bain de surprise« nennt man es. Mit einem »derben, psychischen Schlag« soll »die Reihe der verkehrten Vorstellungen durchbrochen und neuen, vielleicht gesunden Gedankengängen Raum geschafft werden«. Auch fortschrittliche Mediziner befürworten sie. Der Franzose Esquirol allerdings, der Jahre später aus dem Spital St. Maurice in Charenton eine Musteranstalt macht und unter dem Bürgerkönig Louis-Philippe die Irrengesetzgebung seines Landes wesentlich bestimmt, meint zu den Überraschungsbädern, »es wäre eben so gut, daß man den Rath gäbe, den Kranken von der 3ten Etage herabzustürzen, weil man gesehen hat, daß einige Geisteskranke durch einen Fall auf den Kopf genasen«.

»Als ich ihn morgens besuchte«, fährt Klinger in seinem Bericht fort, »stattete er mir heißen Dank ab, verdarb aber alles mit einem Bekenntniß alles dessen, was er gegen mich unternommen, worauf ich ihm zur Lehre nur das sagte: ›Ich sehe wohl, daß ich dich von der physischen Narrheit geheilt habe, aber nicht von der eitlen Einbildung, du seyest so wichtig, daß Alles was du thust und schreibst gegen deine Freunde von Bedeutung für sie sey‹.«

Klinger, der Lenz kaum zwei Jahre zuvor als Verfasser des »Hofmeisters« begeistert in Frankfurt empfing, der mit ihm in Weimar weilte, läßt sich nun hinreißen, Lenz ins Gesicht zu sagen, wie bedeutungslos er ist. (Klinger selbst war inzwischen als Theaterdichter mit einem Jahresgehalt von fünfhundert Gulden bei der Seylerschen Theatertruppe in Leipzig, sucht nun wiederum beim Militär einen Dienst. Seine Manuskripte hat er dem Feuer übergeben, um »nie wieder nach Sodom zurückzukehren«, weg von der Dichtkunst, den Genies. »Ich hasse Sie, verabscheue sie, ich verschreie sie.«)

Jakob mag verstummt sein. Der geschorene Kopf verwandelt sein Gesicht merkwürdig. Die Augen treten hervor. Die spitze Nase. Häßlich sieht er aus. Erschreckend hilflos. Der kahle Schädel, er fühlt – das Zeichen seiner Narrheit. Der Idiot. Jeder kann mit ihm tun, was er will. Er ist ausgeliefert.

Mitte März scheint aber eine Besserung in Lenzens Zustand einzutreten. »Er treibt's wieder mit uns, das ist mit Klingern und mir«, schreibt Schlosser. »Er spricht, scherzt, lacht, spielt Schach, liest, zeichnet, mit einem Wort, er ist fast wieder wie sonst, nur empfindlicher und schwächer. Ich hoffe, es geht mit ihm!« Die Besserung ist ein Anlaß, wieder in Lenz zu dringen, er möge zu seinem Vater nach Livland zurückkehren. »... nichts als seine Heimreise kann ihn wieder zurecht bringen«, Schlosser am 28. März achtundsiebzig. Er redet sich das ein, um die Last, die er mit dem Kranken hat, loszuwerden.

Lenz hält dem Druck nicht stand. Es ist auffällig: mit Regelmäßigkeit verschlimmert sich sein Zustand, sobald er in eine Entscheidungssituation gezwungen wird. Am 3. Februar 1777, nach Pfarrer Oberlins Ermahnung, ist der erste Anfall. Am 3. März nach der Unterredung mit Schlosser der zweite. Am 29. März, offensichtlich wieder nach einem Gespräch über die Abreise, folgt der dritte. Die Steigerung der inneren Erregung löst jeweils einen neuen Anfall aus. Die Abstände verkürzen sich. Die Krankheitssymptome werden stärker.

Der dritte Anfall ist der längste und schwerste. Lenz versucht, sich das Leben zu nehmen, »und da das von meinem Kutscher, der eben dazu kam, verhindert wurde«, schreibt Schlosser, »so fing er an so gut als zu rasen. Er stieß sich den Kopf wider die Wand und nötigte mich dadurch, ihn wieder zu binden und zu schließen. Auch in dem Zustand schreit und heult er wie ein Vieh, zerbeißt die Kissen und zerkratzt sich, wo er nur beikommen kann.« Wir erinnern uns an Lenzens in Straßburg niedergeschriebenes Drama »Der Engländer«. Der Vater will den mißratenen Sohn nach Hause holen. Der weigert sich. »Das stille Land der Toten ist mir so fürchterlich und öde nicht, als mein Vaterland.«

Sein Schrei: »Weg mit den Vätern! – Laßt mich allein! Laßt mich allein!« ist auch Lenzens Schrei und Hots Schicksal das seine. Er »phantasiere schrecklich« sagen die Umstehenden von Hot, da sie ihn »angebunden und ans Bett geschlossen« haben. Er aber hat nur noch einen Gesprächspartner – die stumme Wand. »Gut, daß ich mit dir reden darf, mitleidige Wand. Es ist mir doch, als ob du dich gegen mich bewegtest, dich herab zu mir neigtest und stumm, aber gefühlig zu meiner Verzweiflung zittertest.«

Zehn Tage bleibt Lenz in Schlossers Haus mit Ketten ans Bett gebunden und bewacht. Nach diesen zehn Tagen ist Lenzens Kraft erlahmt, sein Widerstand gebrochen. »Seit gestern liegt er zwar wieder still, aber er spricht mit niemand, ißt auch nichts, als was man ihm von Bouillon eingießt und trinkt ebenso.« Schlosser läßt ihn trotzdem in Ketten, er würde, so schreibt er Herder, »wenn er nicht angebunden wäre, abscheuliche Sachen machen«. Wenig später besucht Pfeffel aus Colmar Jakob Lenz. »Wer Lenz zuvor nicht kannte, kann ihn nicht halb so krank finden, als seine Freunde ihn finden mußten ... Seine Krankheit äußert sich durch eine beständige Schreibsucht; er hat uns aber seine Papier nicht gewiesen, ungeachtet ich zweimal Begierde danach äußerte ... Sein Wärter sagte uns auch, er habe in der

Nacht mit ihm ringen müssen, weil er nicht leiden wollte, daß man zur Beförderung seines Schlafes ihm sein Schreibzeug wegnehme.«

Schreiben ist für Jakob vielleicht die einzig ihm verbliebene Möglichkeit, die innere Qual zu bezwingen, die würgenden Phantasmagorien loszuwerden.

Und das nun gewaltsam unterbunden.

»Krankheit der Nerven«, sagt der Arzt, Leibmedikus der Prinzeß von Baden, den Schlosser »fast dreimal alle Woche zwei Stunden weit holen lassen« muß. Er gibt »keine Hoffnung«, erklärt, »der Puls gehe mitten im Paroxysmus ganz ruhig und also müsse die Krankheit in den Nerven liegen«. Seine Schlußfolgerung: Lenz ist unheilbar krank.

Nur eine Alternative gibt es nun für Georg Schlosser. Am 8. April teilt er Röderer mit: »Wir sind nun entschlossen, ihn ins Frankfurter Tollhaus zu bringen.« Geisteskranke wurden im achtzehnten Jahrhundert meist zusammen mit Waisen, Armen, Alten und Sträflingen in den Zucht- und Waisenhäusern untergebracht. »Diese Unglücklichen werden wie Staatsverbrecher in Buchten, in Gefängnisse geworfen«, schreibt der Arzt Reil 1803, »wo nie das Auge der Humanität durchdringt. Dort kommen sie unter der Last der Ketten, die ihre Glieder zerreißen, in ihrem eigenen Schmutze um. Ihr Gesicht ist bleich, abgemagert, und sie erwarten mit Ungeduld den Augenblick, der ihrem Unglücke ein Ende macht und unsere Schande bedeckt ...« Nur in den großen Städten gibt es damals Anstalten, die ausschließlich für Geisteskranke bestimmt sind. »Hôtel Dieu« und »Bicètre« in Paris, »Bedlam« in London. In Deutschland sind es zu dieser Zeit sechs Tollhäuser. Aber auch vor der Unterbringung in diesen warnt zum Beispiel noch 1807 Authenrieth, der Arzt Hölderlins. Da dort niemand »Versuche zur Wiederherstellung macht«, sollen nur die für unheilbar Erklärten dorthin kommen, die anderen aber zu Ärzten gegeben werden, die »aus Menschenliebe oder Ehrgeiz ... Kuren« zur Heilung unternehmen. Wie Authenrieth selbst, so experimentieren viele Ärzte in dieser Zeit. Eine Wendung in der Psychiatrie führt – kaum zwanzig Jahre nach Lenzens Erkrankung – der Arzt Phinel im Pariser Irrenhaus Bicètre herbei, indem er die Geisteskranken von den Ketten befreit. Auch das Frankfurter Tollhaus wird diesem Beispiel folgen. Es sei, so schreibt Schlosser schon 1778, »mehr Spital als Tollhaus«. Trotzdem: die Ketten wären Lenz nicht erspart geblieben. Inmitten der Kranken wäre er irre geworden, hätte vielleicht niemals wieder das Spital verlassen.

Schlosser wird Lenz nicht in das Frankfurter Tollhaus bringen, obwohl er Sarasin bereits gebeten hat, den »Transport zu veranlassen«, obwohl er in der Schweiz und in Colmar »Subskriptionen sammelt«, auch »darüber nach Weimar geschrieben« hat und Röderer am 8. April bittet, »in Straßburg durch sich oder Salzmann was zu erhalten«. Und das Geld auch eintrifft. 98 fl aus Weimar, 96 aus Basel und 11 fl aus Zürich.

»Ich glaube, daß Lenzens ganzes Unglück in einer Art von fliegenden Gichtern besteht, welche in seinen schwachen Gehirnnerven wirken. Ich werde darin bestärkt, weil nunmehr sich wieder besondere symptomata äußern, nämlich ordentlich konvulsivische Bewegungen in dem Kopf, Hals und Leib. Bald ist er tagelang stumm, so gern er reden möchte; bald schlägt er den Kopf drei Minuten lang auf die Kissen unzählige Mal auf, bisweilen redet er irre dabei, bisweilen nicht. Die Intervalle sind freilich schwermütig, aber doch helle. Gestern war er auch fast heiter, und wie vergnügt, heut nicht so gut. Der Puls ist in den Paroxysmen wie zuvor. Der gute Junge ist äußerst gebeugt über seine Erinnerung seiner Weimarer Conduite; er glaubt, daß er viel zu wenig dort und Sie dafür gelitten haben. Wir haben viel an ihm aufzurichten, sonst wird er kleinmütiger als ein Kind.« So Schlosser an Herder nach Weimar.

28

Heilungsversuche. Schlosser entscheidet sich, Lenz zu einem Schuhmacher in seiner Nachbarschaft zu geben. Körperliche Arbeit soll er verrichten. Solche Versuche gibt es zu der Zeit in Frankreich in der Pflegestätte des Tischlermeisters Belhomme in Montpellier und in England bei Willis. Willis zum Beispiel bringt die Gestörten bei Pächtern unter; »Moral management« nennt er seine Arbeitstherapie. Schlosser wird diese Methoden kaum gekannt haben.

Fakt ist, Schlosser handelt damit klüger als die meisten Ärzte seiner Zeit. Und er rettet vielleicht Lenz damit das Leben.

Drei Monate lebt Lenz bei dem Meister Süß. Er arbeitet in der Werkstatt, erlernt das Schuhmacherhandwerk. Einbezogen in die Überschaubarkeit dieses einfachen Lebens, kommt er etwas zur Ruhe. Vor allem aber findet er menschliche Wärme und Freundlichkeit. Seine Sprache kehrt wieder. Wir haben wieder Briefe von ihm. »... ein viertel Jahr lang«, schreibt Jakob »einige Tage vor Johanni 1778«, sei er »wie das Kind im Hause gewesen«. Er teilt das Zimmer mit dem Sohn des Meisters. »Conrad ist mein Schlafkamerad und wir sitzen den ganzen Tag zusammen.« In kindlicher Weise klammert sich Lenz an diesen Jungen, »er ist mir wie ein Bruder«. Als Conrad Süß auf Wanderschaft gehen soll, schreibt Lenz, »was würd ich anfangen, wenn er auch fortginge da ich gewiß wieder in meine vorige Krankheit verfallen muß«. Als er eines Morgens aufwacht, ist Conrad weg. Lenz steigert sich in den Gedanken, er sei für ihn »auf der Wanderschaft«, bittet Sarasin, ihn zu unterstützen. »Nun hab ich kein Anliegen auf der Welt das mich mehr bekümmert, als wenn ich nur so glücklich seyn könnte zu hören, daß er bey Ihrem Schuhmacher wäre und Ihnen arbeiten thäte, das würde mich in kurzer Zeit gesund machen ... die Freüde und der Trost den ich davon haben werde wird unaussprechlich seyn ... Ich kann Ihnen das nicht so schreiben, warum ich so ernsthaft darum bitte«.

Er befände sich »ungleich besser«, heißt es am 21. Juni. Allerdings, er kann das Haus noch nicht verlassen. »Auszugehen ist mir noch nicht gesund.« Wochen später dann, er gehe »alle Morgen« mit dem Schuhmachermeister »spazieren«.

Anfang August, als Schlosser nach Frankfurt fährt, will Süß die Verantwortung für den Kranken nicht allein tragen. Ein Förster im benachbarten Dorf Wiswyl erklärt sich bereit, Lenz aufzunehmen. Schlosser zahlt Kost und Logis von dem für die Unterbringung im Irrenhaus gesammelten Geld. »Ich bin so voller Freüde ... daß ich jetzt nach Wiswyl herausreisen soll, wo ich brav werde Bewegung machen können mit der Jagd und Feldarbeit«, Lenz an Sarasin. Wenig später, aus dem Haus seines »nunmehrigen rechtschaffenen Kostherrn«: »Ich beschäftige mich hier unter Anleitung des Herrn Lydinn mit dem Ackerbau und der Jagd, die mir tausend Vergnügen anbietet und meinen Kopf von Tag zu Tag mehr aufheitert, da die körperliche Bewegung, die Entfernung von den Büchern und der Umgang mit einem Manne der in der Einrichtung seines Hauswesens und Ausfüllung der ganzen Sphäre in die ihn die Vorsehung gesetzt hat, mir auf jedem Schritt eine neüe Wahrheit aufschließt.«

Lenz verliert aber nie die Sorge, daß er wieder in seine frühere Krankheit zurückfallen könne. Wiederholt äußert er das den Freunden gegenüber, immer mit der Bitte, ihn vor psychischen Erregungen zu schützen. Was wohl heißt: Sprecht nicht von meiner Unterwerfung unter die väterliche Gewalt, nicht von meiner Rückkehr nach Livland.

Aber genau darum geht es Schlosser. Lenz wird für ihn eine unerträgliche Belastung. Nicht nur in finanzieller Hinsicht, auch in seelischer. Er habe, seit Lenz bei ihm sei, »erstaunlich gelitten«, Lenzens Tod würde ihm »der größte Trost sein«, schreibt er schon im April. Im Spätsommer: »Die häufigen Schrecken, die er mir macht, haben mich beinahe auch krank gemacht und ich mußte selbst Medizin brauchen, mich zu präservieren.« Hinzu kommt Schlossers familiäre Lage. Kaum ein Jahr ist Cornelia tot, er muß für seine beiden Töchter sorgen. Schon ihretwegen könne er Lenz nicht länger im Haus behalten. Auch der neuen Frau zuliebe will er den Kranken nicht bei sich untergebracht wissen. Im Oktober 1777, vier Monate nach Cornelias Tod, verlobt sich Schlosser mit Johanna Fahlmer, der einstigen Freundin Goethes aus der Frankfurter Zeit. Am 27. September 1778 heiraten die beiden.

Schlosser drängt nun entschieden auf Lenzens Abreise. »Lenz, ob er gleich besser ist, will doch nicht heim, so gut er könnte … ich findt' es ungerecht, daß Lenz hier faulenzen soll, da er gesund und stark ist und wohl zu seinem Vater kann.«

Zu diesem Satz läßt er sich hinreißen. Wir haben nicht über Schlosser zu rechten. Er hat viel für Lenz getan, das meiste überhaupt, mit Umsicht und Geduld, seit dessen Weggang aus Weimar im Winter 1776. Und er wird noch viel tun, bis in den Juni 1779.

Aber wieso soll er allein die Verantwortung für Lenz tragen, der Vater in Livland und die Freunde in Weimar aber nicht, mag er sich gefragt haben. Schlosser hat Pastor Lenz schon im April den Vorschlag gemacht, daß Jakob von seinem in Deutschland studierenden Bruder Karl abgeholt werden soll. Lenzens Vater geht nicht darauf ein. Im Gegenteil, der in Dorpat zusammengetretene Lenzsche Familienrat empört sich über Schlossers Geldsammlung für Jakob, bezeichnet sie als »anstößig«, als eine »Beschimpfung unseres Hauses«. Die Familie unternimmt nichts. »Sein Vater schreibt mir Bogen lange Predigten, und immer nichts drinn, was mich von der Last befreite.« Im Spätsommer muß Schlosser die Bitte an Lenzens Vater nochmals dringlich wiederholt haben. Der Brief ist nicht erhalten. Wir kennen ihn aus den Kommentaren von Lenzens Bruder in Livland. »Es schadet nicht daß er aus dem goldenen Traum seiner Versorgung durch Herrn Hofrat Schlosser, durch die Nachricht erwache, daß eben dieser mit Heftigkeit und unter Drohung seine Hand von ihm abzuziehen, darauf dringe ... Nach dem harten und ungroßmüthigen Brief des Herrn Hofrat Schlosser, der gegen die vorigen so sehr absticht, ist nichts übrig, als Jakob von dort wegzubringen.«

Aber noch wird es fast ein Dreivierteljahr dauern. Wütend schreibt Schlosser: »... sein Vater ist ein eingefleischter Schurke, der mir gar nicht mehr antwortet, seit dem ich ihm sagte, daß seine Schuldigkeit erfordere, Sorge für seinen Sohn zu tragen.«

Schlossers Ungeduld richtet sich aber auch zunehmend gegen die Weimarer. Sein Verhältnis zu Goethe, seinem Schwager, ist sowieso gespannt. Es muß Schlosser befremden, als er erfährt, daß man Goethe Lenzens Krankheit verschweigt. »Lenz jammert mich, erkundigt Euch doch, wie für ihn gesorgt ist, ob man ihm etwas helfen kann. Ich wag es nicht, Goethen Etwas davon zu sagen, wenn Ihr es nicht etwan für besser findet, daß ers wisse«, Wieland an Merck.

»Ich bin müde und wünschte von Lenzens Freunden einen Vorschlag, wo mit ihm hin …«, Schlosser im November nach Weimar. Er sei bereit, jährlich etwas zu Lenzens Unterhaltskosten beizutragen, aber den »Beitrag, ihn in meiner Nachbarschaft zu wissen, muß ich mir verbitten«. Zum Winteranfang dann an Herder: »Ich erwarte, ob man in Weimar etwas für ihn weiter thun wird, wo nicht, so werd' ich ihn mit dem kleinen Rest auf den Postwagen zu seinem Bruder nach Jena schicken oder ihn damit in die Welt laufen lassen müssen …«

In dieser Situation handelt eine Frau umsichtig und mit Wärme, Goethes Mutter Katharina Elisabeth. Der Schwiegersohn Schlosser wird sie in Frankfurt von allem unterrichtet haben, sie übernimmt auch im wesentlichen sein Urteil, macht aber praktische Vorschläge, wie Lenz zu helfen sei. Im November 1778 schreibt sie an Wieland: »… weil nun verschiedenes in meinem Brief Lenzen betrift und von Ihm handelt das im pro memoia nicht steht; so wills hir beyfügen. 1.) ob die weimarer gegen Neu Jahr etwas geben wollen? 2.) daß Lentz wöchentlich 3 f also das Jahr 156 f kostet, doch daß darunter 3.) keine Kleider begriffen sind. Es ist sehr unverantwortlich von Lentzens Vater seinen Sohn so zu verlassen und dessen Freunden mit Moralischen Brühen und Chrien aufzuwarten. Auch ists schlecht von Lentz daß Er lieber Faulentzt und seinen Freunden beschwerlich wird, als daß Er zu seinem Vater nach Hauß ginge. Mit allem ists aber doch ein armer Teufel und es ist doch auch so eine sache Ihn gantz zu verlaßen: Merck und ich wollen hertzlich gern auch was beytragen. In der Eil fällt mir nur nachfolgendes ein, wißt Ihr was besseres so thut als hätte ich nichts gesagt. Die woche 3 gulden N. B. schlecht Geld thut alle ¼ Jahr oder alle 13 Wochen 39 gulden rechnet daß das in 6 Persohnen getheilt wird trägt jede, alle ¼ Jahr 2 f.:10xr. finden sich mehrer so verstehts sich von selbst daß es noch weniger macht. Wie gesagt Merck und ich sind dabey – überlegts und sagt mir Eure meinung nur mit ein paar Zeilen, damit ich Schlossern Nachricht geben kan.«

Ob der Vorschlag von Goethes Mutter verwirklicht wird oder Herzog Karl August die ganze Summe gibt – ist nicht belegt. Fakt ist, Schlosser schickt Lenz nicht fort, das Geld trifft ein, für ein weiteres halbes Jahr ist gesorgt. Ende Januar wird Lenz bei einem Arzt in Hertingen untergebracht. Bis Mai, Juni soll er dort bleiben. Sein Zustand hat sich offenbar wieder verschlechtert. Erneut ist es zu Anfällen gekommen. Im April 1779 schreibt dann Pastor Lenz aus Livland: »... Dass er noch bis Pfingsten in die Kur ohne Zweifel nicht bloss des Körpers, sondern auch Verstandes gethan worden, hat mich teils, als eine starke neue Wirkung der Menschenliebe des Herrn Hofr. Schlossers zu Freude gerührt, anderntheils aber ists mir aber auch ein trauriges Merkmal gewesen, dass es mit den Schrauben im Gehirn des Patienten doch sehr misslich stehen müsse ... Möchte der Vater der Menschen und der Heiland der Elenden ihn nur bald in meinen Schoss und an mein Vaterherz gesund an Geist und Körper zurückbringen ...«

Jene Monate in Hertingen liegen völlig im dunkeln. Kein einziger Brief von Lenz existiert. Keiner an ihn. Die Freunde in Weimar, in Straßburg, in der Schweiz, sie schweigen.

29

Erst vom Sommer 1779 liegt wieder ein Zeugnis vor. Lenzens Bruder Karl kommt nach Hertingen. Karl, Student in Jena, hat von der Familie in Livland den Auftrag erhalten, Lenz in die Heimat zurückzubringen. Er findet

Jakob »in Apathie und Erstarrung«, unfähig zu sprechen, in »tiefer Melancholie immer geradeaus starrend«. Sein »Geistes- und Körper-Zustand« ist »zerrüttet«. Das allerdings äußert Karl Lenz erst viel später. Im Sommer 1779 gesteht er Jakobs Zustand aus Furcht vor der Familienschande nicht ein. Er habe ihn »völlig wiederhergestellt gefunden«, bis auf »eine unglaubliche Schüchternheit«, schreibt er nach Straßburg an Salzmann; wohl wissend, daß dieser die Nachricht verbreiten, sie den Weg nach Weimar und der Schweiz nehmen wird.

Im Hochsommer wandern die Brüder von der Grenze der Schweiz quer durch Deutschland der Ostsee entgegen. In Travemünde besteigen sie das Schiff, das sie in die Heimat bringt.

Fast vierzig Jahre später, 1816, wird Karl Lenz dann von Dumpf, der Dokumente über Jakob sammelt, gebeten, sich der Reise zu erinnern. Karl Heinrich Gottlob Lenz, inzwischen siebenundfünfzig, als Jurist seit Jahrzehnten in Riga lebend, von »zunehmender Schwäche des Gedächtnisses« geplagt, wie er selbst sagt, berichtet am 4. Januar 1817 in einem langen Brief über diese Reise.

»Von Weymar und von Liefland aus« wurde ich »bewogen, meine academische Laufbahn in Jena früher als ich wollte, zu beendigen, um meinen kranken Bruder an der Grentze der Schweitz abzuholen. – Zu diesem behuf erhielt ich in Weymar aus der Großmuth der Weyl. verwittweten Frau Hertzogin, durch Göthe eine baare Geld-Unterstützung, welche, wie mich däucht, an 60 Louis'dor betrug ... Göthe nahm mich übrigens auf seinem Gartenhause sehr gütig auf, und unterhielt sich mit mir bei unserer Promenade in dem Lust-Wäldchen, der Stern genannt, meistens in sehr liebreichem Andenken an Jakob Lenz, und selbst seine Schwächen berührte er mit vieler Delicatesse. Seine nachmaligen Aeußerungen erscheinen freylich nicht consequent.« Karl Lenz besucht auch Wieland, der »beißende Urteile« über Lenz abgibt, und Herder und seine Frau, die an Jakobs Schicksal »größte Theilnahme« bekunden.

Karl Lenz fährt dann nach Emmendingen und wird dort mit »Schlossers bequemen halben Wagen und raschen Pferden … noch etwa gegen 12 Meilen weiter bis Hertingen … die Schweizer Gebirge schon vor Augen« gefahren. »Hier traf ich meinen armen Bruder … kaum einzelne abgebrochene Worte waren aus ihm heraus zu bringen. Dieser traurige Zustand dauerte noch lange auf der Rückreise fort, indem er auf dem Postwagen immer die gerade Linie hinaus auf's Feld hinsah! Dies brachte mich, da ich alle Mittel zu seiner Zerstreuung vergeblich angewandt hatte, auf den glücklichen Einfall, ihm eine Fußreise vorzuschlagen, so daß wir unser Gepäck auf dem Postwagen fortgehen lassen wollten. Nun bekam mein Kranker die Sprache wieder, und die Freude über den Genuß der ihm so theuren Natur gläntze sichtbar in seinen Augen. Unsere Fußreise mochte wohl 20 bis 30 Meilen betragen. Aber leider ist hier auf der Tafel meines Gedächtnisses viel, und fast alle chronologische Ordnung verwischt. Nur so viel kann ich mir noch von unseren kleinen Reise-Abentheuern schwach erinnern, daß wir in den Gegenden von Cassel oder Göttingen in einem isolirten Dorfe auf heßische Werber für Amerika, trafen. Welche nicht sowohl auf den kranken Menschen, als auf mich, wenn auch nur zu einem Troßbuben, Jagd zu machen schienen, und den Kranken bald ganz hilflos hinterlassen hätten. Ich weiß es selbst nicht mehr, wie mich die Vorsehung ihren Nachstellungen glücklich entzogen hat. Noch am Rhein oder Mayn machten wir einst, zu m. Bruders innerer Freude, mit einem stattlichen fremden Fuhrmann ein gemeinschaftliches Frühstück, indem letzterer von unserem Käse, Butter, Würsten vertraulich aß und uns dagegen mit seinem

Hochheimer regalirte, der mir freilich nie wieder so trefflich geschmeckt hat. Bey diesem nomadischen Mahle belebte meinen Bruder die Erinnerung an die Schweiz auffallend – in den Gegenden von Nordhausen (glaube ich, – genug! in Nieder-Sachsen) hatten wir sehr viel Regenwitterung, und äußerst schlechte Wege, so daß wir im Lehm-Grunde oft bis an die Knöchel im Schlamm waten mußten, und ganz durchnäßt waren. Aber, dies schien meinen Patienten im geringsten nicht zu verschlimmern oder zu ermüden. Die kärglichste Kost in den Dorf-Wirtshäusern, und ein armseeliges Strohlager waren ihm lieber, als die würklich herrliche Tafel und die Flaumenbetten in dem stolzen Hotel à l'Empereur romain zu Frankfurth am Mayn ...«

»Ich murre selbst auf mein abgängiges Gedächtnis«, schreibt er, »daß ich mich dessen auf keine Weise mehr sicher erinnern kann: ob ich auf der Rückreise mit meinem kranken Bruder, auch Emmendingen und Weymar berührt habe? Aus mehreren zusammengehaltenen Gründen aber glaube ich, Nein! nur so viel weiß ich noch, daß ich in Erfurth Halt machen mußte ...«

Von dort wandern sie weiter nach Braunschweig. Den in Erfurt erwarteten Wechsel haben sie nicht erhalten. Sie haben kein Geld. Der Gastwirt Diedrich »creditirte« sie und vermittelt auch, daß sie ohne Postgeld von einer Poststation zur anderen reisen können, »der schwere Koffer bleibt der Post-Casse bis Lübeck zu Pfande«.

Karl Lenz beschreibt, wie Jakob, ein »erklärter Bierfeind«, ein großes Glas starker braunschweigischer Mumme trinkt, sich danach »quer übers Bette legt, weil« – wie er sagte, »die ganze Stube mit ihm herumginge«. Er entsinnt sich, wie sie in ein Gewitter kamen, der Blitz acht oder zehn Schritte vor Jakob niedergeht, sie dann bei strömendem Regen weiterwandern. »Dies Leben ... schien sein wahres Element zu seyn«, keine

»Unpäßlichkeit« focht ihn an, »vielmehr brachten alle Strapazen und Fatiquen den Kranken wieder auf die Beine«. Und er erinnert sich auch, daß Jakob die Einsamkeit suchte. Hielt der Postwagen an, sprang er als erster ab und verschwand.

In Lübeck angekommen, nimmt Doktor Curtius die Brüder auf, hält sie frei, fährt mit ihnen auf sein Landhaus, verschafft ihnen die »angenehmste Aufheiterung, und bewirkte solchergestalt ohne alle andere, als diese geistige Artzeney, bei unserem in Gesellschaften noch immer schüchternden Jakob Lenz ein halbes Wunder, indem Letzterer ... von Tag zu Tag immer aufgeräumter und gesprächiger wurde«. Doktor Curtius besorgt ihnen dann auch »eine erwünschte Schiffs-Gelegenheit nach Riga, bezahlte nicht allein die Schiffs-Fracht, sondern auch unsere beyerseitige warme Beköstigung auf der ganzen See-Reise ...«

In Travemünde steigt Jakob Lenz mit seinem Bruder bei nächtlicher Dunkelheit und hohem Wellengang in eine kleine schwankende Schaluppe, die sie auf das Schiff bringt. Sie fahren der Heimat entgegen.

Das Schiff trägt den Namen »Hoffnung«.

Sechstes Kapitel

30

»Das große Schauspiel von Himmel und Wasser, von Auf- und Niedergang der Sonne fesselten meinen guten Bruder die mehreste Zeit auf dem Verdeck.« Einige siebenhundert Stunden zu Land und Wasser hat Lenz hinter sich. »Meine Reise darf ich Ihnen nicht beschreiben: sie war, wie die Reise durch die Welt, langsam und beschwerlich, mit manchen angenehmen Ruhepunkten. Ich sah endlich die Turmspitzen von Riga und die Ufer meines Vaterlandes mit einer wunderbar vermischten Empfindung. Alles fremdete mich an, bis ich die Meinigen wieder gesehen.«

Am 23. Juli läuft das Schiff in die Rigaer Bucht ein, und am Abend geht es vor Reede. In den »Rigischen Anzeigen« vom Sommer 1779 steht: »Eingekommene Schiffe: den 23. Juli Joh. Heinr. Höfft, von Lübeck mit Stückgut an Woehrmann. Angekommene Fremde: die Herrn Candidaten, Gebrüder Lenz, aus Deutschland, logieren bey Mad. Busch«.

Karl Lenz erzählt, wie der mit einem Boot zur Stadt geruderte Kapitän Höfft Jakob und ihm bei der Rückkehr die Nachricht von der Ernennung ihres Vaters zum Generalsuperintendenten von ganz Livland bringt. Das wird gefeiert, das »lange nicht geleerte Flaschen-Futter nunmehro zum gemeinschaftlichen Gesundheit Trinken zusammengestoßen«. Nach der Landung ging's zum

Markte, »wo eben die damahls übliche Abendmusik von der Haupt-Wache sich endigte«, dann »gieng der Zug aufs nächste Kaffeehaus« zu »Getränken und einer Bouteille Champagner«.

»Ich vermißte meinen Bruder von dem ich nicht weiß, in welchem Moment er sich fortgeschlichen haben mag.«

Lenz sondert sich ab. Nach zehn Jahren ist er wieder in Livland, seiner Heimat. »Das stille Land der Toten ist mir so fürchterlich und öde nicht, als mein Vaterland.« Wird das seine schreckliche Wahrheit werden?

Die Heimkehr des verlorenen Sohnes. »Vater! ich habe gesündigt im Himmel u. vor Dir u. bin hin fort nicht werth, daß ich Dein Kind heiße«, aus Emmendingen in Baden schrieb er das. Das Wiedersehen mit dem Vater steht bevor. Die Vorwürfe von zehn Jahren haben sich getürmt. Wie wehrlos ist Lenz! Was er vorzuweisen hat, Dramen, die gedruckt sind, Gedichte, Erzählungen, Abhandlungen in Zeitschriften, das ist, er weiß es, in den Augen des Vaters nichts. »Mein Glück in meinem Vaterlande ist verdorben, weil es bekannt ist, daß ich Komödien geschrieben«, hat Jakob schon in Straßburg notiert, als seine ersten Werke in Deutschland erscheinen. Seine überstandene Krankheit ist dem Vater eine Strafe Gottes, auferlegte Buße für seinen Ungehorsam, seinen Lebenswandel, sein Dichten.

Vater und Brüder in Livland verfolgen Lenzens Veröffentlichungen. Da ist viel auszusetzen: das Fehlen von Moral, Sitte, Gottgefälligkeit. Die ganze Richtung paßt ihnen nicht, Goethe, Herder, Klopstock. Der Haß gegen sie alle trifft Jakob. Goethe mit seiner »neuen freien Sprache« habe ihn »verdorben«, die »Herdersche und Klopstocksche Sekte ihm Sitten und Tugend genommen, ihn zu anstößigen Komödien verleitet«, meinen Vater und Brüder. »Schade wohl, daß er auf den verderblichen Abweg geraten, die schönen Wissenschaften zu seinem

Studio zu machen, ohne sich ein gewisses Ziel zu stekken. Dies und die Sucht, die Welt zu sehen – im Grunde gelehrte Windbeutelei – sind die Ursachen, daß er noch zur Zeit seinem Vaterlande den Rücken kehrt«, schreibt Jakobs Bruder Johann Christian 1776. Und als Christoph Kaufmann, Lenzens Schweizer Freund, 1777 die Familie Lenz in Dorpat besucht und Nachrichten vom Sohn bringt, äußert sich ein anderer Bruder dem Vater gegenüber: »Bei solchen excentrischen Plänen lehrt die Erfahrung, daß es meist bei der schwärmerischen Idee bleibt. Das ganz ungebundene Leben unseres Jakob ist nicht nach meinem Sinn. Wenigstens ist es wider alle Zwecke der Menschheit und gesellschaftlichen Verbindungen ...« Für Vater und Brüder, Staatsbeamte in Funktionen, Pfarrer, Juristen, Sekretäre, ist Jakob, der Poet, ein Berufsloser, Erfolgloser, der sich um bürgerliche Reputation, Amt und Würden bringt.

In den Augen der Familie ist Jakob ein absoluter Versager, seine Unfähigkeit zu einem Erwerbsleben moralische Verfehlung, seine Poesie Torheit, Schande. Jakob ist der mißratene Sohn, weil er den Rat des Vaters mißachtet. Nichts ist aus ihm geworden. Die anderen Söhne Pastor Lenzens aber, Jakobs vier Brüder, bringen es alle zu etwas. Der Älteste wird Oberpastor in Dorpat, später Universitätsgelehrter und ein in Livland vielgedruckter theologischer Schriftsteller. Johann Christian, mit dem Jakob in Königsberg an der Universität war, kehrt nach Livland zurück, wird Sekretär, steigt von Stufe zu Stufe, Regierungsrat ist er schließlich, und erwirbt sogar den Dienstadel. Der dritte Bruder bringt es zum Oberfiskal und Kollegienrat. Nur der vierte, dessen musikalische Begabung als brotlose Kunst unterdrückt wird, kommt in eine Kaufmannslehre und bringt es *nur* zu einem kleinen Laden in Reval, später leitet er dort das Siechenhaus.

Die Karriere des Vaters aber ist die Krönung der Tüchtigkeit, das Vorbild für die Söhne: Aufstieg aus den ärmlichsten Verhältnissen zum ersten Mann der Kirche Livlands. »Pastor Lenz war der hervorragendste Theologe des alten Livland«, schreibt ein Historiker, »ein von hoher und reiner Begeisterung für sein Amt und seine Lehre beseelter, bis in sein höchstes Alter unermüdlicher Kanzelredner und höchst talentvoller theologischer Schriftsteller.« Bis 1798 wird er das Amt des Generalsuperintendenten von Livland innehaben. 1792, im dritten Jahr der Revolution in Frankreich, wenige Wochen nach dem einsamen und schrecklichen Tod seines Sohnes Jakob in Moskau, wird Pastor Lenz mit großem Pomp sein fünfzigjähriges Dienstjubiläum feiern. Die Oberschicht von Riga gratuliert ihm. Die nichtssagenden, platten Glückwunschverse sind im Rigaer Familienarchiv aufbewahrt. Söhne, Töchter und Enkelkinder huldigen ihm. Eine Gedenkmünze wird ihm zu Ehren geprägt.

In ein solch hohes Amt beruft die Zarin Katharina nur Leute, die Garantien bieten, ihre Politik durchzusetzen. Die Situation in Rußland und seinen Provinzen hat sich durch die Bauernunruhen und Aufstände Mitte der siebziger Jahre äußerst verschärft. Pastor Lenz versichert in seinem Dankschreiben auf Katharinas Ernennungsurkunde der Zarin seine untertänigste Ergebenheit. Mitnichten wird also Pastor Lenz das, was sich Johann Gottfried Herder als junger Mann erträumte, ein »zweiter Zwinglius, Calvin, Luther dieser Provinz«.

»Herr Probst Lenz habe ... dem sonst umnebelten Livlande ein neues Licht seines Ruhms angezündet«, heißt es in der »Livländischen Bibliothek«. Der Verfasser ist Konrad Gadebusch. Seine intimen Äußerungen über Pastor Lenz allerdings sind anderer Art. Die Streitigkeiten zwischen dem aufgeklärten Gadebusch, der seit 1771 Bürgermeister von Dorpat ist, und dem konservativen Stadtpfarrer Lenz müssen sich in den Jahren immer weiter zugespitzt haben. Gadebusch ist froh, daß Pastor Lenz aus der Stadt geht. »18. August 1779 oder am 12. Sonntage nach Trinitat hielt Lenz seine Abschiedspredigt«, schreibt er, »worinn er sein eigenes Lob ausposaunete. Am folgenden Tage erhielt er von dem Rathe ein Danksagungsschreiben, welches er aber nicht annehmen wollte, weil ihm nicht der Titel eines Generalsuperintendenten gegeben worden. Am 20. ward ihm von dem Stadtsecretär bedeutet, daß dieses Schreiben sein bisher geführtes Amt beträfe. Als er's dennoch aus Stolz und Dummheit nicht annehmen wollte, war ihm mündlich gedanket.«

Als Jakob mit dem Schiff in Riga ankommt, ist der Vater also noch in Dorpat. Das Wiedersehen wird erst Mitte September sein, da trifft der Vater in Riga ein. Jakobs Mutter aber, die Beschwichtigende, Gütige, ist im Sommer des vergangenen Jahres gestorben. Der Vater hat sich auf den Tag genau, da das Trauerjahr um ist, mit einer neuen Frau vermählt. Noch mehr Fremdheit für Jakob.

In den Wochen nach der Schiffsankunft wird der aus der Fremde Zurückgekehrte neugierig betrachtet und ausgefragt. Lenz und sein Bruder finden in Riga bei der Kaufmannsfrau Amalie Reinholdine Busch, in deren Haus Herder einst täglich verkehrte, Aufnahme. Dann sind sie Gäste des Oberpastors Dingelstädt. Lenz macht Bekanntschaften. Kaufmann Behrens kommt ihm freundlich entgegen. Lenz knüpft Beziehungen zu Schlegel, Lehrer an der Rigaer Domschule, und erneuert die zu Herrn von Vietinghoff, dem er damals in Weimar seine Soldatenschrift zur Übergabe an den französischen König anvertrauen wollte. Lenz macht Ausfahrten, besucht die Freimaurerloge und Gesellschaften, zum Beispiel die Versammlungen und Konzerte, die Wevell, Ältester der Großen Gilde und Gutsherr von Waidau, in Riga veranstaltet. In gepuderter Frisur, seidenen Strümpfen, mit einem Galanterie-Degen an der Seite und einem platten Chapeau-Bas-Hut unter dem Arm zeigt sich Lenz. Nichts deutet auf seine Krankheit. Sie scheine »überstanden«, meint der Verleger Hartknoch. Er öffnet dem Dichter Lenz sein Verlagshaus in der Sandgasse; »ich und meine Frau« finden, schreibt er nach Weimar an Herder »im Umgange des Mannes viel Vergnügen«, einen »redlichen Freund versprechen« sie sich an Lenz, als »Autor und Verleger« können »mögliche Verhältnisse unter uns entstehen«. Auch der Gedanke, daß Lenz seinem Sohn Unterricht geben solle, bewegt Hartknoch.

Wieder scheint zunächst äußerlich alles gut.

Am 15. September 1779 trifft Pastor Lenz in Riga ein. Er wird in das hohe Amt eingeführt, die Jakobskirche mit dem schlanken Kupferturm wird seine Predigerkirche, unweit davon bezieht er mit seiner neuen Frau ein schönes, geräumiges Wohnhaus. »Wohlfeiler« als in Dorpat wird er hier leben. Die Jahresgage des Generalsuperintendenten beträgt zweitausend Albertstaler. Zusätzlich erhält er das Gut Bischofshoff.

Für den Sohn Jakob wird in dem Leben des Vaters kein Platz sein.

Noch am Tag seiner Ankunft erläßt Pastor Lenz ein in scharfem Ton gehaltenes »Sendschreiben an sämtliche evangelischen Lehrer und Hirten des Herzogtums Livland« und fordert darin von allen »unbedingten Gehorsam«.

Den wird er auch vom Sohn verlangen. Unmißverständlich wird er ihm die Zwänge seiner Zukunft benannt haben. Schon als Lenz noch in Hertingen in der Schweiz weilt, berät der Familienrat über ihn. Er solle in

Jena, wo der Bruder Karl studiert, ein Jura-Examen machen; »... mit seinem eleganten und durchaus litterarischen Style wird er in kurzer Zeit für ein großes Licht unter unseren Advokaten gelten«. Als das wegen Jakobs Gesundheitszustand unmöglich ist, bleibt nur das Metier eines Hofmeisters oder Lehrers an einer öffentlichen Schulanstalt.

Heimlich spricht Lenz – so berichtet der Bruder Karl – von seiner Sehnsucht nach Deutschland und seinem Plan, dorthin zurückzukehren. Unter dem Einfluß des Vaters erklärt er sich dann aber bereit, in Riga an der Domschule als Lehrer zu arbeiten. »... daß in *meinem Vaterlande* mir eine solche Stelle die wünschenswertheste wäre ... Ich wollte solang wenigstens an mir pressen bis das was ich gutes und vortheilhaftes draussen eingesogen, ausgedrükt wäre, mögte man hernach mit dem löchrichten Herzen machen was man wollte.« Pastor Lenz geht mit dem Sohn zum Rigaer Bürgermeister, bittet um die Anstellung.

Die Sache scheitert – und zwar an Johann Gottfried Herder in Weimar.

Herder ist als junger Mann Lehrer an der Domschule gewesen. Als Lenzens Vater beim Bürgermeister vorspricht, zeigt der sich dem Plan aufgeschlossen, entgegnet aber, man habe schon an auswärtige Gelehrte geschrieben, und daher sei eine Empfehlung Herders ausschlaggebend. Jakob schreibt nach Weimar. Am 2. Oktober geht der Brief auf die Post. Auch Hartknoch schreibt sofort an Herder. Lenz sei »für den erstrebten Posten vollständig geeignet«. Wenig später bekräftigt er das noch einmal. »Vor einigen Posttagen schrieb Herr Lenz an Dich und bat um Deine Vermittlung, ihm die Rektorstelle am Dom (in Riga) zuzuwenden. Ich bat Dich ebenfalls in einem apostille darum. In der That ist's grausam, daß wir nach allen Gegenden um geschickte

Leute schreiben und werben, indessen Landeskinder, die etwas gelernt haben, zu Hause unversorgt bleiben. – Ist's möglich, daß Du etwas für Lenz zum Besten thun kannst, so empfiehl ihn nachdrücklich. Diese Empfehlung, und daß man ihn hier zur Stelle hat, seine Talente und Geschicklichkeit zur Führung dieses Amtes prüfen kann, wird ohnfehlbar gute Wirkung haben. Ich weiß nicht, ob es nicht gut wäre, wenn Du in Deinem Briefe unvermerkt den Vorurteilen, die man von Lenzens Jugend und Unerfahrenheit und von seiner ehemaligen Krankheit oder seinen Schriftchen hernehmen könnte, begegnetest. Der Mann hat sich auf alles das gelegt, was ein tüchtiger Rektor wissen muß, der unsere Jugend zu ihrer künftigen Bestimmung fähig machen soll, das bin ich durch Beweise, die er mir von seiner Geschicklichkeit gegeben, überzeugt; 1) er hat verschiedenen junge Herren privatim unterrichtet, verschiedene gute Erziehungsanstalten gesehen ec. Mir thust Du damit einen desto größeren Gefallen ...« Dann folgen die Worte, daß er in Lenz einen redlichen Freund der Familie sehe, einen Erzieher des Sohnes und nicht zuletzt den Autor, den er zu verlegen hofft.

Herder antwortet mit einem kalten Nein. Der Weimarer Superintendent befürwortet die Anstellung Lenzens nicht. Er, der Lenz seit dem Dezember sechsundsiebzig nicht mehr sah, nur durch Briefe von seiner Krankheit Nachricht bekam, der weiß, daß ein Leben als freier Schriftsteller unmöglich ist, und der um das Talent von Lenz wie um dessen Gefährdung weiß, stößt Lenz zurück. »Mit Lenzen ist nicht. Er taugt nicht zur Stelle, so lieb ich ihn habe«, schreibt er an Hartknoch. Lenz aber erhält nicht einmal einen Antwortbrief von ihm.

Man muß wissen, daß die warmherzige Vermittlerrolle Hartknochs den reizbaren Herder nicht gerade für Lenzens Anliegen aufschließt. Herders Verhältnis zu seinem Rigaer Verleger ist in jener Zeit sehr gespannt. Hartknochs Vorwürfe, daß er nicht nach Livland zurückkomme, sein Bedauern, dessen Westeuropa-Reise finanziell unterstützt zu haben, vor allem aber seine schlechten verlegerischen Angebote ärgern Herder. Die Worte über Lenz als Freund der Familie, Erzieher des Sohnes und Autor mögen ihn peinlich berühren, denn all das erhoffte Hartknoch ja in ihm. Vielleicht aber denkt Herder auch an die Zwänge eines solchen Amtes, er selbst erlebt sie schmerzlich in Weimar, um wieviel härter und kleinlicher werden sie in Riga sein. Oder es ist die Rücksichtnahme auf Goethe. Eine Befürwortung für Lenz ist ein Wagnis, würde Goethe befremden.

Lenz aber muß die Ablehnung sehr treffen. Nicht einmal seine Dichterfreunde treten für ihn ein. Wie schmachvoll ist ihm das vor dem Vater und den Brüdern.

Das Urteil der einstigen Freunde Lenzens in Deutschland und der Schweiz schwankt zwischen Spott und Mitleid.

Etwa zur gleichen Zeit verbreitet sich in Weimar das Gerücht, Lenz habe in Livland eine »Professur der Taktik, der Politik und der schönen Wissenschaften« erhalten. Am 14. Oktober teilt Schlosser es Merck mit. Am 4. November schreibt die Herzogin Anna Amalia: »Daß Lenz Professor geworden, kommt mir sonderbar vor; die Universität, die ihn gewählt hat, muß toll und Lenz gescheut geworden seyn. Indessen ist es mir herzlich lieb, daß der arme Lenz wieder so hergestellt ist.« Lavater schickt an Sarasin den Vers:

Glaub wer ein Narr ist, bleibt ein Narr
Zu Wagen, Pferd' und Fuße.

Drum, Bruder glaub' an keinen Narren
Und keines Narren Buße.
Fiat applicatio auf Freund L..z.

Lenz ist ein Gezeichneter. Auch in Livland. Die Vorurteile gegen ihn wachsen.

Superintendent Lenz unternimmt keinen zweiten Versuch, dem Sohn in Riga oder an einem anderen Ort des Landes eine Stelle zu verschaffen. Lenz nicht in der Nähe zu wissen, wo er der Familienehre schaden kann, wird ein Hintergedanke für den Vorschlag gewesen sein, Jakob solle in die russische Metropole nach Sankt Petersburg gehen. Schon gleich nach der Ankunft hat man ihm solche Pläne unterbreitet, von denen, wie Lenz am 2. Oktober schreibt, »mein Herz, weiß ich aus was für Besorgnissen, zurücksteuerte, doch ohne sie ganz aufzugeben«. Nun sind sie die einzig verbliebene Chance.

Anfang Januar 1780 entschließt sich Lenz, nach Petersburg zu fahren, um »die Sache sattsam und gründlich angreiffen und nicht länger auf Luft und Schatten einer ungewissen Zukunft bauen«. Jakob bittet den Vater um ein Empfehlungsschreiben des livländischen Generalgouverneurs Browne an Betzkoi, den Direktor des Petersburger Kadettenkorps. Seine Kenntnisse in den Kriegswissenschaften möchten besonders hervorgehoben werden. Der Vater wird ihm auch das nicht gewähren. Wie er ihn offenbar auch ohne Geld läßt. Jakob muß sich an Kaufmann Behrens wenden. Im Lenz-Nachlaß findet sich ein Zettel: »Lenz an George Behrens. Kraft dieser meiner Obligation bescheinige ich Endesunterschriebener, daß ich von Herrn George Behrens in Riga die Summe von 100 Rbl. sage Ein hundert Rubel Silbermünze zum nothwendigen Gebrauch als ein Darlehn empfangen und solche a dato innerhalb sechs Monaten, nebst den gehörigen Zinsen a 6 pro

Cento dankbarlichst wiederzubezahlen mich anheischig mache

Dörpat, den 18ten Jenner 1780

Jakob Michael Reinhold Lenz
der mathematischen und schönen
Wissenschaften Beflisserer

gut für hundert Rubel«

Ende Januar bricht Lenz mit einem Mann namens Brauer in die russische Metropole auf.

31

Mit dem Schlitten fahren sie durch das tiefwinterliche Livland. Am 30. ist schon die Hälfte des Weges zurückgelegt. Aus Jamburg schreibt Lenz »erschöpft« von der Reise: »wir sind wenigstens 25 mahl umgeschlagen und würden's noch öfter seyn, wenn nicht mein Reisegefährth wie ein Herkules gearbeitet den Schlitten zu halten«. Brauer, so berichtet Jakob weiter, »bietet mir auch sein Haus in Petersbg. an, bis ich ein Quartier ausgemacht, denn zu den grossen Aubergen London Demuth will er mir durchaus nicht rathen«.

Lenz in Sankt Petersburg, der Hauptstadt jenes riesigen russischen Reiches, das ganze Teile Asiens und einen Teil Europas einnimmt, dem Zarensitz Katharinas. Lenz erinnert sich vielleicht, wie er als dreizehnjähriger Knabe vor fast zwanzig Jahren in Dorpat die Zarin gesehen hat, wie der Vater die Ansprache hielt, die Mutter zum Handkuß zugelassen wurde. Gerade zwei Jahre war die junge Zarin da auf dem Thron. Große Hoffnungen richteten sich auf ihre Politik. Eine neue Ära, den Sieg der Aufklärung soll sie bringen. Aber ihre Freundschaft zu den französischen Philosophen und ihre Reden »Alles geschieht zum Wohle aller und jedes einzelnen« entlarven sich bald als Losungen, als demagogische Phrasen, die die grausame Realität verdecken. Schon Mitte der sechziger Jahre beginnt der Glorienschein, der über ihren ersten Regierungsjahren liegt, zu verblassen.

Die sozialen Widersprüche in Rußland verschärfen sich außerordentlich. Die ansteigende Produktion und die alten, auf feudalem Grundbesitz und Leibeigenschaft beruhenden Produktionsverhältnisse führen zu verstärkter Ausbeutung der Bauern. Unter Katharina, die sich Voltaire gegenüber als eine Gegnerin der Leibeigenschaft ausgibt, nimmt diese die grausamsten Formen an. Die Zahl der Leibeigenen wächst in ihrer Regierungszeit. Hunderttausende verschenkt sie allein an die Favoriten ihres Hofes. 1765 und 1767 erläßt sie Ukase, die den Gutsbesitzern das Recht geben, ihre Bauern eigenhändig in die Verbannung zu schicken, hingegen es den Bauern bei Androhung von Zwangsarbeit verboten ist, Klagen über ihre Herren vorzubringen.

Die Bauernunruhen mehren sich und gipfeln schließlich Mitte der siebziger Jahre im Pugatschow-Aufstand. Jenem Jemeljan Pugatschow aus Simowejskaja am Don, demselben Dorf, aus dem der legendäre Bauernführer Stepan Rasin gekommen ist, strömen die Bauern zu, Kosaken, Baschkiren, Kasachen und Tataren, später die Arbeitsleute aus dem Ural, geführt von Chlopuscha. Noch später kommen die Bauern des Wolgagebietes hinzu. Alle ziehen den Jaik aufwärts, nach Orenburg, dem Stützpunkt der Zarenregierung im Südosten. Überall, wo sie hinkommen, werden sie mit Brot und Salz und Glockengeläut empfangen. Pugatschow, der sich als Zar ausgibt, verleiht den Leibeigenen in einem Manifest die Freiheit. Schießpulver, Blei, Wasserläufe, Weiden, Getreide, Äcker, Brot – alles gehört fortan denen, die es erarbeiten und bebauen. Katharina zittert, der Zarenhof bereitet schon die Evakuierung nach Riga vor. Man erwartet den Vorstoß Pugatschows auf Nishni-Nowgorod und Moskau. Aber Pugatschow macht einen Fehler, den Katharina als »Glück« für sich bezeichnet. Er zieht nicht nach Moskau, wendet sich nach Süden. Die Kräfte der Aufständischen werden dadurch zersplittert, aufgerieben, schließlich werden sie besiegt. Durch Verrat in den eigenen Reihen wird Pugatschow gefangengenommen. In einem Käfig läßt ihn Katharina nach Moskau bringen und dort nach grausamen Folterungen im Winter 1775 an der Schädelstätte vor der Kremlmauer hinrichten.

Die Zarin tut alles, um die Erinnerung an Pugatschow auszulöschen. Sein Haus wird niedergebrannt, der Name des Dorfes Simowejskaja geändert, wie der des Flusses, der Jaik heißt fortan Ural, die Jaik-Kosaken Ural-Kosaken. Grausame Vergeltungsaktionen gegen die Aufständischen gibt es. Siedlungen werden eingeäschert, die Bewohner ermordet, gezüchtigt oder in Strafabteilungen gesperrt. Wahllos werden Menschen erhängt. Katharina läßt Galgen auf Flößen errichten, die Flöße mit den Erhängten treiben gespensterhaft die Wolga hinab.

Der Pugatschow-Aufstand hat in ganz Rußland eine ungeheure Verstärkung der Willkür zur Folge. Die Zarin und die herrschende Klasse haben Furcht vor dem Volk, und die Kräfte der Reaktion schließen sich zusammen. Sie wenden sich nicht nur gegen die Bauern und Manufakturarbeiter, sondern auch zunehmend gegen die bürgerliche Intelligenz. Lehnen die Intellektuellen den Pugatschow-Aufstand zwar ab, so nehmen sie doch die Not der Volksmassen und die ungeheure Willkür und Despotie der Herrschenden immer stärker wahr und sprechen und schreiben darüber. Das Problem der Leibeigenschaft wird für sie zur wichtigsten Frage der Zeit. Hinzu kommt, daß besonders seit Mitte der siebziger Jahre die Praxis von Katharinas korrupter Staatsführung, ihre Günstlingswirtschaft, ihre Verschwendung ungeheurer Summen für den Luxus des Hofes immer abscheulichere Formen annehmen und zur Kritik herausfordern. Alexander Puschkin schreibt später darüber: »... um den zweiten Platz im Staate zu erlangen, brauchte einer weder Verstand noch Verdienste, noch Talente aufzuweisen ... Katharina wußte von den Gaunereien und Raubzügen ihrer Lieblinge, aber sie schwieg. Durch solche Schwäche ermutigt, kannten diese in ihrer Gewinnsucht kein Maß, und noch die entferntesten Verwandten eines zeitweiligen Günstlings zogen gierig ihren Vorteil aus der kurzen Spanne seiner Herrschaft. Hierdurch erklären sich jene riesigen Güter im Besitz gänzlich unbedeutender Familien und das völlige Fehlen von Ehrlichkeit und Ehrgefühl in der herrschenden Klasse. Vom Kanzler bis zum letzten Kanzlisten waren alle Diebe, und alles war käuflich.«

In dieses Petersburg nun kommt der Dichter und »unbehelfsame« Mensch Lenz im Winter 1780, um eine Anstellung zu erlangen. »Gegenwärtig bin ich in einer der grössten Städte, abermal, wie ein Fremdling und es wird Zeit brauchen, ehe ich über Personen und Sachen gehörig urtheilen kann«, schreibt Lenz nach Sesenheim an Friederike Brion. Und schon bald klagt er, die Verhältnisse in dieser kalten Stadt würden ihn »bis an die Seele einengen«.

Sankt Petersburg ist eine unausgewachsene Hauptstadt, die Zar Peter I. kaum achtzig Jahre zuvor aus dem Nichts am Finnischen Meerbusen mit einem Heer von Leibeigenen emporwachsen ließ. Eine Stadt mit Prunkpalästen und leeren freien Flächen, wüsten Lücken. Petersburg ist eine Stadt der Gegensätze. Unvorstellbarer Reichtum ist am Zarenhofe und in den Adelspalästen – Armut, Dieberei und Verkommenheit bei den übrigen.

Eine Mittelschicht gibt es nicht. Die Dimensionen in diesem »halbbarbarischen Reich«, wie Merck sagte, sind völlig andere, als sie Lenz vom deutschen Fürstenhof in Weimar kennt. Bescheiden, ärmlich nimmt er sich dagegen aus, in Sankt Petersburg lebt jeder kleine Adlige oder Günstling des Hofes in größerem Reichtum. Adelstitel, Namen, Empfehlungen, Beziehungen zum Hofe, Verbindungen, Gunst, Geld, Macht – das ist hier alles.

Petersburg wird eine große Enttäuschung für Lenz.

Fast ein Dreivierteljahr irrt er durch die Stadt, wird von einem zum anderen geschickt, macht Bittgänge, Kratzfüße, Konversation. Ergebnislos. »Wahr ist es daß der Schwürigkeiten befördert zu werden, hier mehr sind als anderwärts, Schwürigkeiten die ich als Einheimischer bis zur Aufgebung aller Hoffnung erfahre ... Eine Menge Leute von Talenten, die von allen Orten her hier zusammenfliessen und durch Connexionen und Cabale jedem Unerfahrenen den Weg verbauen, ein hartes Klima, eine höchst theure Lebensart, fremde Sprache und Sitten und eine Art von Zusammenverschwörung gegen den, der die beyden letztern nicht kennt – tausend Ungemächlichkeiten ... Alsdann der Pöbel und das Gesinde in einer grossen Stadt, der zu tausend Ausschweiffungen vertritt, und der Arbeit ungewohnt, wegen Dibereyen und offt grausamsten Verbrechen, eine Art von Feind ist gegen den man beständig zu Feld liegt – kurz alles alles lieber Freund«, schreibt Lenz an Friederikes Bruder Christian Brion nach Straßburg, »machen die Versorgung hier unaussprechlich schwerer als anderwärts ... Es ist wahr daß die höchste Monarchin und verschiedene Grosse hier einen unbestechlichen Sinn für wahren Werth haben – aber der Weg zu ihnen wird einen bis von den geringsten Personen auf eine solche Art verrammelt, daß eine Lebenszeit daraufgeht, eh Glück oder Zufall ihn eröfnen.«

Erstmals wird hier Katharina persönlich erwähnt. »Ich habe sie nur einmal nahegesehen«, schreibt er dann an Lavater am 15. April, »(als sie die Deputirten der neuen Provinzen in Pohlen zur Audienz ließ – ein interesannter Anblick) … alle ihre Entwürfe Plane und Ausführungen reden mit ihrem Gesicht überein – das wahrhaftig im strengen Sinn des Worts – Kayserlich ist –«. Es scheint, Lenz hat seinen Jünglingsglauben an die Zarin bewahrt. Er verfaßt auch eine Ode an das Haus Romanow: »Empfindungen eines jungen Russen, der, in der Fremde erzogen, seine allerhöchste Landesherrschaft wieder erblickte.« Schwulst und Weihrauch sind diese Verse, Katharina gewidmet.

Weder die Verehrung der Zarin noch Glück noch Zufall helfen Jakob Lenz. Im März steht er noch mit leeren Händen da, hat es nicht zu einem »notdürftigen Unterhalt« gebracht. Ende Mai glaubt er »alles« am »Rande der letzten Gährung. Dry Aussichten unter denen ich nur eine wählen kann«. Naryschkin verspricht ihm einen »Platz im Reichskollegio;« beim »Landcadettencorps« hat er »Chancen«, auch eine Anstellung beim sächsischen Gesandten in Schweden ist im Gespräch. Für kurze Zeit ist er wohl Sekretär. »Für den Grafen Sakken arbeite ich schon – und es ist mir nützlich, mich in Routine zu setzen – nur wohnt er weit und Akkord haben wir auch noch nicht getroffen.« Ludwig Heinrich Nicolai macht ihm »einige Vorschläge«, unter anderem geht es um eine Stelle beim russischen Großfürsten Paul.

Alles schlägt fehl. »… glaube mir doch, daß ich nicht ganz mit der Stange im Nebel herumfahre«, fleht er den Bruder an. Mit letzter Hoffnung reist Jakob Ende Mai nach Kronstadt hinaus, um sich beim Seekadettenkorps zu bewerben. Nichts. Wieder ist er mittellos: »Meine Freunde können mich länger nicht unterstützen, sie haben das letzte gethan mich zu beschämen.« Geldmangel zwingt ihn, »eben da unthätig zu seyn, wo oft ein Schritt alles entschieden haben würde«. Dazu kommt die seelische Qual. Vom Vater hat er kein Empfehlungsschreiben, das er vorweisen könnte. Statt dessen sind seine Briefe voller Vorwürfe, »von Versinken in Schulden, Gefängniß Verfaulen in der Policey u. s. f. ist die Rede – Ausdrücke die hier häslich könnten angesehen werden. Das Versäumnis dieser Stücke ... Eure Aengstlichkeit und Mißtrauen in mich schadet mir unaussprechlich«, klagt Jakob dem Bruder und bittet ihn, den Vater zu einem Schreiben zu überreden, das er »allen Gönnern und Freunden vorlesen könnte ... Besonders da er noch keine Ausgaben hier für mich gehabt hat, und mit Gottes Hülfe (wozu er aber doch wenigstens soviel beytragen muß, daß er mich mit seinen Ansehen unterstützt und nicht thut, als ob ich ein *geborener Knecht* wäre) es doch in Kurzem zur Entscheidung kommen muß ... Stell dir vor, welch eine Quaal mein ganzes verhunztes Leben mir bereiten würde, wenn alles sich vereinigte mir aus der Schmach eines verunglückten Gesuchs herauszuhelfen und ich bloß aus Ohnmacht oder Mißtrauen meiner Verwandten die wenigen Schritte die man mir übrig lassen mußte, nicht thun konnte.«

Der Vater hilft seinem Sohn nicht. »... mehr als tödliche Wunden« habe das »unbegreiflich traurige Schicksal dieses Lieblings« unter seinen Söhnen seinem »Vaterherzen« geschlagen, schrieb er, als Jakob noch in der Schweiz weilte. Würde seine Krankheit nicht geheilt, sei es besser, er stürbe. Wie »willig, obgleich unter tausend Vatertränen« wolle er »diesen Issak« Gott »hinopfern«.

Er opfert ihn in der Tat, da er ihm keine Unterstützung gibt. Schon die kleinste Hilfe ist Vater und Brüdern beschwerlich.

Wie wichtig aber Empfehlungsschreiben für eine Anstellung in Petersburg sind, zeigt Maximilian Klingers Weg. Er kommt im gleichen Jahr wie Lenz nach Petersburg. »Ich hab' eine grosse, gegründete Hoffnung auf Russland ... Und wenn man die Augen zudrückte, weder rechts noch links sieht, so geht's«, schreibt er optimistisch. Vom Prinzen Friedrich Eugen von Württemberg, dessen älteste Tochter mit dem russischen Thronfolger Paul verheiratet ist, hat Klinger ein Schreiben in der Tasche. Beschafft hat es ihm Georg Schlosser durch seine Beziehungen zum Hofe. Auch das Reisegeld hat Klinger bekommen. Als er in Petersburg eintrifft, wird er von einem Mann unterstützt, der sich auch für Jakob Lenz einsetzt: Ludwig Heinrich Nicolai, selbst Verfasser von Versen, gebürtiger Straßburger, in Petersburg Bibliothekar und Sekretär beim Großfürsten Paul. »Unmittelbar aufeinander habe ich zwey unserer deutschen Autoren«, schreibt der am 3. November 1780 an den Buchhändler Christoph Friedrich Nicolai in Berlin, »hier zu empfangen die Ehre gehabt, die aber nicht die besten Freunde zusammen zu seyn scheinen. Der eine ist Herr Lenz aus Dorpat und der andere Herr Klinger aus Frankfurth. Sie werden sie wohl beide aus ihren Werken kennen. Ich hoffe Gelegenheit zu haben ihnen beiden einige Dienste erweisen zu können, und dann müssen sie mir Freunde werden, sie mögen wollen oder nicht. Jugend und Modeton scheint sie bisher beide ein wenig von der rechten Straße abgeleitet zu haben, aber im Grunde scheinen sie mir doch beide recht gute, redlich biedere Deutsche zu seyn.« Als gleichwertig sieht Nicolai die Dichter Lenz und Klinger. Schon bald aber neigt sich seine Sympathie eindeutig Klinger zu, nur für ihn tritt er noch ein.

Maximilian Klinger macht Karriere in Petersburg. Als Vorleser beim Großfürsten Paul wird er angestellt, kommt in das »bataillon de marine«, reist 1782 mit dem

Thronfolger in die Schweiz, später nach Italien. 1801 wird er Direktor des Kadettenkorps und bringt es schließlich in zaristischen Diensten bis zum Generalleutnant.

Klinger glückt es. Lenz geht leer aus, er erhält keine Stelle. Die Illusion eines schöpferischen Schriftstellerdaseins lebt in Lenz wohl noch zu stark, während Klinger fortführt, was er nach der Entfernung durch Goethe aus Weimar begann, Manuskripte verbrennen, das Dichten lassen, wie »nichtig all unser Treiben in den 4 Wänden, wie ganz Wahn«. Eine Militäranstellung ersehnt Klinger. Als der Feldzeugmeister ihm im April 1779 in Deutschland zur Charge ruft, ist er glücklich. Als Leutnant nimmt er am Bayrischen Erbfolgekrieg teil. Sein »Glück« dauert nur wenige Tage, dann ist der Krieg zu Ende. »All meine heiß geträumten, stark gefühlten Projekte sind verstoben, es ist Frieden«, schreibt Klinger da. Später wird er zur Literatur zurückkehren, wird Wichtiges leisten, wird über seine bitteren Erfahrungen am Petersburger Hof 1797 in dem Essay »Weltmann und Dichter« sprechen. Jener Weltmann, der Klinger sein konnte (»Also immer die Schule durch geritten und Menschen Wesen sehen und verdauen ... Die Welt hat mich nicht zahmer gemacht, aber klüger«), vermochte Jakob Lenz nie zu sein, er ist nur der Dichter mit der »unbehelfsamen Existenz«. Er kann sich nicht anpassen, er kann nicht taktieren. Seine Natur ist nicht dafür geschaffen. Wenn er es versucht, tut er zuviel oder zuwenig. Immer scheint es dann wie eine komische Verzerrung zu wirken. Er wird belächelt, verlacht.

Eine adlige Dame in Petersburg rät Lenz, die Stadt zu verlassen. Es ist Frau von Albedyll, die Lenz seit der Kindheit kennt. Sie besitzt ein Gut in der Nähe von Dorpat und hält sich in jenem Herbst 1780 in der russischen Metropole auf. An Jakobs Vater schreibt sie am 13. September 1780 aus Petersburg nach Riga: »... wir haben alle Mühe angewandt, ihn aus Petersburg zu bringen. – Er ist nicht lasterhaft, aber wenn Er auch noch einmal so gelehrt und tugendhaft wäre, so ist es doch immer vor Petersburg nicht Freimütigkeit, nicht Anstand genug für Menschen, die nur das äußerliche sehen und beurteilen können ... Und wie viel Ruhm in den Augen und hinterrücks – es wäre nicht Wunder, wenn der junge Mann stolz würde.«

32

Im Herbst 1780 taucht Lenz wieder in Livland auf. Auf »Bitte des Kammerjunkers Liphard und der Obristin Albedilla« geht er auf Liphardts Landgut Aya in der Nähe von Dorpat. Hier erhält er bei dem Baron eine Stelle als Hofmeister. Wir wissen es, da er Ende September Gadebusch um Bücher bittet und ihm im Oktober schreibt: »Die Abwesenheit des Hn. v. Liphardt hindert mich selbst zu kommen ... da meine Eleven jetzt ganz allein meiner Aufsicht überlassen sind.«

Nach langen ergebnislosen Mühen hat er nun eine Anstellung. Aber schon wenige Wochen später, Mitte November, verläßt er bei Nacht das Haus. »Da bin ich nun auf dem Wege ... ohne von einem einzigen Freunde Abschied genommen zu haben ... Laß meine Bücher und Sachen« teilt er dem Bruder mit, »entweder zu Dir oder zum Conrektor tragen, bis die Fuhr nachkommt ... und schick mir doch ja bald was von meinen Sachen, da ich weder Wäsche noch Bücher habe und gar nichts von meinen Arbeiten, die Eile verlangen. Liphard wird hoffentlich nicht irresonabel seyn. Ich habe an den Sohn geschrieben.«

Nicht Zerwürfnisse mit seinem Vorgesetzten oder dessen Kindern sind das Motiv der Flucht, sondern offenbar eine unglückliche Liebe. Julie von Albedyll, die Tochter jener Petersburger Dame ist es, in die er sich verliebt hat. Schon als Kind hat Lenz sie gekannt. Über die näheren Umstände der Liebesgeschichte wissen wir nichts. Ein Mann namens Marpurg, Hauslehrer, Jakobs Nachfolger bei Liphardt, erzählt dem Lenz-Forscher Dumpf später, er habe Julie damals »Liebesbriefe und beigefügte Sächelchen« in Jakobs Namen überbracht. In Lenzens Nachlaß finden sich zwei Zettel von Lenz an sie. Auf dem einen steht unter anderem: »Oder glauben Sie vielleicht die Wunde auf die man schlägt, blute weniger.« Auch ist die Rede vom Bruder. Vielleicht hat sie wie Cleophe in Straßburg, bereits einem ihr Standesgemäßen versprochen, mit ihm bloß gespielt. Oder die anderen haben dem Naivgutgläubigen etwas vorgegaukelt, ihn ermuntert, um dann seiner zu spotten. »So schön geht ihr mit mir um«, wirft Jakob dem Bruder vor, »doch ihr wünscht euch Glück, es ist ein Drama von eurer Arbeit, eines von den starken Trauerspielen: und wenn das nur fertig wird und alles so ziemlich honett bei der Zubereitung kann gedreht werden, was kümmerts die Schriftsteller, was die Folgen wirklich sind. Die da ihrer Sache am sichersten sind, übernehmen die Farcerollen, die Freygeister und so fort unbekümmert ob bei dem was man so spielt nicht ein bischen Wahrheit mit unterläuft.«

Der letzte Akt dieser Tragikomödie aber wird erst später inszeniert, als Jakob kurz vor dem Tode in Moskau erklärt, er wolle Julie von Albedyll heiraten, als lange, wirre Briefe um diesen Gegenstand kreisen, er sich beklagt, daß man ihm seinen Taufschein abspreche, ihm verweigere, sich nach Livland zu verehelichen. Wie ein Wahn, eine fixe Idee muß ihn das erfüllt, gepeinigt, getrieben haben.

In jenen Wochen, auf dem Landgut in Aya, entzieht er sich den Ereignissen durch Flucht. Er geht über Ringen nach Ohlershoff, will dort, wie er am 26. November schreibt, »auf einige Zeit« seinen »Aufenthalt beym Herrn Assesor von Engelhardt nehmen«. Aber auch von hier geht er ohne Abschied fort. »Ist es denn nicht möglich, daß ich durch den Derptschen Fuhrmann Rennert Samuel, der in 8 Tagen hierherkommt, meine Sachen und Bücher, die bey Engelhardt, oder jetzt vermuthlich bei Bürgerm. Vitl oder Hr. Haase in Walk steht, erhalte.«

Wo er die Jahreswende 1780/81 verbringt, den strengen nordischen Winter, ist unbekannt.

33

Fast zwei Jahre sind nun schon seit seiner Rückkunft nach Livland vergangen. »... unstet und flüchtig ...« ist sein Leben. Ein »Fremder« war Jakob in Deutschland und in der Schweiz. Nun ist er es auch hier, in seiner Heimat. »Landläuffer«, Umhergetriebener.

Ach an dies Herz
Dies trostlose Herz
Preß ich dich Himmel.

Landschaft und Himmel sind sein Gehäuse. Wir sehen ihn sitzen, in allen Jahreszeiten, am Wegrande – mit den törichten Augen eines Vogels, mit seiner verletzlichen Haut. Wir sehen ihn gehen zu allen Jahreszeiten. Lenz hört die Geräusche, den Wind, den fallenden Regen, den Schnee; immer das gleiche sterile Geräusch. Sieht den toten Himmel, im Winter über den schneidend geraden Schneeflächen, im Sommer über dem verwerflichen Grün.

Ach an dies Herz
Dies trostlose Herz
Preß ich dich Himmel.

Durch Südestland und Lettland muß Lenz geirrt sein. Namen von livländischen Adligen finden sich in seinen Briefen. Stirnhilm, Liphardt, Engelhardt, Namen von Gütern: Wassula, Odenpäe, Ohlershoff, Jürgenshoff, von Dörfern und kleinen Städten.

Odenpäe mit seiner Hügellandschaft, die Dorpatsche Schweiz, ein Höhenzug von 800–900 Fuß, die Hügel verschieden geformt. Viele Seen. Eichen. Faulbäume. Engelhardshoff, lettisch Engelartes bei dem Dorf Asigalle, Wassula, ein schönes, im russischen Stil erbautes Holzhaus, von Baron Stirnhilm bewohnt. Lenz muß dort zu Gast gewesen sein, wie auch in anderen Gutshäusern.

Und immer wieder Aufbruch in Fremdheit. Weiterziehen.

Wie schon Oberlin im Elsaß, halten ihn die Leute seiner hängenden Haare wegen für einen Handwerksgesellen. Seine Kleidung, die er in Riga und Petersburg trägt, das vorschriftsmäßig hinten in einem Haarbeutel gebundene Haar, ist vergessen. Ein »Landläuffer« ist er wieder.

Er geht durch die Dörfer. Erinnerungen an seine Kindheit vielleicht. Wortfetzen auf Lettisch und Estnisch. Gerüche: gehackter Sauerkohl mit aufgeweichtem Zwieback, Soldatenkaltschale, saure grüne Kräutersuppen, Pasternak, Hoberwurz. Gesichter: ausgemergelt, kraftlos. Körper, von Rutenstrafen, Branntwein und schwerer Arbeit gezeichnet. »Eine Menge Stroh in Koth getreten – das wahre Bild unseres heutigen Volks«, schrieb Lenz in der »Soldatenschrift«. Hier in Südestland und Lettland erlebt er die Not der Bauern. Sie hat sich nicht gelegt, sie ist größer geworden. Bauernaufstände waren auch in Livland in den siebziger Jahren; neue bereiten sich vor. Für viele Leibeigene scheint der einzige Ausweg aus dem Elend das Landlaufen. Um sich der zu zahlenden Kopfsteuer, dem Obrok, und den Rekrutenaushebungen zu entziehen, gehen sie über die Grenzen ihres Gebietes. Aber nur neues Elend erwartet sie dort. Lenz erinnert sich vielleicht, wie er als Kind in den »Rigischen Anzeigen« die Rubrik »Entlaufene Leute« las. Massenhaft in dieses Landlaufen inzwischen geworden.

Lenz begegnet ihnen, den Knechten und Mägden, den Lostreibern und Badstübnern; dieselben Gesichter, die er als Kind in der Seßwegener Pfarrkirche, im Dorf, auf den Feldern sah. »Mul ep olle mud kui tuhhi hing sees« (Ich bin arm, ich habe nichts als das bloße Leben.), ein Satz, den er früher hörte, den er wieder hört. Vielleicht.

Lenz hat sich nie dazu geäußert. Sein Verhalten aber zu den einfachen Menschen, vom Bruder auf der Wanderung durch Deutschland beschrieben, wie der plebejische, sozialkritische Gestus in seinen Dramen, läßt uns ahnen, daß er sich zu ihnen hingezogen fühlt, zu diesen Elenden, zumal er selbst ein Ausgestoßener ist. Freundlich wird er ihnen begegnet sein, begegnen sie ihm, diese Groben, Unbehauenen, das Volk, vor dem der Vater ihm als Kind Furcht einflößte, das er ständig wegen seiner Sünden und Gotteslästerung tadelte. Jetzt findet Jakob bei seinem ruhelosen Umherwandern vielleicht eine Unterkunft in einer lettischen Bauernkate, kann, nach einem langen Herbstregen, seine Kleider in einer estnischen Badstube trocknen, übernachtet mit den Bauern im Stroh der Kleeten, im Heu der Schober.

Keine falschen Ansprüche, kein Spott, keine Verletzungen. Die einfache Freundlichkeit des Alltags.

Vielleicht findet Jakob Lenz dort Liebe.

Wir wissen nicht, ob Lenz jemals eine Frau umfangen

hat, ob jemals eine die seine war. Vielleicht wenn er durch die Landschaft, die Dörfer Livlands irrt – sommers und winters – eine der Schnitterinnen. Ihre nackten Füße im Wirbel auf der Tenne, beim Tanz, das Heu, das Korn ist eingebracht – die nackten Füße, als Kind schon hat er versteckt in heller Erregung gesessen. Nun, ein Flüchtiger, unter dem leeren Himmel Livlands.

Ein Landläufer, einer der ihrigen. Gesellt sich zu ihnen, wird aufgenommen. Kommt und geht. Empfängt das Glück, die Nähe. »Wer dem Menschen die Dependenz von der Natur abspricht, der hat ihn noch nie recht angesehen ...«, schreibt Lenz. »Können wir davor, daß, wenn wir alle unsere Säfte in der glücklichsten Fülle fühlen«, in uns »Begierden aufwachen, deren wir uns vorher nie versehen hätten? Die Natur geht und wirkt ihren Gang fort, ohne sich um uns und unsere Moralität zu bekümmern, das ist unsere Sorge, und längst würde die beseelte und organisierte Welt aufgehört haben, wenn sie es nicht täte. Setzt euch also aus dieser Dependenz heraus, fastet, seid keusch, je nachdem ihr größere Kraft anwendet, zu widerstehen, je nachdem wird ihr impulsus sich verringern, ihrer Herrschaft aber ganz entsagen, ganz willkürlich werden könnt ihr ebensowenig als die Pflanze, die am Boden hängt, auf demselben herumtanzen mag.«

Wie Lenzens Beziehungen zu Frauen wirklich waren, bleibt für immer dunkel. Die es gab und gibt, die er verehrt, umschwärmt, bedichtet, wir haben sie genannt, wir nennen sie. Immer wieder sein verzweifeltes, auswegloses Lieben. Das Hineinsteigern, das Hoffen, das maßlose Schwärmen, die phantastischen Vorstellungen, sie treiben ihn weiter und weiter, in das »Land grenzenloser Schimären«, wo ihm »die Seele aus dem Körper gezaubert« wird. Jene letzte ist Julie von Albedyll, vor der er im Herbst 1780 vom Gut Aya flieht.

Er irrt durch das Land im folgenden Winter.

In einem großen Haus in Riga lebt sein Vater, der Superintendent von Livland, die Brüder an verschiedenen Orten in geräumigen Pfarrhäusern oder Amtswohnungen. Als ob nicht da Platz wäre für den sich in seine Bücher, seine Manuskripte vergrabenden Lenz. Jakobs körperlicher Zustand muß sich verschlimmern unter den äußeren Umständen, unter denen er jahrelang lebt. Vielleicht wäre er unter anderen Bedingungen zur Ruhe und seine Krankheit zum Stillstand gekommen. Nein, auch die Geborgenheit der Familie wäre ein Schrecknis. Die Unbehaustheit ist sein Gesetz.

34

Mitte März 1781 taucht Lenz wieder in Petersburg auf. Das gleiche wie ein Jahr zuvor: Bittgänge, Kratzfüße, Erniedrigungen. Von einem Haus zum anderen eilt er. Namen und Titel geistern durch seine Briefe, Leute mit Einfluß, die er kennenlernt. Versprechungen werden ihm gemacht, aber seine Lage ist schwieriger als je. Nicolai zum Beispiel verhält sich jetzt völlig ablehnend. Lenzens Vater gegenüber äußert er im April sein Bedauern, daß Lenz die gute Stellung bei Liphardt verlassen habe und nach Petersburg zurückgekommen sei. An Nicolai in Deutschland schreibt er: »Klinger wird uns täglich lieber und Lenz täglich gleichgültiger.«

Jakob aber ist voll Hoffnung. Am 10. April teilt er dem Bruder mit: »Ich habe das Glück gehabt, durch die Gnade des Hofes und meines theuresten Großfürsten dem Hause des H. Vizepräsidenten v. Böhmer vorgestellt zu werden ... Auch bin ich einer Englischen Dame von der Verwandtschaft des Hr. Kabinetssekr. vorgestellt worden, die eine Gesellschaftsdame des Englischen Ministers ist.« Überliefert ist, daß Lenz durch Graf Browne »eine Anstellung beym Kadetten-Corps in St. Petersburg mit 12000 Rubeln Gehalt« zugedacht war, »als aber dieser erneute Etat der Kaiserin vorgelegt wurde, genehmigte sie ihn nicht der großen Kosten wegen«.

Ende April aber erhält Lenz in der Tat die Stelle eines persönlichen Sekretärs bei General Bauer, dem Vorsteher des Kadettenkorps. Wie lange er sie innehat, ob er entlassen oder nur auf Probe eingestellt wird, ist nicht nachzuweisen. Tatsache ist, schon ein anderer reflektiert auf diesen Posten, der zwanzigjährige Weimarer Advokat und angehende Dramatiker August Kotzebue. Er erhält ihn auch im Herbst 1781 sofort nach seiner Ankunft in Petersburg. Graf Görtz, preußischer Gesandter am Petersburger Hof, einstiger Erzieher des Weimarer Prinzen Karl August, vermittelt ihn Kotzebue. Bei Kotzebue vollzieht sich ähnliches wie bei Klinger. »Ich nahm mir vor, die Dichtkunst an den Nagel zu hängen«, sagt er. Da General Bauer aber seine Verantwortlichkeit für das deutsche Theater in Petersburg fast ausschließlich Kotzebue überläßt, hat er Glück.

Auch Kotzebue wird wie Klinger am russischen Hof Karriere machen. Katharina schickt ihn zwar nach dem Tode Bauers 1783 erst nach Reval, zwei Jahre später aber wird er geadelt und zum Präsidenten des Gouvernementsmagistrates der Provinz Estland ernannt. Er verläßt Rußland. Als er nach fünfzehn Jahren zurückkommt, fällt er bei Katharinas Sohn Paul, der nun regiert, zunächst in Ungnade. Ein halbes Jahr später aber befiehlt Paul, ihn aus der Verbannung zurückzuholen, er hat gerade Kotzebues ins Russische übersetztes Stück »Der alte Leibkutscher Peters des Dritten« gelesen, bezieht es auf sich und ist gerührt. Er macht Kotzebue zu seinem Hoftheaterdichter. Kotzebue muß allerdings sein eigener Zensor sein. In der 1801 erscheinenden autobiographischen Schrift »Das merkwürdigste Jahr meines Lebens« beschreibt er dann lächerlich-klagend seine Selbstzensur. Aber er kann nun die Worte des Zaren Paul: »C'est à présent un de mes meilleurs sujets« [Er ist jetzt einer meiner besten Untertanen] für sich in Anspruch nehmen. Kotzebues Karriere ist daher noch nicht zu Ende. 1817 wird er mit einem Jahresgehalt von fünfzehntausend Rubeln als Spitzel der zaristischen Geheimpolizei nach Deutschland geschickt, dort zwei Jahre später von dem Burschenschaftler Karl Sand ermordet.

Lenz aber kann auch bei seinem zweiten Petersburg-Aufenthalt 1781, der ungefähr ein Vierteljahr währt, keine Anstellung auf Dauer finden. Seinen Posten verliert er, wie gesagt, an Kotzebue. Ähnlich erging es ihm im Vorjahr mit Klinger. Lenz wird sich kaum der Ursachen seines Scheiterns bewußt gewesen sein, wird es dumpf und verzweifelt als eigenes Versagen, als persönliches Mißgeschick interpretiert haben. Vielleicht erinnert er sich an die Worte seines Freundes Johann Heinrich Merck, der 1773 als Heiratsvermittler der darmstädtischen Landgrafenfamilie mit großen Illusionen über die »Philosophin auf dem Thron« an den Hof Katharinas gereist war und bitter enttäuscht über den mit »asiatischen Pomp« entfalteten Despotismus, über die Korruption des katharinäischen Hofes zurückkehrt. »Bleiben Sie ja ich bitte Sie in Deutschland«, schrieb Merck am 8. März 1776 an Lenz. »Vor unser Einen ist in Rußland kein Heil und Seegen. Wir haben keinen Körper, um in jenem Lande zu *geniessen* mit vielen huren, spielen, fressen und saufen. Und *unsre* Seelen, so wie alle Arten überhaupt, die auf etwas mehr als dem Miste thierischer Bedürfnisse wühlen, kan man dort ganz entbehren.« Merck fühlt sich in Petersburg in einer »verödeten Gesellschaft«, in der alles vom

»Credit des Hofes« abhängt. Auch über die Gelehrten spricht Merck. »Die Herrn Academiciens leben hier so gut wie in einer Ménagerie, nur daß sie den Fremden nicht gezeigt werden. Sie bleiben immer rare Thiere vor das Land, man lacht indessen bey Hoffe über sie, daß sie noch so wohlfeil zu halten sind ...« Unter diesen Akademikern an Katharinas Hof sind auch zahlreiche Deutsche.

Lenz lernt sie in seiner Petersburger Zeit kennen, verkehrt mit ihnen. Theodor Bause zum Beispiel, der später Jahrzehnte an der Moskauer Universität unterrichten wird. Damals ist der mit Lenz Gleichaltrige seit sieben Jahren Lehrer an der Petrischule in Petersburg und offenbar mit Rußland unzufrieden, will nach Deutschland reisen oder ganz dahin zurückkehren. Lenz bietet ihm sofort Hilfe an, schreibt an Bertuch in Weimar und empfiehlt Bause Bertuchs »Erziehungsjournal« als Mitarbeiter und als Lehrer ans Dessauer Philantropin. »Man trug mir einmal auf, Schriftsteller beym Philantropin zu werden; ich kann mich nicht besser rächen als durch Empfehlung eines Tüchtigern.«

Weiter lernt Lenz den Mathematiker Leonhard Euler und die Naturwissenschaftler Güldenstern und Pallas kennen. »Gestern macht ich mit einem aus Kamtschatka hieher zurückgekommenen kommandirenden Major Böhm einen Besuch bey dem bekannten Herrn Prof. Pallas, der mich sehr glücklich gemacht hat. Ich hoffe noch besser und näher mit ihm bekannt zu werden, obschon seine Wohnung so entlegen ist.« Und wohl auch Hartwig Ludwig Bacmeister lernt Lenz kennen, der schon zwanzig Jahre in Rußland weilt und 1780 seinen langjährigen Posten als Inspektor des akademischen Gymnasiums aus Protest gegen Willkürmaßnahmen und Wirkungslosigkeit, zu der er verdammt ist, aufgibt und sich eine Stelle als kleiner Schreiber sucht. Die Niederlegung eines Hof-Amtes ist eine gefährliche Sache, bricht doch Bacmeister damit den Katharina geleisteten Eid der Staatsergebenheit. »Ob er nicht zu viel wagt«, läßt einer seiner Freunde besorgt vernehmen. Sehr zufrieden scheinen sie alle nicht zu sein. Ihre Erfahrungen bestätigen Mercks hartes Urteil über den Zarenhof.

Über Jakob Lenz schreibt Bacmeister an Lenzens und seinen Dorpater Freund Konrad Gadebusch im Juni 1781: »Der Dichter Lenz paßt gar nicht in unsere Stadt hinein. Was soll man mit seiner so großen Zerstreutheit anfangen?«

Jakob paßt nicht in diese Stadt.

Er paßt auch nicht in die Familie, nicht in ein Amt, obwohl er verzweifelt bereit ist, sich in eine »Lücke hineinstoßen«, wie »die andern Räder ... treiben« zu lassen, eine »vorzüglich künstliche kleine Maschine« zu werden; eine »Biographie« also zu haben, gegen die aufzubegehren er antrat. Ein »Ball anderer zu sein, ist ... eine ewige Sklaverei«, schrieb er 1771. Jetzt aber erklärt er öffentlich, der »erste Grundsatz in der Erziehung« sei die »Anerkennung einer Macht über uns«, die »Dankbarkeit gegen die Eltern ... bey reiferen Jahren Ergebenheit für die Oberen«. In einem »Entwurf einiger Grundsätze für die Erziehung überhaupt, besonders aber für die Erziehung des Adels«, steht das, publiziert in der von 1780 bis zum November 1781 in Mitau erscheinenden Zeitschrift »Für Leser und Leserinnen«. Ist es Zurücknahme oder Botmäßigkeit, um zu zeigen, wie gut er sich als Erzieher eignen würde, Taktik, die ihm eigentlich fremd ist, oder bittere Einsicht? »Wenn man sich jetzt in Gesellschaften da oben produciren will«, heißt es in einem satirischen Dialog, den er in ebender Zeitschrift drucken läßt, »so muss man anders aufgeputzt sein ... sie schmeissen mich zur Thür hinaus, wenn ich so nackend und natürlich auftreten wollte, wie ich es vor ein paartausend Jahren gethan habe.«

Ein »paartausend Jahre« ist es also her, seit er in Straßburg lebte, seit er seine Dramen schrieb.

Anfang 1780 plant er eine »verbesserte Ausgabe« von fünf seiner »Jugendstücke«: »Der Hofmeister, Menoza, Die Soldaten. Freunde machen den Philosophen und der Engländer«. – »Wie nah grenzen doch oft Geschmack und Religion aneinander«, heißt es in einem Brief an Lavater, »wie weisen die Fehler gegen den ersten so sicher auf Fehler gegen die letztere.« Lenz klagt über »jugendliche Unbesonnenheit«, sieht alles als eine »Folge der herumziehenden unstäten Lebensart, der der ruhig erwägende Blick auf alles Gute und schöne um sich her, durch tausend unnöthige Unruhe getrübt und umnebelt ist«.

Lenz wird es nicht tun, wird nicht Hand an sein Werk legen, es zerstören. Sein Eigenes bleibt ihm, wenngleich nur in wenigen Augenblicken. Und in diesen Augenblikken wagt er auch Verteidigung. Höchst aufschlußreich ist unter diesem Aspekt seine im Januar 1781 im 8. Heft in jener Mitauer Zeitschrift publizierte Arbeit »Etwas über Philotas Karakter«.

Lenz erzählt die Geschichte eines schwermütigen jungen Mannes, der an dieser Schwermut, einer Geisteskrankheit, wie die Leute meinen, stirbt. Lenz widerlegt dieses oberflächliche Urteil. Der »Ehrgeiz«, die »Begierde« dieses jungen Mannes sind den Menschen nur unverständlich. »Nein«, schreibt Lenz, »es lag an keiner Krankheit des Geistes – wir müßten denn die edelste Stimmung für alles was schön gut und erhaben ist, so schelten.«

»Wie grausam sind oft die Urtheile der meisten Menschen über das, was man Ehrgeiz nennt, wenn man die geheimen Triebfedern desselben nicht kennet ... sollte die Begierde, die alles das hervorbringt was höhere Glückseligkeit des Lebens machen kann, verdienen, daß man sich mit bärtigen Censoren herumstelle, und das wüthende Kreuzige! zum andernmal riefe?«

»Und würde – ohne diese Begierde – die Welt sich nicht bald in einen Pfärrich – oder lieber in einen Kohlgarten verwandelt haben – wo sich so fein gemächlich vegetiren läßt.«

Die Verteidigung von Jakobs Leben und seiner Kunst spüren wir dahinter. Aber Vater und Brüder verstehen ihn nicht. Falsche Begierden, verworrenen Ehrgeiz, Schwermut und Narrheit wirft man ihm vor. Die Familie Lenz, überlegen durch bornierte Scheintüchtigkeit, will Jakob ihre Normen aufzwingen, bis er, ein »furchtsam hingekrümmter Wurm«, seine Nichtigkeit beteuert. All sein künstlerisches Werk sei ein Nichts. Vater und Brüder, nicht er, schreibt er demütig, werden Livlands Namen Ehre machen. Die Predigten des Bruders vermittelt Lenz an einen Leipziger Verleger. Das Leben des Vaters will er für eine Weltgeschichte bedeutender Männer beschreiben.

1780 versucht Lenz wieder Kontakt zu den Weimarern zu finden. Schreibt er im Oktober 1779 vorsichtig fragend an Herder: »Freund Goethe hat mich wohl vergessen, mag, will, wie ich sehe, sich in keine meiner Angelegenheiten mehr mischen«, so heißt es ein halbes Jahr später in einem Brief an Bertuch: »Dem Triumvirat in W.« – Goethe, Wieland und Herder also – »darf ich nicht bitten mich zu empfehlen. Sie haben so viel zu thun, um an mich zu denken.« Jetzt aber entschließt er sich, Wieland, Goethe und Charlotte von Stein zu schreiben. An Herder, der ihm nicht geantwortet hat, wagt er sich nicht zu wenden. Die Briefe der Weimarer an Lenz sind nicht erhalten, wir können nur aus Äußerungen anderen gegenüber auf die Reaktionen schließen. Sie müssen abweisend, ja häßlich gewesen sein. Lenz habe »wieder ein Lebenszeichen von sich gegeben. Aus seinen an mich gerichteten Zettelchen ist zu sehen, daß er zwar sich selbst wiedergefunden hat, aber freilich den Verstand, den er nie hatte, nicht wiederfinden konnte«, Wieland. Goethe scheint eisig, schreibt der Freundin vor, wie sie zu antworten habe. »Hier ist ein Brief von Lenzen; Du wirst daraus sehen, was und wie Du ihm zu schreiben hast«, so Goethe am 23. März 1781 an Charlotte von Stein; und am Fünfundzwanzigsten: »Ich danke für den Brief an Lenz.«

Lenz sieht keine Möglichkeit, nach Deutschland zurückzukehren, die »glücklichen Ufer des Rheins« jemals wiederzusehen. Auch der Weg nach Livland ist ihm versperrt. »Né, es nebiju Vidzemei radits ...« [»Nein, ich war nicht für Livland gemacht«], wird er später sagen. Sankt Petersburg, die Hauptstadt des russischen Reiches, ist aussichtslos für ihn.

»Man rät mir hier von allen Seiten nach Moskau zu reisen, theils um die Sprache, theils um die Herrschaften kennen zu lernen«, schreibt Jakob am 2. Juni 1781 an den Vater. Im selben Brief dankt er ihm für die übersandten fünfzig Rubel, von denen er seine Schulden bezahlt. Fünfundzwanzig Rubel fehlen ihm. Es ist das Reisegeld nach Moskau. Er borgt es von einem Freund.

Siebentes Kapitel

35

Dreißig Jahre ist Jakob Lenz, als er in Moskau ankommt. Sein weiteres Leben wird er hier verbringen, elf Jahre noch. Livland, Frankreich und Deutschland liegen wie abgetrennt hinter ihm; sind nicht mehr zu betretendes Territorium. Vaterland nennt er Rußland fortan, dieser Fremde, mit einer verzweifelten, anhänglichen Liebe. Rußland, das ist Moskau für ihn, die alte russische Hauptstadt.

Wir sehen Lenz in seinem selbstgewählten Exil in all den Jahren, sehen ihn in der von der Moskwa mit ihren vielen Windungen durchflossenen Stadt auf den sieben Hügeln. Sehen ihn im Sommer und im Winter. In Moskau gibt es nur die zwei Jahreszeiten. Im Sommer ist die Hitze drückend, die Nächte sind kühl, eine Staubwolke hüllt die Stadt ein, Kot und Moder, Fliegen. Der Winter dagegen ist frostklar, die Atmosphäre rein, die Wege sind begehbar, der Schnee bedeckt alles. Die Stadt ist lebhaft im Winter, die Equipagen rollen durch die Straßen. Dreihunderttausend Menschen leben da in Moskau, im Sommer dagegen sind es nur zweihunderttausend, wer es sich leisten kann, geht in Landhäuser außerhalb der Stadt.

Lenz wird in Moskau alles kennenlernen, die Promenaden nach dem Jungfrauenfeld, nach dem Nowodewitschi-Kloster, nach den Drei Bergen, wo das Quellwasser, das Dreibergewasser fließt, nach dem Orlowschen Hofgarten, den Weg zu den Sperlingsbergen, einer Anhöhe an den Ufern der Moskwa, den nach Sokolniki, dem Falkenwald, unweit der deutschen Slobode. Dorthin wallfahrt ganz Moskau am 1. Mai zu Wagen, mit Droschken, zu Pferde, zu Fuße. Durch die Rote Pforte zwängt sich, geregelt durch die Polizei, der vielgestaltige Zug. Im Falkenwald dann sind Buden und Zelte, Gaukler und Luftspringer. Und die Sommerlustbarkeiten Moskaus, die »Thierhezze« im runden hölzernen Amphitheater vor dem Zollamt, dem Twerskaja Sastawa, erlebt Lenz. In Moskau die Straßen, die radiusartig vom Kreml ausgehen und durch Querstraßen mit den konzentrisch laufenden Boulevards verbunden sind, dem Arbat, der Taganskaja. In Moskau mit seinen prachtvollen Bauten, den Palästen, Kirchen und Klöstern mit dem Gold der Kuppeln und mit seiner unübersehbaren Zahl von kleinen Holzhäusern, seinen weiten, unbebauten Flächen wird Lenz heimisch werden. Fünf Hauptteile hat die Stadt: Kreml, Kitaigorod, Belygorod, Semljanoigorod und die Sloboden, die Vorstädte, umgürtet von dem Kamer-Kolleshski-Wall, Moskaus äußerster Grenzlinie, zugleich die Zollgrenze zwischen Stadt und Land. Von den Vorstädten ist die größte und merkwürdigste die deutsche Slobode, in der nicht nur Ausländer, Deutsche, sondern genauso viele Russen wohnen. Interessant ist auch Kitaigorod, nordöstlich vom Kreml gelegen, getrennt von ihm durch den Roten Platz, der zweitälteste Stadtteil, mit seinen immerwährenden Messen. Sechstausend Buden und Kramläden, zusammengedrängt in den untersten Stockwerken, die oberen enthalten Wohnungen, Garküchen, Weinstuben und Warenlager. Die berühmten Kaufhäuser von Kitaigorod, auf der äußeren Seite sind sie von Arkaden umgeben, unter denen die Kaufleute ihre Waren anbieten, in der Erde Weinkeller, Torwege führen in den Innenhof, in das Gewirr der kleinen Buden. In Kitaigorod ist das Polizeiamt, das Gouvernementsgebäude und das Palais des Grafen Scheremetew. Oft wird Lenz auch zum Borowizkischen Hügel gehen, auf dem innerhalb eines unregelmäßigen Fünfecks der Kreml liegt, umgeben von zwanzig Meter hohen, mit Zinnen und achtzehn Türmen versehenen Mauern. Im Inneren sind reiche Klöster, das Tschudow-Mönchskloster, Sitz des russischen Patriarchen, der Glockenturm des großen Iwan, viele Kirchen. Die größten sind die Mariä-Verkündigungs-Kathedrale und die Uspenski-Kathedrale, wo die Särge der Zaren bewahrt werden, die Krönungsfeierlichkeiten stattfinden und jedes Jahr vor Ostern am Gründonnerstag der Metropolit von Moskau an zwölf Geistlichen niederen Ranges die Fußwaschung verrichtet. Vor dem Kreml ist der Rote Platz mit Geschäftigkeit und unaufhörlichem Wagengerassel, mit Geschrei und Rufen der Kaufleute und der Moskowiter, der Rote Platz aber auch mit der Lobnoje mesto, der Schädelstätte, eine runde Erhöhung mit Steingeländer, wo die Hinrichtungen stattfinden. Der Rote Platz mit der bunt-bizarren Basilius-Kathedrale, die 1554 zum Andenken an die Eroberung Kasans erbaut wurde.

Wer Jakob Lenz in Petersburg geraten hat, nach Moskau zu gehen, tat das aus menschlichen und politischen Motiven. In Moskau ist nicht der Zarenhof mit seinem labyrinthischen System von Vorzimmern, vornehmen Bekanntschaften und notwendigen Empfehlungen, mit seinem Heer von Speichelleckern, Postenschiebern, Angepaßten, seiner ganzen Korruption. Moskau hat eine freiere und günstigere Atmosphäre. Moskau, Zufluchtsort für Katharinas Gegner, wird in den achtziger Jahren immer mehr ein Zentrum progressiven Denkens und Handelns in Rußland.

Zum Sommerende 1781 kommt Lenz in der Stadt an. Er findet gleich Aufnahme im Hause des Historikers Gerhard Friedrich Müller. Müller, ein alter Mann von vierundsiebzig Jahren, lebt seit Jahrzehnten in Rußland, war in Petersburg vielseitig tätig. Junge Deutsche, wie Schlözer aus Göttingen oder Bacmeister, nahm er schon in den sechziger Jahren freundlich in sein Haus auf. Seit fünfzehn Jahren lebt Müller in Moskau. Katharina beruft ihn dahin als Leiter des Findelhauses. Dann arbeitet er als Direktor des Archivs des Außenministeriums und immer als Publizist. Die russische Regierung, die Zarin, Potjomkin und Panin erteilen Müller die Aufträge. Er ist Mitglied der Schwedischen Akademie und der Göttinger Gelehrtengesellschaft. Heinrich Merck gibt in Deutschland seine Schriften heraus. Auch Lenz kennt ihn als Autor von Werken über russische Geschichte, ehe er ihm persönlich in Moskau gegenübertritt.

So lange von Deutschland weg, wird Müller kaum eine Vorstellung von dem Dichter Lenz haben. (Schlözer sagt einmal, in der Kenntnis der deutschen Literatur sei Müller um dreißig Jahre zurück.) Hauptgegenstand möglicher Gespräche ist die russische Geschichte. Die will Lenz unter Müllers Anleitung studieren.

Lenz sehen wir im Hause Müllers, in der Bibliothek, die keinerlei Werke der Poesie, wohl aber Bücher über Rußland in allen Sprachen Europas enthält und über vierhundert Handschriften. Lenz sehen wir mit Müller im Staatsarchiv, das er aufgebaut hat und leitet. Vom Wohnhaus fahren sie mit der Kalesche nach Kitaigorod, Gebäude aus Backstein, viele gewölbte Gemächer mit eisernen Fußböden. Über den Eingängen Schilder mit den Namen der verschiedenen Provinzen. Urkunden in abgesonderten Kabinetten mit Glastüren.

Ob Müller Lenz zu Abschreibe- oder anderen Hilfsarbeiten heranzieht, ist ungewiß. Wohl aber will er ihn als

Lehrer in russische Häuser schicken. Vom 30. Oktober 1781, kaum einem Vierteljahr nach Lenzens Ankunft, datiert ein Brief an Müller. »Der von Ew. Hochwohlgebornen mir geschehene Vorschlag mich morgen beprüfen zu lassen, um eine Information in einem vornehmen Russischen Hause zu übernehmen, verdient meinen ehrerbietigsten Dank, da Ew. H. mich mit Dero wirksamen Empfehlungen zu unterstüzzen versprechen. Darf ich es aber wagen, Ew. Hochwohlgebornen vorher noch eine gehorsamste Bitte zu thun? Ich finde mich also noch nicht tüchtig nach meiner besten Überzeugung mich in ein Russisches Haus zu begeben, ehe ich wenigstens einige sichere Fortschritte ... gemacht, von denen ich hernach durch eigenes Studiren weiter kommen kann.« Der Brief, in dem sich Lenz auch auf die »Fürsprache« von Frau Müller und dem Sohn des Hauses beruft, läßt auf Spannungen schließen, die sich so oft einstellten, wenn Lenz in einem Haus des längeren weilt. »Sollte mein Aufenthalt in Dero Hause«, schreibt er, »oder auch meine Führung in demselbigen Ew. Hochwohlgeborenen oder Dero verehrungswürdigen Gemahlin einige Beschwerde verursachen oder zu anderen Unannehmlichkeiten oder Mißvergnügen Gelegenheit geben: so bitte mir's als ein Zeichen Dero Gewogenheit und Menschenliebe aus, mir dieses bekannt zu machen, da ich dann keinen Augenblick säumen will, Ihnen die Ursache Ihres Mißvergnügens aus dem Gesichte zu bringen.«

Müller behält Lenz in seinem Haus. Später überzeugt er ihn auch von der Notwendigkeit, Privatstunden zu geben. Die Zuwendungen dieses lebenserfahrenen alten Mannes sind für Jakob ein guter Anfang seiner Moskau-Zeit. Über zwei Jahre wohnt er bei Gerhard Friedrich Müller und seiner Familie. Ruhe, Bücher, Kleider, Essen – das alles hat er dort.

Einem Brief Pastor Lenzens nach Moskau ist zu entnehmen, daß Jakobs Post von Müller kontrolliert, er also möglicherweise in dem Hause als Unmündiger behandelt wird. Für den Vater jedenfalls bleibt er das. Er freue sich, schreibt er, daß es Müller gelungen sei, »diesen Verirrten einigermaßen wieder zurechtzubringen«, seinem »höchst fatalen Müßiggang« zu »entwöhnen«, er hoffe, daß sein Sohn nicht wieder »auf die alten Sprünge« zurückkomme.

Im Oktober 1783 stirbt Müller. Das ist ein schmerzhafter Einschnitt in Lenzens Leben. Er verliert den um ihn Besorgten, er verliert das Zuhause. Lenz lebt für kurze Zeit noch bei der Witwe. Dann ist er wieder völlig auf sich allein gestellt.

36

Zwei Jahre hält sich Jakob Lenz nun schon in Moskau auf. Getrennt ist er von der Sprache, in der er denkt, in der er seine Werke schreibt, getrennt ist er von der deutschen Literatur und Kultur. Schwer muß es sein, fremd ist alles, die Rede, die Sitten, die Menschen.

Als Kind konnte Lenz einige Worte Russisch, aufgefangen von den russischen Wanderfischern im Dorf wahrscheinlich; in der dreisprachigen Stadt Dorpat dann von Händlern und Bauleuten aus Rußland. In den zwei Jahren in Moskau lernt Lenz die russische Sprache so, daß er sich in der Stadt bewegen, ja wenig später schon Übersetzungen machen kann. 1787 erscheint seine Übertragung von Sergej Plestschejews »Übersicht des Russischen Reiches nach seiner gegenwärtigen neueingerichteten Verfassung«, verlegt bei dem Moskauer Universitätsbuchhändler Christian Rüdiger. Dann wendet sich Lenz der Übersetzung von Michail Tschulkows Werken zu, beginnt, dessen von 1781 bis 1788 in sieben

Teilen und einundzwanzig Bänden in Moskau erscheinende »Historische Beschreibung des russischen Handels« zu übertragen.

Mit Vergangenheit und Gegenwart des russischen Volkes, seinem Nationalcharakter, seiner Poesie und Geschichte beschäftigt sich Lenz. In einer Art zwanghaftem Heimischwerden tut er das. Sein Interesse muß groß gewesen sein. Auch in seinen wenigen in Moskau entstehenden dramatischen Arbeiten wendet er sich Themen aus der russischen Geschichte zu. Zum Beispiel dem des falschen Zaren, das in Rußland immer, besonders aber nach dem Pugatschow-Aufstand 1775, politisch äußerst brisant ist. Lenz schreibt ein Drama über Boris Godunow. Ob das Stück verlorenging oder Fragment blieb, ist ungeklärt. Eine einzige Szene nur ist überliefert. (Sie enthält eine Episode aus dem Leben des späteren Zaren Boris Godunow, der unter seinem Schwager Fjodor F., dem Sohn Iwans des Schrecklichen, die Regierung führte, Sibirien eroberte, die Tataren besiegte und ein Feind der Romanows war. Lenzens Godunow-Szene spielt offenbar in Uglitsch, wohin Demetrius, der kleine Stiefbruder des Zaren, mit seiner Mutter verwiesen war. Es geht im Gespräch zwischen Godunow und den Kaufleuten um die Tötung des Kindes. Lenz behandelt die Vorgeschichte des von Schiller dann in seinem Dramen-Fragment gestalteten falschen Demetrius.) 1788 schickt Lenz in einem Brief an Brouvwer (letzteren nennt er seinen »einzigen Zensor«) ein kleines Drama über den Krieg mit den Schweden mit dem Titel »Weinender Czarlot und Lachender Czarlot« nach Petersburg. Es trägt Züge großer geistiger Verworrenheit.

Das ist alles, was uns von Lenzens dichterischen Ausführungen überliefert ist. Sicher gab es mehr. Fragmentarisches, geschrieben, entworfen, teilweise ausgeführt. Verbrannt hat Lenz viele Papiere Ende der achtziger

Jahre, verbrannt und vernichtet haben auch andere Handschriftliches von ihm.

Lenz arbeitet in Moskau nicht nur als Schriftsteller und Übersetzer, sondern auch als Lehrer. Diese Tätigkeit muß nach dem Tode Müllers und unter dem Zwang, sich einen Lebensunterhalt zu verdienen, in den Jahren 1783 bis 1785/86 wohl an erster Stelle gestanden haben.

Nur äußerst bruchstückhaft sind die Überlieferungen. Die wenigen Zeugnisse deuten aber immer wieder darauf hin. Über mehrere Jahre arbeitet Lenz sowohl als Hofmeister und Hauslehrer in Privathäusern als auch in öffentlichen Lehranstalten. In seinen Briefen tauchen Namen von Zöglingen auf, Adlige zumeist, zwei Verwandte des Grafen Foritsch, ein Fürst Gagarin, die Söhne des Majors Tschagin, Wjasemski. Namen, die in Moskau Klang haben, von denen Lenz annimmt, es schmeichle dem Vater, wenn er von seinem Stundengeben in diesen Häusern hört. Major Tschagin habe ihm »beträchtliche Wohltaten« erwiesen und auch andere »edle Russen« dazu gestimmt, heißt es. Tschagin und Wjasemski waren in Deutschland, haben vielleicht eine Ahnung, wer Lenz ist, haben Interesse an seiner Person, seinen Gedanken, seiner Meinung.

Die Zöglinge aber murren oft, spüren schnell, daß dieser Lehrer gegen Aufsässigkeit und Widerborstigkeit aller Art machtlos ist, daß sie mit seinem seltsam widerstandslosen Wesen, seiner Naivität ihr Spiel treiben können, ein verteufeltes Spiel. Schlimmer noch, wenn es mehrere sind, eine Gruppe von Schülern, der gewohnten Härte anderer Lehrer entzogen, dann sind der grausamen Angriffslust, der Boshaftigkeit, dem Gespött keine Grenzen gesetzt. Nicht viel anders kann es gewesen sein nach allem, was wir von Lenz wissen, von seiner weichen, ganz und gar nicht autoritären Art, von seiner Verletzbarkeit.

Möglich: ab und an gibt es einen sensiblen Jungen, der Lenzens Freundlichkeit und Hinneigung nicht ausnutzt, als Schwäche auslegt, sondern annimmt und erwidert, der zuhört, begreifen will. Dann versinkt für Lenz der öde Schulstoff, er spricht von seinen Dramen, von der Maßlosigkeit seiner Lebensansprüche. Im Gesicht des Jungen eine Ahnung. Für Lenz ist es Glück.

Dann geht er aus dem Haus.

Wir sehen ihn gehen in seinem seltsamen Aufzug. Wie ein kleiner Schreiber, ein Kanzlist. Die Ärmel seiner Jacke sind an den Ellenbogen durchgestoßen. Das Nichtrussische in seiner Kleidung, seinem Wesen macht ihn noch merkwürdiger. Alle Gesten sind linkisch. Als schüchtern hat man ihn schon in Straßburg und Weimar geschildert. Er eilt durch die Straßen Moskaus, im Zwielicht der herabfallenden Dunkelheit, an den Häuserwänden entlang, eng an sie gedrückt, um nicht von vorüberfahrenden Wagen mit Kot bespritzt zu werden. Er eilt zum nächsten Zögling, wieder Warten vor den Türen, Warten im Vorzimmer des Salons, wieder geringschätzig auf ihn blickende Lakaien. Jahr für Jahr.

Auch in öffentlichen Anstalten hat Lenz in Moskau unterrichtet, in dem zur Kaiserlichen Universität gehörenden Gymnasium und in der dem Findelhaus angegliederten Schule. Letztere ist wohl die Privatanstalt der Madame Extner. Mehrfach erwähnt Lenz in Briefen diesen Namen; eine »rechtschaffene Dame«, in »deren Anstalt« er sich »befände« und die für ihn »freundschaftlich« da sei, sogar »für seine Equipage Sorge tragen« wolle. Sie ist eine Schwägerin von Gerhard Friedrich Müller und leitet eine Internatsschule, die Zöglinge auf den Besuch der Universität vorbereitet. Von neunzig Eleven und fünfzehn Lehrkräften spricht Lenz, und daß er als Lehrer angestellt sei. Auf dem weitläufigen Gelände des Findelhauses, an der Stelle, wo Jausa und Moskwa zusammenfließen, befindet sich die Anstalt.

Lenz will bei seiner erzieherischen Tätigkeit seine in Deutschland gewonnenen Erfahrungen weitergeben. Ständig beschäftigen ihn Reformpläne. Viele handschriftliche Notizen, Konzepte und Skizzen zu Bildungs- und Schulfragen sind in seinem Nachlaß. Darunter ein Dialog zweier Russen über Erziehung, betitelt »Der Stundenplan«, ein »Brief vom Erziehungswesen an einen Hofmeister«, ein Manuskript mit der Überschrift »Rechenschaft von dem gegenwärtigen Zustand des Fortschritts in den Wissenschaften in dem vom kaiserlichen Findelhaus zu Moskau veranstalteten adelichen Pensionsinstitut«. Darin macht Lenz Vorschläge, wie das Mechanische und Pedantische des Unterrichtes zu vermeiden sei, das Militärische zurückgedrängt werde und dafür das Studium der Geschichte breiten Raum einnehmen solle. Er plädiert für bessere Lehrbücher, auch für Übersetzungen. Alles solle mit den Lehrern besprochen werden, ein Zwang von oben sei immer schlecht, meint Lenz. »Es darf durchaus in unserer Anstalt so wie in der Republik der Gelehrten kein Despotismus, ja auch nicht einmal der Schein desselben hervorblicken ...«

Auch über die Bildung des Volkes macht sich Lenz Gedanken. Die Zarin Katharina hat bei ihrem Regierungsantritt Reformen im Erziehungswesen verkündet, sie erläßt Verordnungen, gründet Schulen, schafft in Moskau ein Findelhaus, das jährlich vierzehntausend Kinder aufnimmt. Aber während sie öffentlich von Bildung spricht, erklärt sie in Privatbriefen, »dem Pöbel braucht man keine Bildung zu vermitteln, wenn er ebensoviel wissen wird wie Sie und ich«, so an einen Freund, »dann wird er uns nicht mehr in dem Maße aufs Wort gehorchen, wie er es jetzt tut«. Ihre Reformpläne geraten ins Stocken, weil sie im Kern ihrer reaktionären Politik widersprechen. Am Beginn der achtziger Jahre aber kommt Katharina, um von politischen Problemen abzulenken, erneut auf das Bildungswesen zurück. Sie gründet in Petersburg eine Kommission, und alle Bemühungen fortschrittlicher Kräfte auf diesem Gebiet in Moskau sieht sie mit Argwohn.

»Plan zu einer Subscription für die Erziehung der Landleute in den Dörfern des Falkenwaldes und Troitzschen Klosters durch Lehrer aus Seminarien«, heißt ein elfseitiger handschriftlicher Entwurf Lenzens, der heute in Kraków liegt. Die Örtlichkeit, der Falkenwald, das Troizki-Kloster und der Wasserbau nahe Moskaus sind genau benannt, mag sein, Lenz hat den Plan mit anderen zusammen ausgeführt.

Vielleicht aber erlebt er mit diesem Plan wie auch mit anderen Reformvorschlägen nur Enttäuschungen und Entmutigungen.

In den Briefen an den Vater berichtet er, daß er vom Grafen Anhalt, dem Verantwortlichen für die Erziehungsfragen ganz Rußlands, empfangen wurde. »Wollte Gott, theurester Vater! ich könnte Ihren Seegen zu irgend einer Art von *fixer* Existenz in dieser Mütterlichen Stadt herüberholen!«, schreibt Lenz am 18. November 1785 an den Vater und: »Vielleicht bin ich so glücklich, da die hiesige käis. Universität sich unserer Anstalt mit besonderem Eiffer annimt, wenigstens dem Namen nach mir einige Ansprüche auf eine Art von Bürgerrecht bei derselben zu erhalten.« Nichts geschieht.

Lenz gelingt es während all der Jahre seiner Moskauer Lehrtätigkeit nicht, eine feste Anstellung zu bekommen. In den nächsten Jahren ist in seinen Briefen immer seltener davon die Rede. Kurz vor seinem Tode dann wird er schreiben: »Ich bitte knieend alle lieben Geschwister, xpucma pagu mich mit allem was Schulen und *Erziehung* betrift zu verschonen.«

37

Jakob Lenzens Leben in Moskau, seine Tätigkeit als Dichter, als Pädagoge und Reformer, als Übersetzer und später als Nachdichter, ist nicht zu verstehen ohne die Kenntnis der Leute, denen er in Moskau begegnet, die seine Freunde werden.

Gewiß, Lenz bleibt auch in Rußland durch seine Herkunft, sein geistiges Profil, seinen Charakter, seine Trennung von Deutschland und unter den Lebens- und Krankheitsumständen, die ihn im Exil bedrücken, ein Einzelgänger. Zugleich wird er in Moskau Teil einer neuen Gemeinschaft.

Von seinen Freunden ist zu reden. Zunächst von Nikolai Iwanowitsch Nowikow und seinem Kreis. Im Moskau der achtziger Jahre ist Nowikow der führende Kopf der Aufklärer und Freimaurer, er bestimmt das geistige Klima der Stadt und leitet eine vielseitig tätige Gruppe. Nowikow ist mit Müller bekannt. Durch ihn vielleicht lernt Lenz Nowikow kennen. Oder durch Schwarz, Bause, Schaden, Matthieu, deutsche Freimaurer, die in Moskau schon 1777 eine Loge gründeten. Das Mitgliederverzeichnis ist nur zwei Jahre geführt. Jakob Kaufmann, ein Freund Lenzens, dem er eines seiner letzten Gedichte widmet, ist unter dem Datum des 10. August 1779 eingetragen. Als im selben Jahr Johann Georg Schwarz nach Moskau berufen wird, erfährt die Freimaurer-Tätigkeit einen großen Aufschwung. Im gleichen Jahr kommt Nowikow nach Moskau. Anfang einundachtzig erwerben die Freimaurer ein Haus, am 6. November 1782 wird dann die »Gelehrte Gesellschaft der Freunde« gegründet. Geheime Zirkel und ein Theoretischer Rat entstehen. Als Schwarz im Februar 1784 stirbt, übernimmt Nowikow die Nachfolge aller von Schwarz und ihm ins Leben gerufenen Organisationen. Er wird die Persönlichkeit, die die Kulturentwicklung und Volksaufklärung in den achtziger Jahren in Rußland vorantreibt.

Fünfunddreißig Jahre ist Nowikow, als er nach Moskau kommt, hat in Petersburg mehrere Zeitschriften geleitet, 1772 erscheint sein »Versuch eines Historischen Lexikons der russischen Schriftsteller«, ein Jahr später folgt der erste Band seiner Sammlung historischer Quellen. 1776 beginnt er den »Berichterstatter über russische Altertümer« herauszugeben. Nowikow ist aber kein Historiker im engen Sinn. Ihn interessieren die sozialen Fragen der Gegenwart. Katharinas Erlaß, private Zeitschriften und Druckereien zu gründen, weiß er zu nutzen. Er schreibt über die Willkür der Gutsbesitzer, die Bestechlichkeit der Beamten, über die Rücksichtslosigkeit des Adels, die Rechtlosigkeit der Leibeigenen. Sein satirisches Blatt »Die Drohne« richtet sich gegen die von Katharina selbst geleitete Zeitschrift »Allerlei«, greift sie scharf an. Das geschieht in Petersburg während der endsechziger Jahre, und die Zarin persönlich läßt sich in einen Disput mit Nowikow ein, gibt sich loyal, droht aber schon mit der Zensur, als ihr Versuch, die aufgezeigten sozialen Mißstände zu bemänteln, an Nowikows Geschicklichkeit scheitert. Der Pugatschow-Aufstand läßt dann das kulturpolitische Klima erstarren, die satirische Zeitschrift nimmt jäh ein Ende.

Nowikow sucht andere Formen, geht nach Moskau und setzt dort seine Tätigkeit unter dem Vorzeichen religiös-ethischer Aufklärung im Dienste der Selbstvervollkommnung und Philanthropie fort.

1779 pachtet er für zehn Jahre die Moskauer Universitätsdruckereien. Er stellt Druckpressen in seinem Haus in der Lubjanka und in der Nikolskaja auf. Später gründet er noch weitere Druckereien. Eine rege Übersetzertätigkeit beginnt. Ins Russische übertragen werden: Shakespeare, Voltaire, Molière, Cervantes, Racine, Lessing, Wieland. 1779 sind es fünfundvierzig, ein Jahr später siebzig Titel. Es steigert sich noch. Auch russische Autoren erscheinen: Lomonossow, Cheraskow, Sumarkow.

Nowikow gründet in Moskau Zeitungen und Zeitschriften, sogar ein Journal für Kinder erscheint. Auch auf sozialpolitischem Gebiet ist er tätig. Er richtet eine Apotheke ein, in der kostenlos Arzneien für Arme ausgegeben werden. Krankenhäuser und Schulen entstehen unter seiner Leitung. Im Hungerjahr 1782 verteilen Nowikow und seine Freunde Getreide unter die Ärmsten. Das Geld erhalten sie durch Sammlungen unter den Freimaurern und von Verlagen und Buchhandel. In der »Gelehrten Gesellschaft der Freunde« werden Vorträge über Literatur und Kunst gehalten, Dispute finden statt, man richtet Lesegesellschaften ein. Die Freimaurer finden feste organisatorische Formen, um ihre junge Intelligenz zu entwickeln und sie auch später materiell zu unterstützen. Stipendien werden vergeben. Nowikow gründet für die Mitglieder die erste Versicherungsgesellschaft, eine Sterbe- und Unterstützungskasse.

In die Jahre dieser vielfältigen, produktiven Tätigkeit Nowikows in Moskau fällt Lenzens Aufenthalt. Lenz hat eine enge Bindung an diesen fortschrittlichen Kreis. Er wohnt sogar eine ganze Zeit im Hause von Nikolai Iwanowitsch Nowikow. Lenz ist möglicherweise einer der Stipendiaten der »Gelehrten Gesellschaft der Freunde« und gehört – nach dem Scheitern seiner Lehrtätigkeit – auch jener Versicherung der Freimaurer an. Einzelheiten dazu wissen wir nicht. Die Beziehungen zwischen Lenz und Nowikow sind nicht in ihren privaten und persönlichen Umrissen, sondern nur allgemein durch die Gemeinsamkeit von Ideen und Projekten überliefert. Dokumente, die von seiten Nowikows darüber Aufschluß geben könnten, sind verloren, Nowikow wird 1792 verhaftet und von der Zarin zu fünfzehn Jahren Gefängnis verurteilt, die Papiere, wenn nicht vorher von Gleichgesinnten vernichtet, werden beschlagnahmt. Auch ein Teil von Lenzens Papieren sind von Freunden verbrannt worden. Dennoch, was noch vorhanden ist an Briefen von Lenz und nachgelassenen Notizen, belegt seine Beziehungen zu Nowikow und seinem Kreis. Ein vollwertiges Mitglied der Freimaurerloge und der »Typographischen Gesellschaft« ist Lenz wohl nicht. Er kommt von seiner sozialen Stellung her dazu kaum in Betracht. Er ist arm, ohne Besitz, ohne feste Anstellung. Leute mit Titel sind es überwiegend, Fürsten, Grafen, Barone, Leute mit Geld; auch Nowikow ist Gutsbesitzer, nutzt sein Kapital für aufklärerische Zwecke. Aber charakteristisch für Nowikow, der die Anfänge der Dekabristenbewegung verkörpert und den linken Flügel der Moskauer Freimaurer führt, ist sein Interesse an Leuten aus verschiedenen Schichten. Er sprengt in seiner Freimaurer-Tätigkeit den Rahmen einer streng geheimen Organisation, er durchbricht das aristokratische Milieu.

Orts- und Namensangaben über geheime Zusammenkünfte der Freimaurer finden sich bei Lenz, Pläne und Entwürfe zu Vorträgen dort, über schöngeistige Literatur, über Goethes »Werther« zum Beispiel. In Briefen ist davon die Rede, daß Vater und Brüder in Livland in all seinem Tun »besondere Geheimnisse der Freymäurerey« suchen. Die »Gelehrte Gesellschaft der Freunde« und die »Typographische Companie« werden genannt. Mit Enthusiasmus verfolgt Lenz alles.

Im September 1787 schreibt er an den Verleger Hartknoch nach Riga: »Wehrtester Freund! Es haben mich einige Mitglieder der hiesigen freyen Typografischen Gesellschaft bevollmächtigt, mit Ihnen über Theilnahme an derselben Briefe zu wechseln. Soweit darf ich in dieser

Sache schreiben«, da Herr von Kutusow und Fürst Trubezkoi »gegenwärtig nicht in Moskau ist, auch Herr Nowikoff sich auf dem Lande befindet«. Lenz legt auch dem Brief die Silhouetten von Kutusow und Trubezkoi bei. Beide sind bekannte Moskauer Freimaurer, und beide sind Mitglieder der »Typographischen Gesellschaft«. Kutusow, ein enger Freund Alexander Radistschews, ist Berater Nowikows in Übersetzungsfragen. Er hat in Leipzig studiert. Lenz weiß wie kein anderer über die Literatur in Deutschland und Frankreich Bescheid.

Lenz versucht in Moskau sein Ideal der Tat, »daß handeln, handeln, die Seele der Welt sei«, aufrechtzuerhalten. Er schließt sich unter den ihn umgebenden Bedingungen den fortschrittlichsten Kräften an. Freilich, eine andere Kulturepoche war es, in der Lenz in Deutschland seine Ideen formierte. Aufklärerische Positionen wurden angezweifelt, heftig attackiert, durch Goethe, Lenz und seine Freunde überwunden, durch Neues ersetzt.

Dafür hat in Moskau unter den gegebenen Bedingungen noch keiner ein Ohr. In vielem muß Lenz sozusagen zurückgehen. Aber er resigniert nicht. Sein Mut zur Hoffnung ist lebendig, die Idee, mit der er antrat. Was er tut, schreibt, die Leute, denen er nahesteht – alles spricht dafür. Wer aber will ihm das *Maß* seiner verbliebenen Kraft vorwerfen. Es muß Ungeheuerliches dazugehört haben, unter seinen Bedingungen das zu leisten.

38

Die engste Freundschaft verbindet Jakob Lenz in den Moskauer Jahren mit dem Russen Nikolai Michailowitsch Karamsin. Auch er gehört Nowikows Kreis an.

Über sieben Jahre währt die Freundschaft zwischen Karamsin und Lenz.

Der Russe ist fünfzehn Jahre jünger als Lenz. Neunzehn ist er, als er 1785 nach einem dreijährigen Dienst im Petersburger Garderegiment nach Moskau kommt und dem deutschen Dramatiker begegnet. Karamsin will Dichter werden. Erste literarische Arbeiten und Übersetzungen von ihm sind schon erschienen.

In Karamsin findet Lenz einen Zuhörer, der viel wissen will. Nicht nur von Städten, Landschaften, Menschen in Deutschland, Frankreich und der Schweiz, sondern von der Kultur, Literatur, den Gedanken darüber. Kein anderer ist in seiner Persönlichkeit nachweislich von Lenz so beeinflußt worden wie Karamsin. Kein anderer in den ganzen Exiljahren in Rußland hat Lenz so gebraucht wie er.

Es ist, als ob Lenz noch einmal für den jungen Karamsin zu seinen Anfängen zurückkehre; Natur, Genie, tragische Charaktere – die kühnen Aufbruchgedanken seiner »Anmerkungen für das Theater« ihm vermittelt, intensiv, ohne Verwirrung, in überwacher Erinnerung. Lenz öffnet Karamsin die Augen für Shakespeare, und er bereitet ihn gedanklich auf seine Westeuropa-Reise vor. Karamsins Briefe sind nicht erhalten, sind zum großen Teil 1812 in Moskau verbrannt. Wären sie da, ist kaum anzunehmen, daß der selbstbewußte, vorwärtsdrängende junge Mann darin über Einflüsse reflektiert, die er Lenz verdankt. Aber es ist so.

Auch für Karamsin wird Shakespeare ein großes Erlebnis. In den Jahren 1785 bis 1787 beschäftigt er sich mit dem englischen Dichter, übersetzt »Julius Caesar«, den Lenz so ausführlich in den »Anmerkungen« bespricht. Bis zur Stückwahl hin folgt Karamsin vermutlich Lenz. Auch das Vorwort, das er im Herbst 1786 zur fertigen Übersetzung schreibt, enthält Gedanken von Lenz. Karamsin will Shakespeare Rußland geben, wie damals die Stürmer und Dränger ihn Deutschland geben wollten. In Rußland existieren bis dahin lediglich Bearbeitungen aus dem Französischen, so die des »Hamlet« von Sumarkow und die Übertragung der »Lustigen Weiber von Windsor« von der Zarin. Aber Karamsins Vorwort stößt selbst bei seinen Freunden auf Unverständnis. Nur merkwürdige Ansichten zur Poetik sehen sie darin. Die fruchtbaren Neuansätze begreifen sie nicht.

Lenzens Gedanken, denen Karamsin sich öffnet, sind für die russischen Verhältnisse neu. Unzweifelhaft sind Spannungen, die bald zwischen den Moskauer Freimaurern und dem jungen russischen Dichter auftreten, auf Lenzens geistigen Einfluß zurückzuführen. Durch ihn beginnt sich Karamsin vom dogmatischen Idealismus und Empirismus der Aufklärer in seinem Lande zu lösen. Die Spannungen zwischen Karamsin und den Freimaurern verstärken sich in der Vorbereitung von dessen Westeuropa-Reise. Auch hier muß es Lenz gewesen sein, der Anregungen gibt, Orte mit wählt, literarische Neugierden weckt, und dessen Berichte über Weimar, Straßburg, Zürich und Basel in seinem russischen Freund den Wunsch wecken, all das zu sehen.

Die Beziehung zwischen Lenz und Karamsin muß sehr intensiv gewesen sein. Eine Zeitlang sehen sie sich täglich, wohnen auch in ein und demselben Haus. Es muß das Haus an der Menschikow-Kirche gewesen sein, in der Kriwokoleni-Gasse, der Schiefen-Knie-Gasse. Das Haus mit der Mansarde, in der Karamsin und Petrow wohnen, unter ihnen, im zweiten Stock, im linken Eckzimmer Lenz. Und andere Häuser können es sein, die Karamsin beherbergten, in denen Lenz unterkam. Beide zogen wohl öfters um. Es kann Nowikows Haus sein, in dem Lenz wohnte, das der »Gelehrten Gesellschaft der Freunde«, das von Fürst Jengalytschew oder das Haus des Historikers Plestschejew, in dem Karamsin lebte. Eine dieser Unterkünfte beschreibt Karamsins Freund Dmitrijew. Durch »drei Scheidewände« sei sie »abgeteilt«, in der »einen Abteilung stand auf einem mit grünem Tuch behangenen Tisch die Gipsbüste des Mystikers Schwarz ... in der anderen Christus am Kreuz unter einer Hülle von schwarzem Flor«. Wie das Zimmer auch immer beschaffen war und in welchem Haus, welcher Straße Moskaus es lag, es war ein Haus aus Stein sicher, zweistöckig, Garten, Wirtschaftsgebäude, umgeben von Mauern oder einem Bretterzaun. Russische Kinder im Hof, sie schreien und laufen, spielen ein Spiel, stundenlang. Im Winter Ruhe. Der aufgetürmte Schnee ist hart und festgefroren. Nur schmale, freigeschaufelte Wege führen über den Hof. In der Mitte, im Rondell der Bäume, wenn die Sonne die Schneeoberfläche auftaut, sind Spuren von Katzen und Vögeln zu sehen.

Lenz und Karamsin sprechen russisch und deutsch. Das ausgezeichnete Deutsch, das er könne, habe der Dichter Lenz ihm in Moskau beigebracht, wird Karamsin vier Jahre später Wieland in Weimar sagen.

Lenz lernt durch Karamsin auch viele andere Leute kennen. Petrow zum Beispiel, der Lenz dann täglich besucht. Petrow ist wie Karamsin einer der Redakteure von Nowikows Zeitschriften. Und Dmitrijew. Dann Plestschejew, dessen historische Arbeit über Rußland Lenz übersetzt, und den Dichter Cheraskow, der zugleich Prokurator der Moskauer Universität ist. Und Kutusow, Radistschews Freund, vielleicht auch letzteren selbst. Jedoch, das ist nicht belegt.

Unter dem Einfluß dieser Leute beginnen Lenzens Pläne sich wieder mehr der Literatur zuzuwenden und zielstrebiger zu werden. Die russische Dichtung will er dem deutschen Leser erschließen. 1785 befaßt Lenz sich in verschiedenen Aufsätzen mit der Poesie Cheraskows, den Karamsin den »besten russischen Dichter« nennt. Lenz überträgt seine Verse ins Deutsche. Die ersten fünf Gesänge der »Rossiade«, wissen wir, dichtet er nach, gibt sie einem Reisenden nach Deutschland für Boies »Deutsches Museum« mit. Sie sind nie angekommen, sind verloren. Dem Rigaer Verleger Hartknoch teilt Lenz 1787 mit, daß Cheraskow und andere ihn ermuntert haben, eine Anthologie neuer russischer Literatur herauszugeben, die Texte ins Deutsche zu übersetzen. Dieser Plan beschäftigt Lenz über längere Zeit. Noch 1791 wird in einem Brief Karamsins an Wieland davon die Rede sein, Lenz sei der richtige Mann dafür, meint der Russe.

Sosehr Jakob Lenz die Freundschaft des jungen Karamsin guttut, eines erlebt er nie: die Anerkennung seiner dramatischen Arbeit. Das muß für ihn bitter gewesen sein, seine Einsamkeit unendlich vermehrt haben.

Man könnte vermuten, Lenz habe die »Soldaten«, den »Hofmeister« und andere seiner in kleiner Anzahl gedruckten Erstauflagen gar nicht bei sich. Noch 1783/84 ist in Briefen Hamanns und Hartknochs immer von einer Bücherkiste die Rede, die Lenz aus der Schweiz nachgesandt wurde, nun in Riga ist und über Dorpat nach Moskau soll. Lenzens Vater will das Porto nicht bezahlen.

Man könnte auch vermuten, Lenz verhält sich in Moskau wie einst im Elsaß Oberlin gegenüber, als er auf dessen Erwähnung seiner Dramen entgegnet: »Belieben Sie mich nicht danach zu beurtheilen.« Er wehrt ab. Weder das eine noch das andere ist Grund für Karamsins völliges Desinteresse an Lenzens Dramen. Karamsin wird Goethe, Lessing und Klinger nennen, wenn er über das deutsche Drama spricht. Er wird den Weimarer Verleger und Fabrikanten Bertuch bewundern, dessen Trauerspiel »Elfriede« auf vielen deutschen und ausländischen

Bühnen gespielt wird und sich dort über zwanzig Jahre hält. Er wird August Kotzebue nennen, der sein Lieblingsautor wird.

Mit der Welle des Sentimentalismus kommt Kotzebue nach oben. In seinen über zweihundert Rührstücken nutzt er geschickt Vorlagen und paßt sich dem jeweiligen Geschmack und der gewünschten Richtung an. Er hat einen ungeheuren Erfolg beim Publikum. Dieser drittrangige Dramatiker läßt Goethe und Schiller mit seinen Aufführungszahlen im In- und Ausland weit hinter sich. »Tugendphrase« und »Humanitätsduselei« werfen ihm einige Kritiker vor. Aber Kotzebues simplifizierende Gegenüberstellung von Natur und Sitte, von Bildung und Zivilisation kommt dem Harmoniestreben des Publikums äußerst entgegen. Überall drängen sich die Menschen, wo man seine Stücke spielt. Die Theaterkassen füllen sich.

Karamsin läßt sich von dieser Begeisterung forttragen, er nimmt die Rührstücke mit der gleichen Naivität wie das Durchschnittspublikum auf. Als er im Juni 1789 im Berliner Theater Kotzebues »Menschenhaß und Reue« sieht, wischt er sich, aus dem Theater kommend, auf den Stufen die »letzten süßen Tränen« ab. Das Stück enthalte »so viel Rührendes und Vortreffliches, daß der Zuschauer die Kritik vergißt«. Kotzebue wird ins Russische übersetzt, in Petersburg und Moskau aufgeführt. »Menschenhaß und Reue« zum Beispiel hat am 23. April 1791 im Moskauer Medoks-Theater Premiere. Das Haus ist brechend voll.

Jakob Lenz ist vielleicht dort, erlebt das alles mit. Sein Freund Karamsin schreibt eine Rezension in überschwenglichem Stil. Die Rührung wird direkt zum Qualitätsmaßstab erhoben: »In den Logen und im Parterre sah ich die Tränen laufen: das schmeichelhafteste Lob, dessen sich der Verfasser des Dramas nur rühmen kann!« Das unkritische und fälschlich aufwertende Bild von Kotzebue in Rußland ist nicht unwesentlich Karamsins Werk. In den rührenden Zügen der Kotzebueschen Helden sieht Karamsin in die Tiefe dringende, wahre Abbildungen des menschlichen Lebens, seine unverbindliche, in die Gefühlssphäre verdrängte Reflexion sozialer Gegensätze kommt Karamsin entgegen.

Wie mag Lenz zumute sein! Nimmt er den Erfolg Kotzebues und Karamsins Begeisterung als Zeugnis eigenen Versagens, oder bleibt ihm – im stillen – eine letzte Kraft zur Selbstbehauptung? Karamsins und seine Welt sind zwei verschiedene. Er, Lenz, will ein anderes Theater, einen anderen Zuschauer.

Karamsin mit seiner großen Sprachkraft und Spracherneuerung steht am Beginn des russischen Sentimentalismus. Seine Erzählung »Die arme Lisa«, die Geschichte der Verführung eines Bauernmädchens durch einen Adligen, deren Tod dieser mit bitterer Reue bezahlt, wird in Rußland großes Aufsehen erregen. Karamsin ist ein Aristokrat, und seine Sicht auf die Welt bleibt immer die eines aufgeklärten konservativen Landadligen.

Lenz aber ist seinen sozialkritischen Stücken nach ein Plebejer. Das Schicksal von Soldaten, Bürgermädchen, von Hofmeistern, Studenten und heruntergekommenen Adligen beschäftigt ihn. Das ist eine völlig andere Welt. Und Lenz sieht sie in seinen Dramen erbarmungslos realistisch, ohne Sentimentalität, ohne jegliche Möglichkeit einer Versöhnung. Zerrissen, tragikomisch ist seine Gestaltung, sie muß Karamsin fremd bleiben. Daher sein Desinteresse an Jakob Lenzens Dramen.

39

Um den Dramatiker Jakob Michael Reinhold Lenz ist es still. Seine Stücke werden in Deutschland weder gedruckt noch gespielt. Auf keiner ausländischen Bühne sind sie zu sehen. Auch in Rußland nicht. Dabei gibt es zu jener Zeit durch Nowikow eine rege Übersetzertätigkeit. Lenz ist mit verschiedenen Übersetzern persönlich bekannt. Karamsin übersetzt Kotzebue, Stücke und Prosa. Während Lenzens zehnjährigem Aufenthalt in Moskau wird nicht eines seiner Dramen oder andere Arbeiten ins Russische übertragen, obwohl man am Petersburger und Moskauer Theater zunehmend deutsche Stücke spielt. Lenz hat keine Chance, in Rußland ein Publikum zu finden. Er wird nicht gebraucht.

Auch Lenzens Versuche, in Deutschland zu publizieren, scheitern. 1780 erscheinen noch seine »Philosophischen Vorlesungen empfindsamer Seelen«, eine Aufsatzsammlung aus der Straßburger Zeit. Im livländischen Mitau druckt man einzelne neue Arbeiten in der Zeitschrift »Für Leser und Leserinnen«. Anfang 1782 kommt im »Liefländischen Magazin der Lektüre« seine Tragödie »Die sizilianische Vesper« heraus. Von Moskau aus schickt Lenz dann Arbeiten an Hartknoch nach Riga zum Druck. Dieser Verleger fährt jedes Jahr zur Buchmesse nach Leipzig. Wir wissen, wie gut er Lenz gesonnen ist. Aber verdienen kann er an ihm nicht, in Deutschland ist kein Bedarf. Daß Lenz überhaupt Arbeiten gesandt hat, wissen wir aus einem Brief, den Müllers Sekretär Stritter am 19. Juli 1783 an Gadebusch schickt.

Auch Lenzens Bemühungen, persönliche Kontakte zu den einstigen Freunden in Deutschland und der Schweiz zu knüpfen, sind fehlgeschlagen. Goethe und Herder schweigen. Selbst Wieland, der Allesverstehende, allem so Offene, reagiert nicht. Lavater ist der einzige, der antwortet. Er erklärt sich sogar bereit, Goethe gegenüber zu vermitteln. »Göethe ist izt in Neapel oder Rom, und arbeitet an der neüen Ausgabe seiner Werke, die Er um die Hälfte vermehren will. Wenn Er bald herkömmt, will ich Deinen Auftrag mündlich ausrichten«, schreibt er am 30. März 1787 an Lenz nach Moskau. Das Verhältnis zwischen Goethe und Lavater ist allerdings schon äußerst gespannt. Goethe und Herder sehen in Lavater nur noch den Pfaffen und Jesuiten, nachdem er in seiner 1782 bis 1785 erschienenen Schrift »Pontius Pilatus« die Bibel als allein maßgebliche Instanz für alle Künste bezeichnete. Lavater seinerseits ist gegenüber dem Schaffen seiner einstigen jungen Freunde durchaus nicht tolerant. Auch Lenz weist er nun zurück. Lenz hat ihm Arbeiten gesandt. Lavater verbittet sich »alle weitere Zuschriften gänzlich ... Wahrlich Sie scheinen mir nicht zur klaren Darstellung und leichten Ausführung neuer und großer Dinge bestimmt und organisiert zu seyn ... Wie ich die Welt kenne, eckelt die Welt Geister Ihrer Art an – Der Jovialische Geist, mögt' ich sagen, überlacht den Saturnalischen«, schreibt er Lenz nach Moskau. »Gewiß, ich ehre und respektiere Ihre Vielwißenheit, und Ihre Penetration und Überschauungsgabe – Aber, so wie sie in Ihnen zu liegen scheint, ist sie der Welt vor der Hand unbrauchbar. Sie überhüpft das Gold im Sande – im feuchten Sande, das geduldige Sönderung verlangt. Also biegen Sie sich dehmüthig kindlich unter den allesbestimmenden, immer wohlwollenden Willen und glauben Sie, was Sie hier in sich gesammelt, wenn es Wahrheit war, wird nicht zu Grunde gehen, sondern einst herrlich aufkeimen – dort glaub' ich, nicht hier.«

Lavaters Äußerung über »Geister Ihrer Art« ist unmißverständlich eine Anspielung auf Lenzens Zugehörigkeit zu dem Kreis um Goethe und Herder. Wie soll Lenz Zu-

sammenhänge begreifen! Er wird nur die Zurückweisung gefühlt haben, die Isolierung, die Abkehr aller früheren Freunde, die er wahrscheinlich sieht wie einst. Goethe als den Verfasser des »Werthers«. Wir haben handschriftliche Notizen von Lenz aus der Moskauer Zeit, Entwürfe zu Vorträgen bei den Freimaurern, wo er mit enthusiastischen Worten Goethes Frühwerk preist (»Die Leiden des jungen Werthers« sind 1781 in russischer Sprache erschienen). Goethe bleibt für Lenz immer der Bewunderte. Im allerletzten Brief, den Lenz schreibt, ist von der frühen dichterischen Gemeinsamkeit mit ihm die Rede. Mit einer stolzen und hilflosen Geste klagt Jakob seine Familie an, ihm sein dichterisches Ethos zerstört und seine Leidensgeschichte zu einer Krankheitsgeschichte umgedeutet zu haben. »Es ist schwürig«, schreibt er, »mit meinen Geschwistern Briefwechsel zu führen, denn da ein Prof. in Gießen mir die Ehre erwiesen mich mit dem Romanschreiber – der aber in andern Aemtern dabey steht – Hn. Göthe in eine Liste zu setzen, so suchen und finden sie in allen meinen Briefen nichts als unverständliche Worte. Poesie und Roman.«
Lenzens Sehnsucht in den langen Jahren in Rußland ging zweifellos nach Deutschland zurück. Er hat bis zuletzt das Verlangen: »Wäre doch die Moskwa der Rhein!« Und weiß doch, es bleibt ein Traum: »Ich werde schwerlich die glücklichen Ufer des Rheins wiedersehen.«

Wiederholt ist in Lenzens Briefen von einer Reise nach Livland die Rede. Schon vor 1787, auch danach. Auch sie kommt nicht zustande. »Lenz reist nicht nach Livland«, teilt Petrow Karamsin am 20. September 1789 mit. Generalsuperintendent Lenz und Jakobs Brüder tun wohl alles, um ihm die Rückkehr in die Heimat, ja selbst einen kurzen Aufenthalt dort unmöglich zu machen.

Lenz resigniert schließlich. »Das Elend ist allgemein«, schreibt er, »auch durch ganz Rußland, besonders für die so Vorurtheile in dies Land mitgebracht, die in einem gewissen Alter nicht mehr zu heben sind ... Meine Schwester hatte mir offt von Permien geschrieben, allein ich begreife nicht, wie ich dahin kommen, noch was ich da machen soll. Die Härte der Grundsätze ist überall gleich und man trift freilich mit unter auch überall weichere und edler gestimmte Gemüther. Doch auch diese wünschten gern die ganze Welt nach *sich* umzustimmen diese Bekehrungskrankheit ist allgemein ... Warum richten und verdammen sich doch die Menschen untereinander ohne Ursache? – – –«.

Diese Klage über die Bekehrungssucht der Menschen kommt bei Lenz in den Moskauer Jahren immer wieder, sie ist Ausdruck seines Nichtverstandenwerdens, seiner geistigen Einsamkeit.

Es leben wenig Freund' auf Erden
Und immer mehr wirds der Beschwerden
Der Mißverständnisse, des Mißtrauens und des Wahns
Des Widerspruchs verschiedner Plans

schreibt Lenz in einem Brief nach Riga an einen Freund seines Vaters und spricht über menschliche Bindungen, wie er sie sich vorstellt. »Die Freundschaft ist meinem Bedünken nach eine etwas standhafte Werthachtung des andern, die durch keine Umstände und Glücks- oder Unglückslüftgen (so ein wenig Staub aufwehen) verändert wird. Hier wird weder die Presse befragt, noch der Bücherkatalogus nachgesehen, obgleich auch diese Dinge einige Theilnehmung verdienen, aber die, wie mich deucht, bey weitem nicht von der entsetzlichen Wichtigkeit ist. Ich kenne das ganze Hebezeug und Wirkungsmaschine dieser gelehrten Vereinigungen und achte sie nachdem sie es verdienen – aber das Persönliche meines Freundes ist mir ein wenig schätzbarer, als der armseelige Hausrath von Drehzeug den er in die Gruft mit nimmt.«

Merkwürdig klingen diese Worte und sind doch allzu verständlich in seiner Lage. Zu vermuten ist, daß der Dichter Jakob Lenz in Moskau für alle Freunde, mehr noch für Außenstehende, immer eine kuriose und nicht ganz ernst zu nehmende Gestalt blieb.

Seine Krankheit, über deren Verlauf in Deutschland sich Gerüchte auch in Moskau verbreiten, kann daran einen großen Anteil gehabt haben. Sie wird in den Jahren in Rußland in Abständen immer wieder zum Ausbruch gekommen sein. Wir haben keine Zeugnisse darüber. Lenzens Briefe aus dieser Zeit sind an den Vater gerichtet, und bis 1789 ist in ihnen niemals von Krankheit die Rede. Lenz weiß, daß er vom Vater so oder so für krank gehalten wird, er, der Poet, der Komödienschreiber. »Möchte es doch diesem guten Gott gefallen, Ihnen auch noch in Absicht des Moskauschen Sohnes, wo nicht herzliche, innige Freude, so doch einigen Stoff zur Beruhigung über seinen Zustand im leib- und geistlichen zu geben! Wer weiß, was Gott thut. Vielleicht, wo er nun immer älter wird, daß auch sein Urteil immer reifer und seine brausenden Leidenschaften immer gemäßigter werden«, schreibt Pastor Sczibalski am 6. Dezember 1786 an Lenzens Vater, damit bestätigend, daß dieser sein starres Urteil über den Sohn beibehalten hat.

Freunde sehen es anders. Am 30. April 1784 berichtet der Dichter Johann Georg Hamann, von Hartknoch habe er erfahren, daß es mit Lenzens »Gesundheit einen guten Fortgang haben soll und es ihm in Moskau wohl geht ...« und er ihm »mündlich versichert« habe, daß »Herr Lenz viel Hoffnung zu einer völligen Herstellung gebe«.

Wahrscheinlich trat in den ersten Moskauer Jahren in der Tat eine Besserung ein. Aber Jakob Lenzens Lebens- und Arbeitsumstände waren so erdrückend, daß die Ursachen seiner Ängste bleiben. Auch sind seine Kräfte geschwächt. Wenn die Krankheit zeitweilig zum Stehen kam, so konnte sie doch nicht geheilt werden.

In den Briefen spricht er kaum von sich. »Hättest Du mir Doch auch mehr von Dir, deiner Person u: Lage, Deinem Thun und Leiden, Deinem Lieben u: Hoffen, Deinem Leben und Glauben geschrieben«, bittet Lavater Lenz in einem Brief, den er 1787 aus der Schweiz nach Moskau sendet. Lenz schweigt. Die wenigen Stellen, wo er über sich spricht, scheinen merkwürdig, absonderlich. Am 6. Juni des gleichen Jahres notiert er zum Beispiel: »Ich bin fast ganz von Kleidern und Wäsche gekommen, durch diese scharfsinnige Sucht nach Aehnlichkeiten, die uns alle Individualität nimmt. Sollte denn Gott nicht helfen denen so Tag und Nacht zu ihm schreyen über diese felsenfeste und Unbewegliche Bekehrer zu der *kleinen Schimäre* mit der sie Morgens früh aus dem Bette aufstehen.«

Wir ahnen Lenzens innere Qual, sein Getriebensein. Das einzige Zeugnis, das es aus der Moskauer Zeit von einem Menschen gibt, der Lenz nahesteht, der ihn über mehrere Jahre fast täglich sieht, bestätigt das auf erschütternde Weise. »Was soll ich Ihnen von Lenzen sagen?«, schreibt Nikolai Michailowitsch Karamsin am 20. April 1787 nach der Schweiz an Johann Kaspar Lavater. »Er befindet sich nicht wohl. Er ist immer verwirrt. Sie würden ihn gewis nicht erkannt haben, wenn Sie ihn jetzt sähen. Er wohnt in Moskau, ohne zu wissen, warum. Alles, was er zuweilen schreibt, zeigt an, daß er jemals viel Genie gehabt hat; jetzt aber …«

Lenz bleibt an Moskau, bleibt an die alte russische Hauptstadt gefesselt. Die Wiederkehr der dreihundertfünfundsechzig Tage, Jahr für Jahr.

Wie mag ihm zumute gewesen sein, als Karamsin sich zur Reise nach Deutschland, Frankreich und in die Schweiz rüstet, all die Orte besuchen will, Weimar, Straßburg, Basel, Zürich, von denen er, Lenz, ihm erzählt hat. Lenz, um seinen jungen Dichterfreund besorgt, schreibt im April seinem Bruder nach Dorpat: »Wenn Herr von Karamsin durchgeht, so erzeige mir die Freundschaft, mein Trauter! ihm wo möglich den Aufenthalt recht angenehm zu machen. Er liebt die deutsche Sprache vorzüglich; spricht und schreibt sie, wie ein geborener Deutscher ...«

Karamsin wird in der Tat in Dorpat haltmachen, Lenzens Bruder aufsuchen. Er schreibt darüber: »Der hiesige Oberpastor ist der Bruder des unglücklichen Lenz. Er ist bei jedermann beliebt und hat gute Einkünfte. Erinnert er sich wohl an seinen Bruder?« Einen livländischen Edelmann, mit dem er sich über den Dichter Lenz unterhält, läßt Karamsin dann in seinen später niedergeschriebenen »Briefen eines russischen Reisenden« sagen: »Ach, mein Herr ... das, was dem einen Ruhm und Glück verschafft, macht den andern unglücklich. Wer sieht nicht in den Gedichten des sechzehnjährigen Lenz und überhaupt in allem, was er bis zum fünfundzwanzigsten Jahre geschrieben hat, die Morgenröte eines großen Geistes? Wer glaubt nicht, einen jungen Klopstock, einen jungen Shakespeare zu sehen? Aber eine schwarze Wolke hat diese schöne Morgenröte bedeckt, und die Sonne ist nie aufgegangen. Das tiefe Gefühl, ohne welches Klopstock nicht Klopstock und Shakespeare nicht Shakespeare geworden wäre, hat ihn zu Boden gestürzt. Andere Umstände, und Lenz wäre unsterblich!«

Von Dorpat aus fährt Karamsin im Frühjahr 1789 weiter nach Westen. Deutschland, die Schweiz und Frankreich sind sein Ziel.

40

1789 ist das Jahr der Französischen Revolution. Das Jahr, das über Europa, über die Welt den Schrecken für die Herrschenden jagt, das Aufatmen, die Befreiung, die Hoffnung für die Unterdrückten.

Ahnungslos hat Karamsin Rußland verlassen. Wenig später schon schreibt er an seinen und Lenzens Freund Plestschejew nach Moskau: »Das ganze Elsaß ist unruhig. Ganze Dörfer bewaffnen sich, und die Bauern nähen die Nationalkokarde an ihre Mützen. Die Postmeister, die Postillione, die Weiber – alles spricht von der Revolution.« Und von Straßburg: »Die ganze Garnison hat das Joch der Subordination abgeworfen. Die Soldaten hören nicht mehr auf ihre Offiziere; sie trinken in den Weinhäusern, ohne zu bezahlen, durchschwärmen lärmend die Straßen, schimpfen auf ihre Befehlshaber ...«

Wenn Lenz das sähe, wenn er im Elsaß geblieben wäre, damals, 1778, und nun die Revolution in jenem Vogesenhochtal erleben würde, wo Pfarrer Oberlin ihn zu einem bescheidenen Dasein eines Pastors oder Lehrers bekehren wollte. Lenz als Dorfschulmeister, seine Genialität in kleine Münzen gewechselt, die Kinder hängen an ihm, und er hat Zeit zum Schreiben. Lebten nicht viele so, mit Ämtern, äußeren Zwängen, die das hochfliegende Ideal der Tat, der Weltveränderung auf das gegenwärtig Mögliche illusionslos beschränkten. Unter Schmerzen und dennoch mit dem Gefühl des Gebrauchtwerdens, der Nützlichkeit. Nun, 1789, wird die Frage der Tat grundsätzlich neu gestellt.

Die Revolution kommt auch in das Ban-de-la-Roche, die abgelegene Gegend, in die fünf Dörfer und drei Weiler. Die Not der Bauern bringt sie, die Not der Knappen in den Bergwerken des Steintales, in der Eisenschmelze zu Rothau, die Not derer, die in der Spinnmanufaktur in Waldersbach arbeiten.

Das Steintal ist französisches Territorium. Vom Königshof einst an den Marquis d'Argenson gegeben, erwirbt es Freiherr Baron von Dietrich 1771 käuflich. Sein Vater ist einer der reichsten Straßburger, Stadtmeister, und während der Revolution wird er gefangengenommen und in Paris im Namen des Volkes von den Jakobinern guillotiniert.

Pfarrer Oberlin, der zwölf Jahre zuvor Lenz aufnahm, ist noch da. Viel hat er in der Zwischenzeit für seine Gemeinde getan. Den Unterricht verbessert, Lehrer ausgebildet, Schulhäuser gebaut, die ersten Kindergärten gegründet, Abendschulen für Erwachsene organisiert, sich um Landwirtschaft und Wegebau bemüht, gegen Armut und Unwissenheit gekämpft. Er, der an einem Orte Pfarrer ist, wo niemand hin will, und dort neunundfünfzig Jahre ununterbrochen wirken wird, gehört nicht zu den Reichen. Er begrüßt die Erhebung des französischen Volkes. Das Straßburger Revolutionsgericht nimmt ihn zwar zeitweilig fest, beschuldigt ihn, Pfarrer zur Auswanderung nach Polen beziehungsweise zur Übernahme von Kriegsdiensten unter Joseph II. beredet zu haben, aber seine wohltätige Arbeit für die Gemeinde bringt ihm die Freiheit, das Revolutionsgericht spricht sein Bedauern über die Verhaftung aus.

Im Steintal feiert das Volk auf der Perhöhe, einem plateauähnlichen Rücken nördlich von Waldersbach zwischen Rothau und Belmont, den Sieg der Französischen

Revolution. Oberlin ist dabei, ergreift das Wort, preist die Freiheit als höchstes Gut. Baron Dietrich ist abgesetzt, die Bauern haben aus ihren Reihen einen Präsidenten zu wählen. Sie entscheiden sich in einer Volksversammlung für den Lehrer als »Bruder Präsident«. Oberlin wird zum »Bruder Redner« ernannt. Als gottesdienstliche Handlungen verboten sind, verwandelt der Pfarrer seine Kirche in einen patriotischen Klub.

Wenn Lenz in einem Brief aus Weimar 1776 davon spricht, daß Röderer ihn in Straßburg vielleicht in »herzoglich-sächsischer Uniform« wiedersehe – er sich also mit dem Gedanken trägt, in militärische Dienste von Karl August zu gehen –, so können wir ihn uns kaum vorstellen, wie er mit den Koalitionsarmeen unter dem Herzog von Braunschweig (auch der Weimarer Regent gehört dazu und in seinem Gefolge Goethe) zum Gegenfeldzug der Reaktion gegen die Revolution in Frankreich antritt. Wir sehen ihn eher an der Seite Georg Forsters im jakobinischen Mainz.

Sehen ihn unbesorgt um alle schrecklichen Folgen für Leben und Existenz. Sehen ihn naiv-schwärmerisch hingegeben der einmaligen Chance des geschichtlichen Experimentes, »daß handeln, handeln die Seele der Welt sei«. Er wäre auch hier sicher kein großer Stratege und Taktiker, vielleicht nicht einmal ein kluger Politiker gewesen. Aber was ist schon Klugheit, was vermag sie. Er wäre – wie Forster – seinen Weg mit moralischer Aufrichtigkeit unbeirrbar zu Ende gegangen.

Versunken ist das Elsaß nicht in Lenzens Erinnerung. Aus dem kalten Petersburg jener Brief an Friederike Brion nach Sesenheim und der an ihren Bruder Christian Brion, den Theologie-Studenten in Straßburg. Und in Moskau geschrieben, auf einem Zettel mit dem Wasserzeichen 1788 steht: »Vergleichung der Gegend um das

Landhaus des Grafen mit dem berühmten Steinthal, eine Tagereise von Straßburg im Elsaß.«

Friederike Brion lebt in ebender Zeit im Steintal. 1787, fünfzehn Jahre nach jenem Sommer, den Lenz in Sesenheim verbrachte, stirbt ihr Vater, die Mutter ist bereits tot. Friederike muß das Haus für den Nachfolger-Pastor räumen und Sesenheim verlassen. Fünfunddreißig Jahre ist sie da, nicht verheiratet. Sie ist keine gute Partie, Brion starb mit Schulden. Das erhalten gebliebene Hinterlassenschaftsprotokoll des Pfarrers Brion sagt es aus. Das Erbe geht in fünf Teile, die Schulden müssen beglichen werden. Viel wird nicht übrig geblieben sein für »Friedericka Elisabetha Brion«, zieht man noch ab, was sie »vor dem im Wert von 100 fl. ane Bettwerck, Getüch und Hausrat« erhalten hat. Mit wenigen der im Nachlaßinventar säuberlich aufgeführten Gegenständen (ein »tannen Schränklein«, ein »eichen Tischel mit ein Schublade«, ein »eisernen Lichtstöck«) wird sie Sesenheim verlassen.

Sie geht ins Steintal zu ihrem Bruder Christian, der dort seit zwei Jahren Pfarrer in Rothau ist, dem Nachbardorf von Waldersbach, wo Lenz einst war.

Friederike Brion verdient sich ihren Lebensunterhalt im Vogesenhochtal mit Handarbeiten, hat auch zeitweilig einen kleinen Laden, verkauft Weber- und Töpferwaren und unterrichtet Kinder in französischer Sprache. Mehrere Jahre lebt Friederike Brion in Rothau. 1788 und 1793 ist ihre Anwesenheit durch Eintragungen in die Taufakten der Kirchenbücher belegt. Dazwischen ist sie für eine Zeit in Versailles. 1793 dann in einem Stammbuch für einen »Ami de la liberte«, einen Freund der Freiheit, unterzeichnet von ihr. »Zu Rothau am 22. des 4. Jahres der Freiheit.«

Friederike Brion ist zu der Zeit noch völlig unbekannt. Erst 1812/14, als Goethe den ersten und zweiten

Teil von »Dichtung und Wahrheit« veröffentlicht, wird sie aus ihrer Anonymität gerissen. Da beginnen jene Wallfahrten nach Sesenheim, das Sammeln der Erinnerungsstücke, der Gedichte, der Porträts, die Jagd nach Autographen. Friederike Brion wird Gegenstand sentimentaler Kitschgeschichten. »Die Nachtigall von Sesenheim. Goethes Frühlingstraum« von Gustav Adolf Müller, »Friederike von Sesenheim. Wahrheit und Dichtung. Frei nach Wolfgang von Goethe. Eine deutsche Liebesidylle in 3 Büchern«. Für den Kleinbürger unternimmt die Zeitschrift »Gartenlaube« regelmäßig ihren Frühlingsgang nach Sesenheim.

Das alles geht auf Goethes Legende zurück, hat mit der historischen Gestalt Friederike Brions nichts zu tun. Aber auch vor ihr macht man nicht halt, sie wird zum Gegenstand der Klatsch- und Skandalsphäre; über ein Jahrhundert wird ein widerlicher Streit geführt, ob Friederike Brion ein »reputierliches«, das heißt anständiges »Frauenzimmer« gewesen sei oder ob sie unanständig, das heißt »mannssüchtig«, war. Waisenhausakten, Geburts- und Sterberegister der Kirchenbücher im Elsaß werden nach »Fehltritten« durchgesehen, Bauern Schankwirte, alte Weiber nach Friederikes Leumund befragt. Weder der einen Partei, die sie für »rein« erklärt, noch der anderen, die sie »unrein« nennt, geht es um diese Frau, sondern immer geht es um Goethe. Die einen wollen den »sittlich unanfechtbaren Untergrund« von Goethes Darstellung beweisen im Stile: Schmutz haftet nicht an weißem Marmor, dem Denkmal von Künstlerhand geschaffen. Die anderen wollen Goethe von der Schuld entlasten, von der er selbst spricht, Gott sei Dank, daß er sie verlassen habe, denn sie sei seiner nicht würdig. Ein groteskes Kapitel. Man schreckt auch nicht vor politischen Verdächtigungen zurück, die territoriale Nähe zum revolutionären Frankreich wird moralisch genutzt. Zwar wisse man nichts von einem unehelichen Kind Friederike Brions, erklärt zum Beispiel ein Gastwirt – seiner Aussage bediente sich dann die Literaturwissenschaft –, aber möglich sei es schon, denn die Revolution habe die Sitten verdorben.

Jakob Lenz und Friederike Brion. Wäre nicht vorstellbar, daß Lenz, der aus Petersburg jene Zeilen an Friederike Brion schreibt, ihr nun hier begegnet, daß sie beide die Ereignisse erleben, die sich seit 1789 im Steintal vollziehen? Ein Spiel mit den Möglichkeiten. Das Leben beider ist einsam. Friederike Brion wendet Freundlichkeit und Güte, wie überliefert ist, den Kindern ihrer Verwandten und Freunde zu. 1813 stirbt sie dreiundsechzigjährig in Meißenheim. Lenz wird das Elsaß, wird Frankreich nicht wiedersehen. Er lebe in Moskau, ohne zu wissen warum, erinnern wir uns der Worte Karamsins. Rußland hält ihn fest.

Wo sind in jenen und den folgenden Jahren, in der Zeit der Revolution in Frankreich, Jakob Lenzens frühere Freunde, mit denen er Aufbruch und Jugend teilte; Herder und Klinger, Schlosser und Merck, Wagner, Goethe – und schließlich Bürger und Schubart, die die jungen Dichter einst so begeistert begrüßten? Christian Friedrich Daniel Schubart wird 1787 aus seiner zehnjährigen Festungshaft entlassen. Er ist ein gebrochener Mann. Drei Jahre gibt er noch, unter Zensur stehend, eine Zeitschrift heraus, begrüßt die Revolution. Am 10. Oktober 1791 stirbt er. Gottfried August Bürger endet am 8. Juni 1794 völlig verarmt und geächtet von seiner Vaterstadt Göttingen. Mutig tritt er bis zuletzt für die Französische Revolution ein.

Herder polemisiert in den achtziger Jahren scharf und klar wie nie, so daß Goethe, wie er 1785 sagt, viel Mühe hat, ihn zu bewegen, »solche Formen und Hüllen zu wählen, welche die Veröffentlichungen nicht von vornherein unmöglich machten«. Auch Herder begrüßt begeistert die Französische Revolution. Aber das frühe Ideal der Tat, »jedes Datum ist Handlung; alles übrige Schatten, ist Räsonnement«, das er einst bei seiner Flucht aus Riga auf dem Schiffe niederschrieb, Pläne schmiedend, sich die Zarin Katharina geneigt zu machen, nach Rußland zurückzukehren, ein »Genius Livlands« zu werden, ist verschwunden.

Maximilian Klinger lebt in Rußland und wird dort bleiben, obwohl er Jahr für Jahr Pläne macht, nach Deutschland zurückzukehren, obwohl er in Petersburg immer in Angst lebt, daß man seine im Ausland erscheinenden Werke zur Kenntnis nimmt und er als Jakobiner gelten, verfolgt und verhaftet werden könne.

Johann Heinrich Merck ist von Lenzens frühen Freunden der einzige, der die Vorgänge in Paris mit eigenen Augen sieht. Für ihn wird dieses Erlebnis tödlich. Merck, der unter der Enge des Darmstädter Hofes leidet, ihr aber nicht zu entrinnen vermag, reist Anfang 1791 nach Paris. Der französische Maler Jacques-Louis David führt ihn in den Jakobiner-Klub ein, schon nach vier Tagen ist Merck Mitglied, ist begeistert, »in dieser großen Familie mit bei Tische zu sitzen«. Er verläßt dann Paris mit dem Auftrag, in Deutschland für die Ideen der Jakobiner zu wirken. Zurückgekehrt in die erbärmliche Dumpfheit Darmstadts, sieht er sich außerstande dazu. Die Euphorie weicht. Als die Gesellschaft, in der er zu existieren gezwungen ist, zum Feldzug gegen das revolutionäre Frankreich rüstet, setzt er, gerade fünfzigjährig, am 27. Juni 1791, seinem Leben ein Ende. Er schießt sich eine Kugel in den Kopf. »Grillenkrank« wird ihn Goethe nennen, auf seine lebenslänglichen Depressionen anspielend.

Als »literarische Revolution« wird Goethe später den »Sturm und Drang«, den kühnen Zusammenschluß der einstigen Freunde bezeichnen, »sansculottisch« seien ihre Gesinnungen gewesen. Unter Jakob Lenzens Papieren findet sich nach seinem Tode eine Goethe-Handschrift des Prosa-Fragmentes »Prometheus«. Man sendet sie Goethe. »Dank für den Prometheus«, antwortet dieser und schreibt, er »nimmt sich wunderlich genug aus, ich getraue mich kaum ihn drucken zu lassen, so modern, sanscoulottisch sind seine Gesinnungen ... wie wunderlich dies alles seit so vielen Jahren in den Geistern hin- und widerwogt«.

Goethe ist derjenige, der auf lange Sicht den durch die Revolution in Frankreich herbeigeführten Epocheumbruch literarisch am fruchtbarsten verarbeitet, ohne jemals der Revolution in ihren einzelnen Erscheinungsformen zuzustimmen. Letztere nimmt er 1792 – noch im direkten Prozeß der Bewegung – zum Anlaß seines Stückes »Der Großkophta«. Georg Forster schreibt darüber im Frühjahr 1792 aus Mainz: »Ich habe neulich einen Todesschrecken über Goethes neuestes Werk, der ›Großkophta‹, gehabt. Bewahre mich Gott, daß es mir auch so gehen sollte! Lieber in Zeiten aufgehört, als aus der Höhe, wo Goethe stand, so unter alle Mittelmäßigkeit zur leersten Schlaffheit herabgesunken!« Forster wird nicht recht behalten in bezug auf Goethe; aber er, der das unvergleichlich kühne Experiment der Mainzer Jakobinerherrschaft besteht, geht, wie er von einem anderen sagt, den Weg »alles revolutionären Fleisches«, er stirbt kaum anderthalb Jahre später einsam in Paris. Unverstanden, die meisten haben sich von ihm abgewandt, losgesagt. Auch Lenzens Freund Georg Schlosser, der mit Forster eine Zeit persönlich verkehrt; seinen politischen Mut in Mainz aber weder teilen noch verstehen kann. Schlossers anfängliche Begeisterung für die Französische Revolution schlägt – wie bei vielen anderen auch – in Resignation und Rückzug um.

41

»Wo ist das Land in Europa, das Sicherheit und Ruhe gewährte« fragt ein deutscher Dramatiker 1794, als in Frankreich die revolutionären Ereignisse noch in vollem Gange sind, und antwortet: »Allein in Rußland.« Frankreich sei ein »gräßlicher Feuerschlund, aus welchem die brennende Lava über blühende Fluren strömt«. Im Schoße Rußlands allein wohne die »Ruhe«, der »Soldat pflücke seit mehr als dreißig Jahren die Lorbeeren, welche in Katharinas Kranze blühen«, der »Landmann erntet ruhig den Segen der Natur; geringe Abgaben erinnern ihn, daß er Schutz bedarf«. Das Glück aller Stände wird gepriesen und zusammengefaßt: »Es bleibt also von 30 Millionen russischer Untertanen keiner übrig, der eine Revolution wünschen könnte.« Angesichts der Realitäten in Rußland, der Leibeigenschaft und aller anderen Unterdrückung ist das die Sprache der unsäglichsten Apologetik. Es ist August Kotzebue, der so spricht.

Kehren wir in dieses Rußland zurück. Zu Jakob Lenz, zu seinem wirklichen Dasein 1789.

Ist von den vielen Sommern, die er in Moskau lebt, keinerlei Zeugnis überliefert, so merkwürdigerweise gerade eines von jenem Revolutionssommer 1789. Lenzens Freund Petrow schreibt an Karamsin nach Frankreich, Lenz befände sich noch so, wie er ihn verlassen habe, und: »Den ganzen Sommer über streifte er in der Umgebung Moskaus herum.«

Er zieht von Landsitz zu Landsitz, besucht alle seine Moskauer Freunde, der Narr, der geduldete, der die Abwechslung bringt, über den man lachen kann, dem man aber auch – das ist man Gott schuldig – das Mitleid schenkt, die Nachsicht, die Rührung über sein Schicksal. Lenz vielleicht im Sommer neunundachtzig draußen in Marjina Rostscha, in jener Gegend, die er mit dem Steintal vergleicht, im Landhaus des Grafen. Lenz vielleicht auf dem Gute Snamenskoe, das der Familie Plestschejew gehört, oder in Awdotschino, dem Landgute Nowikows.

Und immer nach wenigen Tagen Aufbruch, Unerträglichkeit, Getriebensein in die Ebene, die Felder, die Hügel, den Himmel entlang. Im unaufhörlichen Gespräch mit sich selbst. In der Welt, die mit Tönen und Fratzen zu ihm spricht, in der er die Bälge treten muß, bis der Schweiß ihn überströmt und die Pfeifen schrill und schriller werden, voll von dröhnender Lautlosigkeit.

Daß Lenz immer wieder solche entsetzlichen Angstzustände gehabt haben muß und diese auch oft das Motiv seiner Aufbrüche und seines Umhergetriebenseins waren, kann als sicher gelten. Krankheitssymptome also. Landloffel, Landläufer, Lenz, der Unbehauste. Einmal in jenem Sommer in der Umgebung Moskaus, schreibt Petrow, habe Lenz in einem »wüsten Garten übernachtet« und wurde überfallen, »wurde bis aufs Hemd bestohlen«.

Wieder wie damals unter den Letten und Esten irrt er jetzt unter den russischen Bauern umher. Er findet sicher auch zuweilen Aufnahme, Mitleid. Lenzens Äußeres, sein wohl merkwürdig abwesendes Verhalten, seine Naivität fordern es geradezu heraus. Die russisch-orthodoxe Glaubenslehre verhält sich anders als die evangelische zu Menschen, die von Narrheit gezeichnet scheinen. Als Kinder Gottes gelten sie, stehen unter seinem besonderen Schutz.

Wir sehen Jakob Lenz in einer russischen Bauernkate. Die Familie ist in einem Raum zusammengepfercht. Die Fenster sind mit Blasen bespannt, daher das ewige Dämmerlicht, nur des Mittags dringt Helligkeit durch die Ritzen der Fensterrahmen. Wände und Decken sind von Ruß geschwärzt, sommers und winters ist die Stube mit Qualm erfüllt, der Ofen ist ohne Rohr. Auf dem Ofen ist die Schlafstelle, eine Wiege hängt von der Decke. An den Wänden sind in einer Ecke die Heiligenbilder, auf den Börden Kienspan. Ein Zuber mit Kwaß. Lenz sitzt an groben, mit der Axt behauenen Tischen, teilt mit den Bauern die karge Mahlzeit, Kohlsuppe, Gerstengrütze, gedörrtes Rindfleisch, alle essen aus einem großen Napf. Lenz sieht, hört zu. Die Krankheit läßt ihm die Welt wohl in Teile zerfallen, aber blicklos und unempfindlich macht sie ihn nicht. Lenz, der Fremde, der Nichtrusse, begreift die Not dieses Volkes.

»Ich blickte um mich und meine Seele wurde wund unter den Leiden der Menschheit«, schreibt ein anderer im gleichen Jahr 1789. Ein Russe, zwei Jahre älter als Lenz, im Vollbesitz seiner geistigen und körperlichen Kräfte, mit scharfem analytischem Verstand: Alexander Nikolajewitsch Radistschew. Ein enger Freund Kutusows, ein dem Kreis um Nowikow Verbundener. Mit fünfzehn schon lernt Radistschew den Zarenhof als Page kennen, studiert dann in Deutschland Jura und hat, zurückgekehrt, als hoher Beamter in Petersburg, Einblick in alle Machenschaften. Er sieht Not, Leid, Korruption. Schreibt es mit rücksichtsloser Wahrhaftigkeit auf. Das geknechtete Volk vergleicht er mit einem im Lauf gehinderten Wasser, wie eine Naturkraft wird es, sollten seine Herren einer sozialen Lösung ausweichen, sich Recht verschaffen. Radistschew beschwört die Zukunft als soziales Gericht, als einen alles verschlingenden, neuen Pugatschow-Aufstand.

1789 vollendet Radistschew sein als Reisebericht getarntes Buch »Die Reise von Petersburg nach Moskau«.

Durch einen in die Petersburger Zensurbehörde eingeführten Bekannten erhält er die Druckgenehmigung. Einen Drucker aber findet er nicht, alle sind ängstlich. So richtet Radistschew in seinem eigenen Haus eine Druckerei ein. Einen Sekretär und einen Korrektor findet er in zwei seiner Mitarbeiter. Anfang des Jahres 1790 sind in mühseliger Handarbeit sechshundertfünfzig Exemplare des Buches fertiggestellt. Radistschew übergibt einem Petersburger Buchhändler eine Lieferung von fünfundzwanzig Exemplaren. Einige schickt er an Freunde.

Die wenigen Bücher müssen mit Gier gelesen worden sein. Es ist ein Jahr nach Ausbruch der Französischen Revolution. Die Nachrichten aus Frankreich wirken überall auf die Herrschenden höchst beunruhigend. In Rußland reagiert die Zarin Katharina mit Haß auf den Sturm der Bastille. »Canaillen« sind für sie die Pariser Revolutionäre, die Nationalversammlung nennt sie eine Hydra mit zwölftausend Köpfen. Sie prophezeit Frankreich ein furchtbares Strafgericht, ein Dschingis-Khan werde kommen, um das Land zur Vernunft zu bringen. Katharina ist nicht abgeneigt, diese Rolle selbst zu übernehmen. Zwanzigtausend Kosaken genügten, sagt sie, um den Weg von Straßburg nach Paris zu säubern. Sie fordert die europäischen Monarchen auf, der französischen Königsfamilie zu helfen. Maßlos empört ist sie, als sie von Graf Ségur, französischem Gesandten an ihrem Hofe, in einem der wie üblich durch ihre Spitzel erbrochenen Briefe liest, daß er sich über die Erstürmung der Bastille freut, vom »Sturz des Symbols der Tyrannen« schreibt. In ihrem Land versucht sie, den Einfluß der Revolutionsideen mit Polizeimaßnahmen zu bannen. Franzosen dürfen nur in Rußland bleiben, wenn sie die Revolution und die Hinrichtung des Königs verdammen. Des Jakobinertums verdächtige Personen werden polizeilich beaufsichtigt. Den Russen ist das Reisen nach Frankreich verboten.

Katharina verfügt, daß die Buchhandlungen der Akademie und die Läden privater Buchdrucker überwacht werden. Die Ereignisse in Frankreich lassen die Verbindung von Wort und Tat in einem neuen Lichte erscheinen. Voltaire, Diderot, Rousseau, die von Katharina hofierten französischen Philosophen, verfallen nun der Feme. Die Zarin verbietet jeglichen Druck, jegliche Verbreitung ihrer Werke.

Aber nicht nur die Literatur aus Frankreich trifft es. Die Französische Revolution setzt generell einen neuen Maßstab für die Beurteilung der von Büchern für den Staat ausgehenden Gefahren. Für Rußland hat das zur Folge, daß die Zarin die immer schon argwöhnisch belauerte Intelligenz ihres eigenen Landes einer noch schärferen Kontrolle unterzieht. Jeder, der sich über die Zustände im Lande äußert, Kritik an der Leibeigenschaft oder anderen Erscheinungen übt, begibt sich in Gefahr. Mit dem Jahr 1789 setzt in Rußland eine Zeit der Reaktion ein.

Kurz nacheinander ereignen sich zwei Episoden, die Katharinas Gesinnung zutage treten lassen. Beide richten sich gegen Schriftsteller. Als erstes trifft es Alexander Nikolajewitsch Radistschew. Eines von den wenigen vergebenen Büchern seiner »Reise von Petersburg nach Moskau« gelangt in die Hände der Zarin, sie liest es von »Zeile zu Zeile«, verfaßt sechs Seiten Bemerkungen dazu. Die »Ode an die Freiheit« enthalte »höchst kriminelle und durch und durch aufrührerische Tendenzen«, das Buch verbreite »die französische Pest der Auflehnung gegen die Obrigkeit«. Radistschew hoffe »eine Befreiung von der drückenden Versklavung nicht von guten Ratschlägen, sondern von einem Aufstand der Bauern«. Als »Staatsfeind« bezeichnet Katharina Radistschew, »schlimmer als Pugatschow« sei er. Auch die Präsidentin der russischen Akademie der Wissenschaften, Fürstin Daschkow, nennt das Buch eine »Sturmglocke der Revolution«.

Die Zarin übergibt die Angelegenheit ihrem Beamten Scheschkowski, jenem, der auch 1775 den Bauernführer Jemeljan Pugatschow verhört hat und der für seine Grausamkeit berüchtigt und mit allen Foltermethoden vertraut ist. Radistschew, gewarnt, verbleibt gerade noch Zeit, die sechshundert nicht ausgelieferten Exemplare von seinem Diener verbrennen zu lassen, dann schließen sich hinter ihm die Tore der Schlüsselburg. Auf persönliche Anweisung der Zarin Katharina wird der Schriftsteller im Juli 1790 für sein Buch »Die Reise von Petersburg nach Moskau« zum Tode durch Enthauptung verurteilt.

Katharinas brutales Vorgehen läßt keinen Zweifel an der Konsequenz ihres Tuns. Sie will ein Exempel statuieren, ähnliche und verwandte Schriften durch die Härte des Urteils ein für allemal im Keime ersticken. Da dies ihrem Nimbus als einer »weisen, mildtätigen Monarchin« in Europa schadet, sucht sie zu verhindern, daß Nachrichten über Radistschews Buch, Prozeß und Urteil in die europäische Öffentlichkeit gelangen. Aber schon am 2. Oktober 1790 ist in den Greifswalder »Neuesten Critischen Nachrichten« zu lesen, daß »Hr. Radistscheff zu Petersburg«, die »Russische Nation aufforderte, auf das Exempel der Französischen Nation acht zu geben«, und er »darüber die Freiheit verloren hat«. (Ein einziges Exemplar des Buches gelangt auch nach Deutschland. In Rußland ist es über ein Jahrhundert verboten, wird verfolgt und verbrannt. Das Kursieren handschriftlicher Exemplare ist bei Strafe untersagt, Puschkin zum Beispiel muß einem Buchhändler eine hohe Summe zahlen, um eines für wenige Stunden ausleihen zu können.)

Radistschews Zeitgenossen, die Moskauer Aufklärer um Nowikow, werden das Buch ganz sicher gelesen haben. Einem aus ihrer Mitte ist es gewidmet, Kutusow. Er ist Mitglied von Nowikows »Typographischer Compagnie« und gehört den Moskauer Freimaurern an. Die Leute um Nowikow erfahren das Urteil.

Radistschew wartet im Verlies der Schlüsselburg zwei Monate auf die Vollstreckung des Todesurteils. Anläßlich des russischen Sieges über die Schweden verwandelt dann Katharina das Urteil in zehnjährige Verbannung. In Ketten geschmiedet tritt der Schriftsteller seinen Weg in das ferne Ilimsk an.

Die Moskauer Aufklärer sind beunruhigt. Sie deuten das harte Urteil gegen Radistschew als Vorboten von Repressalien gegen sich selbst. Und mit Recht. Das zweite Exempel, das die Zarin statuiert, wird gegen Nowikow gerichtet sein.

Nowikow und sein Moskauer Kreis sind der Zarin schon lange ein Dorn im Auge. Hat Nowikow als satirischer Journalist in Petersburg ihren Ärger erregt, so weckt sein sozialpolitisches und verlegerisches Wirken in Moskau ihre Furcht. Sie wittert umstürzlerische Gedanken und Taten. Ihr Mißtrauen wird gesteigert, da die Freimaurer in Verbindung mit ihrem Sohn Paul, dem Thronfolger, stehen. Im Dezember 1786 erteilt die Zarin daher Graf Bruce, dem Oberbefehlshaber von Moskau, den Auftrag, Nowikow zu verhören und seine Bücher einer genauen Prüfung zu unterziehen. Die Bücherlager Nowikows werden versiegelt, ein Verzeichnis der für »schädlich« geltenden Bücher hergestellt. Platon, der Erzbischof von Moskau, der die Aktion leitet, erarbeitet aber abschließend ein Gutachten, das zugunsten Nowikows ausfällt und Katharina zunächst keinen Vorwand für Eingriffe gibt. Dennoch bleibt der Verdacht der Gefährdung der öffentlichen Sicherheit. Alle Unternehmungen der Freimaurer, auch die gegründeten Schulen und Krankenanstalten, werden streng inspiziert.

Die Ereignisse in Frankreich 1789 geben dann endlich den gewünschten Vorwand für einschneidende Maßnahmen. Nowikows Pachtvertrag mit den Universitätsdrukkereien, der am 1. Mai 1789 ausläuft, wird nicht erneuert. Das schränkt die Arbeit der »Typographischen Companie« sehr ein. Dennoch geht sie weiter. Der Haß Katharinas steigert sich. Drei Jahre später, Anfang 1792, wird sie Nowikow gefangennehmen, in der Schlüsselburg einkerkern lassen und ohne Anklage und Gerichtsverfahren zu einer fünfzehnjährigen Festungshaft verurteilen.

Was hat das alles mit Jakob Lenz zu tun, schweifen wir ab?

Er lese »kaum Zeitung« und wenn, »nie ganz«, schreibt er in einem Brief, der als Beleg für sein politisches Desinteresse gelten könnte. Es ist nicht die Frage, inwieweit Lenz die Ereignisse in Frankreich verfolgt und dazu Stellung nimmt. Aus der Zeitung kann er sich sowieso kein Bild machen, sie ist voll von haßerfüllten Entstellungen aus der Feder französischer Emigranten. Es ist die Frage, wie er sich in Moskau unter den ihm gegebenen Bedingungen verhält.

Die Schatten der Großen Revolution fallen auch auf Lenzens Leben in Rußland, bewußt und unbewußt bewegt er sich darin in Wirrnis und Klarheit. Er steht nicht außerhalb von Raum und Zeit.

»Der arme Lenz ist noch in derselben Lage, wie Du ihn verlassen hast«, schreibt Petrow aus Moskau am 20. September 1789 an Karamsin nach Frankreich, »er klagt oft über seine Krankheit. Er wohnt jetzt bei dem Fürsten E. in demselben Hause, wo wir gewohnt haben; aber wir sehen uns alle Tage.« Jeden Tag ist Lenz mit Alexander Andrejewitsch Petrow, dem Hauptredakteur von Nowikows Kinderzeitschrift, zusammen. Petrow übersetzt auch aus dem Deutschen, vielleicht ist Lenz ihm behilflich. Und jener Fürst E. ist Jengalytschew, eines der fünfzehn festen Mitglieder der »Typographischen Companie«.

Jakobs Verbindungen zu den Freunden sind also geblieben, sind sogar intensiv. Auch sein verzweifelter Mut, mit seinen ihm verbliebenen Kräften zu wirken, ist geblieben. Er gibt nicht auf, immer neue Projekte beschäftigen ihn.

In jenem Revolutionsjahr 1789 schreibt Lenz an den Grafen Friedrich von Anhalt, den Verantwortlichen für das gesamte russische Erziehungswesen, bei dem er vor Jahren für eine Viertelstunde zu einer Audienz zugelassen wurde. Lenz unterbreitet Graf Anhalt Projekte zur Volksaufklärung. Vieles verwirrt sich da, ist unklar; kaum hat er den einen Vorschlag gemacht, hastet er übergangslos zum nächsten. Es ist zweifellos der Brief eines höchst Erregten und eines Kranken. Im Mittelpunkt aber steht ein ungeheuerlicher Gedanke. Lenz schlägt vor, die große, zwölftausend Pud wiegende Kremlglocke, von der 1737 beim Absturz vom Gerüst ein Stück herausgebrochen ist, einzuschmelzen; »wir haben eine unnütze Glocke«, schreibt er, »mit einer steinernen Einfassung aus welcher fast ohne alle Kosten ein Schmelzofen zu machen und das in der Glockenspeise befindliche Metall, z. B. wenn es Zinn, durch einen Zusatz von Bley, Gold durch einige Flüsse u. s. w. aufzulösen wäre«. Die »Gnade« der »huldreichen Monarchin« solle gestatten, das Metall dieser Glocke in eine »stehende Presse« zu verwandeln für Nowikow, der, schreibt Lenz, sich »durch Beförderung sovieler Uebersetzungen und Schriften um Rußland verdient gemacht«. Ein »ewiges Denkmal in den Herzen aller ihrer Unterthanen, besonders der Armen, in den Normal und Landschulen u.s.f.« werde Katharina sich damit setzen, endet Lenz.

Das Symbol der Zarenmacht umgewandelt in Lettern, damit der von Katharina gehaßte Volksaufklärer Nowikow seine Tätigkeit verdoppeln, ja vervielfachen kann. Wir kennen die politischen Zusammenhänge, in die hinein Lenzens Vorschlag trifft.

Er scheint nichts von den Gefährlichkeiten zu wissen, ist ein Naiver, ein Narr, schreibt, was er denkt. Ob diese Briefe die Empfänger jemals erreichen oder Lenzens Freunde das Absenden dieser Schreiben verhindern, ist unbekannt.

Tatsache ist, daß für Nowikow und seinen ganzen Moskauer Kreis seit 1789 die Arbeitsbedingungen unendlich erschwert sind, daß alle in einer Atmosphäre der Bedrohung und ständigen Angst leben. In diese Phase der äußersten Reaktion des Zarismus fallen die letzten drei Lebensjahre Jakob Lenzens in Moskau.

»Man verfolgt mich ... Ich winde mich als ein Wurm im Staube und flehe um Erlösung«, schreibt Jakob 1790. Und wenn er das Wort auch nicht wiederholt, über jeder Stunde, jedem Tag, jedem Monat seines noch abzulebenden Lebens könnte es gestanden haben. Es ist der Grundgestus seiner letzten Lebensjahre, die seine Sterbensjahre sind.

»Ich leide unausstehlich. lieber Bruder! ich leide – und darf nicht heraussagen, von welcher Seite her ... Helfen Sie mir bethen um Befreiung nicht für mich allein sondern für Christen – wie Sie und völlig in der Stimmung als ich, die mit mir unaussprechlich leiden.«

Ursachen für Ängste und Verfolgungsgedanken liegen in der Wirklichkeit selbst.

Im Sommer 1790, als Karamsin nach Moskau zurückkommt, setzen weitere Nachrichten die Freunde in Schrecken. Bei Karamsin, dem Jungen, Gesunden häufen sich in diesen Jahren, wie Freunde berichten, die Depressionen. Es sei eine »schwere Zeit«, erklärt er öffentlich. Die Moskauer Zensur verbietet Karamsins Demosthenes, Cicero- und Sallustübersetzungen mit der Begründung, daß jene Republikaner waren. Karamsin gerät in den Verdacht, daß seine Werke von »freigeistigem und jakobinischem Gift« erfüllt seien. Unter diesem Eindruck wird er seine Berichte über Frankreich mäßigen, das Wort »Volk« zum Beispiel in »Pöbel« verändern und sich auch sonst vorsichtig verhalten. Karamsin bleibt zeitlebens ein aufgeklärter konservativer Adliger. 1802 wird er vom Zaren Alexander zum kaiserlichen Historiographen ernannt und begründet mit seiner aufsehenerregenden, auch ins Deutsche und Französische übersetzten Geschichte Rußlands eine stark und lang anwirkende monarchistische Sicht auf die russische Vergangenheit.

Nach Katharinas Tod werden Nowikow und Radistschew 1796 begnadigt. Nowikow lebt noch zweiundzwanzig Jahre auf seinem Gut Awdotschino bei Moskau, sozial unermüdlich tätig, aber von der Politik hält er sich fern. Radistschew ist bis 1801 unter strengem Hausarrest. 1802 hebt Zar Alexander ihn auf, fordert Radistschew zur Mitarbeit bei der Abfassung von Gesetzen auf. Radistschew folgt, arbeitet begeistert, bis er erkennt, der Liberalismus Alexanders ist nur eine heuchlerische Variante der Taktik seiner Großmutter, der Zarin Katharina. Er begeht am 11. September 1802 Selbstmord.

Radistschew befindet sich, in dem für die Freimaurer so bedrohlichen Herbst 1790, auf dem Weg in die Verbannung. Er kommt auch durch Moskau, im September und Oktober 1790 wird er in unmittelbarer Nähe seiner Freunde in einem Gebäude am Roten Platz gefangengehalten. Am Jahresende verhaftet man in Petersburg den Dramatiker und Übersetzer Knjaschnin. Am 1. Januar 1791 stirbt er, nach Folterungen, wie die Moskauer Freunde hören, in der Schlüsselburg.

Kutusow, der sich zum Zeitpunkt von Prozeß und Urteil gegen Radistschew in Deutschland aufhält, weiß, daß er überaus gefährdet ist. Er wagt nicht, nach Rußland zurückzukehren, besitzt auch nicht genug Geld, um sich im Ausland durchzuschlagen. Einsam und jämmerlich geht er dann in Berlin zugrunde.

In Moskau verschlechtert sich Nowikows Gesundheitszustand. Nur wer abseits steht, bleibt unverletzt. Man braucht nicht krank zu sein, um neben sich, um sich Feinde zu wähnen.

Lenz aber ist krank. Und seine Sensibilität ist äußerst gesteigert. »Helfen Sie mir bethen, theurester Vater! und alle Schimären weg und ins Fegefeuer bethen.« Seine Krankheit kann unter den Umständen nicht zum Stillstand kommen, im Gegenteil, sein Zustand verschlimmert sich in den letzten Jahren. »Er klagt oft über seine Krankheit«, schreibt Petrow 1789. »Dein getreuer obwohl offt kränklicher Bruder«, Lenz selbst am 9. November 1791. Über einer kleinen Handschrift, die verloren ist, steht in russisch: »Bericht an S. E. Graf während einer monatelang dauernden Krankheit.« – »Aufgestanden aus den Armen des Todes«, 1790/91. Von einer »ziemlich ernsthaften Krankheit«, von »heftigen Schmerzen« schreibt er um die Jahreswende 1792, und im Januar dann, er sei dem »Tode bisweilen nahe«.

Auch aus diesen letzten Jahren haben wir keine Zeugnisse über Krankheitsverlauf und Krankheitssymptome. Vermutlich ist es eine zunehmende Schwächung, ein allmähliches Verlöschen. Den Briefen von Lenz nach zu urteilen, wird es begleitet von Phasen geistiger Verwirrung, völliger Ablösung von der Wirklichkeit. Wahrscheinlich wie vor zwölf Jahren am Beginn seiner Krankheit im Elsaß, und nun immer häufiger, ist eine folternde Leere in ihm und eine unablässige Sucht, sie auszufüllen.

Lenzens Projektemacherei, die zuletzt manische Formen annimmt, steht unter diesem Zeichen. Eine hektische Betriebsamkeit. Es ist die einzig ihm verbliebene Klammerung an die Welt, eine Art trauriger Travestie seiner in Straßburg verkündeten Idee, »daß handeln, handeln die Seele der Welt sei ... daß diese unsre handelnde Kraft nicht eher ruhe, nicht eher ablasse zu wirken, zu regen, zu toben, als bis sie uns Freiheit um uns her verschafft, Platz zu handeln: Guter Gott Platz zu handeln und wenn es ein Chaos wäre das du geschaffen, wüste und leer, aber Freiheit wohnte nur da und wir könnten dir nachahmend drüber brüten, bis was herauskäme –«.

Lenz entwirft Bittschriften und Briefe, Vorträge und Abhandlungen, macht Reformvorschläge für unterschiedlichste Bereiche: Wirtschaft, Bildung und Handel. Über die Errichtung eines chemischen Laboratoriums, über Häuserbau, über die Wasseranlagen nahe Moskaus schreibt er, über die Gründung von Banken in verschiedenen Teilen Rußlands, über die Entwicklung des Handels zwischen Livland und Rußland, die Eröffnung neuer Messen. Projekte zur Volksaufklärung beschäftigen ihn: Lesegesellschaften, Bibliotheken, der Schulunterricht auf den Dörfern, eine Zeitung, Übersetzungen, Bibeldrucke in allen Sprachen. Und immer wieder spricht er von der Gründung einer Universität in Dorpat.

Zehn Jahre nach seinem Tode wird diese Universität in seiner Heimatstadt eröffnet. Lenzens Bruder Friedrich David wird die Weihrede halten und der erste Lektor der estnischen und finnischen Sprache sein. Maximilian Klinger fördert als verantwortlicher Kurator über Jahre die Lehranstalt.

Wie dieser Vorschlag Lenzens, so haben alle seine Anregungen eine reale Grundlage, sind in der allgemeinen Debatte, sind Notwendigkeiten der Zeit. Insofern erweist sich Lenz bis zu seinem Lebensende als ein auf Veränderungen Drängender, als engagierter, dem Kreis um Nowikow verbundener Reformer.

Die Absonderlichkeit liegt nicht in den Inhalten, sondern in der Vielzahl, Überstürzung, Vermengung und Hast, mit der sie auf das Papier gebracht werden; im immer grotesker werdenden Verhältnis zwischen Vorschlag und Möglichkeit zur Verwirklichung. Ideen beginnen ein Eigenleben zu führen. Einzelne Bilder, Vorgänge heben sich ab. Die Wirklichkeit verliert die Konturen. Kehrt das Bewußtsein wieder, die Welt mit ihren Umrissen, bietet sie nur Barrieren, die Lenz nicht wahrhaben will und wohl nicht sieht.

Die Kremlglocke für Nowikows Druckereien! Noch ganz zuletzt will Lenz eine französische Zeitung herausgeben, als die »Typographische Gesellschaft« längst verboten ist, als sogar infolge der revolutionären Ereignisse in Frankreich vielerorts in Rußland die französischen Hauslehrer durch deutsche ersetzt werden, als die Einfuhr sämtlicher französischer, ja aller westeuropäischer Literatur verboten ist, als zum Beispiel Bacmeister, ohne die wahren Gründe nennen zu dürfen, sein international angesehenes und verbreitetes Unternehmen der »Russischen Bibliothek« einstellen muß, weil jegliche Tätigkeit auf diesem Gebiet als staatsgefährdend angesehen wird.

Lenzens hektische Betriebsamkeit schießt ins Nichts. Seine Verwirrung macht den Umgang mit ihm schwierig, lästig, unbequem. Ja mehr noch. Lenz, naiv, offen, arglos geschwätzig zu jedermann, der Narr eben, kann den Freunden sogar gefährlich werden. Er kennt weder Vorsicht noch das Maß der Zurückhaltung. Seine ewigen Briefe, Vorschläge, wir wissen nicht, ob sie überhaupt abgeschickt wurden, wo sie hingingen. Vielleicht wissen es die Freunde auch nicht. Unkontrollierbar sein Tun. In seiner Verwirrtheit läßt er sich aushorchen. Umarmt Feinde, mißversteht Freunde.

Das politische Klima zwingt zu äußerster Vorsicht. Lenz gerät möglicherweise in eine doppelte Isolierung. Freunde ziehen sich unter Vorwänden zurück. Verhielten sich alle bisher nachsichtig dem Kranken gegenüber, so ändert sich dies. Als Geringschätzung, als Hohn mag Lenz es empfinden, zumal er durch Krankheit und Lebenslage äußerst verletzbar und mißtrauisch gewesen sein muß. Jerczembski, ein Moskauer, schreibt 1792: »Von allen verkannt, gegen Mangel und Dürftigkeit kämpfend, entfernt von allem, was ihm theuer war, verlor er doch nicht das Gefühl seines Werthes; sein Stolz wurde durch unzählige Demütigungen noch mehr gereizt und artete endlich in jenen Protz aus, der gewöhnlich der Gefährte der edlen Armut ist. Er lebte von Almosen, aber er nahm nicht von jedem Wohltaten an und wurde beleidigt, wenn man ihm unaufgefordert Geld oder Unterstützung anbot, da doch seine Gestalt und sein ganzes Äußeres die dringendste Aufforderung zur Wohltätigkeit waren.«

Petrow, Lenzens Vertrauter, geht im Frühjahr 1791 nach Petersburg, wird dort der Sekretär des Dichters Dershawin. Karamsin, von seiner Westeuropa-Reise zurück, hat nun alles mit eigenen Augen gesehen, bedarf des Freundes weniger, kämpft zudem mit eigenen Depressionen, stürzt sich ins Schreiben und in die Herausgabe eines Journals. Dennoch: ganz abgewandt hat er sich nicht von Lenz. Karamsin wohnt zu dieser Zeit im Hause Plestschejews. Dort sehen sie sich. Lenz, der Plestschejews Werk übersetzte, hat wohl bis zuletzt Kontakt zu dessen Familie. Im in Krakow befindlichen Nachlaß ist ein kleines Gedicht mit der Widmung

»A Mlle. de Pl -ff, Kind von acht Jahren und ihre Schwester von sechs«, weiter ein Vers zum Geburtstag und eine »Comedie des betes, dediceé aux deux demoiselles de Plff«, eine »Komödie der Tiere«. Den Wasserzeichen nach sind die Arbeiten in den letzten Jahren geschrieben. Alle drei Sachen sind den Töchtern Plestschejews gewidmet.

1790, das Jahr 1791. Der letzte Winter 1791/92 ist frostklar und streng. Der Schnee liegt hoch in den Straßen Moskaus. Die Fenster zu ebener Erde sind bis zur halben Höhe verdeckt, das Licht dringt kaum in die Zimmer. Lenz ist in diesem Winter lange Zeit krank und kann kaum das Haus verlassen. Von »heftigen Schmerzen« spricht er, die ihm »das Ausgehen verwehren«. Ende Januar heißt es: »in diesen Tagen« sei er »bisweilen« dem Tode »nahe«. Februar, März, April, der Vorfrühling bringt keine Hoffnung. Im Gegenteil, die schlimmsten und schwersten Tage für die Moskauer Freimaurer brechen an, die auch Lenz den verbliebenen Rest seiner Existenzsicherheit nehmen.

Am 22. April beginnen die Polizeiaktionen. Bei Gendrikowski wird die Wohnung durchsucht. Ebenfalls der Buchladen Nowikows, wie schon Jahre zuvor, und andere Läden. Massenhausdurchsuchungen setzen alle in Schrecken. Wo Bücher gefunden werden, die nicht in den Katalogen angegeben sind, werden die Besitzer sofort unter Arrest gestellt und die Läden versiegelt. Der Moskauer Polizeipräsident Prosorowski läßt auch alle handschriftlichen Materialien konfiszieren.

Nowikow selbst hält sich nicht in seinem Moskauer Haus in der Lubjanka auf, schwerkrank befindet er sich auf seinem Landgut Awdotschino. Auch dort erscheinen an jenem 22. April 1792 auf Befehl Prosorowskis Offiziere und Soldaten, durchwühlen alle Räume. Nowikow wird zum Verhör nach Moskau gebracht. Sein Stadthaus findet er durchsucht und umstellt von bewaffneten Soldaten der zaristischen Geheimpolizei. Prosorowski behandelt Nowikow wie einen Verbrecher, da die Verhöre nichts erbringen, droht er, ihn der Geheimkanzlei zu übergeben. Nowikow wendet sich nach Petersburg um Hilfe, ausgerechnet an jenen Scheschkowski, der Radistschew zu Fall gebracht hat. Katharina nimmt Nowikows Hilfegesuch als Vorwand, ihn unter Polizeiaufsicht nach Sankt Petersburg zu transportieren. Dort wird er sofort bei seiner Ankunft in die Schlüsselburg gebracht. Erneute Verhöre. Scheschkowski legt ihm am 3. Juni fünfundfünfzig Fragen vor, wer mitarbeitete in Moskau, mit wem er dort befreundet war, welche Verbindungen zum Ausland er hat, insbesondere in den Freimaurerlogen. Nowikow verrät seine Freunde nicht. Katharina, unzufrieden mit der Erfolglosigkeit der Verhöre, verurteilt ihn ohne Anklage und Prozeß zu einer Festungshaft von fünfzehn Jahren. Sie weist an, das gesamte Vermögen Nowikows, das in gemeinnützigen Unternehmen steckt, zu konfiszieren, die Druckereien zu schließen, die Bücherlager auszuräumen und Nowikows Haus, zugleich Arbeitsstätte und Unterkunft für ihn und seine Freunde, zu beschlagnahmen.

Sollte Lenz noch bis zuletzt in Nowikows Haus in der Lubjanka gewohnt haben, so findet er es eines Morgens von bewaffneten Soldaten umstellt und besetzt. Von einem Tag auf den anderen ist er obdachlos. Alle seine Freunde sind Freimaurer, die jetzt in Angst und Bedrängnis leben. Wer also wird ihn aufnehmen in dieser Situation?

Lebt Lenz aber im Hause eines anderen, dann ganz sicher auch bei einem Freimaurer. Auch in dem Fall ist er gefährdet, sein Verwirrtsein kann andere gefährden. Zu äußerster Vorsicht sind alle gezwungen. Karamsin zum

Beispiel wagt noch die Verteidigung Nowikows. Er schreibt die Ode »An die Gnade«, richtet sie an die Zarin. Ohne Erfolg. Das Gegenteil tritt ein; er selbst gerät in Verdacht und Gefahr.

Denn die Zarin zielt nicht auf Nowikow allein. Sie will die ganze Bewegung der Moskauer Freimaurer treffen. Der Polizeipräsident nutzt die ihm von Katharina gegebene Exekutivgewalt zur Verfolgung und Zerschlagung der Freimaurer. Fast alle fallen in Ungnade, werden aus wichtigen öffentlichen Ämtern entfernt. Das erstarkende Jakobinertum in Frankreich gibt den Herrschenden ihre maßlose Angst ein, in jedem Vereinswesen, in jedem aufklärerischen Gedankengut wittern sie Umsturz und Revolution.

Der Wahn der Verfolgung ist Wirklichkeit.

Einige Wochen nach dem Beginn der Polizeiaktion gegen die Moskauer Freimaurer stirbt Jakob Michael Reinhold Lenz.

Es muß die Nacht vom 23. zum 24. Mai gewesen sein. Auf einer Straße, auf irgendeiner einsamen nächtlichen Straße oder Gasse Moskaus. In Kitaigorod, an der Lubjanka, in der Nikolskaja, der Brjussowski- oder der Gendrikowski-Gasse unweit von der Menschikow-Kirche.

Lenz ist ohne alle Hilfe.

Er stirbt. Den Toten findet jemand, der vorbeieilt im Morgengrauen. Meldet es der Polizei. In Moskau wird es wie in Sankt Petersburg eine Bestimmung gegeben haben, wonach der Leichnam eines auf der Straße Gefundenen zum Sezieren in die Anatomie der Universität gebracht wird. Das der letzte Weg. Lenz hat keine Anverwandten, die das hindern konnten oder gehindert hätten.

Wann und wo Lenz dann beerdigt wird, ist unbekannt. Unbekannt auch, ob Karamsin oder andere

Freunde die Nachricht von Lenzens Tod erhielten, jemand dem Sarg folgte, am Grab stand, oder Fremde, unbeteiligt, auftragsgemäß das Letzte verrichtet haben. Er sei »auf Kosten eines hochherzigen russischen Adligen, in dessen Haus er lange gewohnt habe, beerdigt worden«. Fürst Jengalytschew, von dem Petrow 1789 berichtet, Lenz wohne jetzt dort, kann es sein oder Gontscharow, Graf Scheremetew, Graf Panin, Freunde Nowikows, die nach dessen Verhaftung in seinem Sinne handelten.

Auch die Stelle, wo Jakob Lenz ins Grab gesenkt wurde, ist unbekannt. Es kann in der Slobode, der Deutschenvorstadt, sein, auf den Wendenschen Bergen, wo Katharina den Ausländern einen gemeinschaftlichen Gottesacker zuwies. Im Namensverzeichnis der Beerdigten zum Plan des Friedhofs fremder Konfessionen in Moskau ist Lenz nicht erwähnt. Im Kirchenbuch der Michaeliskirche, das die Jahre 1763 bis 1799 umfaßt, findet sich folgende Notiz: »Den 23. Mai, der Candidat Hr. Carl Lenz aus Dorpat, als 39 Jahr, an der Schwindsucht.« Fast alles ist falsch an dieser Eintragung bis auf den Familiennamen und die Stadt, aus der Lenz kommt. Sehr wahrscheinlich aber handelt es sich um Jakob Lenz; er wird keine Papiere bei sich gehabt haben, hat vielleicht überhaupt keine. Freunde und Nahstehende sind nicht zu befragen. Zudem sind die Angaben im Kirchenbuch nach dem Tode des Pastors Michael Richter aus dem Verzeichnis des Küsters nachgetragen worden.

In Marjina Rostscha, im Marienhain, auf dem dort befindlichen Gottesacker, oder auf einem privaten Landgute sei er begraben worden, wird noch vermutet.

Wie wir auch fragen und nachforschen, wir können nicht erfahren, wo Lenz begraben liegt.

Die einsame Moskauer Straße oder Gasse, auf der Jakob Lenz in der Nacht vom 23. zum 24. Mai 1792 stirbt, aber sehen wir. Lenz kommt von einem Freund. Er geht zu einem Freund. Er warnt jemanden, er wird gewarnt. Er flüchtet. Die Not der anderen ist die seine. Ihre Bedrängnis ist seine Bedrängnis. Alles verwirrt sich ihm. Die Krankheit greift ihn wieder, ein erneuter schwerer, letzter Anfall.

Alle wirklichen Umstände sind ungeklärt.

Wo er herkommt, wo er hingeht. Vielleicht: aus dem Nichts in das Nichts. Die Leere muß grauenhaft gewesen sein. Regen auf der Straße, Schmutz, ein übler Geruch. Dunkelheit, nur die Ahnung vom fahlen Licht des anbrechenden Tages. Er selbst mit seiner Qual ist die einzige Wirklichkeit. Italien, England, Frankreich wollte er sehen. Durch Deutschland wanderte er zweimal, von Osten nach Westen, dem französischen Straßburg entgegen, voller Hoffnungen, und innerhalb von fünf Jahren, von 1771 bis 1776, schuf er dort ein großes Werk. Dann wandert er durch Deutschland, nach dem schrecklichen Bruch mit Goethe, von Süden nach Norden, von der Schweiz zum Meer, mit allen Enttäuschungen. Krank schon. Mit der Vision seines Vaterlandes, das ihm Qual und Fremdheit werden wird, ihn in das russische Exil treibt. Rußland, Moskau, nennt er seine Heimat, er, der Verzweifelte, dessen Kräfte immer mehr schwinden, dessen Krankheit nicht zum Stillstand kommt.

Als Lenz den Tod fühlt, vielleicht, vielleicht setzt da die Befreiung ein. Schon im Straßenkot liegend, auf dem Rücken, scheinen ihm die Augenlider wie weggeschnitten: der Himmel dehnt sich weit, er ist die Welt, die ganze Welt. Die Angst vor dem Vater vorbei, vorbei die Sündenangst, die moralische Selbstquälerei, die alte Glaubenssucht, wie lächerlich. »Vögel, die verkünden Land.«

Die Wahrheit ist sein Werk. Was schrieb er Herder, als er ihm sein Drama »Die Soldaten« sandte: »Und mögen auch Jahrhunderte über meinen armen Schädel verachtungsvoll fortschreiten ... es ist wahr und wird wahr bleiben.«

Lebens- und Werkdaten

1751 23. Januar. Jakob Michael Reinhold Lenz wird im Dorf Seßwegen in Livland (heute Casvaine, Lettische SSR) als Sohn eines eingewanderten deutschen Pastors geboren.

1759 Übersiedlung nach Dorpat (heute Tartu, Estnische SSR). Besuch der Lateinschule.

1766 Erste Gedichtveröffentlichung: »Der Versöhnungstod Jesu Christi«, publiziert in den Gelehrten Beiträgen der »Rigischen Anzeigen«. Die Dramen »Der verwundete Bräutigam« (1845 erstmals gedruckt) und »Diana« (verloren) entstehen.

1768 Aufnahme eines Theologie-Studiums an der Universität Königsberg.

1769 »Die Landplagen«, ein Gedicht-Zyklus, erscheint.

1770 Widmungsgedicht am Immanuel Kant. Übersetzung von Popes »Essay on criticism« (verloren).

1771 Abbruch des Studiums. Reise nach Straßburg als Gesellschafter der Barone von Kleist. Arbeit am »Hofmeister«. Erstes Zusammentreffen mit Goethe. Bekanntschaft mit Salzmann und seinem Kreis.

1772 Vom Frühsommer bis Ende August auf der Militärfestung Fort Louis in der Nähe von Sesenheim stationiert. Aufnahme im Hause des Pfarrers Brion. Am 1. September Verlegung des Regimentes nach Landau, dort im Oktober den »Hofmeister« beendet. Ehrenmitglied der Straßburger »Sozietät«.

1773 Anfang des Jahres Rückkehr nach Straßburg. Weiterarbeit an der Übersetzung und Modernisierung von fünf Plautus-Lustspielen. Austausch von Manuskripten mit Goethe und Briefwechsel mit ihm. Aufsatz über die Gemeinsamkeit mit Goethe, betitelt »Über unsere Ehe« (verloren). Arbeit am Drama »Menoza« und an theologischen und theatralischen Aufsätzen.

1774 Es erscheinen: die Komödien »Der Hofmeister oder Vorteile der Privaterziehung«, »Der neue Menoza oder Geschichte des cumbanischen Prinzen Tandi«, die »Anmerkungen übers Theater, nebst angehängten übersetzten Stück Shakespeare«, »Lustspiele nach dem Plautus fürs deutsche Theater«. 16. und 17. Juni: Johann Kaspar Lavater sucht Lenz auf. Herbst: Lenz wird freiberuflich.

1775 Brieffreundschaft mit Herder und Sophie Laroche. »Briefe über die Moralität der Leiden des jungen Werthers« (an Goethe gesandt, Publizierung 1918). Prosafragment »Tagebuch« (Manuskript geht an Goethe, 1877 gedruckt). Arbeit am Drama »Die Soldaten«. 27. Mai–5. Juni: Lenz und Goethe sind Gäste von Goethes Schwester Cornelia und Georg Schlosser in Emmendingen. »Moralische Bekehrung eines Poeten« (1889 erschienen). 20. Juli: Goethe besucht Lenz in Straßburg. Literatursatire »Pandaemonium Germanicum« (erste Drucklegung 1819). 8. Oktober: Lenz eröffnet die »Deutsche Gesellschaft«, aktive Mitarbeit. Beginn einer politischen Schrift über das Soldatenwesen. Finanzielle Not.

1776 Es erscheinen: die Dramen »Die Freunde machen den Philosophen«, »Der Engländer«, »Die beiden Alten«, die Erzählung »Zerbin oder Die neuere Philosophie«. Lenz läßt »Die Wolken«, eine Streitschrift gegen Wieland, vernichten. Arbeit an »Catharina von Siena« und »Der tugendhafte Taugenichts«. Entschluß, nach Weimar zu gehen. 2. April: Ankunft in Weimar. Freundschaft mit Wieland, Herzog Karl August, Charlotte von Stein, Anna Amalia, Luise von Göchhausen, Einsiedel, Kalb und Maximilian Klinger. Lenz legt seine Schrift über das Soldatenwesen vor. 25. Juni: Goethe übernimmt Staatsämter. 27. Juni: Lenz geht nach Berka. Arbeit an der Erzählung »Der Waldbruder« (1797 publiziert), an »Tantalus« (1798 veröffentlicht). Weiterarbeit an der »Soldatenschrift« (1914 gedruckt). 12. September: Lenz folgt einer Einladung Charlotte von Steins nach Kochberg. 1. November: Lenz geht nach Berka, 25. November: nach Weimar. 26. November: Streit mit Goethe. Ausweisung aus der Stadt. 1. Dezember: Lenz verläßt Weimar. Aufnahme im Hause Schlossers in Emmendingen.

1777 Bis zum Frühjahr in Emmendingen. Niederschrift der Erzählung »Der Landprediger«; erscheint im gleichen Jahr. Bekanntschaft in der Schweiz mit Jakob Sarasin, Füßli, Hirzel, Iselin, 3.–16. Juni: Fußwanderung durch die Schweizer Berge. Mitte August bis November: Aufenthalt im Hause Lavaters in Zürich.

1778 20. Januar–8. Februar: Aufenthalt in Waldersbach bei Pfarrer Oberlin. Erste Wahnsinnsanfälle. Ab Mitte Februar wieder in Emmendingen. Am 3. und 29. März erneute Anfälle. Geldsammlungen für den Kranken in Straßburg, Weimar und der Schweiz.

April–Ende Juli: Unterkunft bei dem Schuhmacher Süß in Emmendingen, August bis Jahreswende: in Wiswyl bei Förster Lydin.

1779 Bis Anfang Juni in Hertingen zur Kur. Wanderung mit dem Bruder Karl von der Schweizer Grenze nach Travemünde. Schiffsreise nach Livland. 23. Juli: Ankunft in Riga. Ernennung des Vaters zum Generalsuperintendenten von Livland. Anstellung Lenzens an der Rigaer Domschule scheitert.

1780 Nach Rußland, bis zum Spätsommer in Sankt Petersburg vergebliches Mühen um eine Anstellung am Hofe Katharinas. September/Oktober: Hofmeister auf dem Gut Aya bei Dorpat. November: Flucht. In Deutschland erscheinen: »Philosophische Vorlesungen für empfindsame Seelen«.

1781 In Mitau erscheinen: »Entwurf einiger Grundsätze über die Erziehung überhaupt, besonders aber für die Erziehung des Adels« und »Etwas über Philotas Karakter«. Von Mitte März bis Juni: nochmalige Versuche, in Petersburg eine Stelle zu erhalten. Kurzzeitige Anstellung bei General Bauer. Sommer: Aufbruch nach Moskau, dort Aufnahme im Haus des Historikers Müller.

1782 Das Drama »Die Sizilianische Vesper« erscheint. Arbeit als Hofmeister in verschiedenen russischen Häusern.

1783 Hofmeistertätigkeit. Oktober: Müller stirbt, Lenz muß sich eine andere Unterkunft suchen.

1784 Kontakt zu den Moskauer Aufklärern und Freimaurern unter der Leitung von Nikolai Iwanowitsch Nowikow. Reformvorschläge für das Schulwesen. Tätigkeit an öffentlichen Schulanstalten als Lehrer bis 1785/86.

1786 Freundschaft mit dem Dichter Karamsin und dem Redakteur Alexander Petrow. 1786 und in den folgenden Jahren Übersetzertätigkeit, u. a. 5 Gesänge der »Rossiade« von Cheraskow (verloren), Dramenpläne, davon erhalten Fragment eines Boris-Godunow-Stückes.

1787 Es erscheint die Übersetzung von Plestschejews »Übersicht des Russischen Reiches«. Plan einer Anthologie russischer Dichtung für deutsche Leser.

1789 Zunahme der Krankheit. Reformvorschläge auf verschiedenen Gebieten von Wirtschaft und Kultur. Nach der Französischen Revolution Beginn der Verfolgung der russischen Aufklärer durch Katharina.

1790 Juni: Radistschew wird für sein Buch »Reise von Petersburg nach Moskau« zum Tode verurteilt, später begnadigt. Karamsin, aus Westeuropa zurückgekehrt, steht unter Zensur.

1791 Wie in allen Jahren seit 1783 wechselnde Wohnungen, unter anderem bei Nowikow, Jengalytschew, zeitweise mit Karamsin und Petrow gemeinsam. Weiter zunehmende Krankheit.

1792 22. April: Beginn der Polizeiaktion gegen die Moskauer Freimaurer. 23./24. Mai: Tod auf einer Moskauer Straße.

Nachbemerkung

Die Texte von Lenz sowie alle anderen Quellen werden nach den jeweiligen Erstausgaben zitiert. Lautstand und Orthographie blieben unverändert. Auf eine Bibliographie der Primär- und Sekundärliteratur wurde verzichtet. Mein Dank für jahrelange Buchbeschaffung gilt der Bibliothek im Schloß Güstrow. Für freundliche Unterstützung und Arbeitshilfen durch Einsichten in Lenz-Handschriften, andere handschriftliche Nachlässe und Archivmaterialien, für Auskünfte und Übersendung von Fotokopien und Mikrofilmen habe ich herzlich zu danken: dem Goethe- und Schiller-Archiv Weimar, dem Staatsarchiv Weimar, der Forschungsbibliothek Gotha, dem Staatsarchiv Rudolstadt, der Nationalen Forschungs- und Gedenkstätte Kochberg, dem Goethe-Museum Frankfurt a. Main, der Staatsbibliothek Stiftung Preußischer Kulturbesitz (Berlin), der Fundamental-Bibliothek Riga, der Universitätsbibliothek Tartu, der Leninbibliothek Moskau, dem Staatsarchiv des Kantons Basel-Stadt, dem Sarasinschen Familienarchiv in Basel, dem Stadtarchiv Schaffhausen, der Zentralbibliothek Zürich (Handschriftenabteilung und Graphische Sammlung), dem Baugeschichtlichen Archiv der Stadt Zürich, der National- und Universitätsbibliothek Strasbourg, dem Stadtarchiv Strasbourg, dem Oberlin-Museum Waldersbach.

Sigrid Damm

Klein-Varchow, den 28. Juli 1984

Inhalt

Erstes Kapitel

Zweites Kapitel

Drittes Kapitel

Viertes Kapitel

Fünftes Kapitel

Sechstes Kapitel

Siebentes Kapitel

Herausgegeben und mit einem Essay von Sigrid Damm

Sigrid Damms umfassend kommentierte und von einem biographischen Essay begleitete Leseausgabe macht das Lenz'sche Erbe nahezu vollständig zugänglich. Die Ausgabe enthält alle Werke des Dichters und alle Briefe von und an Lenz.

Jakob Michael Reinhold Lenz, Werke und Briefe in drei Bänden. Herausgegeben und mit einem Essay von Sigrid Damm. insel taschenbuch 3159. 2736 Seiten

NF 266/1/8.15

NF 268/1/8.15

»Meisterhaft und erschütternd geschrieben.«
Marcel Reich-Ranicki

»Wärst Du nur jetzt bei mir! Es sind überall große breite Betten, und Du solltest Dich nicht beklagen, wie es manchmal zu Hause geschieht. Ach! mein Liebchen! Es ist nichts besser als beisammen zu sein. Wir wollen es uns immer sagen.«
Goethe an Christiane, 10. September 1792

Sigrid Damms Recherche *Christiane und Goethe* ist die erste authentische Lebensgeschichte Christianes und ihrer Partnerschaft mit Goethe, die über achtundzwanzig Jahre währte – »spannend wie ein Roman und doch in allen Einzelheiten verbürgt«. (Andreas Nentwich, *Neue Zürcher Zeitung*)

Sigrid Damm, Christiane und Goethe. Eine Recherche.
insel taschenbuch 4380. 531 Seiten

NF 269/1/8.15

Klug, begabt – bevormundet

Cornelia Goethe ist klug und begabt, sensibel und lebenshungrig. Immer wird sie von anderen bestimmt: vom Vater, vom Bruder Wolfgang, vom Ehemann Johann Georg Schlosser. Sie zerbricht am Widerspruch zwischen eigener Lebenskonzeption und auferlegtem Rollenzwang. Im Alter von nur 26 Jahren stirbt sie 1777 nach der Geburt ihrer zweiten Tochter.
Goethe hat nach ihrem Tod in *Dichtung und Wahrheit* von der Hässlichkeit und Lebensuntüchtigkeit seiner Schwester gesprochen und damit ihr Bild für die Nachwelt geprägt. Sigrid Damm legt die Ursprünge für dieses ungerechtfertigte Urteil bloß und erzählt einfühlsam von den erstickten Wünschen und Hoffnungen im Leben dieser jungen Frau, vom tragischen Scheitern der Cornelia Goethe.

Sigrid Damm, Cornelia Goethe. insel taschenbuch 4417.
260 Seiten

NF 270/1/8.15

NF 273/1/8.15

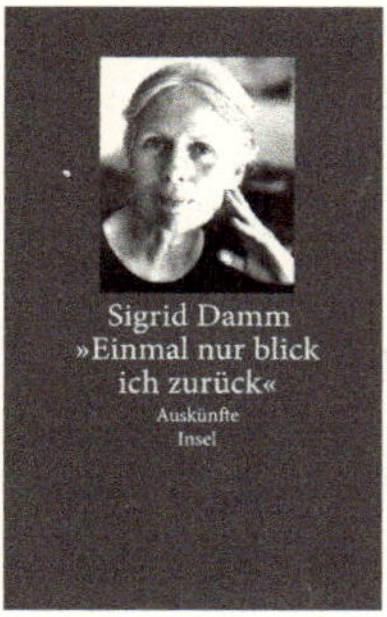

Der mit vielen Fotos ausgestattete Band gibt faszinierend Auskunft über Sigrid Damm, eine der bekanntesten deutschen Schriftstellerinnen. Interviews, Laudationes und Dankreden, Texte von und über Sigrid Damm zeigen ihren Werdegang und die Entstehung und Rezeption ihrer Werke.

Zugleich wird ihre Wanderung zwischen den geographisch-politischen Räumen und zwischen den Zeiten dokumentiert, einfühlsam und kritisch unternommen, meisterhaft gestaltet in ihren Gegenwartsromanen und in ihren historischen Büchern, die zu den erfolgreichsten der letzten Jahrzehnte zählen. Aufzeichnungen über Begegnungen mit ihrem Verleger Siegfried Unseld, ihrem Mentor Franz Fühmann, mit Christa Wolf und Eva Strittmatter vermitteln darüber hinaus nicht nur ein Stück deutsch-deutsche Zeitgeschichte, sondern gewähren auch sehr persönliche Einblicke in Sigrid Damms Leben.

Sigrid Damm, »Einmal nur blick ich zurück«. Auskünfte. Herausgegeben von Hans-Joachim Simm. insel taschenbuch 3643. 466 Seiten

NF 274/1/8.15